KB213939

중국 근대불교학의 탄생

중국 근대불교학의 탄생

초판 1쇄 발행 2017년 12월 18일
    2쇄 발행 2018년 10월 18일

지은이 김영진
펴낸이 강수걸
편집장 권경옥
편집 정선재 윤은미 이은주
디자인 권문경 조은비
펴낸곳 산지니
등록 2005년 2월 7일 제333-3370002510020050000001호
주소 부산시 해운대구 수영강변대로140 부산문화콘텐츠콤플렉스 613호
전화 051-504-7070 | 팩스 051-507-7543
홈페이지 www.sanzinibook.com
전자우편 sanzini@sanzinibook.com
블로그 http://sanzinibook.tistory.com

ISBN 978-89-6545-459-5 94220
      978-89-92235-87-7(세트)

아시아총서 25

중국 근대불교학의 탄생

● 김영진 지음 ●

산지니

책을 펴내며

책을 펴놓고 노트북에 뭔가 두드려 넣는 나를 보고 어린 아들은 공부 그만하고 자기와 놀자고 한다. 반응이 없으면 슬그머니 내 무릎에 올라와 앉는다. 그러곤 아기 새의 눈망울로 나를 응시한다. 그래도 반응이 시원찮으면 자기도 책을 가져와 옆에 앉는다. 좀 미안하지만 나는 다시 하던 일을 한다. 사실 아들이 공부라는 말을 뱉을 때면 내가 정말 공부를 하긴 하는 건가 의심하기도 한다. 끝내지 못한 업무를 집으로 가져온 것은 아닐까. 사실 나는 업으로 공부를 한다. 그건 분명 직업이다. 회사 다니면서 서류 보는 거랑 별로 다르지 않다. 이렇게 결론을 내리면 내 공부는 격이 확 떨어진다.

입시 준비를 하는 것도 아닌데 책이나 자료 읽기에 안절부절 매달리고 내 공부에 조금이라도 관심을 가지는 사람을 만나면 끝없이 수다를 떨어 댄다. 이런 나를 발견하면 내가 참 작은 인간인 것 같아 싫다. 연구비를 타려고 무슨 연구 기획서를 쓸 때면 '본 연구의 의미와 효용'을 장황하게 기술하지만 실제 '본 연구'를 누가 읽고 어떤 효용이 일어날지 알 길 없다. 이 공부가 의미 있다고 혼자 하는 웅변에 또 초라해질 뿐이다. 그런데 다행인지 불행인지 나는 이 공부가 너무 좋고 책을 보고 글을 구상하고 완성할 때면 취한 듯 신이 난다. 이런 것도 욕망의 일종일까. 행여 앎에 대한 사랑일까.

나는 내 공부를 차마 학문이란 말로 치장하지 못하겠다. 내 수준에서는 연구라는 말이 맞다. 그래 연구에 만족하며 세상이 모르는 내 공부의 가치를 독백하련다. 허나 문제는 또 있다. 내 전공이 불교라는 점이다. 불교는 현실 종교로서 우리에게 존재하고, 또한 그것은 처음부터 깨달음 혹은 부처라는 고원한 이상과 목표를 제시했다. 거기에는 연구나 학문이라는 말로는 담지 못하는 숭고함이 있다. 그 숭고함을 담아내지 못하는 마당에 불교에 대해 이러쿵저러쿵 아무리 이야기해봐야 이류일 뿐이다. 그렇다. 나는 이류이다. 아니 삼류인지도 모른다. 이러쿵저러쿵 하는 데도 수준 차가 있으니 말이다.

사실 불교 연구자로서 이런 고민과 좌절은 꼭 나만의 것은 아니다. 그리고 꼭 현재의 것도 아니다. 또한 출가자와 재가자의 차이도 아니다. 서구적인 학문 방법론이 육박해 들어온 근대 중국에서도 많은 불교학자가 이런 부조화를 경험했다. 전통적인 의미의 종교로서 불교를 자신의 삶으로 받아들이고 불교를 연구한 경우도 있었고, 순수하게 학의 대상으로 불교를 바라본 경우도 있었다. 어떻게 보면 서양 이교도의 불교 연구법을 수용하여 불교를 말해야 하는 상황이 도래한 것이기도 했다. 대상의 혼란이 아니라 방법이나 태도의 혼란이다. 중국에서 근대불교학에는 이런 혼란이 내재했다.

이 책에서 필자는 저런 혼란 속에서 중국 근대불교학이 어떻게 잉태되고 출현하고 성장하는지 추적했다. 대략 15년 전부터 학술사와 사상사 시야에서 중국 근대불교를 연구했다. 그 결과 십수 편의 관련 논문을 썼다. 이 책은 그 성과를 바탕으로 탄생했다. 어떤 성과를 동원했는지에 대해서는 책 말미에 따로 밝히겠다. 그간 성과를 종합하고 또 하나의 작업으로 도움닫기 할 수 있었던 계기는 한국연구재단의 '출판저술지원사업'이었다. 한국연구재단과 맺은 약속 때문에 최근 수년간 긴장감을 갖고 연구에 집중할 수 있었다. 감사한다. 그리고 그다지 말랑말랑하지도 않고 독자의 손을 탈 것 같지도 않은 이 책을 기꺼이 맡아준 산지니 출판사에 감사한다. 거대도시임에도 서울이 있기에 중심이 아니라 지역이 되어버린 부산. 거기서 그야말로 출판운동을 펼치고 있는 산지니 출판사. 큰 파도가 되길 바란다. 그리고 가족의 일상을 꾸역꾸역 지켜내는 아내에게 고마움 전한다.

2017년 10월 경주에서

김영진

차례

동아시아에서 불교는 대단히 오래된 종교다. 하지만 오늘날 우리가 접하는 불교학은 그리 오래된 형식이 아니다. 그것은 근대시기, 어떻게 보면 최근 유입되고 형성된 방법론이다. 물론 근대 이전에도 불교 연구는 있었지만 현재 학계에서 행하는 불교 연구와 많이 달랐다. 우리 삶 양식의 많은 부분이 그러하듯 불교학도 근대시기 압도적으로 밀려들었고, 근대를 거치면서 대단히 힘들게 정착했다. 그것을 학계에선 근대불교학이라고 부른다. 이 책에서는 중국이라는 시공에서 근대불교학이 어떻게 출현했는지 다룬다. 그래서 '중국 근대불교학의 탄생'이라는 이름을 달고 있다.

중국 근대불교학의 탄생은 단지 불교 연구 방법론만의 변화를 의미하지는 않는다. 불교에 대한 태도나 불교를 동원하는 방식의 변화를 의미하기도 한다. 불교 사원이 아니라 대학 연구실에서 불교가 연구되고, 승려가 아니라 교수나 전문 연구자가 그것을 강의하고 해석한다. 근대 이후에도 불교 대중의 지도는 여전히 승단의 몫이지만, 불교에 대한 해석권은 전문 연구자의 몫으로 할당됐다. 일종의 역할 분화가 일어난 셈이다. 불교학자는 근대불교학 방법론에 입각해 불전이나 불교 교리 그리고 불교 역사에 대해 분석하고 판정한다. 현재 동아시아 각국에서 행해지는 불교 연구도 정도는 조금씩 다르지만 기본적으로 비슷한 상황이다.

이 책에서 필자는 중국에서 근대불교학이 어떻게 유입되고 형성되는지 다루었다. 물론 100여 년 동안 일어난 불교학의 변화와 실험을 작은 책 한 권에 담는다는 게 불가능함을 잘 안다. 그래서 중국 근대불교학 탄생의 주요한 흐름과 특징을 추려 집중적으로 다루었다. 그리고 좀더 체계적인 서술을 위해 '문·사·철'이라는 약간은 진부한 분류법을 동원했다. 여기서 '문·사·철'은 문헌학, 역사학, 철학을 의미한다. 필자는 근대적인, 좀 더 정확하게 말하면 서구적인 의미의 문헌학과 역사학 그리고 철학이 불교 연구에 적용되어 일정한 성과를 내면서 근대적인 의미의 '불교학'이 형성되는 과정을 추적했다.

필자는 이상의 분류에 따라 이 책을 3부로 구성했다. 그리고 그 하부에 4개의 장을 두고 각 장에 3개의 절을 두어 좀 더 체계적으로 분석했다. 제1부「불교경학과 문헌비평」의 1장 '근대학술과 불교학 방법론'은 유럽에서 근대불교학의 출현과 유럽 불교문헌학의 중국 전래를 다뤘다. 2장 '문헌발굴과 문헌정리'는 불교 지식인에 의해 진행된 불교 문헌 발굴과 불서 간행, 불교사전 편찬 등 불교 지식의 확장과 유통을 다뤘다. 3장 '불교경학과 유식학 부흥'은 전통적인 문헌학 방법론인 '교감학'이 불교 연구에 동원되고 아울러 유식학과 인명학이 부흥하는 과정을 살폈다. 4장 '티베트불교의 발견과 티베트불전 연구'는 티베트불교 감각과 파쭌과 스탈홀스타인 등에 의한 티베트불전 연구를 살폈다.

제2부「역사학 방법론과 불교사 서술」에서 5장 '량치차오의 불교사 서술과 일본불교학의 번역'은 역사학 방법론이 불교 연구에서 갖는 의미와 일본 근대불교학의 영향을 다뤘다. 6장 '후스의 선종사 연구와 과학 방법론'은 후스가 신앙을 배제하고 의심과 실험이라는 과학 방법론을 동원해서 진행한 선종사 연구를 다뤘다. 7장 '탕융퉁의『한위양진남북조불교사』와 사상사 서술'은 탕융퉁이 본체론 개념을 중심으로 사상사 차원에서 위진사상과 위진불교를 서술한 사례를 집중적으로 분석했다. 8장 '천인추에

와 천위안의 불교사 연구'에서는 서구적인 비교언어학과 전통적인 고증학 방법론이 동원된 불교사 연구 사례를 살폈다.

제3부 「불교철학의 출현과 교리논쟁」에서 9장 '윤리학과 심식본체론'은 옌푸가 『천연론』에서 보인 불교윤리학과 탄쓰퉁과 장타이옌이 각각 제기한 심본체론과 식본체론의 철학 특징을 분석했다. 10장 '칸트철학과 진여'는 량치차오가 칸트철학의 주요 개념을 유식학과 『대승기신론』을 동원해 이해하고 진여 개념의 우위를 주장하는 과정을 분석했다. 11장 '존재탐구와 생명운동'은 장타이옌, 량수밍, 루쉰이 각각 쇼펜하우어, 베르그손, 니체를 불교와 결합시키는 양상을 살폈다. 마지막 12장 『대승기신론』논쟁'은 1920년대 『대승기신론』을 둘러싸고 진행된 교리 논쟁을 분석하여 불교에 대한 전혀 새로운 태도가 출현했음을 확인하고자 했다.

이 책은 '중국 근대불교학'이라는 큰 타이틀을 달았지만 빠진 부분이 많다. 이 분야에 대해 조금이라도 지식이 있는 사람이면 '어! 누구누구도 빠졌네.' 할 것이다. 그렇다. 인순이나 뤼청 같은 빛나는 학자도 충분히 다루지 못했다. 학자라기보다는 학승의 입장에서 활동한 뛰어난 승려의 작업도 많이 다루지 못했다. 또한 신중국 건립 이후 주로 타이완에서 활동한 머우쫑산(牟宗三)이나 팡둥메이(方東美) 같은 이른바 신유가의 불교 연구도 다루지 못했다. 그리고 루쉰을 다뤘다는 점에서 다소 의아해 하는 독자도 있을 것이다. 루쉰은 내게 하나의 숙제다. 하지 못한 숙제를 세상에 알려 나를 가두고 싶어서 글을 넣었다. 이렇게 책의 체제와 균형을 맞추기 위해서 빼고 더한 부분이 있었다. 아쉬움은 이후 작업으로 달래야 할 듯하다.

1부

불교경학과 문헌비평

1장

근대학술과 불교학 방법론

근대불교학이란?

'근대불교학(Modern Buddhist studies)'이란 말은 근대시기 유럽의 학문 방법론에 기반을 두고 형성된 불교 연구를 가리킨다. 유럽에서 고전 연구를 할 때 사용한 문헌학이나 역사학이 방법론으로 주로 동원됐다. 물론 유럽에서는 '근대불교학'이 아니라 그냥 '불교학(Buddhology)'이었다. 하지만 동아시아처럼 전통적인 불교 연구가 존재한 지역에서 그것은 기존 불교 연구와 구분된 '근대불교학'이었다. '근대' 혹은 '근대적'이라는 표현은 18세기 이후 서구가 창안한 문명 전체를 가리키는 말이다. 유럽이 생산한 근대를 전면적으로 받아들인 동아시아에서 현재 작동하는 거의 모든 학문이 '유럽적'이고 '근대적'이다.

그렇다면 과연 '근대'란 무엇일까? 이는 '깨달음이 뭡니까?'라는 질문만큼 답하기 어렵다. 군이 말하자면 정치적으로는 시민 사회를 바탕으로 한 민주주의, 경제적으로는 부르주아 중심의 자본주의, 사상적으로는 개인의 이성을 중시한 합리주의, 정치 체제로는 민족 혹은 국민 단위의 국민 국가로 그것을 포괄할 수 있을 것이다. 하지만 이는 단순한 판단일 수밖에 없다. '근대' 개념에는 훨씬 복잡한 사정이 있다. 19세기 유럽 국가는 제국주의를 표방하여 식민지 개척에 나섰고, 아시아, 아프리카, 아메리카의 여러 국가와 지역이 식민지로 전락했다. 서구에서는 식민지 통치를 위하여 지역학이 요청되고, 그 과정에서 인도학(Indology)이나 근동학(Near East Studies) 등 새로운 학문이 출현했다.

불교학의 출현도 이와 무관하지 않다. 영국이나 독일 그리고 프랑스의 식민지 연구나 혹은 그 주변 연구는 불교에까지 도달한다. 그래서 근대 불교학은 출현부터 오리엔탈리즘의 혐의가 꽤 짙었다. "불교가 본격적으로 서양에 수용된 것은 19세기 전반이었다. 'Buddha', 'Buddoo', 'Bouddha', 'Boudhou'라는 어휘가 영어권이나 프랑스어권에 보급되어 'Buddhism'이 란 말이 영어로 쓰인 학회지에 등장한 것이 바로 이 시기다. 18세기 말부터 동양학이 발전해 불교학이 형성되는 가운데 '붓다'나 '불교'가 학문적인 대상으로 정비되고, 불교에 관한 인식이 심화되어 불교가 발견되었다."[1]

근대불교학은 19세기 초반 출현했지만 19세기 중반부터 본격적으로 시작하여 19세기 후반과 20세기 전반 크게 발전했다.[2] 프랑스, 독일, 영국 등 유럽의 선진국뿐만 아니라 러시아 같은 비교적 늦게 근대화한 유럽 국가에서도 지역학으로서 불교 연구가 진행됐다. 문헌학이나 역사학, 고고학, 문학, 종교학 등 다양한 분야에서 불교를 연구했고 많은 성과를 이루었다. 연구 대상도 초기불교, 대승불교, 중앙아시아불교, 중국불교, 상좌부불교, 티베트불교, 몽골불교 등 다양했다. 또한 산스크리트 문헌, 팔리어 문헌, 티베트 문헌, 한문 문헌, 중앙아시아 문헌 등 다양한 언어로 된 불전을 분석하고 번역했다. 유럽인의 불교 연구는 불교를 종교 전통으로 갖고 있는 지역에서 전통적으로 행한 연구와 전혀 다른 방식으로 진행됐고, 결국 '근대'라는 이름으로 오래된 전통을 압도했다.

심재룡은 서구 근대불교학의 역사를 다루면서 학문적으로 불교를 이해할 수 있는 계기로 팔리어사전 편찬을 거론하고, 이를 기점으로 불교학 역사를 구분한다.[3] 1826년 유진 뷔르누(Eugene Burnouf, 1801-1852)와 크리스티앙 라생(Christian Lassen, 1800-1876)이 『팔리어시론』(*Essai sur le pali*)을 간행하고서야 도구적인 면에서 불교학이 출발할 수 있었다고 평가한다. 그 이전은 유럽 불교학의 전사(前史)로 간주한다. 더용에 따르면 사

유진 뷔르누

실 뷔르누와 라생의 팔리어 연구는 최초가 아니다. 앞서 1824년 실론에서 선교사로 활동 중이던 벤자민 클로흐(Benjamin Clough)가 『팔리어문법』(*A compendious Pali grammar*)을 콜롬보(Colombo)에서 간행했다. 클로흐는 일찍이 『싱할리어사전』(*A Dictionary of the English and Singhalese*)을 간행하기도 했다.

　유럽 최초로 불교 연구물을 간행한 이는 프랑스 학자 미셀 장 프랑수아 오즈레이(Michel Francois Ozeray, 1764-1859)다. 그는 1817년 프랑스 파리에서 『불교연구』(*Recherches sur Buddhou*)를 출판했다.[4] 하지만 그가 본격적으로 불교학을 시작한 것은 아니다. 온전한 의미의 불교학자는 위에서 언급한 프랑스의 동양학자 유진 뷔르누이다.[5] 그는 네팔에서 발견한 산스크리트 불전과 실론에서 전승된 팔리어 불전을 통해서 인도불교를 이해했다.

『인도불교사 입문』

그가 1844년 『인도불교사 입문』(*Introduction à l'histoire du Bouddhisme indien*)을, 그리고 1852년 『법화경역주』(*Le Lotus de la bonne loi*)[6]를 출판하면서부터 본격적으로 근대불교학은 출발했다고 할 수 있다.[7]

　당시 유럽 학계에 산스크리트 불전 사본(寫本, manuscript)을 제공한 사람은 네팔 주재 영국 관리 브라이언 호지슨(Brian Hodgson, 1800-1894)이었다. 그는 네팔에서 많은 불교 문헌을 수집하고 그것을 유럽 학계에 전달했다.

1837년 카트만두에 있던 호지슨은 88종의 산스크리트 사본을 유럽 '아시아협회'로 보냈다. 뷔르누는 이렇게 전달된 사본을 통해서 『법화경』 연구를 진행했고, 『인도불교사 입문』도 저술할 수 있었다.[8] 뷔르누가 불교학사에서 중요한 이유는 그가 오랜 기간 광범위한 지역에서 전개된 불교 전통을 단일한 종교로 파악했기 때문이다.

브라이언 호지슨

서구에서 불교를 체계적으로 연구하여 성과를 낼 수 있었던 것은 1844년 뷔르누가 불교가 사실상 단일한 전통(a single tradition)이라는 사실을 발견하고 주장한 데서 출발한다. 그는 동아시아, 티베트, 인도, 스리랑카 그리고 동남아시아에서 유럽의 탐험가와 무역상들이 만났던 일련의 유사한 종교 형태가 인도에 있는 단일한 전통에 뿌리를 두고 뻗어나간 여러 가지라는 결론에 이르렀다. 이들 전통을 하나의 공통된 핵심(a common core)을 중심으로 연결 고리 속에 묶은 뷔르누의 이 발견은 놀라운 지적 위업이라고 할 수 있다.[9]

이런 이유 때문에 독립된 불교학 분과와 전문적인 불교학자가 출현할 수 있었다. 뷔르누가 1세대 불교학자라고 한다면 그다음 세대 불교학자는 실뱅 레비, 루이 드 라 발레 푸생, 세르게이 올덴부르크, 테오도르 체르바스키, 리즈 데이비스 등을 들 수 있다.[10] 아래에서는 이들의 활동을 따라가면서 서구 근대불교학을 간략히 정리하고자 한다.

실뱅 레비(Sylvain Lévi, 1863-1935)는 인도학자였지만 일본 정토진종의 서본원사 출신 승려 후지에다 타쿠추(藤枝澤通)와 후지시마 료온(藤島了穩, 1852-1918)을 제자로 둔 것을 계기로 불교에 관심을 갖게 되었다. 이후 그는 불교학자가 된다. 레비는 불교 연구를 위해서 산스크리트와 팔리어

뿐만 아니라 한문과 티베트어로 된 자료를 섭렵해야 한다고 강조했다. 그는 고대 인도의 승려인 아쉬바코샤(Aśvaghoṣa) 연구에 집중하여 1892년 아쉬바코샤의 저작인 『불소행찬』(佛所行讚, Buddhacharita)을 번역했다. 1898년에는 네팔에서 아쉬바코샤의 『대장엄경론』(大莊嚴經論) 산스크리트 본을 발견했다. 그리고 1911년 앞서 네팔에서 입수한 아상가(Asaṅga, 無着)의 『대승장엄경론』을 영어로 번역해서 출간했다. 이는 근대불교학에서 최초로 행한 유식문헌 원전 출판이라고 일컬어진다.[11]

루이 드 라 발레 푸생(Louis de La Vallée Poussin, 1869-1938)은 벨기에 루뱅(louvain) 대학에서 실뱅 레비에게 배웠다. 푸생은 부파불교와 대승불교에 속하는 여러 학파의 철학적인 문헌을 교정하고 번역했다. 설일체유부나 유식학파 그리고 중관학파, 불교논리학파 등의 교리와 문헌을 연구했다. 1897년 이래 푸생은 찬드라키르티(Candrakīrti)가 쓴 『중송』 주석서인 『프라산나파다』(Prasannapadā, 淨名句論)를 주석했다. 그리고 1923년부터 1931년까지 바수반두(Vasubandhu, 世親)가 쓴 『아비달마구사론』(Abhidharmakośa)을 프랑스어로 번역해 『바수반두의 아비다르마코사』(L'Abhidharmakośa de Vasubandhu)로 출판했다. 그리고 1928년에서 1929년까지 현장(玄奘)이 『유식삼십송』의 여러 주석을 한문으로 편역한 『성유식론』(成唯識論)을 프랑스어로 번역해 『성유식론』(Vijñaptimātratāsiddhi: La Siddhi de Hiuan-Tsang)을 간행했다. 푸생은 이렇게 아비달마불교, 중관학, 유식학 등 교리 연구에 엄청난 성과를 보였다.

러시아 불교학자 세르게이 올덴부르크(Sergey Fyodorovich Oldenburg, 1863-1934)는 러시아의 인도학을 정초한 이반 미나에프(Ivan Pavlovich Minayev, 1840-1890)의 제자로 상트페테르부르크 대학에서 공부했다. 인도와 중앙아시아 고대 종교 연구에 종사했고, 두 차례에 걸쳐 중앙아시아 조사를 행했다. 이때 산스크리트 불전을 발견하여 출판하기도 했다. 그는 "불교 설화와 도상학에 관해 많은 저술을 발표했다."[12] 1897년 제정러시아 과학원 소속으로 대승불전 간행을 발기하여, 『불교문고』(Bibliotheca Buddhica) 시리즈를 기획했다.

또 한 명의 러시아 학자 테오도르 체르바스키(Theodor Stcherbatsky, 1866-1942)는 대승불교의 주요 논사인 다르마키르티(Dharmakīrti)와 다르못타라(Dharmottara)가 정립한 불교논리학과 불교인식론 연구에 집중했다. 그 성과가 1909년 러시아어로 출간된 이후 여러 언어로 번역되었다. 체르바스키는 그것을 종합하여 1930년과 1932년 사이에 영어판 『불교논리학』(Buddhist Logic)을 간행했다. 그리고 그는 1927년 레닌그라드(Leningrad) 소재 구소련 과학아카데미에서 『불교의 열반 개념』(The Conception of Buddhist Nirvana: With Sanskrit text of Madhyamaka-Karika)을 간행했다. 체르바스키는 이 시기 불교학자 가운데 가장 철학적인 방식으로 불교 연구를 진행했다.[13] 그는 칸트의 선험철학 같은 서양철학 개념과 이론을 동원하여 대승불교 이론을 해석하는 데 주저하지 않았다. 물론 이런 이유로 비판을 받기도 했다.

유럽에서 팔리어로 된 초기불교 연구를 정초한 인물은 영국의 동양학자 리즈 데이비스(Thomas William Rhys Davids, 1843-1922)다. 그는 당시 독일의 브레슬라우(Breslau) 대학에 유학해 아돌프 프리드리히 스텐즐러(Adolf Friedrich Stenzler, 1807-1887)에게 산스크리트를 배웠다.[14] 브레슬라우 지역은 2차 세계대전 후 폴란드에 반환되어 브로츠와프(Wrocław)로 이름이 바뀌었다. 리즈 데이비스는 대학 졸업 후 인도파견공무원 시험에 합격하여 1864년부터 실론 주재 영국 외교관으로 근무했다. 그는 불교사원에서 팔리어로 된 초기불전을 발견하고 팔리어 학습과 팔리어로 된 초기 불전 연구에 매진했다. 1872년 관리 업무에서 사직하고 영국으로 귀국한 후 본격적으로 팔리어불전 연구에 뛰어들었다.[15] 리즈 데이비스는 1881년 '팔리성전협회(Pali Tex Society)'를 설립하여 유럽의 불교학자들과 팔리어 불전을 정리하고 편집했다. 그리고 '아시아·아프리카 학원(School of Oriental and Africa Studies)' 설립을 주도하기도 했다. 그는 이른바 '빅토리안 부디즘 (Victorian Buddhism)'을 정립했다.

유럽불교학의 수입과 메이지불교학

동아시아에서 근대불교학을 가장 먼저 수용하고 정착시킨 국가는 일본이다. 1868년 메이지유신 이후 일본 정부는 오래지 않아 신불분리령(神佛分離令)을 반포하여 신도(神道)와 불교(佛敎)를 분리하여 취급할 것임을 천명하였다. 그 의도는 신도를 국교화하는 한편 불교의 기존 지위를 박탈하려는 것이었다. 그 결과 주로 신도 측에서 불교를 공격하는 폐불훼석(廢佛毀釋) 운동이 전국적으로 일어났다.[16] '폐불훼석'은 '불교를 폐지하고 석가를 훼손한다'는 의미로 불교에 대한 비판과 공격을 의미한다. 이런 상황에서 불교계는 자구책으로 스스로 근대화를 시도했다. 불교계 내부의 제도 개혁이나 정부와 관계 개선 노력도 있었고 유럽에 유학승을 파견하는 것과 같은 불교학 근대화 노력도 있었다.

물론 메이지유신 이후 일본은 모든 학문 분야에서 유럽화를 꾀했고, 계획적으로 유럽에 유학생을 파견하여 직접 유럽 문명을 학습했다. 유럽으로 떠난 유학생이 귀국한 이후, 유럽 학술은 일본에 빠르게 이식됐다. 메이지 시기 불교학의 근대화도 이와 같은 맥락에서 이해할 수 있다. 일본 불교학자 스에키 후미이코(末木文美士)는 일본의 근대불교학이 산스크리트 연구의 수입이라는 관점에서 보면 난조 분유(南條文雄, 1849-1927)와 가사하라 겐주(笠原研壽, 1852-1883)가 메이지 9년(1876) 영국에 유학한 것,[17] 아니면 메이지 17년(1884) 귀국한 난조 분유가 오타니(大谷) 교교(敎校) 교수가 되고 이듬해 도쿄 대학 강사가 되어 산스크리트를 처음으로 가르친 때 시작됐다고 말한다.[18]

사실 난조나 가사하라가 최초 유럽 유학승인 것은 아니다. 하지만 난조

난조 분유

가 최초로 대학 강단에서 산스크리트를 강의하고 산스크리트 원전 연구를 진행한 인물인 것은 분명하다. 바로 이 점 때문에 불교학자 사쿠라베 하지메(櫻部建, 1925-2012)는 "난조 분유 박사를 일본 근대불교학의 비조(鼻祖)로 부르는 데 아무도 반대하지 않을 것"[19]이라고 확신한다. 그는 난조의 불교학을 평가하면서 전통적 불교 연구와 근대불교학을 다음과 같이 구분한다.

메이지 이후 불교 연구를 하나같이 근대불교학이라고 부른 것은 아니다. 에도(江戶) 시대까지 행한 불교학에 비해서 자료나 방법론 혹은 그 의도에서 명확히 구별할 수 있는 새로운 유형의 불교연구를 특별히 그렇게 부른 것이다.[20]

사쿠라베는 비교적 명확하게 전통적인 불교연구와 근대불교학을 구분했다. 자료의 차이, 방법론의 차이, 의도의 차이 셋이다. 물론 메이지 이후에도 여전히 전통적인 방식으로 불전을 해독하고 교육하는 사람이 있었다. 그것은 근대라는 시간 속에서 전근대가 지속된 것이다. 사쿠라베가 말한 자료의 차이는 한문 불전의 한계에서 벗어난 산스크리트나 팔리어 혹은 티베트어로 된 불전을 연구 자료로 삼는다는 점이다. 방법론의 차이는 서구 문헌학이나 언어학 등을 동원하여 다양한 문헌을 비교하고 교감하여 문헌의 성립과 변화를 추적하거나, 역사학 방법론을 동원하여 불교 교리나 불교 문헌에 대해 역사적인 접근을 행한다는 점이다. 의도의 차이는 예전처럼 진리 추구나 호교론 차원의 불교 연구가 아니라 사실 추구 혹은 학문으로서 불교 연구를 행하는 것이다.

그렇다면 난조 분유로 대표되는 근대불교학 연구자는 어떻게 출현했을까? 그들은 유럽 유학을 통해서 유럽 불교학을 직접적으로 학습했다. 그들이 수입한 불교학의 방법론은 기본적으로 고전 언어학에 기초한 문헌학이다. 1879년 난조와 가사하라는 영국 옥스퍼드 대학에서 언어학과 종교학을 가르친 프리드리히 막스 뮐러(Friedrich Max Müller, 1823-1900)를 만난다. 1880년 그들은 뮐러의 지도 아래 본격적으로 산스크리트를 학습했다.[21] 뮐러는 일본에 보존된 산스크리트 사본에 많은 관심을 갖고 있었고, 결국 난조와 가사하라의 도움으로 일본 사찰이 소장한 산스크리트 사본을 입수했다. 난조 분유는 스승 뮐러와 함께 입수한 산스크리트 문헌의 교정본을 출간한다.

『난조 카탈로그』

난조 분유는 단지 유럽 불교학을 수입하는 입장이 아니라 동아시아 불교문헌에 대해 이해가 높지 않던 당시 유럽 학계에 한문 문헌을 소개하고, 근대적 방법론으로 그것을 연구했다. 그는 유럽 불교학에 직접 참여했다고 할 수 있다. 특히 난조는 1883년 '난조 카탈로그(Nanjio Catalogue)'로 알려진 한문대장경 영문목록 『대명삼장성교목록』(大明三藏聖敎目錄)[22]을 옥스퍼드 대학에서 간행했다. 이는 그가 한문, 산스크리트, 영어로 대조·작성한 목록으로 당시 한문 대장경에 대한 이해가 부족했던 서구학자들에게 많은 도움이 되었다.

난조 분유가 사용한 한문대장경은 당시 영국 주재 인도사무국 도서관에 보관되어 있던 일본 『황벽장』(黃蘗藏)이다. 이 황벽장은 일본 에도(江戶) 시대 황벽종 선승 데츠겐(鐵眼, 1630-1682)이 주도하여 1678년에 명나라 『가흥대장경』을 복각한 것이다. 『가흥대장경』은 중국 명대(明代) 만력 연간에 저장(浙江) 가흥(嘉興) 능엄사(楞嚴寺)에서 간행된 방책본(方冊本) 대장경이다. 난조 분유는 비교적 이른 시기 유럽 불교학을 학습했을 뿐만 아니라 '난조 카탈로그'에서 알 수 있듯, 직접 유럽 불교학에 참여했다. 사쿠라베 하지메는 난조 분유 이후 유럽 불교 유학생에 대해 다음과 같이 요약한다.

> 난조 분유와 가사하라 겐주를 유럽 유학의 제1진으로 세운 메이지 불교학계는 이 뛰어난 선배를 얻어, 거기에 이어서 제2진으로서 후지시마 료온·토기와이 교우유·다카쿠스 준지로 등을, 제3진으로 오기하라 운라이·아네자키 마사하루·와타나베 가이교쿠 등을 계속해서 영국, 프랑스, 독일 등에 보내서 유럽 학계의 성과를 풍부하게 섭취할 수 있었다.[23]

사쿠라베가 위에서 언급한 인물은 근대 일본불교학을 정초한 인물이고 문헌학 중심으로 구축된 유럽 불교학을 일본에 온전히 소개한 인물이다. 물론 이보다 훨씬 많은 사람들이 유럽에서 불교학을 학습하고 귀국했다. 제2진으로 소개된 사람 가운데 후지시마 료온(藤島了穩, 1852-1918)은 메이지 15년(1882) 프랑스(벨기에) 루뱅 대학에 유학하여 저명한 인도학자 실뱅 레비에게 산스크리트를 학습했다. 그는 당나라 의정(義淨)의 『남해기귀내법전』(南海寄歸內法傳)을 프랑스어로 번역하기도 했다. 그리고 토기와이 교우유(常磐井堯猷, 1872-1951)는 독일 스트라스부르그(Strassburg) 대학에 유학하여 에른스트 로이만(Ernst Leumann, 1859-1931)에게 산스크리트를 배웠고, 귀국 후 교토 제국대학에서 산스크리트 담당교수가 되었다.

제3진 가운데 오기하라 운라이(荻原雲来, 1869-1937)는 정토종 승려로 1899년 독일 스트라스부르그 대학에 유학해 산스크리트와 팔리어, 티베트어를 배웠다. 토기와이와 마찬가지로 로이만이 지도 교수였다. 그는 당시 영국 캠브리지 대학 도서관이 소장한 『유가사지론』「보살지」의 교정과 연구를 진행하여 스트라스부르그 대학에서 박사 학위를 받았다.[24] 오기하라는 1905년 귀국 후 도쿄 대학 강사와 슈쿄(宗敎) 대학, 다이쇼(大正) 대학 교수를 역임했다. 그는 산스크리트 공구서 간행에 매진하여『산스크리트 입문』(梵語入門, 1908),『실습 산스크리트학』(實習梵語學, 1916) 등 산스크리트 학습 교재뿐만 아니라『산스크리트-한문 대역 불교사전』(梵漢對譯佛敎辭典, 1915)과『한역대조 산스크리트-일본어 대사전』(漢譯對照梵和大辭典, 1940) 전16권을 편찬하기도 했다.

아네자키 마사하루(姉崎正治, 1873-1949)는 1893년 도쿄제국대학 철학과에 입학하여, 이노우에 테츠지로(井上哲次郞, 1855-1944)에게 배웠다. 대학 졸업 후『인도종교사』(1897),『종교학개론』(1900)과『상고시대 인도종교사』(上世印度宗敎史, 1900) 등을 간행했다. 1900년 아네자키는 유학길에 올라 독일과 영국, 인도에서 공부하였다. 그는 독일 킬(Kiel) 대학 유학 중에 인도학자이자 쇼펜하우어 연구가인 파울 도이센(Paul Deussen, 1845-1919)에게 산스크리트와 인도학을 배웠다. 도이센은 철학자 니체의 친구이기도 했다. 아네자키는 훗날 쇼펜하우어의『의지와 표상으로서의 세계』를『의지와 현식으로서 세계』(意志と現識としての世界, 1911)로 번역하기도 했다. 그는 1903년 귀국했고, 이듬해 도쿄제국대학 교수가 되었다.

와타나베 가이교쿠(渡辺海旭, 1872-1933)는 오기하라와 마찬가지로 정토종 승려로 1900년 독일 스트라스부르그 대학으로 유학했다. 그는 독일 유학 중에 산스크리트본『화엄경』「보현행원찬」(普賢行願讚, Bhadracaripranidhana)을 집중적으로 연구했다. 이때 와타나베는 영국 캠브리지 대학 소장 산스크리트본과 일본 소장 산스크리트본을 동원했다.[25]

이 연구로 1907년 박사학위를 받았고 1910년 유럽에서 일본으로 귀국했다. 귀국 후 슈쿄 대학과 도요 대학에서 교수로 생활했다. 와타나베는 다카쿠스 준지로와 함께『대정신수대장경』을 간행하고『국역대장

다카쿠스 준지로

경』(國譯大藏經)과『국역일체경』(國譯一切經)을 간행했다.[26]

　제2진 가운데 한 명인 다카쿠스 준지로(高楠順次郎, 1866-1945)는 일본 근대불교학 형성에 절대적인 영향을 끼친 인물이다. 일본의 불교학자 기무라 기요타가(木村淸孝)는 "난조 분유 이후 그가 이끈 문헌학 중심의 근대적 불교 연구의 기초를 공고히 하는 데 가장 큰 공로자는 다카쿠스 준지로"[27]라고 말한다. "다카쿠스는 메이지 23년(1890) 영국에 유학해 난조 분유의 스승이기도 한 막스 뮐러에게 산스크리트를 배웠고, 1894년 옥스퍼드 대학을 졸업했다. 졸업 후 독일 베를린 대학과 라이프치히 대학에서 유학했고, 파울 도이센 등에게 배웠다. 여러 대학에서 팔리어, 인도철학, 티베트어, 몽골어 등을 배웠고, 메이지 30년(1897) 귀국했다."[28] 이후 도쿄제국대학 강사가 되어 산스크리트를 가르쳤다. 2년 후 현재 언어학과에 상당하는 박언학과(博言學科) 교수가 되고, 다시 2년 후 신설된 산스크리트학 강좌의 초대 교수로 임명됐다. 이에 산스크리트학을 바탕으로 하는 인도학 연구가 정초된다.[29]

『대정신수대장경』

　다카쿠스가 도쿄제국대학에서 철저하게 문헌학 위주의 교육 체계를 수립한 것은 이후 일본 근대 불교학 형성에 지대한 영향을 끼친다. 그가 도쿄 제국대학에서 기른 기무라 다이겐(木村泰賢, 1881-1930), 우이 하쿠주(宇井伯壽, 1882-1963), 오다 도쿠노(織田得能, 1860-1911), 즈지 나오시로(辻直四郎, 1899-1979) 등은 다음 세대 불교학을 이끌었다. 다카쿠스의 또 하나 업적은 문헌학 방법론에 기초하여 일본과 인도 그리고 네팔 등지에서 불교나 인도철학과 관련된 자료를 수집하고 정리하여 대형 총서를 편찬한 점이다. "대표적으로『대정신수대장경』(大正新修大藏經) 100권의 집성,『우파니샤드 전서』9권 및『남전대장경』(南傳大藏經) 70권의 일역 등이다."[30]

다카쿠스를 이어서 도쿄제국대학에서 불교학 연구를 이끈 인물은 기무라 다이겐(木村泰賢)이다. 기무라도 조동종대학림(현 고마자와 대학)을 졸업하고 도쿄제국대학 문과대학 선과(選科) 학생으로 입학했다. 1909년 인도철학과를 졸업한 그는 1912년 강사가 되고, 1914년 스승 다카쿠스와 함께『인도철학종교사』(印度哲學宗教史)를 출판했다. 이듬해『인도육파철학』(印度六派哲學)을 간행하고 1917년 도쿄제국대학 조교수가 된다. 1919년 영국에 유학하여 리즈 데이비스(Rhys Davids) 부인 등에게 배웠고, 유럽 체류 중에『원시불교사상론』(原始佛教思想論, 1922)과『아비달마론』(阿毘達磨論, 1922)을 써서 일본에서 출판했다. 기무라는 1922년 귀국하고, 이듬해인 1923년『아비달마론 연구』로 박사학위를 받았다. 그리고 곧바로 교수로 승진하여 인도철학 제1강좌를 맡았다.[31] 그는 "주로 팔리어 불전과 한역 불전의 비교 연구를 통해 원시불교 및 아비달마불교 연구 분야에서 탁월한 업적을 내놓았다."[32]

1930년 급작스럽게 사망한 기무라를 이어 도쿄대학에서 실질적인 불교학 전문강좌인 인도철학 강좌를 담당하게 된 사람은 우이 하쿠주(宇井伯壽)이다. 우이는 도쿄제국대학 인도철학과에 입학해서 기무라와 함께 다카쿠스 준지로에게 배웠다. 대학 졸업 후 조동종대학에서 강사가 되었고, 1913년부터 독일 튀빙겐(Tübingen) 대학과 영국 옥스퍼드 대학에 유학했다. 우이는 튀빙겐 대학에서 리하트 본 가르버(Richard von Garbe, 1857-1927)에게 배웠다. 가르버는 주로『베다』나 인도 육파철학을 연구한 학자였고, 철저하게 문헌학에 바탕을 두고 연구를 진행했다. 그는『상키아 철학』(Die Sāṃkhya-Philosophie, 1894),『상키아와 요가』(sāṃkhya und Yoga, 1896) 등을 간행했다. 가르버의 영향 때문에 우이는 철저히 문헌학 방법론으로 불교 연구를 진행했다.

일본 불교학자 기무라 기요타가는 도쿄대학 선배격인 두 사람을 비교하면서 "기무라 다이겐은 연구 방법론에서 문헌의 엄밀한 취급보다 직감적인 본질 파악을 중시하는 경향이 있었다."고 평가하고, "우이 하쿠주는 개괄적으로 말하면 역사적 시각에 서서 문헌학 방법론을 발전적으로 계승했다."고 평가한다.[33] 유럽 불교학을 이식한 메이지 불교학의 주된 방법론은 위에서 보았듯 산스크리트나 팔리어 등 불교 고전어 학습을 기본으로 한 문헌학이었다. 이는 당시 유럽 불교학의 전통을 고스란히 계승한 것이라고 할 수 있다. 문헌학 외에 근대불교학이 동원한 주요한 방법론은 역사 연구과 철학 연구이다.

무라카미 센쇼

일본 근대불교학에서 불교사 연구를 이끈 인물은 무라카미 센쇼(村上專精, 1851-1928)다. 무라카미는 1894년 『불교사림』(佛敎史林)을 창간하여 근대 학문으로서 불교사 연구를 본격적으로 시작했다. 그는 도쿄 대학에서 최초로 인도철학(불교학) 강좌를 담당한 인물이기도 하다. 일본 불교학자 스에키 후미이코(末木文美士)는 이를 두고 제국대학이 "전통 교학의 근대적 해석"을 기도했기 때문이라고 파악한다. 다시 말하면 도쿄제국대학이 순수하게 유럽 불교학의 이식을 지향한 게 아니라 '전통의 일본 불교'를 개조하거나 계승하려는 의도를 가졌다는 것이다.[34]

무라카미는 1894년 간행한 『인도불교편년사』(印度佛敎編年史) 서문에서 "예부터 지금까지 불교인의 불교 연구 태도를 보면 역사적 관념이 결핍됐음을 알 수 있다. 하지만 세간 모든 분야에서 학리를 연구하는 태도를 보면 해가 갈수록 역사적 연구 방향으로 나아감을 알 수 있다."[35]고 평가하고, 불교의 역사적 연구가 절실하다고 말한다. 그는 1898년 『일본불교사강』(日本佛敎史綱)을 간행하고, 1901년에는 『불교통일론』(佛敎統一論) 시리즈 중 하나로 제1편 『대강론』(大綱論)을 간행했다. 스에키 후미이코는 무라카미가 방법론적으로 확고한 실증주의에 기반을 두고서도 불교주의로서 신앙을 견지했음을 지적하기도 한다.[36] 그의 불교사 연구가 객관적인 학술 방법론을 견지했지만 또한 그것은 모종의 종교적 지향을 띠기도 했다는 말이다.

무라카미를 도와 『불교사림』을 간행한 인물은 와시오 준쿄(鷲尾順敬, 1868-1941)와 사카이노 사토루(境野哲, 1887-1933)다. 와시오는 『근대 고승 연표』(1900), 『선종사요』(禪宗史要, 1902), 『일본불가인명사서』(日本佛家人名辭書, 1903) 등의 저작에서 알 수 있듯, 주로 자료 수집과 정리에 집중했다. 사카이노는 이노우에 엔료(井上圓了, 1858-1919)가 도쿄에 설립한 철학관(哲學館) 출신으로 일찌감치 불교사 연구에 뛰어든 인물이다. 그는 『인도불교사강』(印度佛教史綱, 1905), 『지나불교사강』(支那佛教史綱, 1907), 『일본불교사요』(日本佛教史要, 1907), 『일본불교소사』(日本佛教小史, 1912), 『지나불교 정사』(支那佛教精史), 『인도·지나불교 소사』(印度支那佛教小史), 『불교사론』(佛教史論, 1916) 등 인도, 중국, 일본을 망라하는 불교사 분야의 저술을 내놓았다. 사카이노의 저작은 일본뿐만 아니라 중국과 한국의 근대 불교사학 형성에 큰 영향을 끼친다. (이와 관련해서는 본서 8장 참조).

근대불교학에서 문헌학, 역사학 외 또 하나의 방법론은 철학적 연구이다. 근대 일본 불교학에서 불교를 사상이나 철학으로 다룬 인물은 이노우에 엔료(井上圓了)가 대표적이다. 그는 정토진종 대곡파 출신으로 도쿄제국대학 철학과를 졸업했다. 그는 1887년 도쿄에 사설(私設) 학교인 철학관(哲學館)을 설립했다. 이는 현 도요(東洋) 대학의 전신이다. 이노우에는 독일철학을 중심으로 한 서

이노우에 엔료

양철학 이론을 동원하여 불교를 재구성했고, 이른바 불교철학의 구축을 시도했다. 그는 서양철학사를 '유물론-객관관념론-주관관념론-절대관념

론'의 발달로 이해했고, 이 도식을 불교에 적용해 '업감연기론-아뢰야연기론-진여연기론'이라는 연기론 발달사로 전체 교리를 이해하려 했다. 또한 대승불교의 이론에서 헤겔식 '절대관념론'의 성격을 찾으려 했다.

헤겔 연구자이자 메이지 사상사를 연구한 후나야마 신이치(船山信一, 1907-1994)는 『메이지 철학사 연구』에서 이노우에의 '불교철학'을 근대시기 출현한 일본형 관념론의 연원으로 묘사한다.[37] 스에키 후미이코는 이런 이노우에가 "진여론을 스피노자, 셸링, 헤겔 등과 비교했고 그의 불교 해석은 헤겔의 영향을 강하게 받았다."[38]고 평가한다. 당시 관념론 지형에 속한 인물 대다수가 독일관념론의 일본판을 찾고 있었다. 실제 이노우에는 『철학요령』(哲學要領)에서 불교의 진여 개념을 독일관념론과 비교하여 다음과 같이 말한다.

> 불교에서 제기한 만법은 진여이고, 진여는 만법이라는 것은 헤겔의 현상이 곧 무상이고 무상이 곧 현상이라는 논의와 동일하다. 『기신론』에서 말한 일심(一心)에서 이문(二門)이 나뉘는 것은 셸링의 절대에서 상대가 나뉜다는 논의와 같다. 진여는 스피노자의 본질, 셸링의 절대, 헤겔의 이상(정신)에 유사하다.[39]

이노우에 엔료와 비슷한 시기 활동한 철학자 이노우에 테츠지로(井上哲次郎, 1856-1944)는 1897년 『철학잡지』(哲學雜誌)에 게재한 「현상즉실재론의 요령」(現象卽實在論の要領)이란 글에서 "불교의 개념인 진여를 신성과 같은 것으로 해석했다. 신성이란 우주 만물을 관철하면서 또한 동시에 우주 제 현상이라는 형태로 자신을 구현하는 것이다."[40] 그는 "이론상에서는 현상과 실재는 분별되어 사유되지만 실재는 동체불이(同體不二)·이원일치(二元一致)"[41]라고 말한다. 후나야마는 "메이지 유심론·관념론은 객관에 대립한 주관, 현실에 대립한 이상을 주장하는 것이 아니다. 주관을 곧

바로 객관이라고 하고, 이상을 곧바로 현실이라고 한다. 따라서 객관 바깥에 주관이 없고 현실 바깥에 이상이 없게 된다."[42]고 말한다.

메이지 관념론의 완성판은 니시다 기타로(西田幾多郎, 1870-1945)의 철학이라고 할 수 있다. 니시다는 10년 이상의 참선을 통해서 교토 묘심사(妙心寺)에서 무자(無字) 화두를 뚫은 것으로 유명하다. 하지만 그가 불교학자로서 활동한 것은 결코 아니다. 그는 철저하게 서양 철학의 언어로 자신의 사유를 전개했다. 그래서 그는 보편을 획득했고, 세계적인 철학자 반열에 올라설 수 있었다. 니시다는 처녀작 『선의 연구』에서 이렇게 말한다.

> 실제로 참된 선(善)은 오직 하나일 뿐이다. 즉 참자기를 아는 데 있다는 것으로 끝난다. 우리의 참된 자기는 우주의 본체다. 불교에서 말하는 견성(見性)이다.[43]

니시다는 참된 자기와 우주 본체의 만남을 견성이라고 하거나 혹은 순수경험이라고 말한다. 니시다는 '절대모순적 자기동일성'이라는 개념으로 이원론 극복을 완성하려 했다. '현상즉실재'라는 개념은 또 한 번 진화한다고 할 수 있다. 절대자나 완전자 혹은 초월자는 구체적 사실로 드러날 때 극한적으로 자신을 제한한다. 서로 모순될 수밖에 없지만, 니시다는 이것을 '절대무의 자기 한정'이라고 묘사하면서 근원적으로 하나의 동일성 내에서 일어나는 일로 파악한다. 화엄철학이 제시한 '일즉다, 다즉일'의 논리를 서양철학 바탕 위에서 근대적으로 재구성했다고 할 수 있다. 이는 또한 철학 방법론을 동원한 불교 해석이라고 할 수 있다. 니시다와 그의 제자 그룹에 의해 형성된 교토학파는 이후 동아시아 불교나 기타 철학, 종교, 문화, 문학 연구에 지대한 영향을 끼쳤다.

서구 불교문헌학의 중국 전래

일본 메이지시기 일본 불교계가 전면적으로 근대불교학을 수용했다면 근대 중국에서 불교학은 전통의 방법과 근대의 방법이 오랫동안 뒤섞여 있었다. 청말 불교 부흥을 이끈 양원후이(楊文會, 1837-1911)는 영국에서 일본 유학승 난조 분유(南條文雄)를 만나 가장 먼저『대승기신론』의 산스크리트본 유무를 질문했다.[44] 이는 그가 산스크리트 불전이 갖는 원전으로서 가치를 인정하는 동시에,『기신론』의 불전으로서 권위를 확보하려 했기 때문이다. 양원후이가 1908년 설립한 불교학교인 기원정사(祇洹精舍)에서도 산스크리트 교과를 개설했다.[45] 그곳에서 산스크리트를 강의한 쑤만수(蘇曼殊, 1884-1918)는 막스 뮐러(Max Müller)가 1866년 간행한『산스크리트입문』(*A Sanskrit Grammar For Beginners*)을 일찍이『초보범문전』(初步梵文典) 4권으로 편역한 것으로 알려져 있다. 하지만 실물은 남아 있지 않다.

양원후이에서 보이듯, 19세기 말 중국 불교계는 산스크리트나 팔리어 문헌 가치를 분명하게 인식했다. 하지만 실제 그것을 체계적으로 교육하여 근대적 불교학자를 배양할 만한 제도를 갖추지는 못했다. 중국에서는 1920년대가 되어서야 실제 서구 불교문헌학이 본격적으로 수용되고, 그것이 불교 연구에 어느 정도 적용된다. 현재 중국 베이징(北京) 대학 남아시아어학과 교수로 산스크리트를 가르치는 왕방웨이(王邦維)는 근대 학술이라는 의미에서 중국 근대의 산스크리트 · 티베트어 · 한문 불전 연구는 1918년 에스토니아 학자(당시 제정러시아) 스탈홀스타인에 의해 베이징 대학에서 가장 먼저 시작했다고 평가한다.[46]

왕방웨이의 말대로 근대 중국에서 정식으로 산스크리트를 교육한 인물은 제정러시아 출신 불교문헌학자 알렉산더 본 스탈홀스타인(Alexander von Staël-Holstein, 1877-1937)이다. 스탈홀스타인은 1918년에서 1928년까지 베이징 대학에서 정식으로 산스크리트 강좌와 고대인도종교사 강좌를 담당했다. 근대 중국 불교학에서 스탈홀스타인의 역할은 대단히 중요하다. 그는 유럽의 불교문헌학을 온전히 계승한 인물이고, 그것을 직접 중국에 이식하고자 했다.

스탈홀스타인은 18세 때인 1894년 제정러시아 도르파트(Dorpat) 제국대학에 입학해서 비교언어학

사진 맨 오른쪽이 스탈홀스타인이고, 가운데가 인도 시인 타고르, 그리고 그 왼쪽이 후스다.

을 전공했다.[47] 도르파트는 현재 에스토니아의 타르투(Tartu)에 해당한다. 2년 뒤인 1896년 독일 베를린 대학으로 유학해, 그곳에서 알프레드 베버(Albrecht Friedrich Weber, 1825-1901), 칼 겔트너(Karl Friedrich Geldner, 1852-1929) 같은 스승에게 산스크리트와 고대 페르시아어를 배웠다. 1900년 스탈홀스타인은 독일 중부 할레(Halle) 소재 할레-비텐베르크(Halle Wittenberg) 대학에서 팔리어불전 연구자 리차드 피셸(Richard Pischel, 1849-1908)의 지도 아래 박사학위를 받았다. 스탈홀스타인은 1902년 독일 괴팅켄(Göttingen) 대학에 유학했고, 1903년에는 영국 옥스퍼드 대학에서 산스크리트 학자 맥도넬(Arthur Anthony Macdonell, 1854-1930)에게 배웠다. 스탈홀스타인은 1903년 말 인도로 가서 바라나시(Varanasi) 국립 산스크리트연구소에서 연구했고, 1904년 독일 본(Bonn) 대학에서 연구했다.

스탈홀스타인은 1906년에야 비로소 러시아 상트페테르부르크로 돌아와 제국과학원 아시아박물관(Asiatic Museum)에서 근무하기 시작했다. 당시 이곳에는 저명한 인도학자 세르게이 올덴부르크(Sergey Fyodorovich Oldenburg, 1863-1934)가 근무하고 있었다. 아시아박물관은 현재 러시아과학원 동방학연구소(Institute of Oriental Manuscripts of the Russian Academy of

Sciences)에 해당한다. 스탈홀스타인은 1909년 상트페테르부르크 대학에서 산스크리트 강좌 강사가 된다. 그리고 '중앙아시아 및 극동 조사위원회 (The Russian Committee for the Exploration of Central and Eastern Asia)' 회원으로 발탁된다. 이렇듯 스탈홀스타인은 유럽에서 최고의 불교문헌학 훈련을 받았고, 다양한 연구 경험을 쌓았다.

스탈홀스타인은 1916년 5월 아시아 여행에 나서 시베리아를 경유해 일본에 도착하고, 이듬해인 1917년 중국 베이징에 도착했다. 1918년 베이징 대학에서 산스크리트 강좌 담당 교수를 초빙하고자 했을 때, 당시 홍콩 대학 총장이었던 찰스 노턴 에지컴브 엘리어트(Charles Norton Edgecumbe Eliot, 1862-1931)가 스탈홀스타인을 추천했다. 엘리어트는 영국 외교관이자 학자였다. 1918년 베이징 대학은 스탈홀스타인을 산스크리트·티베트어, 고대인도종교사 강좌 담당 교수로 초빙했다. 이 사건은 서구적 의미의 불교문헌학이 정식으로 중국 학술계에 이식되는 계기였다. 스탈홀스타인과 같은 대단히 뛰어난 산스크리트 학자가 직접 유럽 불교문헌학의 내용을 전수하게 되었다. 스탈홀스타인은 이후 중국에서 지속적으로 불교문헌학 관련 연구 성과를 발표했다.[48]

1923년 스탈홀스타인이 영어로 쓴 논문 「산스크리트 음역과 고대 중국 발음」(The Phonetic Transcription of sanskrit works and ancient chinese pronunciation)이 후스의 번역으로 「음역범서와 중국 고음」(音譯梵書與中國古音)이란 제목을 달고 베이징 대학에서 간행한 『국학계간』(國學季刊) 제1권 1호에 실렸다. 이 글은 유럽에서 정식으로 인도와 중앙아시아 고전어를 학습한 스탈홀스타인이 고대 산스크리트 발음과 중국 고대 발음을 비교 연구한 획기적인 논문이었다. 당시 중국과 유럽 학자들의 큰 관심을 불러 일으켰다.[49]

1926년 스탈홀스타인은 상하이 상무인서관(商務印書館)에서 영문으로 『산스크리트·티베트어·한문 6종 판본을 통한 대보적경 가섭품 교정』

(*The Kāçyapaparivarta : a Mahāyānasūtra of the Ratnakūṭa class edited in the original Sanskrit, in Tibetan and in Chinese*)을 간행했다. 중국어 서명은 『대보적경가섭품범장한육종합간』(大寶積經迦葉品梵藏漢六種合刊)이었다. 여기서 스탈홀스타인은 『대보적경』 「가섭품」을 산스크리트본, 티베트역본, 한역본 등 3개 언어로 된 6종 판본을 함께 배열하여 대조했다.

『산스크리트 · 티베트어 · 한문 6종 판본을 통한 대보적경 가섭품 교정』

스탈홀스타인이 베이징 대학에서 행한 강좌는 그가 영어로 강의를 하면 통역자가 중국어로 통역을 하는 방식이었다. 1921년부터 1923년까지 통역을 맡은 인물은 황수인(黃樹因, 1898-1923)[50]이었다. 그는 10대 후반부터 난징 금릉각경처에서 어우양징우(歐陽境無, 1871-1943)를 따라 불교를 공부했다. 1920년 황수인은 당시 산둥성 고등검찰청 청장이었던 불교 거사 메이광시(梅光羲, 1880-1947)의 소개로 산둥(山東) 지난(濟南)으로 가서 독일 출신 동양학자 페르디난트 레싱(Ferdinand D. Lessing, 1882-1961)에게 산스크리트와 팔리어를 배웠다.

레싱은 독일의 동양학자 프리드리히 빌헬름 칼 뮐러(Friedrich Wilhelm Karl Müller, 1863-1930)에게 배웠다. 그는 1907년 중국에 와서 1933년 귀국할 때까지 17년 동안 체류했다. 중국어나 일본어뿐만 아니라 산스크리트, 팔리어, 티베트어, 몽골어 등 다양한 언어를 습득했다. 외국인 레싱은 당시 중국 지식인 사회 곳곳에 자취를 남겼는데 심지어 난징 금릉각경처의 각경 사업에 시주를 하기도 했다. 그는 1942년 스웨덴 스톡홀름에서 『옹화궁: 베이징 라마교사원의 도상-라마교 교리와 종파』(*Yung-ho-kung: An Iconography of the Lamaist Cathedral in Peking with Notes on Lamaist Mythology and Cult*)를 간행했고, 한참 후인 1960년 미국 버클리 대학에서 『몽골어-영어사전』(*Mongolian-English dictionary*)을 편찬하기도 했다.

레싱에게 학습한 황수인은 1921년 베이징 대학에서 스탈홀스타인의 산스크리트 강좌에 참여했고, 티베트불교 사원인 옹화궁(雍和宮)에서 티베트어를 배웠다. 그는 1923년 사망하기 전까지 대략 3년 동안 스탈홀스타인 가장 가까운 곳에서 산스크리트를 학습했다. 하지만 황수인은 때 이른 죽음 때문에 불교문헌학을 훈련받은 학생 단계에서 멈추고 말았다.

1929년 스탈홀스타인이 미국 하버드 대학에서 중국으로 복귀한 이후 그를 도운 중국인 제자는 린리꽝(林藜光, 1902-1945)이었다.[51] 린리꽝은 중국 남부 푸젠(福建) 출신으로 샤먼(厦門) 대학 철학과를 졸업했다. 그는 샤먼 대학 재학 시절 당시 그곳에서 서양철학과 산스크리트를 가르친 폴 드미에빌(Paul Demiéville, 1894-1979)을 만났다. 드미에빌은 스위스 로잔(Lausanne) 출신으로, 1914년 프랑스 파리대학을 졸업하고 국립 동양언어문화대학(Institut national des langues et civilisations orientales)에서 저명한 중국학자 에두아르 샤반느(Edouard Chavannes, 1865-1918)에게 중국어를 배우고, 유명한 인도학자 실뱅 레비(Sylvain Lévi, 1863-1935)에게 산스크리트를 배웠다. 1920년 당시 프랑스 식민지였던 베트남 하노이 소재 극동학원(極東學院, École française d'Extrême-Orient)에서 근무하기 시작했다. 이듬해 중국에 파견됐다.

드미에빌은 1924년부터 1926년까지 푸젠 샤먼 대학에서 근무했다. 이후 그는 프랑스 파리대학과 고등사범학교 교수로 재직했고 중국의 불교, 도교, 문학, 역사 등 다방면에 걸쳐 많은 업적을 쌓았다. 특히 중국불교와 티베트불교 연구에 큰 영향을 끼쳤다. 드미에빌은 1926년 일본 도쿄에 있는 일본 프랑스회관(French-Japanese House) 관장으로 부임했고, 1928년 일본에서 스탈홀스타인에게 편지를 보내 린리꽝을 소개했다. 그해 스탈홀스타인이 하버드 대학에 부임하는 바람에 만남은 이루어지지 않았다.

1929년 베이징으로 돌아온 스탈홀스타인은 린리꽝에게 '중국·인도연구소(Sino-Indian Institute)' 조수를 맡겼다. 중국·인도연구소는 하버드 대학과 관련이 있다. 1927년 미국 하버드 대학교는 중국 연구를 위한 연구소 설립이라는 장기적인 계획 아래 베이징에 존재한 중국·인도연구소를 흡수했다. 스탈홀스타인이 정확히 언제 중국·인도연구소를 설립했는지 알 수는 없다. 하지만 여러 자료를 통해서 1927년 초 이전에 이미 정식으로 설립됐음을 알 수 있다.[52] 1928년 정식 설립된 하버드-엔칭연구소(Harvard-Yenching Institute)는 실질적으로 중국·인도연구소를 통해 중국 국

린리꽝

내 연구를 진행했다. 중국·인도연구소는 엔칭연구소의 중국 출장소 역할을 했다고 할 수 있다. 스탈홀스타인은 1928년 바로 이런 기획 아래 하버드 대학 교수로 초빙됐다. 1929년 중국으로 복귀한 스탈홀스타인은 중국·인도연구소 소장으로 활동했다.[53]

하버드-엔칭연구소는 중국인도연구소를 재정적으로 지원했을 뿐만 아니라 기금을 통해서 서구의 여러 중국학 연구자를 중국에 파견했다. 펑유란의 『중국철학사』(History of Chinese Philosophy) 영어 번역자로 유명한 더크 보드(Derk Bodde, 1909-2003)도 이 지원으로 6년여를 중국에 체류하면서 중국역사와 중국철학을 연구했다. 중국 근대 학술에서 하버드-엔칭연구소의 역할은 대단히 컸다고 할 수 있다.[54] 또한 여기서 서구 학자들이 근대 중국에 생각보다 훨씬 깊이 들어와 있었음을 확인할 수 있다.

린리꽝은 1929년부터 1933년 프랑스로 유학하기 직전까지 스탈홀스타인의 지도 아래 산스크리트와 티베트어, 팔리어 등을 학습했다.[55] 1933년 린리꽝은 스승 드미에빌의 초청으로 프랑스 유학길에 올랐다. 그는 프랑스 파리에서 드미에빌의 모교이기도 한 동양언어문화대학에서 중국어 강사로 근무하기 시작했다. 린리꽝은 실뱅 레비와 루이 르누(M. Louis Renou, 1896-1966)의 지도 아래 산스크리트 불전을 연구했다.[56] 그리고 다시 드

미에빌에게 배웠다. 실뱅 레비는 앞서 1922년 네팔에서 발견한『제법집요경』(諸法集要經, Dharma-Samuccaya) 산스크리트 사본을 1934년 린리꽝에게 맡겨 교정하도록 했다. 사실 이 사본은 착오가 대단히 많았다. 내용 가운데 경문의 게송을『정법염처경』(正法念處經)에서 가져왔다는 구절이 나오는데 실뱅 레비는『정법염처경』에서『제법집요경』이 인용하는 게송을 찾지 못하고 1935년 사망한다.

린리꽝은 실뱅 레비 사후에도 끈질기게 산스크리트 사본과 티베트어본 및 한역본을 대조했다. 한역『정법염처경』은 중국 북위시대 반야류지가 담요, 보리류지 등과 번역한 것이다. 결국 린리꽝은 전체 게송을 찾아서 온전하게『제법집요경』을 교정하고 프랑스어로 주석을 붙였다. 이런 과정이 모두 2차 세계대전 중 파리에서 외국인 린리꽝에 의해 이루어졌다. 린리꽝은 각고의 노력으로 교정 작업과 주석 작업을 끝냈지만 1945년 사망하고 만다.

『제법집요경연구』제1권

린리꽝 사망 후 스승 드미에빌은 린리꽝의 유고를 정리하여 1946년『제법집요경연구』(Dharma-Samuccaya: Compendium de la Loi) 제1권을 출간했다. 린리꽝의 박사 논문에 해당하는 제2권은 1949년 간행됐다. 하지만 제3권과 제4권에 해당하는 초고는 필자에 의한 최종 교정을 거치지 않았다. 그래서 다른 사람이 정리하기가 대단히 힘들었다. 이 때문에 제3권과 제4권은 많은 시간이 흐른 후 네덜란드 출신 불교학자 얀 빌럼 더용(Jan Willem de Jong, 1921-2000)이 교정을 진행하여 1969년과 1973년 차례로 간행했다. 린리꽝의 유고가 서양 불교학자들에 의해 거의 30년에 걸쳐 완전히 간행된 것이다. 어떻게 보면 린리꽝이야말로 근대적인 의미에서 중국인 최초의 불교문헌학자였고 그것도 세계적 수준에 도달한 학자였다. 당시 유럽 불교학자들도 그것을 인정했다. 최근 중국에서 린리꽝의 저작을 『린리꽝집: 산스크리트사본『제법요집경』교정 연구』란 제목으로 다시 간행했다.[57]

황수인은 본격적인 연구 활동에 들어서기 전에 요절했고, 린리꽝은 박사논문을 끝낸 후 객지에서 사망했다. 서구 불교문헌학을 실제 제도권 내에 정착시킨 사람은 지센린(季羡林, 1911-2009)이다.[58] 그는 칭화대학(清華大學)에서 천인추에(陳寅恪)에게 배웠고, 졸업한 후 1935년 독일 원동협회(遠東協會)의 초청으로 독일로 유학했다. 그는 괴팅겐 대학에서 에른스트 왈드슈미츠(Ernst

지센린

Waldschmidt, 1897-1985)에게 산스크리트와 팔리어를 학습하고, 불교 문헌 연구를 시작했다. 1939년 왈드슈미츠가 2차 세계대전에 참전하자 이미 퇴직한 에밀 지크(Emil Sieg, 1866-1951)가 대신 수업을 진행했다. 지크는 1920년 유명한 헤르만 올덴베르크(Hermann Oldenberg, 1854-1920)의 후임으로 괴팅겐 대학 인도학과에 부임한 인물이다. 그는 중앙아시아 연구자로 특히 토하라어(Tocharian languages) 문헌의 세계적 권위자였다.

지센린은 2차 세계대전 중인 1941년 논문 「『마하바스투』게송 부분의 한정동사 변화」(Die Kon jugation des fintien Verbums in den Gāthās des Mahāvastu)로 박사학위를 받았다. 『마하바스투』는 대단히 오래된 초기불교 문헌으로 부파불교시대 집성됐다. 일반적인 산스크리트 문법으로는 해독되지 않는 부분이 있었다. 지센린은 박사논문에서 "『마하바스투』에 사용된 언어가 불교혼성범어(Buddhist Hybrid Sanskrit)임을 증명했다."[59] 이 논문은 불교연구라기보다는 차라리 산스크리트 문법연구에 가까웠다.

지센린은 박사학위 이후에도 계속 지크에게 토하라어를 배웠다. 토하라어는 19세기 말부터 20세기 초 유럽 탐험대가 타클라마칸 주변 지역에서 발견한 고대 문자이다. 이는 일종의 사어(死語)로, 유럽 동양학자들이 이 언어의 정체를 밝히려고 노력했다. 지크도 일찍이 독일 탐험대 대원으로 투루판 지역 탐사에 참여해 토하라어로 쓰인 잔편을 발견했고, 이후 그것을 연구했다. 지센린은 이 기간 독일어로 논문을 썼고, 1943년 권위 있는 『독일동방학회학보』에 「토하라어 『불설복력태자인연경』 이본 연구」[60]를 실었다.

1944년 지센린은 「중고(中古) 인도어에서 어미 -aṃ이 o와 u로 바뀌는 현상」(Die umwandlung der endung : -aṃ in -o und -u im mittelindischen)을 발표했다. 이는 완전히 산스크리트 문법 연구이다. 이런 것에서도 알 수 있 듯 지센린은 스승 천인추에 비해 훨씬 정교하게 고대 인도어와 중앙아 시아어에 접근했다. 천인추에는 고대 언어 자체를 연구한다기보다는 그것을 통해 고대 역사를 연구하는 쪽이었다.(이와 관련해서는 본서 8장 2절 참조) 그렇다고 지센린이 단지 언어 문제에만 매달린 것은 아니다. 그는 스스로 말한다.

> 나의 고대 불교 언어 연구는 결코 언어의 형태 변화에 엄격하게 한정되 지 않는다. 나는 언어의 형태 변화 이면에 숨은 것을 탐구했다. …… 이 는 불교 부파의 분포 지역과 발생 시간에 대해 중요한 근거를 제공할 수 도 있다.[61]

지센린은 불교 언어 연구를 통해서 다양한 불교학 분야에 도달할 수 있음을 확신했다. 그는 1945년 2차 세계대전이 종결하자 귀국길에 올라 1946년 5월 상하이에 도착했다. 베이징대학은 그해 초 피난지 쿤밍(昆明) 에서 베이징으로 돌아왔다. 당시 총장 후스(胡適)는 문과대학에 동방어문 학부 설립을 결정했다. 그리고 지센린을 교수로 초빙하고, 동방어문학부 설립을 주도하게끔 했다. 지센린을 베이징대학 총장 후스에게 추천한 사

람은 칭화대학 은사 천인추에였다. 후스가 결정하고, 지셴린이 실제 주도
한 동방어문학부의 설립이야말로 중국에서 서구 불교문헌학의 제도적인
출발이라고 할 수 있다. 우리나라에서는 동서문명교류사를 연구하는 정
수일 교수가 동방어문학부 아랍어과 출신이자 지셴린의 제자다.[62]

　동방어문학부 설립 이후 교수진으로 참여한 사람은 산스크리트와 팔리
어를 가르친 진커무(金克木, 1912-2000)와 티베트어를 가르친 위다오취안
(于道泉, 1901-1992), 그리고 왕썬(王森, 1912-1991)이다. 위다오취안은 스
탈홀스타인의 제자이고, 왕썬은 탕융퉁의 베이징 대학 제자이다. 위다오
취안과 왕썬의 티베트불전연구에 대해서는 본서 4장에서 별도로 다룬다.

2장

문헌발굴과 문헌정리

양런산의 불전 수입과 난조 분유

근대 중국에서 불교 부흥은 몇 가지 요인이 있다. 서구 충격 아래서 청말 일부 지식인들은 전통 지식 속에서 서구 근대와 경쟁할 수 있는 내용을 찾으려 애썼다. 이른바 신지식인으로 불리는 청년들은 불교에서 개혁 정신과 평등 정신을 찾았다. 하지만 그들이 불교 지식을 동원할 수 있었던 것은 '불교지식의 유통'이라는 배경이 있다. 불교 지식이 보급되고 확산된 계기는 양원후이(楊文會, 1837-1911, 호 仁山) 같은 불교거사의 불서 간행과 불교 교육이었다. 계몽사상가 량치차오(梁啓超)는 『청대학술개론』에서 "불학이 청말 사상계에 복류했음"을 지적하고, 탄쓰퉁 같은 개혁가가 양원후이에게 귀의했음을 강조한다. 많은 지식인이 불교를 학습하게 된 배경 가운데 하나는 불교 지식의 광범위한 유통 때문이다.

량치차오도 "경전이 광범위하게 유통되자 그것을 구해서 학습하기가 비교적 쉬워졌다. 그래서 연구하는 사람은 날로 늘어났다."[1]고 언급한다. 중국 불교학자 허젠밍(何建明)은 『불법 관념의 근대 조응』(佛法觀念的近代造適)에서 근대 중국에서 불법 관념의 주요한 변화를 원전화, 현세화, 이성화, 다원화로 정리했다.[2] 여기서 원전화는 '실제 불전에 기반을 두어 불교

양런산

를 연구하고 붓다의 가르침을 실현한다'는 의미다. 이 원전화를 이끈 인물이 바로 양원후이, 즉 양런산(楊仁山)이라고 할 수 있다. 양런산은 젊은 날 불교에 입문하고 오래지 않아, 실제 구해 볼 수 있는 불교 서적이 대단히 제한적임을 알았다. 불교 지식에 대한 갈증이 있음에도 그것을 도저히 해소할 수 없었다. 그래서 불서를 수집하고 간행하는 일에 관심을 갖게 되었다.

양런산은 1866년 난징(南京)에 금릉각경처(金陵刻經處)를 설립했다. 1868년 양런산은 불교거사 15명과 함께 10개 항목의 「모각전장장정」(募刻全藏章程)을 제정했다. 여기서 '전장(全藏)'은 대장경[藏] 전체[全]를 말한다. 그래서 이 글은 모연(募緣)을 통해 전체 대장경을 판각[刻]하겠다는 취지문이자 실행 계획서인 셈이다. 여기서 양런산은 불서 판각과 인쇄 그리고 유통 등에 대한 구체적 내용을 제시했다. 어떤 판형으로 편집하고 어떤 서체를 사용하고, 한 판면의 글자 수나 배열 방식은 어떻게 할지 꼼꼼하게 확정했다. 주목할 점은 그들이 전체 대장경의 간행을 계획했다는 사실이다.[3]

양런산이 훗날 당시 중국에 없던 다양한 불서를 판각하고 유통시킬 수 있었던 결정적 계기는 일본의 불교학자 난조 분유와 교류였다. 두 사람이 첫 대면한 것은 중국도 아니고 일본도 아닌 영국이었다. 1878년 양런산은 당시 청정부가 파견한 유럽 주재 흠차대신(欽差大臣) 쩡치쩌(曾紀澤, 1839-1890)를 따라 유럽을 방문했다. 흠차대신은 오늘날로 치면 외국 주재 대사에 해당한다. 쩡치쩌는 당시 실력자 쩡궈판(曾國藩)의 아들이었다. 쩡궈판은 양런산의 부친과 같은 해 진사(進士)가 된 과거 동기생이었다.

양런산은 1878년부터 1882년까지 프랑스와 영국에 장기간 체류했다. 이것이 1차 유럽 체류이고, 1886년 재차 출국하여 1889년까지 체류했다.

양런산은 1878년 겨울 프랑스에 도착하고 이듬해 초 영국 런던에 도착한다. 1880년 런던에 체류 중이던 양런산은 당시 옥스퍼드(Oxford)에서 유학중인 일본 승려 난조 분유(南條文雄)와 가사하라 겐주(笠原研壽)에게 편지를 보냈다. 양런산은 다음과 같이 말한다.

> 저는 상하이에서 마츠모토 스님을 만나 이야기하다가 정토진종의 훌륭한 스님이 유럽에 유학하여 영국에서 공부한다는 것을 알게 되었습니다. 최근 런던에 도착해 스에마츠 씨를 만나 두 분께서 열심히 범어를 학습하고 있음을 알았습니다. 애석하게도 런던에서 다소 떨어진 곳에 계셔서 방문하지 못합니다.[4]

마츠모토는 마츠모토 하츠카(松本白華, 1839-1926)로 양런산이 출국할 당시 일본 동본원사 대곡파의 상하이 별원(別院)에 주석하고 있던 일본 승려다. 양런산은 상하이에서 그를 만나 난조와 가사하라의 영국 유학 사실을 알게 되었다.[5] 마츠모토는 앞서 1872년에서 1873년에 걸쳐 유럽 시찰을 다녀온 바 있다. 그는 당연히 일본 학승의 유럽 유학과 그들의 소재를 파악하고 있었을 것이다. 양런산이 영국에서 난조 분유를 결코 우연히 만난 것이 아님을 알 수 있다. 유럽으로 출발하기 전부터 이미 난조 분유를 방문하려 계획을 세웠다. 결국 양런산은 당시 옥스퍼드에서 유학 중인 일본 승려 난조 분유를 만났다. 난조 분유는 첫 만남을 이렇게 기억했다.

> 청국 공사관 서기 양런산은 독실한 불교도였다. 나는 스에마츠 겐조의 소개로 그들을 알게 되었다. 스에마츠의 숙소에서 천위안지(陳遠濟)와 양원후이 두 사람을 만났다. 나는 중국어를 할 수 없었기 때문에 필담을 하였다. 양런산은 자신이 간행한 『대승기신론서』 한 권을 내게 선물했다. 그는 『대승기신론』(이하 『기신론』) 때문에 불법에 귀의하게 되었다고

말했다. 그는 내게 산스크리트본『기신론』이 존재하는지 물었는데, 나는 산스크리트본『기신론』의 존재를 들어 본 적이 없다고 사실대로 대답했다. 양런산은 대단히 실망한 모습이었다.[6]

난조 분유에게 양런산을 소개한 스에마츠 겐조(末松謙澄, 1855-1920)는 일본 메이지시기와 타이쇼시기 활동한 문필가이자 역사가로 당시는 영국 주재 일본 대사관에 근무했다. 양런산과 동행한 청국 관리 천위안지는 쩡 궈판의 둘째 사위로 쩡치쩌의 매제였다. 그런데 난조 분유가 말한『기신론 서』가 실제 어떤 글인지는 분명하지 않다.[7] 양런산은 젊은 시절『기신론』을 읽고 불교에 입문했다. 그러하기에 그에게『기신론』은 더 없이 소중한 불전이었다. 더구나 중국불교에서 그것의 권위는 절대적이었다. 두 사람의 만남에서 중요한 점은 양런산이 난조 분유에게『기신론』산스크리트본 유무를 질문했다는 사실이다. 그가 원본으로서 산스크리트본의 가치와 권위를 분명히 감각했음을 확인할 수 있다. 그것은 단지『기신론』의 원형을 확인하기 위해서만은 아니었을 것이다.『기신론』이 분명 인도 찬술임을 확인하여 그것의 불전으로서 권위를 확립하고 싶었을 것이다.

1882년 1차 유럽 체류를 마치고 중국으로 귀국한 양런산은 1885년부터 당시 일본에 있던 난조 분유와 편지 교류를 시작했다.[8] 양런산과 난조의 편지 왕래는 1909년까지 계속되는데, 영국에서 보낸 편지부터 계산하면 대략 30여 년간 지속됐다. 양런산이 편찬한 그의 문집『등부등관잡록』(等不等觀雜錄)에는 난조 분유에게 보낸 편지가 대략 30여 편 수록되어 있다. 양런산이 난조 분유에게 불서 구매를 의뢰한 것은 1890년부터다. 그는 그해 친척 쑤사오포(蘇少坡)가 외교관으로 일본에 부임할 때 난조 분유에게 편지를 보내 중국에서 이미 사라진 불교 전적의 구입을 의뢰했다.[9] 양런산은 이렇게 획득한 불서가 3백여 종이라고 말한다.[10]

양런산 연구자 천지동(陳繼東)의 연구에 따르면 난조 분유는 1885년부터 1894년까지 양런산과 나눈 편지와 교환한 서적을 『증서시말』(贈書始末)과 『청국양문회청구송치서목』(淸國楊文會請求送致書目)으로 남겼다.[11] 첫 번째 책의 제명 '증서시말'은 '불서 기증의 전 과정'을 기록했다는 의미다. 두 번째 책은 '청나라 양원후이가 청구하여 송부한 서적 목록'이란 뜻이다. 난조 분유가 보낸 불서가 정확히 어느 정도 규모였는지 알 수는 없지만 이들 자료에 의거하면 "1890년부터 1894년까지 양원후이가 난조 분유에게 구매 의뢰 불서 명단 4종을 보냈고, 모두 221종에 달하고, 난조 분유가 대신 구매하거나 기증한 불서는 235종에 달한다."[12]

양런산의 노력과 난조 분유 등의 도움으로 일본에서 전래한 불서는 상당수가 이미 중국에서 사라진 중국 찬술 문헌이었다. 양런산은 대략 20여 년간 지속적으로 일본에서 3백여 종의 불교 전적을 들여왔는데, 거기에는 화엄종, 정토종, 법상종, 천태종, 삼론종 관계의 중요한 전적이 포함되어 있었다.[13] 이는 중국 찬술 불교문헌의 역수입이라고 할 수 있다. 중국 불교사 전체로 보면, 송대 들어 선종(禪宗) 독존의 불교계 상황에서 수당대 유통된 다양한 불서가 많이 사라졌다. 그래서 양런산이 난조 분유에게 구매를 요청한 문헌은 주로 위진시대부터 수당대에 이르는 번역 경론과 중국 찬술 문헌이었다. 양런산은 자신이 신봉한 정토종과 화엄종 계열 희귀 문헌을 중시했을 뿐만 아니라 법상종 관련 문헌에 대한 교감과 간행에도 힘썼다.

청말 일본에서 일거에 많은 문헌이 수입되자 불교계는 교리 연구와 사상 연구에 활기를 띠기 시작했다. 특히 『성유식론』, 『섭대승론』, 『섭대승론석』, 『성유식론술기』, 『유가사지론』 등의 교감과 간행은 이후 유식학 부흥의 계기가 됐다. 양런산은 「『성유식론술기』서」에서 다음과 같이 말한다.

당(唐) 이전 법상종(法相宗) 전적은 중국에 전래하지 않았다. 현장 법사가 인도 구법을 행한 이후로 유식종은 중국에서 크게 발전했다. 규기(窺

基) 법사는 현장 법사의 고제이고, 직접 사명(師命)을 이어 『성유식론』을 번역하고 [유식] 십대가의 핵심을 모아서 하나의 책으로 완성했다. 아울러 스승에게 들은 것이기 때문에 '술기(述記)'라고 명명했다. 법상종을 공부하는 사람들은 이를 하나의 준칙으로 신봉했다. …… 원나라 말기에 이르러 그것이 실전됐다. 5백년 이래 아무도 본 적이 없었고, 학문을 아끼는 이들은 매번 안타까워했다. 근년 세계가 교통하여 일본 난조 분유 박사와 교류할 수 있었는데, 그가 이 책을 내게 선물했다.[14]

물론 양런산의 위 언급이 정확한 것은 아니다. 그가 어떤 의미로 법상종이라는 표현을 사용했는지 불분명하다. 인도 유식학은 당대 이전에 이미 중국에 전래됐다. 일찍이 양대(梁代) 진제(眞諦)는 『섭대승론』과 『중변분별론』 등을 번역했다. 그런데도 양런산이 굳이 법상종이 현장에 의해 처음 전래됐다고 말하는 것은 아마도 『성유식론』에서 말하는 호법 계통의 유식학을 일종의 정통으로 파악하고, 그것을 법상종으로 취급해서가 아닐까 생각한다. 규기가 지은 『성유식론술기』는 현장이 편역한 『성유식론』 10권의 해설서라고 할 수 있다. 이는 20권에 달하는 분량으로 중국 법상종의 교과서에 해당한다. 양런산은 규기가 현장의 『성유식론』 번역과 강의에 참여하여 획득한 지식으로 『성유식론술기』를 저술했다고 파악했다.

양런산에 따르면 『성유식론술기』는 원나라 말기 이후 중국에서 사라졌다. 어디엔가 있을 수 있겠지만 그것은 드러나지 않았다. 중국 법상종의 가장 중요한 텍스트였지만 그것은 중국이 아니라 오히려 일본에 전승되었다. 양런산은 그것이 근대라는 통교의 시대가 되어 일본에서 중국으로 역수입됐음을 인정한다. 『성유식론』과 『성유식론술기』의 간행은 근대시기 유식학 부흥의 주요한 배경이 되었다. 『성유식론술기』가 판각되어 유통되는 과정에 대한 양런산의 언급에서 당시 불전의 판각과 유통의 실상을 알 수 있다.

양런산은 다음과 같이 말한다. "송옌(松巖)과 관루(觀如)라는 두 승려가 『성유식론술기』의 가치를 알고 초창기 경비를 출연하여 작업은 시작됐지만 두 사람이 연이어 입적하는 바람에 강남지역 불교도가 이어서 일을 완성했다."[15] 양런산은 경건한 불교도로서 불전의 간행과 유포가 얼마나 소중한 일인지 잘 알고 있었고, 그것을 위한 노력이 종교적으로 얼마나 큰 가치가 있는지도 잘 알고 있었다. 또한 불전의 판각이나 유통이 단지 한두 사람

『성유식론술기』

의 노력으로는 불가능함도 잘 알고 있었다. 그래서 그는 『성유식론술기』가 중국에서 일실되고 그것이 일본에서 수입되어 다시 간행되는 과정에 대해 다음과 같이 술회한다.

> 안타깝다. 이 책을 잃어버린 게 이토록 오래됐고, 그것을 얻는 것도 이토록 어렵구나. 『성유식론술기』의 판각을 제창한 사람은 그 완성을 보지 못하였지만, 이 때문에 유식종이 세상에 유전됐으니 결코 우연이 아니다. 후대 이 책을 열람하는 사람은 결코 그것을 모른 척해서는 안 될 것이다.[16]

이상 양런산의 언급은 근대 중국에서 불전의 역수입과 그것의 판각 그리고 유통의 실제 모습을 그대로 보여준다. 그렇다고 양런산이 일방적으로 일본에서 문헌을 수입한 것만은 아니다. 1905년에 시작해 1912년에 완간된 『만대일본속장경』(卍大日本續藏經)은 양런산의 도움이 컸다. 흔히 『만속장경』으로 불리는 이 장경은 교토의 장경서원(藏經書院)이 앞서 1902년에서 1905년까지 자신들이 간행한 『만대일본교정장경』에서 제외된 중국 찬술 불전을 집대성한 것이다. 당시 일본에서 명청대 간행된 중국

불교 문헌은 대단히 부족했다. 난조 분유는 장경서원 측에 양런산을 소개했고, 그 결과 중국 명청대 불전 수집에 양런산이 직접 나서게 된다. 양런산은 본인이 소장한 문헌뿐만 아니라 불교계의 여러 인물에게 도움을 청해 중국 각지에 흩어져 있던 장소(章疏)를 수집해서 일본으로 보냈다. 그리고 장경서원의 요청으로「일본속장경서」(日本續藏經叙)를 작성한다.

최근 일본 장경서원이 진귀한 대장경 판본을 취합하여 홍교서원본과 대교(對校)하여 자체를 키워서 읽기 쉽도록 했다. 나도 이미 구매하여 소장하고 있다. 최근 다시『속장경』을 제작하여 인도와 중국의 고덕(古德)이 찬술한 문헌 가운데 대장경을 넣지 못한 것을 모두 모아서 그것을 인쇄하고자 했다. …… 이 수집은 육조(六朝)와 당송(唐宋)의 유서(遺書)를 포함하는데, 자백진가 대사도 보지 못한 것이다. 진실로 세간의 진귀한 것이며, 수당 불교 문헌의 부족한 점을 보충할 것이다. …… 나도 이를 위해 수집을 했고, 그것의 완성을 보고 무척 기뻤다.[17]

난조 분유는「대일본속장경서」(大日本續藏經序)에서 "내가 일찍이 나카노 다츠에(中野達慧, 1871-1934)를 위해서 금릉각경처의 양원후이 거사에게 편지를 했는데, 거사는 자못 이 일을 기뻐하여 대장경에 들어 있지 않은 문헌과 아직 간행되지 않은 불서를 수집하여 우편으로 보내어 자료를 보충해 주셨다. 대략 십수 종에 이른다."[18]고 말한다. 이 점은 근대 중국불교가 단순히 일본불교로부터 자국 찬술의 문헌을 수입하기만 한 것이 아니라, 일본을 중심으로 진행된 한문 대장경 간행에 적극적으로 참여했음을 알려준다. 또한『만속장경』간행이 실은 동아시아 차원에서 진행된 사업임을 알려주기도 한다.

『속장경』간행을 지휘한 나카노 다츠에는「대일본속장경편찬인행연기」(大日本續藏經編纂印行緣起)에서 "앞서 난조 분유 박사의 소개로 중국 금릉의 양런산 선생에게 알려지지 않은 불교 전적을 수집해주길 부탁했다. 오래지 않아 다시 저장 닝보 호산사(芦山寺) 스딩(式定) 선사와 교류를 할 수 있었다. 서신 왕래를 수십 차례 했는데, 두 분 모두 이 일을 무척 기뻐했다. 직접 나서서 수집하기도 하고, 사람을 보내 수집하기도 하여 목록에 미수록된 서적을 수집하여 보내주신 게 전후 수십 차례이다. 다행히 명·청 양조의 불전을 대부분 확보할 수 있었다."[19]고 말한다. 『만속장경』부록인 「수희조연방명록」(隨喜助緣芳名錄)에서는 양런산이나 스딩 이외 문헌을 제공한 많은 중국 불교계 인사를 소개한다.[20]

대장경 간행과 불서 영인

근대 시기 금릉각경처를 비롯한 중국 각지의 각경처는 다양한 불전을 수집하여 교감하고, 그것으로 목판으로 판각하고 인쇄해 유포했다. 이런 불서 보급은 불교인뿐만 아니라 수많은 지식인에게 불교 지식을 제공하였고 그것이 다양하게 확산할 수 있게 했다. 개별 불전뿐만 아니라 대장경과 같은 대형 불서가 조성되고 공구서로서 사전 편찬도 진행됐다. 동아시아 역사에서 볼 수 있듯, 대장경 간행은 해당 지역의 불교계와 불교학계의 역량이 총체적으로 투입된 결과물이다.

중국의 경우, 북송(北宋) 개보(開寶) 연간인 971년 최초의 한문 대장경인 『개보장』(開寶藏)이 완성된다. '개보'라는 이름은 조성 시기의 연호다. 이후 송대에 여러 차례 대장경이 조성됐고, 요대(遼代)와 금대(金代)도 한문 대장경이 조성되었다.[21] 원대(元代)에도 세조 쿠빌라이 통치기간 『보녕장』(普寧藏)이 완성되는 등 한문 대장경이 몇 차례 조성된다. 명대는 태조 홍무(洪武) 연간에 칙명으로 『홍무남장』(洪武南藏)이 조성되지만 오래지 않아 화재로 소실되고, 영락(永樂) 연간에 마찬가지로 관판인 『영락남장』(永樂南藏)이 조성된다. 명조(明朝)가 베이징으로 천도한 이후 『영락북장』을 조성한다.

　이상 셋은 모두 관판이고 사판(私版)으로 『가흥장』과 『만력장』이 있다. 『가흥장』은 명대 만력(萬曆) 7년(1579) 저장 자싱(嘉興)의 능엄사(楞嚴寺) 에서 조성을 시작하여 청대(淸代) 강희(康熙) 15년(1676) 완성된 방책형(方冊形) 대장경이다. 『가흥장』은 조성을 시작하고 거의 백여 년 만에 완성한 대장경이기 때문에 하나의 완벽한 체제로 불전이 편집되거나 정리되지 않았다. 하지만 『가흥장』은 명대의 『남장』과 『북장』을 수용하였고, 명말청초 불서를 포함하기 때문에 특별한 가치가 있다. 『만력장』은 명 만력 17년 (1589) 시작하여 청 순치(順治) 14년(1657)에 완성됐다. 이는 『영락북장』을 복각한 것으로 병풍처럼 접히는 절장본(折裝本)이다. 청대에는 옹정 13년 (1735) 시작하여 건륭 3년(1738) 완성한 관판 『건륭대장경』(乾隆大藏經)이 있다. 이 대장경은 각 페이지 모서리에 용 문양이 있어서 『용장』(龍藏)이라 고도 부른다. 『용장』은 기본적으로 명대 『영락북장』을 저본으로 했다.[22]

　근대 시기 출현한 대장경은 1912년 간행된 『빈가장』(頻伽藏)이다. 이는 승려 종양(宗仰, 1865-1921)의 주도로 상하이 빈가정사(頻伽精舍)에서 조성 한 대장경이다. 정식 명칭은 『빈가정사교간대장경』(頻伽精舍校刊大藏經)이 다.[23] '빈가정사에서 교정하고 간행한 대장경'이란 의미다. 여기서 '빈가'는 불교 전설에 등장하는 새 가릉빈가(迦陵頻伽, kalaviṅka)에서 왔다. 당시 상 하이의 유명한 불교도 뤄자링(羅迦陵) 부인이 자신의 저택 내에 빈가정사 를 짓고, 승려 종양을 주석하게 했다. 또한 거기서 대장경을 조성했다. 그 녀의 법명 자링(한글 음 가릉)도 '가릉'빈가에서 온 말이다. 『빈가장』은 전 형적인 사판(私版) 대장경이라고 할 수 있다. 근대적인 인쇄술로 간행된 중국 최초의 대장경으로 납활자본[鉛印]이다. "전체 40함(函), 414책(冊), 1천9백16부(部), 8천4백16권(卷)이다."[24]

　『빈가장』의 저본은 일본 도쿄 홍교서원(弘敎書院)에서 1880년부터 1885 년까지 간행한 『대일본교정대장경』(大日本校訂大藏經)이다. 이 대장경은 금속 5호 활자로 축소해서 인쇄했기 때문에『축쇄장』이라고도 불리고, 출판사 이름을 따서『홍교장』이라고도 불렸다.『축쇄장』은 일본에서 최초로 근대적 출판기술을 동원해 간행한 대장경이다. 이는『고려대장경』을 정본(定本)으로 하고, 송·원·명 대장경을 대교본(對校本)으로 해서 완성됐다. 명대 우익지욱(藕益智旭)의『열장지진』(閱藏知津)을 근거로 하여 천태종의 교판에 따라 경전을 분류하고 불전을 배열했다. 경장(經藏), 율

『빈가정사교간대장경』

장(律藏), 논장(論藏), 비밀장(秘密藏), 잡장(雜藏) 등 전 5부(部) 25문(門)이다.[25] 일본에서는『홍교장』이후 근대적 출판기술을 이용해서『만정장경』(卍正藏經, 1902-1905),『만속장경』(卍續藏經, 1905-1912)이 간행됐고,『대정신수대장경』(大正新修大藏經, 1924-1934) 등 지속적으로 대장경이 간행됐다.

빈가장간행위원회에서는 1908년 여름 대장경 간행을 서원한 이후『홍교장』을 저본으로 하고, 명대『가흥장』, 청대『용장』등과 대교(對校)하였다. 1909년 겨울 교감을 완료하고, 1912년 봄 인쇄했다. 여기서 한 가지 의문을 가질 수 있다.『가흥장』과『용장』이 존재하는데, 왜 굳이 일본『홍교장』을 저본으로 선택했을까? 당시 간행위원회도 이런 질문을 받았을 것이다.「빈가정사교인대장경범례」(頻伽精舍校印大藏經凡例)에서 그들은 다음과 같이 그 이유를 설명한다.

본 대장경의 대교(對校)에는 홍교본(『홍교장』)을 정본으로 하고 국장본(『용장』)과 명대 경산장(徑山藏) 구본(『가흥장』), 그리고 각 각경처에서 단행본으로 판각한 선본(善本)을 참고했다. 홍교본을 정본으로 삼은 까닭은 그것이 교감을 상세하게 진행했고, 송·원·명·고려 장본(藏本)의

장점을 갖고 있기 때문이다.[26]

이런 언급은 그들이 일본 근대불교학의 성과를 인정한다는 이야기다. 그 성과 위에서 좀 더 전진하겠다는 의도를 엿볼 수 있다. 활자본을 만들 때는 '활자를 고르고 조판을 하고 인쇄하는'[排印] 과정에서 다른 글자로 오식(誤植)하는 경우가 많다. 『홍교장』도 마찬가지고 『빈가장』도 마찬가지다. 「범례」에서는 "『홍교장』본은 비록 다양한 대장경을 폭넓게 수집하여 대교(對校)하였지만 배인(排印)하기 때문에 여전히 잘못된 곳이 없을 수가 없었다."[27]고 말한다. 그리고 "일본 나카노 다츠에(中野達慧, 1871-1934) 선생이 [도쿄] 스가모(巢鴨)[28] 소재 슈쿄(宗敎) 대학 편찬의 정오록(正誤錄)을 보내주셔서, 장경 가운데 개정할 글자가 있으면 그것을 따랐다."[29]고 말한다. 여기서도 『빈가장』의 간행에 일본 불교학계의 직접적인 도움이 있었음을 확인할 수 있다. 또한 나카노가 『만속장경』 편찬에서 중국 불교계 인사의 도움을 받았던 것으로 보아, 지속적으로 중국 불교계와 교류했을 것으로 추측할 수 있다.

『홍교장』과 『빈가장』을 비교하면 물론 활자 크기에서도 차이가 있지만 가장 크게 눈에 띄는 점은 『홍교장』의 관주(冠註)를 일괄적으로 삭제한 사

『대일본교정대장경』

실이다. 관주는 각 페이지 상단에 모자[冠]를 씌우듯 주석[註]을 가한 것이다. 학계에선 관주 삭제 때문에 『빈가장』은 학술적 가치를 상당히 상실했다고 평가하기도 한다.[30] 실제 『빈가장』은 교감 기간도 대단히 짧았다. 저우수자(周叔迦)는 "자체(字體)는 『홍교장』에 비해 조금 컸지만 조판 과정에서 오식이 대단히 많고, 교감주를 생략하여 대단히 안타깝다."[31]고 평가했다. 『빈가장』은 비록 일본 『축쇄장』을 저본으로 했지만 중국에서

교감 작업과 조판 과정을 거쳤기 때문에 근대 시
기 중국에서 간행된 대장경의 하나로 간주된다.

이와 달리 순수하게 이전 대장경을 영인(影印)
한 경우도 있다. '영인(影印)'이란 말은 영어 포토
프린트(photoprint)의 한자어 번역이다. 의미는 '사
진으로 인쇄한다'는 정도이다. 동아시아에서는 사
진술 자체가 근대 시기 유럽에서 들어온 것이고,

저우수자

그래서 서적의 영인 기술도 서구에서 유입된 것이다. 이 때문에 영인은 전
혀 새로운 출판기술이었다. 근대 시기 중국에서 영인된 대표적인 대장경
은 일본 장경서원이 간행한『만대일본속장경』(卍大日本續藏經)과 중국 송
대 간행된『적사장』(磧沙藏)이다. 영인된『만속장경』과『적사장』은 여러모
로 성격이 다른 대장경이다.

일본에서는 1902년 교토에 대장경 간행을 위한 출판사인 장경서원(藏經
書院)이 설립된다. 마에다 에온(前田慧雲, 1855-1930)이 원장이 되어 나가노
다츠에(中野達慧)와 함께 대장경 편찬 사업을 진행했다. 1905년 장경서원
에서는『만대일본훈점대장경』(卍大日本校訂訓點大藏經)을 간행했다. 앞서
『홍교장』이 5호 활자를 사용한 데 반해 이 장경은 보다 큰 4호 활자에 구
두(句讀)와 훈점(訓點)을 부가하여 열람을 보다 용이하게 했다.[32]

『만정장경』을 뒤이어 장경서원은 중국에서 찬술된 각 종파의 장소(章
疏)와 선종 문헌을 모아 1905년에서 1912년에 걸쳐『만대일본속장경』(卍
大日本續藏經)을 간행했다. 전체 양은 150함, 750책, 1757부, 7148권에 달
했다.『만속장경』은 중국 불교문헌의 보고 같은 불서였다. 앞서 언급했
듯, 양런산은『만속장경』편찬 과정에 자신이 소장하고 있는 불서와 주
변에서 구할 수 있는 불서를 일본에 보내 편찬을 도왔다.『만속장경』에
는 중국 찬술의 다양한 불전 주석서와 불교 종파 문헌이 망라됐다. 중국
불교를 연구할 때는『만정장경』보다『만속장경』이 오히려 더 중요한 참

고 문헌이었다. 불교 거사 예공춰(葉恭綽, 1881-1968)는 1923년 상하이 소재 상무인서관(商務印書館)에서 『만속장경』을 151함, 751책 규모로 영인했다.

『만속장경』은 근대 시기 조성된 대장경인 데 반해『적사장』은 근대 시기 중국에서 발견된 송판(宋板) 대장경이다. 1931년 불교 거사 주칭란(朱慶瀾, 字는 子橋) 장군이 한재(旱災)를 당한 산시(陝西) 지역에서 자선 활동을 하다가 시안(西安) 성내의 와룡사(臥龍寺)와 개원사(開元寺)에서 우연히 다량의 대장경을 발견했다.[33] 주칭란은 판본을 유심히 살펴본 후, 이것이『송적사연성사각본장경』(宋磧砂延聖寺刻本藏經)임을 알게 됐다. 당시까지 중국 국내에 송판 대장경은 확인되지 않았기 때문에 이는 커다란 발견이었다. 이 대장경은 중국 북부인 산시(陝西)에서 발견됐지만 실제 판각지역은 오늘날 중국 남부 장쑤(江蘇) 지역이다. 남송(南宋)의 행정구역으로 하면 평강부(平江部) 적사(磧砂)였다. 이 대장경은 판각이 남송대에 시작됐지만 원대(元代)에 완성됐거나 아니면 원대에 판각이 보충된 것으로 보인다.[34] 발견 이후 이 대장경은 『적사장』(磧砂藏) 혹은 『연성사장』(延聖寺藏)으로 불렸다.

1931년 주칭란과 예공춰를 각각 이사장과 부이사장으로 하는 '영인송적사장경회(影印宋磧砂藏經會)'가 조직됐다.[35] 그들은 먼저『적사장』의 규모와 내용을 조사하고 정리하기 위해 승려 판청(范成, 1884-1958)을 시안에 파견했다. 판청은『적사장』조사와 정리 작업을 진행하고, 대동한 수십 명의 영인 기술자들을 지휘하여 촬영 작업도 진행했다. 1935년이 돼서야 500부가 온전히 영인됐다.『적사장』영인 과정은 장웨이차오(蔣維喬)가 쓴 「영인송적사장경시말기」(影印宋磧砂藏經始末記)에 비교적 자세하게 소개되어 있다.[36] 판청은 조사와 정리를 통해서 와룡사와 개원사 소장 장경이 온전히 보존된 대장경이 아니라 적지 않은 결락이 있음을 확인했다. '영인송적사장경회'는 보다 완벽한 송판 대장경을 완성하기 위해서 판청으로 하여금 산시 지역의 고찰을 답사해서 새로운 문헌을 발굴하게 했다. 예공취는 훗날『송장유진』「서문」에서 말한다.

> 민국 20년(1931) 영인송적사장경회에서 송판『적사장경』을 영인했는데, 그 가운데 빠진 부분[缺佚]이 있어서 판청 법사에게 여러 명산고찰을 방문하도록 부탁했다. 그가 산시(山西) 자오청현(趙城縣)의 광승사(廣勝寺)를 방문했을 때 대장경을 발견했다.[37]

금대 대장경은 1932년 중국 산시 자오청현 광승사 비홍탑에서 발견되었다. 금대 대장경의 발견 시기는 문헌마다 조금씩 다른데 발견자인 승려 판청(范成)은『송장유진』「서문」에서 "민국 20년(1931) 주즈차오(朱子橋)가 시안 와룡사에 보존된『송적사장경』을 발견하였고, 자신이 산시 지역의 고찰을 방문하여 불전을 찾고 있을 때인 민국 21년(1932) 여름 한 두타 행자가 찾아와 자오청현 광승사에 고본 장경을 보관하고 있다고 일러주었다."[38]고 언급한다. 판청이 광승사에서 확인한 대장경은 바로 금대(金代) 조성된 대장경 4,757권이다.

이 대장경은 금나라 희령(熙寧) 황통(皇統) 9년(1149) 산시 하이저우(解州) 천녕사(天寧寺)에서 조인(雕印)을 시작하여 세종(世宗) 대정(大定) 13년(1173) 완성되었다.『고려대장경』초조본과 마찬가지로 북송『개보장』을 저본으로 했다.[39] 천녕사에서 조인됐지만 그 판본은 광승사에 보관되어 있었다. 발견 이후 이 대장경은 금대 간행됐기에『금장』(金藏)이라고 불리기도 하고, 발견된 지명을 따라『조성장』(趙城藏)이라고 불리기도 했다.

베이징 거사 조직 삼시학회(三時學會)는 1935

『조성장』

광승사 비홍탑(飛虹塔)

년 송대 장경인『적사장』에 결락된 불서를『조성장』에서 뽑아『송장유진』(宋藏遺珍)이라는 이름으로 따로 간행했다. 전체 3집, 12함, 120책이었고, 문헌 종류는 46종이었다. 판청은『송장유진』「서문」에서 "예공취 거사가 '송장유진'이라고 명명했는데, 출처를 잊지 않았다[不忘所自]."[40]고 말한다. '송장유진'은 '송대[宋] 대장경[藏]이 남긴[遺] 진귀한 문헌[珍]' 정도로 해석할 수 있다.『금장』에서 확인한 문헌이지만 그것이 사실은 송대 대장경에서 연원했기 때문에 이렇게 이름을 붙였다. 그래서 판청이 '출처를 잊지 않았다'고 평했다.

『조성장』은 한국 고대불교와도 관련이 깊다. 신라 승려 둔륜(遁倫, 혹은 道倫)이 쓴『유가론기』(瑜伽論記)가『조성장』에 포함됐고,『송장유진』에 다시 수록됐다. 이 문헌은 인도 유식학의 가장 중요한 문헌인『유가사지론』의 주석서다. 앞서 일본에서 간행된『만속장경』과『대정신수대장경』에도 실렸지만『조성장』판본이 상대적으로 훨씬 정확했다. 이 때문에『송장유진』에 실린『유가론기』는 이후 적극적으로 활용됐다. 금릉각경처에서는『조성장』발견 이전 1922년『유가론기』를 초간할 때는 주로 일본에서 간행된『속장경』판본을 저본으로 한 것으로 보이지만,『조성장』발견 이후 중간(重刊)한『유가론기』는『조성장』판본을 적극적으로 활용했다.『한국불교전서』에 실린『유가론기』도 이『조성장』판본을 저본으로 했다.[41]

딩푸바오의 『불학대사전』 편찬

중국 근대 불교학계에서 대장경 등 대형 불서
편찬 외에 주목할 만한 것은 사전 편찬이다. 대표
적인 사전은 바로 딩푸바오(丁福保, 1874-1952)의
『불학대사전』(佛學大辭典) 16권이다.[42] 딩푸바오
는 1895년 장쑤(江蘇) 장인현(江陰縣)에 위치한 남

딩푸바오

정서원(南菁書院)에 입학하여 전통 교육을 받았다. 딩푸바오는 이듬해에
지역 시험에 응시해 수재(秀才)가 되었다. 그는 비교적 견고한 전통 교육
을 받았다. 1901년 상하이로 가서 의술(醫術)을 배우기 시작했고, 상하이
동문학당(東文學堂)에 입학해서 일본어를 공부했다. 1902년에는 일본으로
건너가 근대화한 의료 상황을 시찰했다. 그는 불교를 수용하기 전까지 주
로 의술을 익히고 환자를 치료하는 의사로 활동했다.[43]

딩푸바오는 1905년 불서 읽기를 시작했고, 1909년 재차 일본을 방문했
다. 이때 당대(唐代) 혜림(慧琳)이 쓴 『일체경음의』
(一切經音義)를 구입해 돌아왔다. 『일체경음의』는
일종의 불교사전이다. 이 저작은 딩푸바오에게 강
한 인상을 남겼다. 이후 그는 불교 사전 편찬을
발원했다. 1912년 딩푸바오는 자료를 모으기 시
작했고, 8년 만인 1919년 원고를 완성했다. 1921
년 『불학대사전』을 상하이 의학서국(醫學書局)에
서 정식 출판했다. 3만여 어휘를 수록했고, 1면 3
단 방책형 선장본(線裝本) 16책이었다. 『불학대사

『불학대사전』

전』은 대단히 전통적인 형식으로 제작되었다. 『불학대사전』에 수록된 딩
푸바오의 「자서」(自序) 3편과 그가 쓴 「부록」을 보면 딩푸바오가 불교사
전을 편찬하는 과정에서 동원한 지식은 크게 두 갈래임을 알 수 있다. 첫

째는 일본 근대 불교학이 이룩한 불교 공구서 방면의 성과이고, 둘째는 중국 양한(兩漢) 경학의 주석 전통이다.

먼저 일본 불교학 혹은 일본 불서의 수입이라는 측면을 보자. 사실 사전이라는 형식 자체는 결코 근대의 것도 아니고, 일본에서 수입된 것도 아니다. 딩푸바오도 『불학대사전』 「범례」에서 중국의 사서(辭書) 편찬법을 언급했다. 『사성절운』(四聲切韻)과 『패문운부』(佩文韻府)는 음운 분류법에 따른 것이고, 『설문해자』와 『강희자전』은 편방(偏旁) 분류법을 따른 것이고, 『병지류편』(駢志類編)[44]과 『병자류편』(駢字類編)[45]은 필획(筆劃) 분류법을 따른 것이다.[46] 중국에서 이렇게 근대 이전 사서(辭書)의 전통이 분명 존재했다. 불교에 한정하더라도 딩푸바오가 언급했듯, 당대(唐代) 현응(玄應)이 쓴 『중경음의』(衆經音義) 25권과 혜림(慧琳)이 쓴 『일체경음의』(一切經音義) 100권, 요대(遼代) 희린(希麟)이 쓴 『속일체경음의』(續一切經音義) 10권도 실은 불교 전문 사서(辭書)라고 할 수 있다.[47]

하지만 이런 전통적 불교 사서와 딩푸바오가 시도한 불교사전은 달랐다. 수많은 전문 술어를 항목으로 추출하고, 그것의 다양한 쓰임새를 다양한 불전의 용례로 설명하고, 그리고 산스크리트와 팔리어 원어를 제시하여 대조하는 것은 단순히 전통의 계승으로서는 불가능했다. 또한 순수하게 당시 중국 불교학계의 능력으로도 불가능했다. 딩푸바오의 『불학대사전』이나 이후 출현한 『불광대사전』(佛光大辭典)도 실은 일본 근대불교학의 다양한 불교사전을 참고해서 만들었다. 딩푸바오도 이 점을 직접 언급한다.

일본의 오다 도쿠노(織田得能, 1860-1911)의 『불교대사전』, 모치즈키 신코(望月信亨, 1869-1948)의 『불교대사전』, 오기하라 운라이(荻原雲來, 1869-1937)의 『산스크리트-한문 대역 불교사전』(梵漢對譯佛敎辭典), 후지이 센쇼(藤井宣正, 1859-1903)의 『불교사림』(佛敎辭林) 등을 참고해서

옛 원고의 부족한 점을 보충했다.[48]

딩푸바오가 거론한 사전은 근대 일본을 대표하
는 불교사전이다. 그가 가장 많이 원용한 사전은
오다 도쿠노의『불교대사전』이다. 그는 이 사전의
잘잘못을 거론하기도 할 정도로 친숙하게 취급한
다. 오다 도쿠노는 일본 정토진종의 학승으로 메
이지 30년(1899) 거의 단독으로 불교사전 편찬 작
업에 뛰어들었고, 원고를 완성하지 못하고 병으로
사망했다. 이후 다카구스 준지로, 난조 분유, 우에
다 가즈토시(上田萬年, 1867-1937), 하가 야이치(芳

『오다 불교대사전』

賀矢一, 1867-1927) 등에 의해 마무리 되어 1917년 간행됐다. 감수를 맡은
네 사람 가운데 다카구스와 난조는 불교학자임에 반해 우에다와 하가는
일본문학 전공자이다. 오다 도쿠노의 사전은 근대 일본에서 최초의 근대
적 불교대사전이라고 할 수 있다.

모치즈키 신코의 이른바『불교대사전』(佛敎大辭典)은 지금까지도 가장
많이 이용되는 불교사전이다. 1909년 제1권이 편찬됐고, 1937년 전7권이
완간됐다. 오기하라의『산스크리트-한문 대역 불교사전』은 번역명의대집
(翻譯名義大集)이란 부제를 달고, 1915년 간행됐다. 1940년 그의 사후에 유
작으로『한역 대조 산스크리트-일본어 대사전』(漢譯對照梵和大辭典)이 간
행되기도 했다. 후지이 센쇼의『불교사림』(佛敎辭林)은 1912년 간행됐다.
후지이도 오다와 마찬가지로『불교사림』을 간행하지 못하고 사망했다.
그의 유고(遺稿)는 난조 분유의 교열을 거쳐『불교사림』으로 간행됐다.
『불교사림』은 난조 분유가「서문」에서 밝힌 대로 전문적인 불교 연구자가
아니라 일반인이 참고할 수 있게 평이하게 쓰인 것이 특징이라고 할 수 있
다.[49]

딩푸바오는 이런 일본 근대불교학의 성과로 자신의 원고를 '보충'했다고 말했다. 이는 결코 자신의 원고가 단순히 일본어 불교사전을 번역한 게 아님을 의미한다. 하지만 딩푸바오가 산스크리트나 팔리어 그리고 영어를 동원해서 불교 술어를 설명한 점에서 그가 절대적으로 수입된 지식에 기반을 두었음을 알 수 있다. 딩푸바오가 주로 참조한 오다 도쿠노의 『불교대사전』은 모치즈키의 사전과 동명이기 때문에 일반적으로 『오다 불교대사전』(織田佛敎大辭典)이라고 불린다. 사실 딩푸바오는 불교 전문 술어의 추출과 그 설명에서 오다의 사전을 전적으로 활용했다.

또한 딩푸바오가 「범례」에서 어휘를 성격에 따라 "명수(名數), 술어(術語), 지명(地名), 천명(天名), 계명(界名), 인명(人名), 비유(譬喩), 불명(佛名), 보살(菩薩), 나한(羅漢), 이류(異類), 진언(眞言), 수법(修法), 물명(物名), 의식(儀式), 직위(職位), 전설(傳說), 고사(故事), 인명(印名), 종자(種子), 경명(經名), 서명(書名), 유파(流派), 당탑(堂塔), 동물(動物), 식물(植物), 잡어(雜語), 잡명(雜名)"[50] 등으로 분류하는데, 이도 오다의 『불교대사전』「범례」 제3항에서 제시한 어휘 분류와 완전히 동일하다.[51] 그리고 몇몇 항목을 비교해 보면 거의 번역이라고 할 수 있을 정도로 유사하다. 하지만 딩푸바오는 자신의 방식으로 일종의 교정을 행하면서 그것을 번역했다. 「범례」 결론 부분에서 딩푸바오는 오다 사전에 대해 직접 언급한다.

일본 오다의 『불교대사전』은 오자[誤文]나 탈자[脫簡]가 도처에 보인다. …… 예를 들어 '이제(二諦)'조에서 "『백론』「사제품」에서 '모든 사물이 이제에 의지한다'[諸物依二諦]고 했다."고 했는데, 『백론』 가운데 「사제품」이 없다. 오직 『중론』에 「관사제품」이 있을 뿐이다. 교정하면 "『중론』「관사제품」에서 '모든 부처님은 이제에 의지한다'[諸佛依二諦]고 했다."고 해야 한다. 『중론』을 조사하지도 않았고, 그 오류를 알지도 못했다.[52]

딩푸바오의 말대로 『백론』에는 「사제품」이 없다. 「사제품」은 『중론』의 품명이다. 『중론』 「관사제품」 제8송으로 구마라집 역본 원본은 『대정신수대장경』을 따르면 "諸佛依二諦 爲衆生說法 一以世俗諦 二第一義諦"[53]이다. 앞 두 구는 "모든 부처님께서는 중생을 위하여 이제에 의거하여 설법하신다." 정도로 해석할 수 있다. 그런데 오다의 사전에서는 '제불(諸佛)'을 '제물(諸物)'로 인용했다. 이도 분명한 실수지만 그것보다는 『백론』과 『중론』을 바꿔 기록한 것이 더 큰 실수다. 물론 잘못된 글자는 '물(物)'과 '백(百)' 두 글자밖에 없다. 딩푸바오가 그의 복각 수준으로 아무 생각 없이 오다의 사전을 번역하지 않았음을 알 수 있다.

딩푸바오의 두 번째 지식 연원은 양한 경학의 주석 전통이다. 이때 '양한 경학'은 전한(前漢)과 후한(後漢)의 경학 전통을 말한다. 흔히 한대 훈고학이라고 말하는 금문 경학과 고문 경학 전통을 통칭한다. 청대 고증학도 바로 이 한대 경학을 계승했다. 경서를 훈고하고 그것에 주석을 가하는 방식으로 요즘 식으로 말하면 고전문헌학이라고 할 수 있다. 딩푸바오가 경학 전통을 적용하려 한 것은 유년기에 받은 전통 학문의 세례 때문이다. 또한 그가 지향한 불교 연구가 기본적으로 불경에 주석을 다는 형식이었다는 점도 한 가지 이유가 될 것이다. 그에게 불교학은 일종의 주석학이었다. 그는 스스로 "나는 마흔 살 이후 불교에 귀의하여 불경을 주석하고자 발원했다."[54]고 언급할 정도였다. 그래서 딩푸바오는 '주석'이란 형태로 자신의 생각과 입장을 드러내는 고전적인 학술 방법을 택했다.

딩푸바오는 대표적인 대승불전 모두에 주석을 달고 싶었다. 『법화경』, 『능엄경』, 『지장본원경』, 『유마경』, 『원각경』, 『무량수경』, 『승만경』, 『금강명경』, 『범망경』, 『능가경』, 『화엄경』, 『대일경』, 『성유식론』 등이다. 하지만 이는 거의 불가능한 일이었다. 그 자신도 "내 개인이 해낼 수 있는 일이 아니었다."[55]고 인정했다. 그래서 결국 개별 경론에 대한 주석서를 편찬하려 계획했다. 하지만 개별 경전 주석도 만만치 않았다. 그는 결국 경전 주석의 첩경으로서 사전 편찬을 시도했다. 아울러 사전을 '일체경의 총주(總註)'라고 명명한다. 여전히 경전 주석의 연장선에서 사전 편찬을 이해했다. 그는『불학대사전』「자서」에서 다음과 같이 말한다.

> 나는 그것을 생각해보고 어쩔 수 없이 그 계획을 바꾸었다. 이에 경전을 주석하는 간단하고 빠른 방법을 모색했다. 그래서 여러 경전 가운데서 전문적인 술어를 선택하고 먼저 반복되는 부분을 제거하고 그런 후 그 의미를 해석하였고, 그 출처를 밝혔다. …… 이 책이 완성되면 일체경의 총주(總註)가 될 것이다. 내가 경전 주석을 발원한 마음은 아마도 거의 완수될 것이다. 개별 경전을 따라서 주석할 필요가 없을 것이다. 나는 계획을 확정하고 곧이어 불서 중의 전문 술어를 열심히 수집했다. 민국 원년 이후 이미 수천 항목을 수집했는데, 모두 되는 대로 선별했기에 선후 순서도 없어서 쑨주례(孫祖烈)에게 맡겨 정리하고 번역하여 그 원고를 보충하도록 하려 했다. 제목은 '불학대사전'이라고 했다.[56]

만약 주석이 이론을 제시하는 게 아니라 텍스트의 의미를 설명하는 행위라면 정교한 사전이 주석의 역할을 담당할 수 있을 것이다. 그런 의미에서 딩푸바오는 사전이 모든 경전에 보편적으로 해당하는 주석의 역할 즉, '일체경의 총주' 역할을 담당할 것이라 기대했다. 그는 "만약 불전의 진실한 의미를 밝히고자 한다면 반드시 그 어휘[詞]를 이해하는 데서 시작해야 한다. 어휘는 글자가 모여 이루어진 전문 명사이다."[57]라고 말한다. 그리고 북송의 유학자 정이천(程伊川)이『역전』「서문」에서 한 "그 어휘를 이해하고서 문장의 의미를 이해하지 못하는 경우는 있어도, 그 어휘를 이해하지 못하는데 그 문장의 의미를 파악하는 경우는 없다."라는 말을 거론하면서 어휘나 전문 술어 이해의 중요성을 강조한다.[58] 딩푸바오는 주석학이라는 차원에서 사전을 이해했다.

한대 경학을 계승한 청대 고증학은 일종의 문헌학이라고 할 수 있다. 거기에는 문자학이나 음운학뿐만 아니라 역사학이나 천문학 등 다양한 학문 분과가 포함된다. 물론 그것이 근대적 문헌학과 동일하지는 않겠지만 사실 고증이라는 차원에서 문헌을 분석한다는 점에서는 동일한 태도라고 할 수 있다. 딩푸바오는 경학 전통을 불교 사전 편찬 작업에 계승하고자 했다. 그는 스스로 "나는 감히 내가 행한 불경 주석이 모두 부처님의 종지를 장악했다고 말하지는 못하겠다. 하지만 사실에 근거하고 경전으로 검증했지 말류의 논의로 빠져들지는 않았다. 한대(漢代) 학자의 경전 주석 원칙에서 벗어나지 않았다고 감히 자신한다."[59]고 말할 정도로 한대 경학을 절대적으로 신임한다. 한대 경학의 학문 태도는 과연 어떤 것일까? 딩푸바오는 다음과 같이 정리한다.

> 한대 학자의 경전 주석은 모두 스승의 학설을 고수하고 새로운 학설을 숭상하지 않았고, 자기 마음대로 짓는 일도 없었고, 견강부회하지도 않았고, 표절하는 일도 없었고, 이해하지 못하면서 의미를 지어내지 않았고, 글자를 넣어 해석하지도 않았고, 망령되이 고훈(古訓)을 비난하지도 않았고, 경솔히 경문을 고치지도 않았고, 어정쩡한 견해[騎牆]를 피력하는 일도 없었고, 고집을 피우는 일도 없었다. 이것이 양한(兩漢) 경학(經學)이 천고에 독절할 수 있는 까닭이다. 유서(儒書)를 주석할 때도 마땅히 이와 같은데, 불경 주석이 또한 그렇지 않을 수 있겠는가?[60]

물론 '스승의 학설을 고수한다'는 점에서 경학 전통이 가진 학문적인 보수성은 인정해야 할 것이다. 하지만 경전을 주석하면서 철저히 객관적인 태도를 견지했다는 점은 충분히 현대 학문에도 적용할 수 있다. 딩푸바오는 '경전 주석'이라는 자신의 입장을 강조하기 위해서 『불학대사전』 제1책

머리에 「불경을 주석하는 거사에게 삼가 고함」(敬告注佛經之居士)이라는 글을 첨부했다. 그는 여기서 "한대 사람들의 학술 방법론으로 불교 경전을 해설했고, 육경을 근본으로 문장을 완성하고, 과거 현철(賢哲)의 견해를 종합하여 모범을 제시했다."[61]고 말한다.

3장

불교경학과 유식학 부흥

불교경학과 경전교감

중국의 불교학자 펑환전(馮煥珍)은 「현대 중국 불학연구의 방법론 반성」이라는 글에서 불교 연구를 문헌학적 연구, 역사학적 연구, 사상사적 연구, 철학적 연구 넷으로 구분했다.[1] 그는 이 글을 자신의 저서 『회귀 본각』(回歸本覺, 2006)의 도론으로 실으면서 사학식, 철학식, 경학식 셋으로 수정했다. 그리고 사학식 연구는 문헌학적 연구, 역사학적 연구, 사상사적 연구로 세분화했고, 경학식 연구는 지나내학원의 환원주의 입장과 인순(印順)의 포용주의 입장으로 구분했다.[2] 펑환전과 마찬가지로 중국 불교학자 공준(龔雋)도 「근대 중국불학 방법론 및 그 비판」에서 경학, 사학, 철학 방법론을 제시했다.[3]

물론 불교 연구를 완벽하게 이 셋으로 구분할 수는 없다. 중국 근대불교 연구자인 천빙(陳兵)과 덩즈메이(鄧子美)가 함께 쓴 『20세기 중국불교』(二十世紀中國佛教)에서는 천태와 화엄 그리고 남산율종 등의 연구 전통이 여전히 계승됐음을 강조한다. 하지만 그들도 근대 시기 불교사 연구 등 새로운 방법론이 등장했음을 인정한다.[4] 타이완 학자 우루쥔(吳汝鈞)은 『불학연구방법론』(佛學研究方法論, 1983, 2006)에서 일본과 구미의 불교 연구

방법론을 개괄적으로 설명하고 불교 연구의 의미에 대해서도 분석한다. 특히 문헌학 방법, 고증학 방법, 사상사 방법, 철학 방법, 비엔나학파 방법, 교토학파 방법, 기호논리학 방법, 후설 현상학 방법, 가다머 해석학 방법 등을 구체적 연구 사례를 들어 소개하고 설명한다.[5] 이렇게 많은 방법론이 불교 연구에 동원됐지만 근대 중국에서 가장 주요한 불교연구 방법론은 위에서 언급한 경학·사학·철학 세 가지 방법론이라고 할 수 있다.

경학 방법론이라고 할 때, 경학은 일반적으로는 중국의 전통적인 고전 연구를 가리킨다. 진시황의 분서갱유 이후 한대(漢代) 들어 소실된 문헌을 복구하는 과정에서 문헌 정리와 문헌 고증을 기본으로 하는 문헌학이 등장한다. 이른바 한대(漢代) 훈고학이다. 이것이 경학 전통의 출발이다. 한 대에는 이 경학 전통도 어떤 판본을 따르느냐는 문제로 금문 경학과 고문 경학으로 나뉘었다. 청대 고증학은 기본적으로 한대 경학을 계승했다고 할 수 있다. 청대는 고증을 통해서 근거를 밝히는 학문이란 뜻에서 이 전통을 고거학(考據學)이라고 하거나 꾸밈없이 질박한 실질을 추구하는 학문이라고 해서 박학(樸學)이라고 이름했다. 청말과 민국 시기 학자들은 고전 문헌을 다룰 때, 자연스럽게 경학 방법론을 동원했다. 이는 불교 문헌을 연구하는 데도 마찬가지였다.

먼저 경학 전통 가운데 불교 연구에 가장 뚜렷하게 사용된 것은 교감학이다. 후스는 1934년 천위안(陳垣)의 『교감학석례』(校勘學釋例)에 쓴 「서문」에서 다음과 같이 말한다. "교감학의 임무는 계속 쓰이면서 전해지는 텍스트의 잘못을 바로잡고 텍스트의 본래 모습을 회복하고 혹은 그것과 원본 사이의 거리를 최소화하는 것이다."[6] '교감(校勘)'이라는 말에서 '교'는 '교대(校對)'의 의미로 '서로 비교하여 심사한다'는 뜻이다. 그리고 '감'은 '감정(勘正)'의 의미로 조사하여 진실을 규명한다는 뜻이다.

사실 교감 두 글자는 비슷한 의미를 갖는데, 여러 문헌을 대조하여 잘못을 바로잡는다는 의미로 주로 사용된다. 교감 외에 '교수(校讎)'라는 말도 자주 쓰인다. '교수'라는 말은 한대 학자 유향(劉向)이 『별록』(別錄)에서 처음 사용했다. 『별록』은 유향이 당시 유통된 문헌에 대해 쓴 해제를 모은 책이다. 이때 각 문헌에 대해 교감을 진행했다. 유향은 '교수'에 대해 이렇게 말한다.

> 한 사람이 책[書]을 읽으면서, 그 책의 상하 오류를 교정하는 것이 교(校)이고, 한 사람이 원본[本]을 쥐고 또 한 사람은 책[書]을 읽으면서 마치 서로 원수처럼 대하는 게 수(讎)이다.[7]

여기서 '교(校)'는 교정(校訂)의 의미이고, '수(讎)'는 대립(對立) 혹은 상이(相異)의 의미다. 그래서 교수는 단순히 한 판본만을 갖고 그것의 오류를 수정하는 게 아니라 동일 저작의 상이한 판본을 비교하여 옳고 그름을 확정하는 것을 말한다. 이를 문헌학 차원에서 이해하면 "서지 재료상에서 갖가지 원인으로 말미암아 형성된 자구(字句)의 착오를 개정하여 본모습을 회복하거나 그것에 접근시키는 것이다." 좀 더 넓은 의미에서는 "서적의 판본, 교수, 편집, 목록, 보장, 유통 등 방면의 연구를 가리킨다."[8] 교수학에서는 실제 문헌에 등장하는 다양한 오류를 '다른 글자로 잘못 표기된 경우[訛誤]', '글자가 빠진 경우[缺脫]', '원본에 없는 글자가 삽입된 경우[衍羨]', '글자가 앞뒤 순서가 바뀐 경우[錯亂]' 등으로 분류한다. 한 문헌이 오랫동안 필사되거나 판각되어 전승될 경우 이런 다양한 오류가 발생하기 마련이다.

근대 시기 교감학을 재정립한 천위안(陳垣)은 교감의 방법론으로 대교법(對校法), 본교법(本校法), 타교법(他校法), 이교법(理校法) 넷을 제시했다. '대교법'은 가장 일반적인 교감 방법으로 교감할 특정한 텍스트가 정해지면 그 텍스트의 여러 판본 가운데 한 판본을 저본으로 확정한 후 다른 판본과 대조하면서 원본의 모습을 복원하는 작업이다. 예를 들면 『대정신수

대장경』에서 보이듯, 『고려대장경』 판본을 원본으로 하고 송·원·명 대장경 판본을 대교본으로 사용하는 방식이다. '본교법'은 동일한 판본 내에서 앞뒤 문장을 비교하여 잘못된 글자를 바로 잡는 방식이다. 주로 판본이 다수가 아니라 유일한 경우에 사용한다. '타교법'은 동일한 텍스트의 다른 판본이 아니라 해당 문헌의 내용과 관련된 다른 문헌을 이용해서 내용을 확인하고 교정하는 방식이다. '이교법'은 문자상의 대조가 아니라 내용을 근거로 논리적인 판단을 하여 오자나 탈자 또는 연문(衍文)과 착란을 교정하는 방식이다.

교감학은 전통의 것이지만 실은 근대 학술방법론으로도 손색이 없다. 그래서 근대 시기 청대 고증학 방법론이 근대 학술과 결합하기도 했다. 교감학은 금릉각경처처럼 문헌의 수집과 정리 그리고 교정본 간행을 시도하는 경우에는 필수적인 방법론이었다. 양런산이 1866년 난징에 금릉각경처를 설립한 이후 주로 사원 중심으로 곳곳에 각경처가 설립됐다. 각경은 물론 경전을 판각한다는 의미지만 단순히 경전을 판각하는 데 그치지 않았다. 왜냐하면 1차적으로 오류가 없는 좋은 판본을 마련해야 하기 때문이다. 좋은 판본을 마련하는 방법은 좋은 저본을 찾는 것뿐만 아니라, 다양한 판본을 구해서 상호 비교하고 의미를 분석해서 교정본을 만드는 것이다. 요즘 표현으로 하자면 비판교정본 간행이다.

양런산은 금릉각경처에서 불전 수집과 불전 교감을 담당했다. 근대적

「회간고본기신론의기연기」

의미의 불교학 방법론이 온전히 정착하지 않은 상황에서, 가장 효과적인 방법론은 교감이었다. 교감을 하기 위해서는 먼저 한 텍스트의 다양한 판본을 수집해야 한다. 오류가 심한 텍스트를 들고 아무리 열심히 교정해도 위태로울 수밖에 없다. 답

이 없는 문제로 심사숙고하는 격이다. 양런산은 근대 시기 일본에서 많은 고본 장소(章疏)를 수입했다. 그는 1898년 당대 화엄종 고승 법장(法藏)의 고본 『대승기신론의기』를 간행하면서 쓴 「회간고본기신론의기연기」(會刊 古本起信論義記緣起)에서 다음과 같이 말한다.

> 기존 대장경 내 법장의 『기신론소』 5권은 사람들이 모두 지나치게 나누고 쪼개어 의미가 관통하지 않음을 싫어했는데 규봉의 과회본(科會本)이다. …… 최근 오래전 일실(逸失)된 불전을 일본에서 구했는데, 육조와 원·명대까지 문헌 수백 종에 이른다. 거기에 『기신론의기』도 있었는데, '열 개 부문'[十門]으로 나누어 해석했다. 그제야 규봉 종밀이 삭제한 부분이 대단히 많았고, 원본의 규모를 상실했음을 알게 되었다. …… 수년 동안 노력해서 다시 별행의 고본을 입수하였는데, 진정으로 법장의 원문이었다. 두 번 세 번 교감을 하여 거듭 (원문과 체제를) 확정하여 『기신론』 원문과 『의기』 원문을 단락 지어 완성했다. 아마도 작자의 의도가 행간에 충분히 넘칠 것이다. 훗날 그것을 보는 사람은 마치 직접 가르침을 받는 것처럼 황홀할 것이다.[9]

양런산은 여기서 선본(善本) 수집과 교감 작업의 중요성을 강조한다. 양런산은 기존 규봉 종밀의 과회본 『기신론의기』가 가진 문제점을 인식했다. 그는 결국 일본 전래의 판본을 통해 『기신론의기』의 본모습을 확인했다. 거기에 다시 자신이 두 번 세 번 교감을 행해서 온전한 교정본을 만들었다. 양런산은 『기신론』과 『기신론의기』를 묶어서 하나의 판본으로 7권본 『기신론의기』를 편집하고, 거기에 법장의 『대승기신론의기별기』(大乘起信論義記別記)[10]까지 묶어서 1898년 간행했다. 그는 이렇게 완성된 판본을 통하면 마치 저자에게 직접 가르침을 받는 듯 감동이 있을 것이라고 단언한다. 이는 다양한 판본 수집과 교감 작업의 결과이다. 양런산이 가장 심혈을 기울여 교감 작업을 행한 불전 가운데 하나가 유명한『유가사지론』
이다. 그는 말년에 금릉각경처 관계 인사들에게 알리는 글에서 다음과 같
이 말한다.

> 아직 종료하지 못한 원고가 몇 있는데 빨리 완성해야 할 것이다. 첫째는
> 『석마하연론집주』이고, 둘째는『유가사지론』이다. 이상 두 책은 원고가
> 이미 절반 정도 완성되었다. 하지만 여러 사람의 주석을 수집하고 구두
> 를 하는 데 자못 심혈을 기울이고 있다. 행여 하늘이 내게 시간을 좀 더
> 준다면 마땅히 완성을 보는 날이 있을 것이다. …… 나는 금릉각경처에
> 서 대장경 전체를 판각하길 서원하여 경전을 교감하고 인쇄하는 데 극
> 히 정밀하게 하여 배우는 이로 하여금 오해하지 않도록 할 것이다.[11]

양런산이 말하는『석마하연론집주』(釋摩訶衍論集注)는 따로 이런 책이
있는 게 아니라, 그가『석마하연론』과 관련한 주석서를 종합하여 편집하
겠다는 뜻이다.『석마하연론』은『기신론』주해서로 유통됐지만 실제 그것
을 나가르주나가 지은 '기신론' 주석서'로 간주하기는 어렵다. 학승 인순
은『중관론송강기』(中觀論頌講記)「현론」(懸論)의 '『중론』의 작자, 주석자,
역자'에서『석마하연론』을 의심의 여지없이 당대(唐代)의 위작이라고 판정
했다.[12] 하지만 중국의『기신론』전통을 강하게 고수한 양런산에게『석마
하연론집주』는 필생의 작업이었다. 그리고 양런산은 당시 현장역『유가사
지론』100권의 교감 작업을 하고 있었다.

양런산은 "『유가사지론』은 법상종의 출발로서 사람들은 그것의 주석
서가 없음을 근심했다. 최근 일본에서『유가론기』를 입수해서 들여왔는
데, 당대 승려 둔륜(遁倫)이 지은 것으로 대략 80만 자에 이르고 그것을 판
각하고자 했다."[13]고 말한다. 둔륜은 실은 신라 고승이다. 양런산은 자신
이 교감한『유가사지론』전반부를 지속적으로 판각하고 간행했다. 그가

1911년 사망하자 제자 어우양징우(歐陽竟無, 1871-1943)가 금릉각경처 운영을 맡았고, 『유가사지론』 후반부 교감도 담당하게 됐다. 그도 스승과 마찬가지로 경전 교감이라는 방법으로 불교 연구를 진행했다.

어우양징우는 불교 연구의 내용으로 이론 연구와 문헌 연구 두 가지를 제시한다. 두 번째 문헌 연구와 관련해서 다시 '기존 문헌 정리'[整理舊存] 와 '새로운 자료 이용'[發展新資]을 제시한다. '기존 문헌 정리'에 다시 두 가지 사항을 지적한다.

> 첫째, 진위 판별인데 경솔하게 믿지 않고 세심하게 문헌을 읽고 결국 그 것이 무루법을 견인하는 데 상응할지 알고, 다문(多聞)이 그것의 토대가 되는데 다문함으로써 담대해지고 엄밀해지고 눈이 밝아져서 판단할 수 있다. 둘째, '어지러운 내용을 고증하고 바로잡는 것'[考訂散亂]인데 옛 날부터 보존된 문헌은 어지러운 내용이 많아서 반드시 상이한 역본을 통해 고증하여 그것의 장단을 따지고 교감·확정하고 나서야 읽을 수 있다.[14]

어우양징우는 대단히 경건한 불교도였다. 그렇다고 문헌 자체에 대해 반성하지 않고 그것을 무턱대고 받아들이지는 않았다. 그런데 그가 말하는 '진위 판별'은 단지 텍스트의 진위 문제는 아니었다. 어우양징우가 행한 경전 교감이 단순히 문헌학이 아니라 불교 경학일 수 있는 것은 그가 불교의 종교적 가치를 확신했기 때문이다. 아울러 불전이 그 가치를 구현하고 진리로서 정법이 거기에 투영됐음을 확신했기 때문이다. 한 텍스트가 '무루법을 견인하는 데 상응'하는지 알고 싶은 것은 문헌학자의 마음이 아니라 경건한 불교도의 마음이다. 그래서 '불교경학'은 단순한 교감학이 아니다. 양런산도 그렇했듯, 금릉각경처 그룹의 경전 연구는 이런 '불교'라는 중심이 있었다. 그들에게는 종교가 있었다. 하지만 그 종교로 문

어우양징우

헌을 왜곡하지는 않았다.

아울러 어우양징우는 불전의 진위 판별을 위해 '다문'을 방법론으로 제시했다. 그는 선정이나 기도와 같은 종교 방법론이 아니라 철저하게 문헌을 통해서 불법에 접근하겠다는 태도를 견지했다. 또한 '고정산난'의 문헌에 대해서는 전형적인 교감학 방법론을 동원하여 원본을 복원해야 한다고 생각했다. 그리고 불전 교감이 꼭 한문 불전 간의 대조로만 행해질 필요가 없음도 인정했다. 어우양징우는 「내학 연구에 관하여」(談內學研究)에서도 "경론의 상이한 역본의 상호 비교와 아직 번역되지 않은 티베트어·산스크리트 불전 연구"[15]를 중시한다. 여기서도 어우양징우의 불전 교감 태도를 엿볼 수 있다.

어우양징우의 이런 교감 정신을 가장 잘 보여준 작업은 지나내학원의 『장요』(藏要) 편찬이다. '장요'는 대장경[藏]의 핵심[要] 문헌이란 뜻이다. 어우양징우는 비록 대장경 전체는 아니지만 대장경의 핵심적인 문헌을 추려서 정밀하게 교감하고 교감주를 달아 정본을 확정하여 간행했다. 『장요』는 전체 3집(輯)으로 73종, 400여 권의 불서를 포함한다. 어우양징우의 지도로 제1집과 제2집을 각각 1929년과 1935년 간행했다. 제3집은 1985년 현재의 금릉각경처에서 당시까지 완성되지 않은 부분을 편집하여 간행했다. 1995년 중국 상해서점(上海書店)에서 10책으로 영인본 『장요』를 간행하기도 했다. 3집 모두 경률론 삼장으로 구성됐고, 주요한 문헌에 어우양징우가 쓴 서(敍)가 붙어 있다.[16] 『장요』 편찬은 어우양징우뿐만 아니라 제자 뤼청(呂澂)의 노력이 컸다. 많은 문헌의 다양한 판본과 다양한 번역본을 대조한 것은 다름 아닌 뤼청이었다. 어우양징우는 산스크리트 원본이나 티베트역본을 동원할 수 없었다.

중국학자 왕레이추안(王雷泉)은 『중국학술명저제요』(中國學術名著提要)

'종교편'에서『장요』를 해제하며『장요』의 편찬과 교감 방법을 정리한다. 어우양징우는 각교(刻校)·역교(譯校)·유교(類校) 세 가지 교감방식을 취했다. 각교란 판각된 판본 간 비교를 통한 교감이다. 역교란 동일 문헌의 다양한 번역본 간 비교를 통한 교감이다. 유교란 유사한 문헌과 비교를 통한 교감이다. 왕레이추안은『장요』가 이 세 방면의 교감을 거쳤다고 평가한다.

『장요』

첫째, 각교(刻校) 방면에서는 남송 사계판(思溪板) 대장경을 저본으로 하고, 북송 복주판과 고려재조장경을 대교본으로 교감했다. 둘째, 역교(譯校) 방면에서 역문 내의 착란과 난삽한 부분에 원전과 이역본을 사용하여 문장을 고증하고 표점과 주석을 달았다. 셋째, 유교(類校) 방면에서 의미 이해와 관련된 다른 문헌의 참고할 만한 증거를 취하여 단락을 나누고 장구를 분석했고, 또한 학설상의 연계를 밝혔다. 이상 세 가지는 교감과 관련된 내용이다. 그리고『장요』의 특징 가운데 하나는 어우양징우가 불전 가운데 중요한 교리에 대해서 제요(提要) 형식을 들어 20여 종 경론에 서(敍)를 지어 배우는 사람이 이해하도록 했다는 점이다.[17] 또한 뤼청의 '교감설명'이 있는데 이를 통해서 그가 어떤 판본과 문헌을 통해서 교감을 행했는지 확인할 수 있다.

앞서 말했듯, 어우양징우와 지나내학원의 불교경학은 단지 교감학은 아니다. 거기에는 불교라는 종교가 있었다. 어우양징우는 내학원 설립에 즈음하여 '내학'의 의미를 밝혔다. 그는 내학에서 '내'는 세 가지 의미가 있다고 말한다.[18] 첫째, 무루(無漏)가 내이고 유루(有漏)는 외이다. 여기서 '루'는 번뇌를 의미한다. 불교에서 번뇌가 출현하는 행위나 사건은 유루에 해당하고 결코 번뇌가 출현하지 않는 행위나 사건은 무루에 해당한다. 둘째, 현증(現證)이 내이고 추론[推度]은 외이다. 여기서 현증은 실질적인 깨달음을 가리킨다. 어우양징우는 "오늘날 철학을 말하는 사람은 진리를 연구한다지만 결론을 내리지 못한다. 그들은 추론에서 출발하기 때문에 사람마다 의견이 달라 정론이 없다. 만약 실질적인 깨달음에서 출발했다면 모든 사람이 한 사람같이 이견이 없을 것이다."라고 말한다. 셋째, 구경(究竟)이 내(內)이고, 불구경(不究竟)이 외(外)이다. 이때 구경은 궁극적인 가르침 즉 진리이다. 그렇다면 내학은 결코 번뇌 출현이 없고[無漏] 실질적인 깨달음을 얻고[現證] 궁극적인 진리[究竟]를 지향하는 학문이다.

1장에서 언급했듯, 일본 불교학자 사쿠라베 하지메는 근대 불교학은 예전 불교 연구와 "그 의도에서 명확히 구별할 수 있는 새로운 유형"이라고 말했다. 근대 불교학은 불교를 연구 대상으로 객관화했고, 연구자는 종교성을 배제하고 그것에 접근했다. 하지만 어우양징우는 종교심을 포기하지 않았다. 그는 "불법은 정각자가 깨달은 것이고, 불법은 수행자가 의지하는 것이"라고 말했다.[19] 그에게 불교는 단순한 연구 대상일 수 없었다. 이는 지극히 전통적인 의미의 불교 연구이다. 그는 "일체 불법연구는 결론 후 연구이지 연구 후 결론이 아니다."[20]라고 선언한다.

어우양징우는 분명 "진리를 연구한다지만 결론을 내리지도 못하는" 철학 연구자와 달랐다. 그는 지나내학원 설립 후 간행한 학술잡지 『내학』(內學) 「서문」(1924)에서 "도저히 어찌하지 못하는 상황에 딱 처하고 나서야 배움이 있고, 살겠다고 발버둥쳐보고 나서야 배움이 있다."[21]고 말했다. 그의 불교경학은 교감학과 종교심이 교차했다. 결코 둘 중의 하나를 선택해야 한다고 생각하지 않았다.

지나내학원과 유식학 부흥

근대 중국불교에서 가장 중요한 교리 전통은 유식학(唯識學)이었다. 유식학을 중심으로 교리 연구와 교리 응용, 문헌 정리 등의 작업이 진행됐다.[22] 당대 이후 쇠락한 유식학의 부흥이라고 할 수 있다. 전체 불교사에서 보면 유식학은 중관학과 더불어 대승불교 철학의 두 기둥이다. 고대 인도에서 그것은 요가차라(yogācāra)로 불렸다. 이는 '요가(yoga)'의 실천자(ācāra)'란 의미다. 중국에서는 유가사(瑜伽師)로 번역되었다. 중국에서 유식학은 남북조시대『십지경론』이나 『섭대승론』 등이 번역되면서 소개됐다. 번역된 두 불전을 중심으로 지론종과 섭론종이라는 학파가 형성되기도 했다.

당대(唐代) 인도 유학에서 돌아온 현장은 대규모 번역을 행했고, 대단히 전문적인 유식학 문헌이 중국에 소개됐다. 이후 유식학 연구의 한 흐름이 형성되어, 현장(玄奘)-규기(窺基)-혜소(慧沼)-지주(智周)로 이어지는 법상종 전통이 성립한다. 하지만 당말 유식학 연구는 중단되고 송대와 원대를 거치면서 법상종의 다양한 문헌이 사라졌다.

『유가사지론서』

1917년 어우양징우는「『유가사지론』서」에서 "수백 년 동안 유식학을 공부하는 사람에게 『상종팔요』(相宗八要)와 『성유식론관심법요』(成唯識論觀心法要) 외에 정밀한 연구는 없었다."[23]고 말한다.

어우양징우가 말한 『상종팔요』는 명말 만력(萬曆) 연간에 활동한 승려 혜랑(慧浪)이 유식학의 8종 문헌을 소개한 글이다. 『성유식론관심법요』는 명대 우익 지욱의 저작으로 그는 서두에서 "유식학의 도리가 바로 '마음을 통찰'[觀心]하는 법문임을 확립했다."[立唯識道理即是觀心法門]라고 하였다. '관심법요'는 '마음을 관조하는 법문의 요체' 정도로 이해할 수 있다. 혜랑과 지욱 두 사람은 결코 전문적인 유식학 연구자가 아니다. 하지만 이후 유식학 이해가 이 저작을 뛰어넘지 못했다. 어우양징우가 한탄한 이유는 여기에 있다.

양런산이 금릉각경처에서 법상종의 희귀 문헌을 간행하고, 어우양징우가 그 작업을 계승하면서 유식학은 점차 연구 역량을 회복했다. 그리고 1920년대 이후 유식학은 불교학계뿐만 아니라 일반 학계에까지 크게 유행했다. 유식학 부흥의 외부적 원인은 근대 시기 많은 지식인들이 이성 혹은 합리성 같은 개념에 입각해서 전통을 평가했기 때문이다. 그들은 중국의 전통 학술 속에서 정치한 논리와 이성적 사고를 견지한 유식학 전통을 발견했다. 간단히 말하면 유식학은 근대의 이성과 결합한 것이다. 선종이나 정토법문같이 수행과 신앙이 강조되는 불교 전통이 아니라 불교인이 아니더라도 합리적인 판단에 의해 수용 가능한 불교 전통이 유식학이었다. 물론 더 근원적인 이유는 저런 관점에서 유식학을 동원할 수 있게 유식학에 대한 정보를 제공한 금릉각경처의 노력이다. 양런산이 금릉각경처에서 유식학 문헌을 간행하여 유통시킨 게 큰 역할을 했다.

양런산은 기본적으로 『기신론』과 화엄학 그리고 정토법문을 숭상한 전통적인 불교도다. 제자 어우양징우에 따르면 양런산은 『화엄경소초』(華嚴經疏鈔)[24]를 연구하는 과정에서 화엄학가들이 유식학을 중시했음을 발견하고, 유식학 연구를 시작했다.[25] 양런산은 "인명론과 유식학 연구는 기필코 철저하게 해야 한다. 이는 학자들이 공부할 만한 것이다. 흐리멍덩하여 외도에 들고서도 자각하지 못하는 일이 없도록 해준다."[26]고 말하기도 했다. 그에게 유식학은 하나의 표준이 되었다. 어우양징우는 이에 대해 "양런산 거사는 『성유식론술기』(成唯識論述記)를 입수하여 간행했는데, 그 후 표준이 남김없이 드러났고 현장과 규기 연구에 길이 트였다."[27]고 평가한다.

금릉각경처에서는 현장 역 『해심밀경』 5권(1871), 현장 편역 『성유식론』 10권(1896), 규기(窺基) 찬 『성유식론술기』 60권 20책(1901) 등 유식학 문헌을 지속적으로 판각·간행했다. 양런산은『유가사지론』100권 가운데 전반부를 교감했고, 어우양징우 등이 후반부를 교감하여 1917년『유가사지론』100권 전체 간행을 완료했다. 어우양징우는 금릉각경처에서 오랜 기간 불전 교감을 통해서 불교를 학습하고 연구했다. 특히『유가사지론』등 유식학 문헌 교감 과정에서 대단히 전문적인 지식을 습득했다. 어우양징우의 유식학 연구는 특정한 스승을 계승했다기보다는 실제 유식학 문헌을 꼼꼼히 읽으면서 진행됐다. 그야말로 '다문(多聞)'의 방법이었다.

어우양징우는 1915년 금릉각경처 내에 '연구부(研究部)'를 설치했다. 그는 경전 교감과 판각 그리고 간행이라는 각경처의 역할에 불교 연구라는 한 임무를 더 부여했다. 1918년 금릉각경처는 이 연구부 산하에 '지나내학원(支那內學院)' 설립을 의결했고, 수년의 준비 기간을 거쳐 1923년 9월 정식으로 개원했다. 지나내학원은 중국 근대 불교교육과 불교연구의 최고봉이었다. 지나내학원은 규모가 꽤 컸고, 발기인으로 참여한 사람도 당시 학술과 문화 영역에서 대표적인 인물이었다. 베이징 대학 교장 차이위안페이(蔡元培), 학술가 장타이옌(章太炎)과 량치차오(梁啓超) 등이 대표적이다. 천인추에의 부친 천산리(陳三立), 탕쥔위(唐君毅)의 부친 탕환(唐煥)도 지나내학원 설립에 참여했다.

1922년 어우양징우는 지나내학원에서『성유식론』강의에 앞서 10회에 걸쳐 유식학의 핵심을 강의한다. 이 강연 내용은 이후『유식결택담』(唯識抉擇談)으로 정리되어 그의 문집에 실린다.『유식결택담』에서 '결택'은 '생사결택'처럼 '선택'이나 '판정'의 의미다. 그래서『유식결택담』은 유식학 입장에서 열 가지 주요한 문제를 판정하고 그것과 관련한 주요한 개념을 논의했다. 제5차 강의와 제6

어우양징우와 지나내학원 제자

차 강의에서 행한 일곱 번째 '결택오법담정지(決擇五法談正智)'는 유식학의 '오법(五法)에 대해 판정하여[抉擇] 정지(正智)를 논한다[談]'는 의미다. 이 글은 어우양징우가 이해한 유식학을 핵심적으로 드러냈다. 그는 상(相), 명(名), 분별(分別), 정지(正智), 진여(眞如) 등 다섯 가지 개념[五法] 가운데 진여에 대해서 다음과 같이 설명한다.

> 진여는 결코 별도의 작용을 갖지 않는다. 고금의 많은 사람들이 이를 이
> 해하지 못하고, 그저 진여 두 글자를 외부 작용으로 간주하여, 진여가
> 훈습하고 만법을 연기한다는 학설을 더하니, 정법이 전도되고 지리멸렬
> 해져 그 까닭을 밝히지 못하게 되었다. 너무도 안타깝다![28]

어우양징우는 유식학에서 말하는 진여는 순전히 정지(正智)의 인식 대상일 뿐이라고 말한다. 그가 보기에 진여연기설은 진여가 주체적으로 작동하여 만물을 형성한다고 주장한다. 그 때문에 어우양징우는 진여연기설을 말하는『기신론』을 비판한다. 바로 이 언급 때문에 1920년대『기신론』 논쟁이 시작된다. (이 논쟁에 관해서는 본서 제12장 참조.) 이렇게 어우양징우는 철저하게 유식학 이론에 근거해서 불교 내부의 다양한 교설을 평가하려 했다. 그는 1924년 9월 강의에서 유식학에서 불교 공부를 시작할 것을 당부한다. 그리고 먼저 독파해야 할 '핵심적인 불전'[要典]으로 '일본십지론(一本十支論)'을 제시한다.[29] 이는 근본적인[本] 텍스트 1종과 부수적인[支] 텍스트 10종을 말한다. 1본은『유가사지론』이고, 10지는『백법명문론』,『오온론』,『현양성교론』,『섭대승론』,『잡집론』,『변중변론』,『이십유식론』,『삼십유식론』,『대승장엄론』,『분별유가론』등이다.

어우양징우의 대표적인 제자 뤼청(呂澂, 1894-1986)도 스승과 마찬가지로 오랫동안 문헌 교감과 유식학 연구에 몰두했다. 뤼청의 제자 가오전농(高振農)에 따르면 뤼청은 다음과 같이 자신의 불교 연구를 평가했다. "나

의 불교 지식은 어우양징우에게서 연원하지만 진정 내가 불교 연구에서 일정한 수준에 도달할 수 있도록 한 것은 구체적인 연구 과정이었다. (중략) 나는 『장요』(藏要) 편찬 당시 한문, 산스크리트, 팔리어, 티베트어 등 각종 판본의 불전을 섭렵했는데, 이 때문에 나의 불교 연구 수준이 크게 발전했다."[30] 뤼청은 근대불교학이 내놓은 잘 정리된 책이나 논문을 통해서 불교에 대한 그림을 그린 게 아니라 자신이 직접 불전을 읽고 교감하면서 '불전'이라는 사실에 입각해서 불교를 이해했다. 대단히 단단한 앎이었다.

뤼청은 스승 어우양징우를 도와 지나내학원을 설립했다. 이후 뤼청은 본격적으로 불교 연구자의 길로 접어든다. 1924년 창간된 지나내학원의 기관지 『내학』(內學)에 여러 편의 글을 발표했다. 「『잡아함경』 간정기」(1924) 「『현양성교론』 대의」(1924), 「『장엄경론』과 유식고학」(1924), 「티베트 전승 『섭대승론』」(1925) 등 대단히 정교한 논문이다.[31] 이들은 모두 철저하게 문헌학에 기반해서 교리의 변천과 전개를 파악한 연구이다. 「『잡아함

「티베트 전승 『섭대승론』」

경』 간정기」에서 볼 수 있듯, 뤼청은 유식학이 초기불교의 전통을 잇고 있다고 생각했다. 아울러 그는 스승을 이어서 유식학과 법상학을 구분하려는 경향도 보였다. 또한 유식학을 전체 불교를 판단하는 기준으로 삼기도 했다.

승려로서 유식학 연구를 이끈 사람은 타이쉬(太虛, 1890-1947)다. 그는 중국 근대불교를 대표하는 고승 가운데 한 명이다. 불교계 개혁을 이끈 개혁승이었을 뿐만 아니라 사회 계몽을 이끈 계몽사상가였다. 또한 무창불학원, 민남불학원, 백림교리원, 한장교리원 등을 설립하거나 경영한 교육가였고, 『각사총서』와 『해조음』을 간행한 불교 언론인이자, 엄청난 양의

논문과 연구 저작을 남긴 학술가였다. 그는 '인간불교'라는 개념으로 새로운 불교를 창안한 불교 사상가이기도 했다. 타이쉬는 결코 특정 종파에 얽매이지 않고 대승불교의 다양한 문헌을 연구했고 다양한 저작을 내놓았다. 하지만 그가 활용한 가장 중요한 불교 이론은 유식학이었다.

타이쉬의 유식학 연구 성과는 1936년『법상유식학』(法相唯識學)으로 간행됐다. 이 책에는「법상유식학개론」같이 유식학에 대한 개괄적 소개도 있지만『유식삼십송』,『유식이십송』,『팔식규구송』(八識規矩頌),『해심밀경』,『유가사지론』등 유식학 문헌을 해설한 글이 많다. 또한 "그는 유식학이 근대 사회에서 갖는 모종의 적합성을 보았다."[32] 그래서 유식학을 단지 불교 내부로 한정시키지 않고, 그것을 사회적 가치로 확장시키고자 노력했다. 타이쉬는「아인슈타인의 상대성이론과 유식론」,「문화인과 아뢰야식」,「무아·유심의 우주관에서 평등·자유의 인생관까지」등과 같이 유식학을 통해 근대사회와 조우하고 근대사회를 해석하려는 시도를 포기하지 않았다.[33]

타이쉬의 대표적 제자는 인순(印順, 1906-2005)과 파쭌(法尊)이다. 인순은 스승 타이쉬처럼 불교계 개혁이나 사회 계몽에 헌신한 게 아니라 학승으로서 역할에 충실했다. 그야말로 학승으로 평생을 살았다. 그는 불교학 전반에 걸쳐 연구를 진행했다. 그는 스승 타이쉬처럼 중국 전통의 불교에 매달리지 않았다. 인순은 당시까지 불교인들은 그다지 관심을 갖지 않던『아함경』과 중관학에 많은 관심을 가졌다. 그의 유식학 연구도 중관학과 관련 속에서 진행됐다. 대표적인 유식학 연구는『섭대승론강기』(攝大乘論講記)와『유식학탐원』(唯識學探源)이다.

『섭대승론』(攝大乘論, Mahāyānasaṃgraha)은 인도 대승불교 논사 아상가(Asaṅga, 無着)의 저작으로 대표적인 유식학 논서이다. 인순은 쓰촨(四川) 법왕학원(法王學院)에서『섭대승론』을 한 자씩 꼼꼼하게 강의했다. 강의기간 강의 내용[講]을 제자가 기록[記]하여 후에 책이 되었는데, 그래서

'강기(講記)'란 이름을 달았다. 그는 난해한 『섭대승론』 본문을 대단히 명쾌하게 풀었다. 그리고 '부론(附論)'이라는 형식으로 자신의 평가와 견해를 제시했다. 인순은 『섭대승론강기』 외에 『중관론송강기』, 『대승기신론강기』 등 다양한 대승불교 경론에 대한 '강기'를 내놓았다. 그리고 『유식학탐원』은 유식학의 연원[源]을 탐구하는[探] 저작이다. 여기서 인순은 초기불교의 식론(識論)과 부파불교의 본식론(本識論), 종자론(種子論), 훈습론(薰習論) 등을 주로 다뤘다.[34] 유식학이 확립되기 이전 그것의 연원과 전개를 추적한 것이다.

타이쉬의 제자 파쭌은 티베트불교 연구자로 유명하고, 많은 티베트불전을 한문으로 번역했다.(파쭌의 티베트불교 연구에 대해서는 본서 제4장 2절 참조) 티베트불교가 전통적으로 중관학이나 유식학과 같은 대승불교 교리를 중시했기 때문에 파쭌도 유식학 문헌을 피해 갈 수 없었다. 파쭌은 청두(成都) 불학사(佛學社)에서 「유식삼십송」을 강의한 후 그 내용을 『유식삼십송현론』(唯識三十頌懸論)이란 제목으로 1938년 불교잡지 『해조음』(海潮音)에 실었다. 이 글에서 파쭌은 유식학은 "결코 대상의 존재를 부정하는 게 아니라 단지 식(識)을 떠난 대상의 존재를 인정하지 않을 뿐"이라고 말한다.[35]

1920년대 이후 중국에서 유식학 연구를 이끈 집단은 분명 지나내학원이다. 그 외 전문적으로 유식학 연구를 진행한 집단도 있었다. 바로 삼시학회(三時學會)다. 베이징을 중심으로 활동한 불교 거사 한칭징(韓清淨, 1884-1949)과 주페이황(朱芾煌) 등이 1924년 '법상연구회'를 창립하였고, 1927년 삼시학회로 명칭을 변경했다. 한칭징과 주페이황이 각각 회장과 부회장을 맡았다. 이 밖에 예공춰(葉恭綽), 메이광시(梅光羲), 저우수자(周叔迦) 등이 참여했다. 이들은 당시 대표적인 불교 지식인이었다. '삼시'라는 말은 대표적인 유식 계열 경전인 『해심밀경』에 등장하는 말이다. 붓다가 '세 단계'에 걸쳐 설법을 하는데, '세 번째 단계'[三時]에 『해심밀경』 같은 유식 계열 경전을 설했다고 말한다. 그래서 '제3시'는 유식학 경론과 유식학 자체를 가리키는 말로 확장된다.

삼시학회는 모임의 명칭에서 알 수 있듯, 주로 현장 번역의 유식학 경론 연구와 법상종 문헌 연구에 매진했다. 때론 유식학 강의를 하기도 했고, 강의 결과물을 출판하기도 했다. 지나내학원이 연구기관이자 교육기관이 었다면 삼시학회는 '연구회' 정도의 성격이었다. 그래서 그 성과도 달랐다. 지나내학원처럼 다음 세대 연구자를 배출하지는 못했다. 하지만 삼시학회는 소수의 지식인이 집중적으로 유식학 연구를 행하여 특별한 성과를 내기도 했다. 1930년대 삼시학회는 금대 대장경인 『조성장』에서 『유가론기』 등 새로 발굴된 불전을 가려서 『송장유진』으로 영인하기도 했다.(이와 관련해서는 본서 2장 2절 참조)

한칭징(韓淸淨)

삼시학회를 이끈 한칭징(韓淸淨, 1884-1949)은 본명은 커중(克忠)이고, 자(字)는 더칭(德淸)이고 법호가 칭징(淸淨)이다. 본명보다는 법호로 더 잘 알려졌다. 한칭징은 불교에 입문한 이후 바수반두(Vasubandhu, 世親)의 『아비달마구사론』을 읽었고, 이어서 현장이 편역한 『성유식론』을 읽었다. 하지만 그는 『아비달마구사론』은 대승에서 벗어났고, 『성유식론』은 대승의 본질을 이해하는 데 부족하다 여겨 『유가사지론』 연구를 시작했다.[36] 한칭징은 다음과 같이 말한다.

주페이황과 동시에 『유가사지론』 연구를 발원하여 불교의 진실한 교의를 발양하고자 했지만, 요령부득이었다. 옛 주소(注疏)인 규기의 『유가사지론약찬』과 둔륜의 『유가론기』 등은 연구의 바탕으로 삼기에는 부족했다. 교의에 대해 상세하게 이해할 수 없을 뿐만 아니라 문장을 해석할 수도 없었다. 대문을 들어설 수가 없는데, 어떻게 방 안을 엿볼 수 있 겠는가? 이 『유가사지론』이 번역된 지 아주 오래됐지만 연구한 사람은 거의 없었다. 간혹 섭렵하려는 사람이 있더라도 어떻게 가능하겠는가? 과판을 나누지 않으면 계통을 분명히 하지 못하고, 해석에 근거가 없으 면 교의에 합당함이 없다.[37]

한칭징은 1937년부터 1943년까지 집중적으로 『유가사지론』 연구에 매달렸다. 그는 먼저 『유가 사지론』의 과판(科判)을 시도하여 『유가사지론과 구』(瑜伽師地論科句)를 완성했다. '과판'은 특정한 문헌에 대해 그것의 문단을 나누어 거기에 성격 과 의미를 부여하는 중국의 전통적인 문헌학 방 법론이다. '과구'도 구문(句文)을 나누어 분석한다 는 의미이다. 한칭징은 『유가사지론피심기』(瑜伽

『유가사지론과구피심기』

師地論披尋記)에서 본격적으로 『유가사지론』을 해설했다. 『피심기』 서문에 서 그는 "주페이황 거사와 함께 『유가사지론』을 정리하여 구두(句讀)를 하 고, 과판을 세워 독본을 만들었다. 그 원고를 세 번이나 개작한 후에야 뼈 대와 순서가 질서 정연해졌다. 원문의 의미를 해석하여 『피심기』로 삼았 는데, 앞뒤로 열독하면 비로소 관통할 수 있을 것이다."[38]라고 평가한다. '피심'은 글자 그대로는 '쪼개어[披] 찾는다[尋]'는 말인데 '텍스트를 철저 히 파헤쳐서 의미를 탐구한다'는 뜻이다.

한칭징과 함께 삼시학회를 이끈 주페이황(朱芾煌, 1877-1955)은 쓰촨(四 川) 출신으로 본명은 푸화(黻華)이다. 그는 젊은 날 일본 도쿄에 유학했고, 유학 당시 쑨원(孫文)이 이끈 동맹회에 가입하여 활동하기도 했다. 신해혁 명 이후 쑨원을 도와 중화민국 건립 과정에 적극적으로 참여했다. 1920년 대 정치 일선에서 완전히 은퇴하여 베이징에서 불교 연구에 매진했다. 주

주페이황

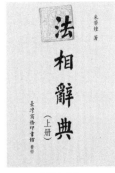

『법상사전』

페이황은 한칭징에게 유식학을 배웠기 때문에 나이가 훨씬 많았지만 제자로 자처했다. 하지만 그는 한칭징의 연구를 보조했을 뿐만 아니라 그 자신이 유식학자로서 역할을 했다. 주페이황은 1934년부터 『법상사전』(法相辭典) 편찬을 시작하여 1937년 완료하여 상하이 상무인서관에서 간행했다. 이는 주페이황의 성과라기보다는 중국 근대 유식학 연구의 성과였다.

주페이황은 『해심밀경』, 『현양성교론』, 『성유식론』, 『이십유식론』, 『오온론』, 『인명정리문론』 등 주로 현장역 유식학 문헌에서 항목과 내용을 추출했다. 그는 『법상사전』「서문」에서 다음과 같이 말한다. "경전을 해석하는 데 반드시 필요한 중요한 개념과 구절과 요의를 드러내 쉽게 이해시킬 수 있는 부분을 뽑아서 『법상사전』으로 편집했다. 전체 260여만 자에 달하고 모두 원문을 집록한 것이고 달리 해석을 붙이지는 않았다. 아울러 인용한 문헌의 권수와 쪽수를 표기해서 찾아볼 수 있게 했다."[39] 사전은 일종의 공구서다. 경론을 해석하고 어떤 이론을 수립하는 데 동원할 수 있는 방법론인 것이다. 주페이황은 그 역할에 충실하고자 유식학의 많은 개념을 추출하고 그것을 유식학 문헌을 통해서 해설했다.

인명학의 부활

중국 근대에 유식학과 함께 부활한 불교 유파는 인명학(因明學)이다. 인명학에서 '인명'은 산스크리트 헤투비디야(Hetu vidyā)의 한역으로 '판단 근거[因]를 밝힌다[明]'는 의미다. 기원전 3세기경 인도에서 활동한 가우타마(Gautama)는 '바른 사고와 타당한 추리[正理]'를 통해서 궁극적 실재를 인식하는 데 관심을 가졌고, 니야야(Nyāya) 학파를 형성한다. 이른바 정리(正理) 학파이다. 그들의 관심은 '믿음과 직관'이 아니라 "경험의 본성에 대한 논리적 검증과 비판적 반성"이었다.[40] 이들의 영향으로 불교 내부에서도 이른바 불교논리학이 형성된다. 대표적으로는 디그나가(Dignāga, 陳那)와 다르마키르티(Dharmakīrti, 法稱)이다. 근대 들어 일본에 보존된 고대 중국의 인명학 관련 문헌이 다시 중국으로 수입되어 소개되고, 주석서와 연구서가 간행됐다. 그리고 중국에서 번역되지 않았던 디그나가의 『집량론』(集量論, Pramāṇa-samuccaya)이나 다르마키르티의 다양한 저술이 산스크리트본과 티베트본에서 번역되기도 했다.[41]

중국에서는 당대(唐代) 현장이 디그나가의 『인명정리문론』(因明正理門論, Nyāyamukha)과 그의 제자 상카라스와민(Śaṅkarasvāmin, 天主)이 쓴 『인명입정리론』(因明入正理論, Nyāyapraveśaka)을 번역했다. 중국에서는 이 두 저작이 번역된 이후 본격적으로 인명학이 연구됐다. 하지만 중국 고대에 다르마키르티의 저작은 소개되지 않았다. 현장 이후 인명학은 현장-규기-혜소-지주로 이어지는

『인명입정리론소』

법상종 전통에서 주로 연구했다. 현장이 번역한 천주(天主)의 『인명입정리론』에 대해 그의 제자 문궤(文軌)와 규기가 각각 4권과 6권본 『인명입정리론소』를 찬술했다. 규기의 『소』(疏)는 편폭이 상대적으로 크기 때문에 『대

소』(大疏)라고 불리고, 문궤의『소』는 규기의 것보다 앞서기 때문에『구소』(舊疏)로 불린다.

규기의 제자 혜소(慧沼)는『인명입정리론의찬요』(因明入正理論義纂要)와 『인명입정리론의단』(因明入正理論義斷)을 저술했고, 규기의『대소』말권을 해설한『인명입정리론속소』(因明入正理論續疏)를 썼다. 혜소의 제자 지주는 규기의『대소』일부의 난제를 풀이한『인명입정리론소기』(因明入正理論疏記) 3권과 그 후속작인『인명입정리론소후기』(因明入正理論疏後記) 3권을 저술했다.

당대 법상종 학자들이 집중적으로 연구한 인명학 관련 문헌은 회창(會昌) 법난 등 여러 요인으로 일찌감치 중국에서 사라졌다. 이후 인명학은 중국 불교에서 거의 부재했다. 하지만 근대 시기 유식학 부흥과 함께 부활했다. 양런산은 난조 분유의 도움으로 규기의『인명입정리론소』를 입수하여 1896년 금릉각경처에서 간행했다. 앞 절에서 보았듯, 양런산은 인명학과 유식학 연구를 강조했고, 그것은 불교와 외도를 구분하는 기준으로 사용될 수도 있다고 언급했다. 양런산을 계승한 어우양징우도 지나내학원에서 인명학을 중요한 교과목으로 개설했다.

1912년 편찬된『빈가대장경』은 문궤와 규기의『인명입정리론소』뿐만 아니라 지주의『인명입정리론소전기』(因明入正理論疏前記)와『인명입정리론소초략기』(因明入正理論疏抄略記), 그리고 명대 지욱의『인명입정리론직해』(因明入正理論直解)까지 수록했다. 1923년 중국에서 영인된『만속장경』속에도 인명학 관련 문헌이 대거 수록되었다. 1925년 어우양징우는 편지에서 지나내학원 개설 과목을 소개하면서 인명학을 거론한다.[42] 1927년 지나내학원에서 편찬한『장요』(藏要) 제3집에도『인명정리문론』과『인명입정리론』을 수록했다. 이때 어우양징우는「『인명정리문론』서」를 지어 『인명정리문론』의 성격을 밝혔다.[43]

근대 시기 거의 최초로 행한 인명학 연구로는 장타이옌(章太炎)이 1909

년 쓴 『원명』(原名)을 들 수 있다. 그는 이 책에서 묵학(墨學)으로 대표되는 중국 전통의 논리학과 불교의 인명학 그리고 서양의 논리학을 비교하였다. 고대 중국에서는 논리학을 명학(名學)이라고 했다. 명학은 이름[名]과 사실[實]의 부합을 따지는 학문인데, 이 과정에서 논리의 문제가 출현한다. 그렇다면 『원명』의 제목은 '논리[名]를 탐구한다[原]'는 의미다. 불교거사이자 번역가였던 세우량(謝無量)은 1916년 『불학대강』(佛學大綱)을 상하이 중화서국(中華書局)에서 간행했다. 이 책 권하 제1편이 「불교논리학」인데, 제1장 '인명학의 연원', 제2장 '삼지작법(三支作法)의 인명론', 제3장 '인명학과 논리학의 비교', 제4장 '중국에서 인명론의 전개' 등 모두 4장으로 구성됐다. 이 글은 인명학 입문서로 손색이 없다. 아마도 일본 불교학의 성과를 꽤 수용했을 것이다.

타이쉬(太虛)는 1922년 가을 우창(武昌)의 중화대학에서 인명학을 강의했는데, 이때 사용한 강연 원고를 『인명개론』(因明槪論)이란 이름으로 정신인서관(正信印書館)에서 출판했다. 여기서 인명학의 의미와 기본적인 개념을 쉽게 설명했다. 이 책은 나중에 타이쉬가 1936년 상하이 상무인서관에서 간행한 『법상유식학』(法相唯識學)에 실린다.[44] 그는 이 글에서 인명학의 가치를 다음과 같이 말한다. "인도의 인명은 비록 불교의 전유물은 아니었지만, 인명학은 불교를 통해서 완성됐고, 불교도 인명학을 광범하게 사용하여 '잘못된 주장을 논파하는[破邪]' 학술을 정립했다."[45] 인명학이 불교의 중요한 방법론이었음을 강조한 것이다. 이는 양런산이 불교와 외도를 구분하는 공구로서 인명학을 강조한 것과 같은 맥락이다.

불교거사 메이광시(梅光羲)는 1925년 상하이 상무인서관에서 『인명입정리론소절록집주』(因明入正理論疏節錄集注)를 간행했다. 이는 규기의 『인명입정리론소』를 절록한 것이다. 슝스리(熊十力)는 1926년 『인명대소산주』(因明大疏删注)를 출판했다. 이 책도 규기의 『인명입정리론소』를 '대폭 줄이고[删]' 자신의 입장으로 해설한[注] 저작이다. 슝스리가 이후 현대 신유

『인명대소산주』

가로 알려져 '유학'의 범주에 갇히기도 하지만, 그는 1920년대 지나내학원에서 유식학과 인명학을 학습했다. 그 결과 불교 인명학에 관한 대단히 전문적인 저작을 내놓기까지 했다.

뤼청은 1926년 『인명강요』(因明綱要)를 간행했는데, 종(宗)·인(因)·유(喩) 삼지작법 등 인명학의 기본적인 개념과 이론을 설명했다. 삼지작법(三支作法)은 '주장·근거·예증'이라는 논리 형식의 '세 가지 부분'[三支]을 말한다. 뤼청은 1928년 집중적으로 인명학 관련 연구 성과를 발표했다. 그해 뤼청은 지나내학원의 기관지 『내학』(內學) 4집에 티베트 역본으로 남은 디그나가(陳那)의 『집량론본』(集量論本)과 『집량론석』(集量論釋)을 편역한 『집량론석약초』(集量論釋略抄)를 실었다.[46] 『집량론』과 『집량론석』은 디그나가의 대표작이다. 당대 의정(義淨)이 의해 번역했지만 한역본은 오래전에 사라졌다. 근대 들어 뤼청에 의해 다시 한역됐다.

뤼청은 디그나가의 『집량론』에 대한 근대적 연구로 인도 연구자 사티스 찬드라 비디야부샤나(Satis Chandra Vidyabhusana)의 「인도 중세 논리학」(The mediaeval school of Indian logic, 1909)을 거론했다. 비디야부샤나가 이후 간행한 『인도논리학사』(A History of Indian Logic)[47]에 착오가 대단히 많음을 지적하고 그것을 밝히겠다고 언급한다. 비디야부샤나는 이 책 제3장에서 디그나가의 논리학을 집중적으로 다루고 『집량론』 등 디그나가의 문헌을 직접적으로 인용한다.[48]

뤼청은 1928년 『내학』 12월호에 「인륜론도해」(因輪論圖解)라는 짧은 글을 실었다. 이는 티베트 역으로 일부 존재한 디그나가의 『인륜론』(因輪論) 11개 게송을 번역하고 첨부된 도상(圖象)을 해설한 것이다.[49] 뤼청은 같은 호에 「『입론』십사인과해」(入論十四因過解)를 게재했다. 이 글은 『인명입정리론』에서 제시된 '인지(因支)'상의 14종 과실을 해설한 것으로 지나내학원에서 강의한 내용을 정리한 것이다.[50] 같은 해 뤼청은 승려 인창(印滄)과 함께 『인명정리문론본』의 한역본과 티베트 역본을 교감하여 『인명정리문론본증문』(因明正理門論本證文)을 간행했다. 그리고 같은 해 디그나가가 쓴 『관소연론』(觀所緣論, Ālambana-parīkṣā)의 티베트 역본, 진제 한역본, 현장 한역본을 대조하고,

『인명정리문론본증문』

당대 의정(義淨)이 번역한 호법(護法)의 『관소연론석』(觀所緣論釋)을 첨부한 『관소연석론회역』(觀所緣釋論會譯)을 내놓았다.[51]

뤼청은 또한 신중국 성립 이후인 1954년 『현대불학』(제2-4기)에 발표한 논문 「불가의 로직」(佛家邏輯)에서 다르마키르티가 쓴 『정리적론』(正理滴論, Nyāyabindu)의 핵심적인 내용을 소개했다.[52] 『정리적론』은 다르마키르티가 불교 인명학의 핵심을 간명하게 정리한 책이다. 제목에서 적론(滴論)은 물 한 방울[滴] 같은 적은 분량으로 핵심을 설명한다는 의미다. 1940년대 왕썬(王森)은 러시아 불교학자 세르게이 올덴부르크가 정리한 『불교문고』(Bibliotheca Buddhica)에 실린 산스크리트본 『정리적론』을 중국어로 번역했다. 하지만 실제 출판은 1982년에야 이루어진다.

1960년대 뤼청은 불교연구반에서 인명학 강의를 진행했다. 이후 이때 사용한 원고를 제자 장춘보(張春波)가 정리하여 1989년 『인명입정리론강해』라는 이름으로 출판했다. 이 책은 강의 원고답게 『인명입정리론』의 원문을 따라가면서 친절하게 해설했다.[53] 그리고 부록으로 「진유식량」(眞唯識量)이란 글을 실었다. 이 글에서 현장이 제시한 '진유식량(眞唯識量)' 개념을 소개하고, 규기가 그

『인명입정리론강해』

것을 '유식비량(唯識比量)'으로 규정한 것을 소개했다.[54] 이때 비량(比量)은 '정당한 추리[比]를 통하여 사실을 파악하는 인식[量]'이다. 1960년대 초 발표한 논문 「중국에서 인명학의 최초 발전」에서는 고대 중국에서 인명학의 전개를 말하고, 「티베트 전승의 인명학」(西藏所傳的因明)에서는 다르마키르티의 인명학을 중심으로 발전한 티베트불교의 인명학을 소개한다.[55]

어우양징우의 제자인 치우보(丘檗)는 1931년 불교잡지 『불화수간』(佛化隨刊) 18호에 디그나가의 『인명정리문론』을 주석한 『인명정리문론각소』(因明正理門論斠疏)를 게재했다. 제목에서 '각(斠)'은 '교정하다'는 의미로 '각소'는 교정[斠]과 해설[疏]을 함께한다는 뜻이다. 그는 1934년 뤼청의 『집량론석약초』를 해설하여 『집량론석약초주』(集量論釋略抄注)를 간행하기도 했다. 왕언양(王恩洋)도 1947년 쓰촨 동방문교연구원(東方文敎硏究院)에서 『인명입정리론석』을 간행했다. 부록으로 「잡집론론궤결택소」(雜集論論軌抉擇疏)를 실었다.[56]

스이루(史一如, 1876-1925)는 1920년대 무창불학원에서 강의하면서 『인명입정리론강의』(因明入正理論講義)를 썼지만 정식으로 출판하지는 못했다. 아마도 강의 원고였을 것이다. 1920년대 무창불학원에서 타이쉬에게 배운 위위(虞愚, 1909-1989)는 1936년 『인명학』을 간행했고, 1939년에는 『인도 논리학』(印度邏輯)을 간행했다. 위위는 신중국 성립 이후에도 인명학자로 지속적으로 활동했다. 무창불학원 강사였던 거사 후이위안(慧圓)도 1932년 『인명입정리론강의』(因明入正理論講義)를 간행했다. 당시 유식학 연구를 주도한 지나내학원과 무창불학원 그룹은 이렇게 유식학뿐만 아니라 인명학에 대해서도 지속적으로 연구를 진행했다. 두 그룹에 속하지는 않지만 개별적으로 인명학 연구를 행한 이도 있다.

천왕다오(陳望道)는 1931년 상하이 세계서국(世界書局)에서 『인명학』을 간행했다. 이 책은 1928년 당시 그가 교수로 있던 상하이 푸단(復旦) 대학에서 행한 강의 원고였다. 천왕다오는 일본 도쿄의 도요(東洋) 대학과 와 세다(早稻田) 대학에서 문학과 철학을 학습한 언어학자였다. 저명한 불교 거사 저우수자(周叔迦)는 1936년 상무인서관에서 『인명신례』(因明新例)를 간행했다. 이 책은 '새로운 예[新例]'를 통해서 『인명입정리론』의 내용을 설명한다. 그는 이 책 외에 『인명입정리론석』과 『인명학표해』 등 인명학 관련 저작을 간행하기도 했다.[57] 왕지통(王季同, 1875-1948)은 1940년 상무인서관에서 『인명입정리론모상』(因明入正理論摸象)을 간행했다. 전기 공학자인 그는 말년에 불교 인명학에 심취했다. '모상(模象)'은 "장님 코끼리[象] 만진다[模]"는 말에서 나온 것으로 잘 알지 못하면서 이야기하는 것을 가리킨다. '천석(淺釋)'이라는 말과 비슷하게 겸사이다.

일본 도쿄제국대학 철학과에서 유학해 심리학을 공부한 천다지(陳大齊, 1887-1983)는 베이징대학 철학과에 재직 중이던 1938년 『인명대소려측』(因明大疏蠡測)을 간행했다. 제목에서 려측(蠡測)은 『한서』(漢書) 「동빙삭전」(東方朔傳)에 등장하는 "표주박[蠡]으로 바닷물을 계측[測]한다."(以蠡測海)는 구절에서 왔다. '얕은 수준으로 뭔가를 판단한다'는 의미로 여기서는 일종의 겸사로 사용됐다. 천다지는 이 책에서 규기의 『인명입정리론소』를 다른 인명학 문헌을 통해 논증하거나 수정했을 뿐만 아니라 서양 논리학을 통해서 분석하기도 했다. 그는 타이완 정즈대학(政治大學)에 재직 중이던 1952년에는 『인도논리학』(印度理則學)을 간행했다. 제목 가운데 '리측'은 '정당한 논리를 통한 추측' 정도로 풀이할 수 있다. 논리학의 다른 이름이다. 1970년에는 『인명입정리론오타문천석』(因明入正理論悟他門淺釋)을 간행했다. 이때 '오타문(悟他門)'은 "다른

천다지

『인명대소려측』

사람들[他門]에게 『인명입정리론』을 이해시키겠다[悟]"는 의미다. '천석'은 '얕은 수준의 해석'이란 뜻인데 물론 겸사이다.

인명학 부활은 직접적으로는 유식학 부흥과 관련된다. 적어도 중국 불교 전통에서 불교논리학은 크게 유식학 범주 내에 있었다. 그래서 유식학이 부흥하면서 자연스레 관심이 인명학 연구까지 번졌다. 그리고 근대라는 시대적 특수성도 배경이 된다. 왜냐하면 근대 중국에서 이성이나 합리성 혹은 과학 같은 가치가 하나의 보편으로 확장하면서 그것에 부합하는 전통 학술이 재조명되었는데, 그야말로 인명학은 오래된 근대였다. 그것은 근대 학술이 되기에 손색이 없었다. 최근 션젠잉(沈劍英) 등이 근대 중국의 인명학 연구를 총결하여 『민국시기 인명학 문헌 연구 총간』(民國因明文獻研究叢刊, 2015) 전 24책을 간행했다.

티베트불교의 발견과 티베트불전 연구

밀교 부흥과 티베트불교의 발견

근대 중국에서 불교 연구는 한문불전을 중심으로 진행됐다. 산스크리트불전이나 팔리어불전 연구는 활발하지 못했다. 이에 반해 티베트불전에 대한 연구는 비교적 활발했다. 이는 중국불교 전통 속에 티베트불교가 이미 존속했고, 티베트가 지리적으로 가깝다는 점에서 기인했다. 또한 서구 문헌학이 수입되는 과정에서 티베트불전의 중요성을 인식하기도 했기 때문이다. 그렇다고 해서 연구가 광범위하게 진행됐거나 연구자가 눈에 띌 정도로 많았던 것은 결코 아니다.[1] 승려로서 티베트불교 연구를 대표한 인물은 무창불학원 출신 승려 파쭌(法尊, 1902-1980)이다. 그리고 에스토니아 출신 학자 스탈홀스타인과 그의 제자 위다오취안, 그리고 뤼청, 왕썬 등이 근대불교학으로서 티베트불교를 연구했다.

티베트불교가 근대 시기 본격적으로 등장한 것은 밀교 부흥과 관련 있다. 근대 중국에서 밀교에 대한 관심은 1920년대에 고조됐다. 청말 불교 부흥을 주도한 양런산은 당대(唐代) 유행한 밀교가 송대 이후 전통이 단절되었고, 그 전통은 일본에서 지속되었음을 지적했다.[2] 양원후이의 제자 구이보화(桂伯華)는 1906년 전후해서 일본으로 건너 가 금강계와 태장계

왕홍위안

곤다 라이부

밀교를 학습했다.[3] 구이보화는 근대 최초의 일본 불교 유학생이라고 할 수 있고, 또한 가장 이른 시기 일본 밀교를 공부한 인물이라고 할 수 있다. 하지만 그가 일본에서 사망하고, 임종 전에 화재로 모든 소장 도서와 수고(手稿)가 소실됐기 때문에 이후 그의 중국 내 영향력은 크지 않았다.

밀교 부흥은 실제 민국 시기에 접어들어서 시작됐다고 할 수 있다. 민국 시기 가장 먼저 밀교를 소개한 인물은 왕홍위안(王弘願, 1876-1937)이다. 그는 일본 서적을 탐독하는 과정에 밀교 서적을 접했다. 아울러 '즉신성불(卽身成佛)' 등 밀교 교의에 큰 관심을 갖게 됐다.[4] 물론 이런 밀교의 개념은 이후 불교계 내부의 논쟁거리가 되었다.[5] 하지만 이런 개념이 일부 불교인에게는 대단히 매혹적이었던 것은 사실이다. 왕홍위안은 1918년 일본 밀교승 곤다 라이부(權田雷斧, 1847-1934)가 쓴 『밀교강요』(密教綱要)[6]를 동명으로 번역해 이듬해 간행했다.[7]

타이쉬(太虛)는 왕홍위안이 번역한 『밀교강요』의 가치를 인정하고 이 책을 그가 편집한 '각사총서(覺社叢書)'에 편입시켜 유통시킨다. 그는 "나는 당시 상하이에서 각사총서를 주편했는데, 『밀교강요』를 구해서 유포시켜 힘써 제창했다. 중국 밀교가 하루바삐 회복되길 바랐다."[8]고 회고한다. 사실 이 책이 전국적으로 알려진 것은 타이쉬의 안목 때문이기도 하다. 왕홍위안은 다시 곤다가 1916년 간행한 『만다라통해』(曼茶羅通解)[9]를 동명으로 번역 소개한다. 이 시기 왕홍위안은 밀교 관련 일본 서적을 대량으로 번역하여 『해조음』(海潮音) 등 주요한 불교계 잡지에 소개했다. 이는 단순히 일본 밀교의 수입일 뿐만 아니라 일본인의 '중국불교사관'의 수입이기도 했다.(본서 8장 1절 참조) 특히 밀교 전통은 중국에서 일찌감치 단절됐기 때문에 당시 밀교와 관련한 내용은 전적으로 일본으로부터 수입에 의존했다.

1920년대 왕홍위안의 노력으로 일본의 밀교 전통뿐만 아니라 중국의 당밀(唐密) 전통도 폭넓게 소개됐다. 당밀은 당대 중국에서 번역된 밀교 경전을 중심으로 형성된 밀교 전통을 가리킨다. 왕홍위안은 자신이 밀교 전통을 소개했을 뿐만 아니라 밀교 의식인 관정(灌頂)까지 직접 행했다는 점에서 비교적 온전한 밀교 부활을 시도했다고 할 수 있다. 왕홍위안이 행한 밀교 의례도 대부분 일본 밀교에서 전래된 것이다. 근대 시기 일본 불교와 중국 불교가 가장 강하게 결합한 영역은 밀교였고, 그것이 근대 시기 밀교 부흥의 직접적 계기이기도 했다. 1925년 타이쉬는 『해조음』에 발표한 「현시기 중국 밀교부흥의 추세」(中國現時密宗復興之趨勢)에서 당시 분위기를 다음과 같이 묘사한다.

> 최근 수년간 중국의 대승 팔종이 점차 유행하여 그 광채를 드러내고, 밀종도 때에 호응해서 힘차게 일어났다. 먼저 베이징·광둥·후베이·쓰촨에서 밀교의 바람이 끊임없이 불었고, 밀교의 보리수가 빠짐없이 내렸다. 지금은 장쑤와 저장에서도 그 풍화를 입지 않은 곳이 없다.[10]

타이쉬는 여기서 전국적으로 밀교가 부흥하고 있음을 지적한다. 왕홍위안이 거사로서 밀교 부흥을 이끌었다면 승려로서는 츠송(持松, 1894-1972)과 따용(大勇, 1898-1929)이 밀교열을 이끌었다.[11] 츠송은 1922년 『법륜보참』(法輪寶懺)을 읽고 나서 밀교에 관심을 갖게 된다.[12] 그는 당대(唐代) 출현한 중국 밀교가 중국에서는 이미 단절되었고 일본에서 오히려 성행하고 있음을 알았다. 1922년 츠송은 일본 고야산에서 가서 당시 고야산 대학 교수이자 그곳 천덕원(天德院) 주지인 가나야마 보쿠쇼(金山穆韶, 1876-

1958) 아사리를 스승으로 밀교를 수학하고 아사리위(位)를 획득했다. 가나야마는 진언밀교(眞言密敎)의 대표적 연구자로 이후 고야산 대학 학장을 역임한 인물이다. 사실 가나야마는 츠송뿐만 아니라 따용과 셴인(顯蔭) 등 다른 중국인 제자에게 밀교의 교의와 의궤를 가르쳤다. 그는 사실 중국 근대 밀교 부흥의 이론적인 연원이라고 할 수 있다.

일본에서 밀맥(密脈)을 계승한 츠송은 1923년 귀국 후 항저우, 우창, 상하이 등지에서 밀단(密壇)을 설치하여 관정을 행하고 밀교를 전파했다. 1925년 츠송은 타이쉬가 이끈 중화불교대표단 일원으로 일본 도쿄에서 개최된 '동아불교대회' 참석했다. 그는 대회가 종료한 후 귀국하지 않고 이듬해까지 고야산과 더불어 일본의 밀교 성지인 교토 인근 비예산 등지에 머물렀다. 비예산은 천태종[台]과 밀교[密]가 결합한 태밀(台密)이 성행한 곳이다. 전교대사 사이초(最澄)가 밀교와 결합한 천태교학을 수립했고, 뒤를 이어 자각대사 엔닌(圓仁)이 비예산을 중심으로 밀교를 전파했다. 이후 비예산은 태밀의 성지가 되었다. 츠송은 이곳에서 진언밀교 외 또 하나의 일본 밀교 전통인 태밀을 전문적으로 학습했다.

츠송은 1927년 귀국 후 중국 전역을 누비며 밀단을 개설하고 만여 명이 넘는 사람에게 관정을 행했다. 츠송은 근대 시기 가장 정력적으로 밀교를 전파했고 영향력 또한 컸다. 그는 1936년 세 번째로 일본에 건너가 밀단(密壇) 설치에 필요한 법구(法具)를 구하기도 했다. 츠송은 기본적으로 일본에서 밀교 교의와 의궤를 학습하여 그것을 중국으로 이식했다. 그 결과 밀교 부흥의 흐름이 발생했다. 왕홍위안과 츠송은 '밀교 부흥'이라는 단계에서 역할이 대단히 컸다. 하지만 그들의 관심은 티베트 밀교까지 확장하지는 않았다. 티베트 밀교에 대한 본격적인 관심과 중국 밀교 건설을 희망한 인물은 따용이다.

따용은 1919년 타이쉬를 스승으로 출가했다. 출가한 지 오래지 않은 1921년 베이징에서 일본 밀교승 사에키 가쿠즈이(佐伯覺隨) 아사리를 만나 밀교에 관심을 갖게 되었다.[13] 1922년 따용은 츠송, 춘미(純密) 등과 함께 일본으로 건너갔다. 고야산에서 가나야마 보쿠쇼를 만나 밀교를 학습했지만 오래지 않아 귀국했다. 이듬해 다시 고야산을 방문해 고야산 대학에서 가나야마에게 다시 배우고 아사리위를 획득했다. 따용은 1923년 말 귀국해서 상하이, 항저우 등지에서 관정을 행했다. 이듬해 타이쉬가 설립한 우한(武漢)의 무창불학원에서 밀단을 설치하고 관정을 행했다. 당시 파쭌 같은 무창불학원 학생뿐만 아니라 주변의 많은 불교도가 밀교에 관심을 갖게 되었다. 파쭌은 따용이 티베트불교에 대해 관심을 갖게 된 계기를 다음과 같이 기술한다.

> 민국 13년(1924) 봄 따용 법사는 베이징에서 바이푸런 존자와 선연암에서 함께 폐관을 행하며 호마법(護摩法)을 수행했는데, 법사는 티베트밀교가 일본 전래의 밀교보다 훨씬 훌륭함을 깨닫고 티베트 구법을 결심했다.[14]

호마법은 마치 불 속에 물건을 던져 태우듯, 마음에 불꽃을 만들어 모든 잡념과 망상을 태우는 수행법이다. 따용은 티베트 밀교 수행법의 탁월함을 절감했다. 이렇게 근대 중국 불교계의 밀교열은 티베트불교의 발견으로 이어진다. 따용이 티베트불교를 배운 바이푸런(白普仁, 1870-1927)은 허베이(河北) 러허(熱河) 출신의 몽고족 겔룩파 승려였다. 그는 당시 베이징 옹화궁에 주석했다. 따용은 바이푸런을 통해서 티베트 밀교를 발견했다.[15] 당시 티베트불교 전파에 중요한 역할을 한 사람으로는 바이푸런 외에 9세 판첸 라마, 독제 초파 등을 들 수 있다.

톱텐 추키 니마

9세 판첸 라마(Panchen Lama) 톱텐 추키 니마

독제 초파

(Thubten Choekyi Nyima, 1883-1937)는 티베트에서 13세 달라이 라마 툽텐 가초(Thubten Gyatso, 1876-1933)와 갈등을 빚은 후, 1923년 티베트를 떠나 이듬해부터 주로 중국에서 활동했다.[16] 국민당 군대의 북벌 종료 이전 베이징 정부는 기본적으로 9세 판첸 라마를 공적인 시민권이 없는 종교 인사로 취급했다. 베이징 정부의 수반이자 독실한 불교도였던 두안치루이(段祺瑞, 1865-1936)가 판첸 라마에게 시민권을 부여했다.[17] 이후 판첸 라마는 자유롭게 활동할 수 있었다. 그리고 저명한 라마 "독제 초파(Dorjé Chöpa, 1874-?)는 쓰촨 캉딩 출신으로 일찍이 티베트불교의 라마가 되어 라싸의 데풍 사원에서 20여 년간 머물며 학습하고 수행했다. 이후 몽골과 중국에서 티베트불교를 전파했다. 특히 그는 따용 등이 티베트 구법을 떠나도록 촉발한 인물이기도 하다."[18]

밀교 부흥과 티베트불교 유행 속에서 따용은 티베트 유학을 결심했다. 그는 본래 단독으로 아니면 한두 명의 시자를 데리고 티베트로 유학할 생각이었다. 하지만 바이푸런 등의 권유로 집단 차원의 유학으로 전환했다. 이후 유학을 위한 예비학교 형식으로 장문학원(藏文學院)을 설립했다. 본격적인 티베트불교 학습을 시도한 셈이다. 따용은 티베트구법의 취지를 다음과 같이 말한다.

일본 밀교와 티베트 밀교를 융합하여 중국 밀교를 창설하려는 큰 서원을 세우고 미리 티베트의 언어와 문자를 학습하여 티베트에 유학할 것을 고려했다.[19]

이상은 따용이 유학단을 결성하고 티베트 유학을 결행한 기본적인 의

도라고 할 수 있다. 그것은 단순히 밀교나 티베트불교에 대한 흠모 때문은 아니다. 근본적으로 중국불교나 중국밀교에 대한 반성에 기반하고 있음을 알 수 있다. 장문학원의 지도교사는 독제 초파였다. 그는 이후 따용의 티베트 유학에 여러 가지 도움을 주었다. 따용이 베이징에서 어렵지 않게 티베트불교의 라마를 만나고 티베트어를 학습했다는 사실에서 티베트불교는 이미 중국불교 내부에 존재했다. 하지만 호출하지 않으면 등장하지 않는 존재였다.

따용은 원래 일정한 기간 티베트어와 티베트불교를 학습할 작정이었다. 하지만 당시 군벌이 난립하고 베이징 정부가 국민당과 대립하는 등 정세가 대단히 불안했기 때문에 서둘러 티베트유학을 감행하기로 결정했다. 그래서 장문학원을 '티베트불교유학단'[留藏學法團]으로 재조직하고 운용 원칙과 생활 규범 등을 제정했다. 1925년 6월 유학단은 베이징을 출발했다. 우선 남하하여 우한에 도착하고 우한에서 양자강을 거슬리 올라 쓰촨으로 진입했다. 당시 정치적 혼란 속에 있던 중국 변방 지역에서 티베트 입경은 쉽지 않았다.

유학단은 쓰촨에서 수년간 머물면서 그곳 티베트불교 사원에서 티베트어와 티베트불전을 학습했다. 1929년 유학단을 이끈 따용이 입적했다. 이후 유학단은 단체로서 결속력을 상실했고 구성원은 각각 자신의 길을 선택했다. 그 지역에 머물면서 계속 티베트어와 티베트불교를 학습한 이도 있고, 귀환한 이도 있었다. 또한 파쭌처럼 불굴의 의지로 티베트 유학을 시도한 이도 있었다. 쓰촨에서 유학단에 참여한 능하이(能海, 1886-1967)도 개별적으로 티베트 유학을 완수한 경우다. 능하이는 1928년 단독으로 티베트 라싸에 도착해 티베트불교를 학습한 이후 1933년 중국으로 돌아온다.

파쭌의 티베트불전 번역

파쭌

티베트불교유학단의 좌절 이후 실제 티베트 유학을 완수한 사람은 파쭌(法尊, 1902-1980)이다. 1920년 중국 산시(山西) 오대산에서 출가한 파쭌은 그 해에 따용을 만나 강의를 들었다. 1922년 무창불학원에 입학해서 체계적으로 불교를 학습했다. 1923년 파쭌은 일본에서 귀국한 따용을 무창불학원에서 재회했고, 그의 밀교 강의를 들었다. 파쭌의 기억에 따르면 "따용 법사가 우창에 돌아와서 십팔도(十八道)를 전했는데, 각처의 불교도가 재가·출가를 막론하고 밀교가 가장 수승하다는 분위기를 갖고 있었다."[20] 많은 사람들이 따용이 설파한 밀교 수행과 교의에 열광했지만 파쭌은 처음 접한 밀교에 대해 큰 관심을 갖지는 않았다.

파쭌은 자신이 접한 밀교 교의에 대해 다소 조심스런 태도를 취했다. 수승한 사람은 밀교 수행을 통해 '즉신성불(卽身成佛)'의 도리를 실현할 수도 있겠지만 하근기는 잘못하면 마법이나 신통력에 빠져 그것이 즉신성불이라고 착각할 수도 있겠다고 생각했다. "나는 근기가 저열하여 삼매의 영상과 본존의 가지(加持)를 얻지 못했을뿐더러 마법의 대신통력도 얻지 못해서 밀법에 대해서 큰 관심이 없었다."[21] 하지만 따용은 베이징에서 장문학원을 설립하고 티베트 유학을 계획할 때 편지로 파쭌을 불렀다. 파쭌은 무창불학원을 졸업하고 곧 베이징으로 가서 장문학원에 입학했다. 하지만 티베트불교 학습에 대한 열정이 넘친 것은 결코 아니다. 그는 유학단의 일원으로 여정을 함께하면서 점차 티베트불교에 대한 관심과 열정이 증폭했다.

파쭌은 여행 기간 당대 고승 의정(義淨)이 인도 구법 여행 후 남긴 『남해

기귀내법전』(南海寄歸內法傳)을 읽고 의정에 대한 존경심을 갖게 되었다. 그리고 중국불교의 불전이 선각의 희생 위에서 번역되고 유통됐음을 알았다. 그는 "이들 경전상 한 글자 한 획은 바로 한 방울 피와 한 방울 눈물의 혼합품"이라고 생각했다. 또한 파쭌은 의정의 글귀로 알려진 "간 사람은 백이 넘었지만 돌아온 사람은 열이 안 됐다. 뒷사람들이 어찌 선배들의 고난을 알겠는가?"[22]라는 말에 눈물 흘렸다고 말한다.[23] 그는 중국 고대 구법승의 활동에 감동하고 자신도 구법과 역경을 소명으로 받아들였다. 그래서 티베트 유학의 목적은 선명해졌다.

파쭌은 구법승으로 그리고 역경승으로 자신의 역할을 규정했다. 그리고 역대 중국의 구법승과 마찬가지로 구법을 통해 중국불교의 부족한 부분을 채우고자 했다. 바로 이런 의도 때문에 그는 20세기 중국불교를 대표하는 역경승이 될 수 있었다. 파쭌은 따용을 따라 처음부터 장문학원과 티베트불교유학단에 참여했다. 그리고 따용 입적 이후 혼란 속에서 유학단을 실질적으로 이끌기도 했다. 파쭌은 티베트에 들어가기 전부터 티베트불교를 학습했다. 실제 티베트 민족과 티베트불교는 티베트 고원 지역뿐만 아니라 쓰촨 지역과 윈난(雲南) 지역 등 대단히 광범하게 분포해 있다. 이 지역은 근대 시기까지 티베트 영향권이었다. 파쭌은 유학단이 티베트 접경지역인 시캉(西康)에 머물 때부터 본격적으로 티베트불교를 학습했다.

파쭌은 구법승이기 이전에 티베트어를 배우는 학생으로 수년간 살았다. 티베트에 산다고 해서 티베트어를 할 수 있고, 더구나 고대 티베트어로 저술된 불교 문헌을 술술 읽어낼 수 있는 것은 결코 아니다. 각고의 노력이 필요했다. 그리고 파쭌은 이런 학습 과정에서 중국불교 전통과는 전혀 다른 티베트불교 전통을 접하고 그것을 학습하기 시작했다. 인명학이나 유식학 그리고 중관학 등 정통 인도 대승불교를 조금씩 만났다. 티베트불전을 통해서 파쭌은 인도불교의 전통에 조금씩 다가섰다. 또한 티베트불교의 전통과 성과에 대해 확신 같은 게 생겼다. 그는 훗날 시캉에서 『보리도차체론』을 학습한 경험을 다음과 같이 기술한다.

저 『보리도차제론』의 조직과 구성은 내가 꿈에서도 본 적이 없는 보배였다. 내 생각에 발심·구법의 뜻이 작은 결실을 맺었다고 해도 될 듯했다. 내가 시캉에서 죽는다고 해도 아쉬움이나 안타까움이 없을 듯했다.[24]

암도 게쉐

1929년 파쮼은 티베트어로 된 『인명입문』(因明入門)과 『현관장엄론』 등을 학습했다. 그리고 작은 분량의 티베트불전을 한문으로 옮기는 작업을 시작했다. 1930년 참도(Chamdo, 중국명 昌都)에 도달했고, 그곳에서 암도 게쉐(Amdo Geshe, 1888-1935)를 스승으로 티베트불교를 학습했다. 그리고 연말 스승을 따라 티베트 라싸에 도착했다. 유학단의 일원으로 베이징을 출발하고서 만 5년이 지나서야 결국 목적지에 도착한 셈이다. 파쮼은 라싸에 도착한 이후 암도 게쉐와 몇몇 스승에게 본격적으로 티베트불교를 학습한다.

1931년 이후 파쮼은 『보리도차제광론』(菩提道次第廣論), 『밀종도차제광론』(密宗道次第廣論), 『입중론』(入中論) 등 티베트불교의 주요한 불전을 학습했다.[25] 그는 1933년 겨울까지 라싸에 머물다가 인도와 동남아를 거쳐 이듬해 봄에 귀국했다. 1935년에는 다시 티베트 라싸를 방문했고, 스승 암도 게쉐의 입적을 지킨다. 이후 이듬해까지 라싸에 체류하면서 『아비달마구사론』 「수면품」(隨眠品)과 『밀종도약론』(密宗道略論)을 학습했다. 근대 중국 불교인 가운데 파쮼이 티베트불교 가장 깊숙한 곳에 도달했다고 할 수 있다.

파준은 개인적 열정으로 티베트 유학을 완수했다. 하지만 그가 티베트 불교를 중국에 소개하고 티베트불전을 번역할 수 있었던 것은 한장교리원(漢藏敎理院)이라는 교육과 연구 기관이 존재했기 때문이다. 1930년대 한장교리원이 성립되어 운영된 것은 사실 특이한 사건이다. 중국불교의 개혁이나 부흥이 더 앞선 과제임에 분명했을 텐데 티베트불교를 중국불교 내부로 끌어들이려는 기획은 다소 엉뚱해 보이기도 했다. 하지만 타이쉬에게서도 확인할 수 있듯, 티베트불교의 수용과 그 연구는 중국불교 발전을 위한 과정이었다. 타이쉬는 중국불교 개혁안으로 세계불학원 설립을 추진했다.

> 민국 19년(1930) 가을 진운산에 한장교리원을 창건했다. 앞서 나는 유럽과 미국을 포교하고자 일찍이 세계불학원을 발기했다. 교리연구를 위해 중국-티베트[漢藏], 중국-일본[華日], 중국-인도[華梵], 중국-유럽[華歐] 네 분원을 기획했다.[26]

타이쉬가 거론한 지역은 티베트를 비롯해서 일본, 인도, 유럽 등이다. 이들 지역 가운데 실제 불교 전통이 존재하는 곳도 있지만 유럽처럼 미래 시기 불교의 활동 공간으로 지목된 곳도 있다. 타이쉬는 중국불교의 새로운 건설이 결국 세계불교를 이끄는 데까지 도달해야 한다고 생각했다. 일찍이 양런산이 기원정사를 설립했을 때 보인 불교 세계화 기획을 여기서도 볼 수 있다. 양런산은 기원정사에서 인도 포교를 담당할 인재를 키우고자 했다. 또한 세계불교를 위한 중국불교의 역할을 강조하기도 했다.

한장교리원 설립은 세계불학원이 갖는 세계성 못지않게 중국 내 상황과도 관련되었다. 국민당 정권은 중국 내 민족 화합 정책을 폈다. 이는 한족과 티베트 민족의 교류 확대를 추진하게 된 직접적인 계기였다. 물론 이때 민족화합은 국민당 정부가 중국의 다양한 민족을 정치적으로 장악하고 그들의 역량을 동원하겠다는 의도였다. 당시 쓰촨 주둔 국민당 군대가 시캉이나 티베트 지역을 수중에 넣으려고 했고, 그 연장에서 티베트 전문 인력을 양성하려 했다. 이는 근대 시기 유럽 열강이 식민지 경영을 위해서 해당 지역의 역사와 문화를 연구한 것과 유사하다. 한장교리원은 1932년 8월 쓰촨 북부(현재 충칭시) 진운산(縉雲山)의 진운사에서 정식 개학했다.

파쭌은 한장교리원에서 비교적 안정되게 교무와 강의에 집중하였고, 더욱이 그가 필생의 사명으로 생각한 티베트불전 번역에 집중할 수 있었다. 그는 예전부터 지속적으로 진행한 번역 작업의 성과를 조금씩 내놓았다. 특히 파쭌은 1931년부터 진행한 『보리도차제광론』 번역을 1936년 완료했다. 총카파(Tsong kha pa, 1357-1419)가 1402년 저술한 『보리도차제광론』은 티베트불교를 대표하는 문헌이라고 할 수 있다. 파쭌도 언급했듯, 이 책은 티베트, 몽골 등 티베트불교권에서는 일찍부터 대단히 중시되었고, 승려들의 가장 중요한 학습 내용이 되었다. 하지만 중국불교에서 그것을 인지한 이는 드물었다. 파쭌은 번역의 연원에 대해 다음과 같이 밝힌다.

> 1926년 유학단이 캉딩 포마산에서 츠위안 대사에게서 『보리도차제약론』을 청강했다. 1927년 따용 법사가 간즈(甘孜)에서 『보리도차제약론』을 강의했다. 후즈잔(胡智湛) 거사가 받아 적어서 한문 『보리도차제약론』을 완성했다. 하지만 당시 「지관장」을 강의하지 않았기 때문에 나중에 내가 보충해서 번역했다. 1931년 파쭌은 라싸에서 암도 게쉐에게 『보리도차제광론』을 배우고 3년이 지나 라싸, 양곤, 충칭 한장교리원에서 계속해서 번역했는데, 모두 24권이었고, 1935년 겨울에 초판을 인행했다.[27]

파쭌은 유학단에 속해 있을 때부터 티베트불교의 대표적인 문헌인 『보리도차제론』을 꾸준히 학습했다. 그는 1949년 한장교리원 강의에서 "『광론』은 내가 1934년 티베트에서 한장교리원으로 돌아오는 과정에서 그때 그때 강의하고 그것을 번역한 것이다."[28]라고 술회한다. 번역의 방법은 기본적으로 강의를 중심으로 그것을 기록하는 방식이었다. 티베트불교의 건설자 총카파는 자신의 『보리도차제광론』을 줄여 『보리도차제약론』을 저술하고 다시 핵심적인 내용을 게송으로 축약한 『보리도차제섭송』(菩提道次第攝頌)을 저술했다. 이들 세 문헌을 포괄해서 『보리도차제론』이라고 부르기도 한다.[29] 파쭌은 「총카파 대사의 『보리도차제론』에서」 다음과 같이 『보리도차제론』를 요약한다.

『보리도차제론』은 총카파 대사가 삼장 십이부경의 핵심을 포괄하고 용수(龍樹)와 무착(無着) 두 대사의 궤적을 따라 '삼사도'에 의거해 낮은 곳에서 깊은 데로 나아가는 식으로 편성했다. '삼사도(三士道)'는 어떤 근기의 사람이 초발심에서 무상보리를 증득하는 데 이르기까지 중간에 불법을 수학하면서 반드시 거쳐야 할 과정이다. 본론의 내용은 이런 과정의 차제, 체성과 사유 수학의 방법에 대해 조리 있게 기술한다. '보리'는 추구하는 불과(佛果)를 가리키고, '도'는 불과를 획득하는 데 반드시 거쳐야 하는 수학(修學) 과정이고, '차제'는 수학의 과정은 반드시 이런 단계를 거쳐야 함이다. 아래서 높은 데로, 얕은 곳에서 깊은 곳으로 순서를 따라 점차 나아가야지 빠뜨리거나 어지럽히거나 해서는 안 되기 때문에 '보리도차제'라고 명명한다.[30]

파쭌은 적절하게 『보리도차제론』을 요약했다. '보리도차제'는 보리, 즉 지혜를 획득하기 위한 순차적인 수행 방법을 말한다. 중국 불교 전통에서 물론 교판이나 계위 등을 통해서 교리의 순차나 수준의 층차를 지적하기도 하지만 선종 등에서 볼 수 있듯, 상대적으로 수행의 차제에 대한 강조는 드물다. 이 때문에 중국 불교인에게 『보리도차제론』은 분명 낯설었을 것이다. 이런 낯섦이 오히려 중국 불교 전통 자체에 대해 반성하고 고민하게 했다. 더구나 『보리도차제론』에 보이는 중관학과 유식학 등 대승불교 교학을 송대 이후 중국 불교 전통에서는 만나기 어려웠다. 이런 이유로 파쭌의 티베트불교 연구와 번역은 중관학과 유식학이라는 대표적인 대승불교 교학에 집중됐다.

여기서 불교사상사 맥락에서 중요한 흐름을 지적할 수 있다. 청말부터 시작된 유식학 부흥은 근대 중국불교가 사상적인 면에서는 유식학 위주로 진행되게 했다. 사실 유식학과 더불어 대승불교의 두 축인 중관학에 대한 전문적인 관심은 많지 않았다. 그런데 중관학을 중심으로 여기는 티베트불교 전통이 중국에 소개되고 번역되면서 중관학이 관심을 받게 된다. 물론 그런 관심이 전면적이거나 광범위한 것은 아니었다. 중관학 관심의 대표적인 인물이 인순(印順)이다. 그는 기존 중국 불교학의 주변에 있던 『중론』에 관심을 갖기 시작한다. 이는 기존 전통에 속박 당하지 않은 그의 성향도 한 원인이었겠지만 파쭌의 불교 연구도 한 원인이었다. 인순은 티베트불교와 『중론』의 영향을 다음과 같이 묘사한다.

민국 16년(1927) 내가 불전을 읽기 시작했을 때, 첫 번째가 『중론』이었다. 비록 내가 『중론』을 전혀 이해하지 못했지만 공연히 그것을 좋아하게 됐고, 내가 불법을 향하게 하여 결국 출가하기에 이르렀다. …… 중일전쟁이 터진 이후 나는 쓰촨에 있으면서 티베트 전통의 중관학을 접촉하게 됐다. 그때 나의 불교 이해는 중대한 변혁이 일어났다. 다시는 현담(玄談)으로 만족할 수 없었고 초기 성전 가운데서 불법의 정신을 파악했다. 이 한 차례 사상 개변으로 중관학에 대해서도 새로운 체득이 있었고, 중관학에 대한 나의 찬양은 더욱 강해졌다.[31]

인순이 중관학을 이해하고 완성한 것은 티베트 전통의 중관학을 접촉한 이후이다. 그가 말한 '현담'은 중국불교 전통에서 자주 보이는 고도의 추상성과 모호성을 가리킨다. 심오하다고는 하지만 그저 요원하게만 보이는 말이나 개념이다. 인순에게서 알 수 있듯, 전통적인 중국불교의 방식을 벗어나 대승불교를 보다 정교하게 해석하고 불교 본령에 도달하고자 하는 분위기 속에서 파쭌의 티베트불전 번역은 특별한 역할을 담당했다. 인순은 "내가 출가한 이후 나의 불교에 영향을 줄 수 있었던 사람은 타이쉬를 제외하면 파쭌 법사이다. 그는 내 공부의 가장 수승한 인연이었다."[32]라고 말한다. 인순은 특히 파쭌이 번역한 『보리도차제광론』, 『밀종도차제광론』, 『현관장엄론약석』, 『입중론』을 통해 많은 도움을 받았다.[33]

티베트불전 연구와 그 영향

승려 파쭌과 달리 근대적인 학술 방법론을 동원하여 티베트불전을 연구한 학자도 등장했다. 특히 본서 1장 3절에서 언급한 에스토니아 출신 불교 문헌학자 스탈홀스타인(Alexander von Staël-Holstein)의 활약이 눈부셨다. 그는 1917년 중국에 도착해서 1937년 사망할 때까지 20여 년간 중국에 체류했다. 이 기간 산스크리트를 강의하고, 산스크리트불전과 티베트불전을 연구했다. 스탈홀스타인은 주로 1920년대와 1930년대 초반 중국에서 외국어로 발간된 학술지에 논문을 싣거나, 영문으로 중국 출판사에서 전문 연구서를 출판했다. 물론 그가 중국인은 아니지만 중국 체류 중에 중국인의 도움 속에서 중국에서 발표한 티베트불전 연구는 중국 근대불교학에 직접적인 영향을 끼쳤다. 그가 중국 국내에서 발표한 티베트불전 연구와 관련된 저작을 시대 순으로 간략히 정리하면 다음과 같다.

1923년 스탈홀스타인은 베이징 대학에서 간행한 『국학계간』 제1권 3호에 영문 논문 「18세기 라마 문서 비평」(Remarks on an eighteenth century lamaist document)을 「18세기 라마 교시문 해설」(十八世紀喇嘛文告譯釋)이라

十八世紀喇嘛文書譯釋

鋼和泰

Remarks on an eighteenth century Lamaist document

by

Baron A. von Staël-Holstein

A few hundred yards from the main building of the National University of Peking where this Journal is edited stands the Sheng-chao-si (生昭寺), the residence of the Lcud-skya Hu-thog-tu. The present holder of that title, Blo-bzaṅ-dpal-ldan-bstan-pehi-sgron-me (a Tibetan name which signifies "the noble minded, the majestic, the lamp of religion") is one of the seven incarnate' Lamaist Saints (Vulgo 活佛 ho-fo or living Buddhas) who have their official residences in Peking. The present Lcaṅ-skya-hu-thog-tu and his predecessors have held the most prominent position in the Lamaist world of China proper for more than two centuries. The Emperor K'ung-hei, who favoured Lamaism, is said to have invited the 85th Dalai-Lama to his court. That dignitary, however, refused the Imperial Invitation and a Lamaist prelate called Sag-zhab-bip-hred-choa-blan took the Dalai-Lama's place in the capital of China. Sag-zhab-bin-hsed-choa-blan was supposed to be an incarnation of Mkhyen-rab-gsaṅ-po-hpol-mer who had been born at a certain village called Leud-skya near the Kan-su Kuku-nor border. From that village Mkhyen-rab-gsaṅ-[483]

「18세기 라마 문서 비평」

는 중국어 제목과 함께 실었다. 1925년에는 프랑스어 논문「판첸 라마의 1734년 교시 해설」(Notes sur un décret du Pan chen Lama daté de 1734)을 프랑스어로 발행된『베이징 정치학보』(北京政聞報, La politique de pékin)에 실었다. 이 글을 칭화 대학 국학연구원에 근무하고 있던 하버드 대학 유학파 우미(吳宓)가 중국어로 번역해서 같은 해 7월「1734년 판첸라마 교시 해설」(一七三四年班禪喇嘛告諭譯釋)이란 제목으로『학형』(學衡) 제43호에 실었다.

1926년 스탈홀스타인은 영어로 쓴「특정 신의 변신에 대하여」(On certain Divine Metamorphoses)를 영문 잡지인『중국과학예술잡지』(China Journal of Science and Arts) 제2호에 실었다. 같은 해 상하이 상무인서관(商務印書館)에서 영문으로『산스크리트ㆍ티베트어ㆍ한문 6종 판본을 통한 대보적경 가섭품 교정』을 간행했다. 중국어 서명은『대보적경가섭품범장한육종합간』(大寶積經迦葉品梵藏漢六種合刊)이었다. 이 저작에서 스탈홀스타인은『대보적경』「가섭품」을 산스크리트본, 티베트어역본, 한역본 등 3종 언어로 된 6종 판본을 함께 배열하여 대조했다. 아마도 이 연구가 중국 근대불교 문헌학의 최고봉이라고 할 수 있을 것이다. 물론 그의 연구 활동을 '중국불교' 내부로 인정하느냐 마느냐 문제가 있겠지만.

1928년 스탈홀스타인은 영문 논문「제불보살성상찬(諸佛菩薩聖像讚) 비평」(Remarks on the Chu Fo P'u Sa Sheng Hsiang Tsan)을 중국인 제자 위다오취안(于道泉)의 중문 번역과 함께 베이핑도서관 기관지『국립베이핑도서관관간』(國立北平圖書館館刊)에 실었다. 1932년에도 같은 잡지 4호에 영문 논문「건륭시기(18세기) 산스크리트로 번역된 티베트 문헌과 도광시기(19세기) 한역된 티베트 문헌에 대하여」(On a Tibetan text translated into Sanskrit under Ch'ien Lung (XIII cent.) and into Chinese under Tao Kuang (XIX cent.))를

발표했다. 제6호에는 「달라이 라마와 판첸 라마의 전생을 묘사한 티베트 그림 두 폭」(On two Tibetan pictures representing some of the spiritual ancestors of the Dalai Lama and of the Panchen Lama)을 발표했다.[34]

1933년 스탈홀스타인은 국립베이핑도서관과 칭화대학 공동 간행으로 『대보적경가섭품석론』(大寶積經迦葉品釋論-漢藏對照)』(A commentary to the Kāçyapaparivarta, edited in Tibetan and in Chinese)을 출판했다. 1934년에는 베이징 소재 천주교 예수회선교회가 운영한 출판사 북당인서관(北堂印書館, Peking Lazarist Mission Press)[35]에서 『서방학자에게 미공개된 북경판 티베트 대장경에 대하여』(On a Peking edition of the Tibetan kanjur which seems to be unknown in the West)를 출판했다. 티베트불전 연구는 아니지만 『10세기 한자 음역 산스크리트 찬가의 재구성에 대하여』(On two recent reconstructions of a Sanskrit hymn transliterated with Chinese characters in the X century A.D)도 함께 출판했다.

스탈홀스타인이 사망한 1937년 하버드-옌칭연구소총서(Harvard-Yenching Institute monograph series) 제3권과 제4권으로 『두 곳의 라마사원』(Two Lamaistic pantheons) 1-2권이 각각 간행됐다.[36] 이 두 책은 하버드 대학에서 산스크리트를 강의한 월터 유진 클락(Walter Eugene Clark, 1881-1960)이 편집자로 되어 있고, 스탈홀스타인이 실제 자료를 선별한 것으로 되어 있다. 스탈홀스타인의 티베트불전 연구는 파쭌이 행한 작업과는 전혀 다른 방법론을 동원했다. 스탈홀스타인은 서구 불교문헌학이 지향한 비교언어학을 기반으로 해서 여러 언어로 된 판본이나 역본을 대조하여 교정본을 간행하고, 그 바탕에서 번역과 연구를 진행했다. 이에 비해 파쭌은 기본적으로 불전이 갖는 진리로서 가치를 인정하고 그것을 올바르게 이해하고 선양하는 데 목적을 두었다. 파쭌은 역경가로서 붓다나 불교인의 말씀을 번역하는 데 집중한 것이다.

스탈홀스타인은 20여 년간 중국에 체류하면서 몇몇 중국인 제자를 길

렀고, 그 가운데 티베트어를 학습하고 티베트불전을 연구한 이도 있었다. 최초의 중국인 제자라고 할 수 있는 황수인(黃樹因, 1898-1923)도 산스크리트와 팔리어뿐만 아니라 베이징에서 티베트어를 학습했다. 제자 린리꽝(林藜光, 1902-1945)도 산스크리트와 티베트어를 함께 학습했다. 하지만 두 사람은 티베트불전과 관련된 연구를 진행하지는 못했다. 하지만 황수인은 뤼청과 같은 금릉각경처 동문에게 산스크리트와 티베트어 학습의 중요성을 깨닫게 하여 뤼청이 한문불전을 넘어서는 계기를 마련해 주기도 했다.

위다오취안

스탈홀스타인의 제자 가운데 집중적으로 티베트불전을 연구한 인물은 위다오취안(于道泉, 1901-1992)이다. 1924년 위다오취안은 인도의 대문호 타고르(Rabīndranath Tagore, 1861-1941)의 소개로 스탈홀스타인을 만났다. 위다오취안은 앞서 중국 산둥을 방문한 타고르의 통역을 맡았고, 그 인연으로 타고르의 베이징 방문에 동행했다. 타고르의 소개로 스탈홀스타인을 만난 위다오취안은 스탈홀스타인의 제자가 되어 조수 역할을 했다. 1925년 위다오취안은 베이징의 티베트사원인 옹화궁(雍和宮)에 머물면서 티베트어를 집중적으로 학습했고, 몽골 출신 라마승에게 몽골어를 배우기도 했다. 근대 시기 베이징의 옹화궁은 티베트어를 학습하는 학교였고, 티베트불교를 경험하는 통로였다.

1927년 위다오취안은 현재 베이징국가도서관 전신인 베이하이도서관(北海圖書館) 사서로 취직했다. 이후 그곳 소장(所藏) 도서 가운데 만주어, 몽골어, 티베트어 문헌을 정리하는 작업을 담당했다. 그리고 1929년 천인추에의 추천으로 국립중앙연구원(國立中央硏究院) 역사언어연구소 연구원으로 초빙됐다. 1928년 광저우에서 성립한 이 연구소는 1929년 베이징으로 옮겨왔고, 역사학과 언어학 그리고 고고학 등 세 개 분과로 나뉘어 연구를 진행했다. 천인추에가 역사학 분과의 분과장이었는데 위다오취안을 연구원으로 추천한 것이다. 현재도 역사언어연구소는 타이완 국립중앙연구원 산하 연구소로 활동하고 있다.

1930년 위다오취안은 티베트의 제6세 달라이 라마 찬양 가초(Tsangyang Gyatso)의 시집(詩集)을 중국어로 번역해『제6세 달라이라마 찬양 가초의 사랑 노래』(第六世達賴喇嘛·倉央嘉措情歌)란 이름으로 간행했다. 1935년에는「명나라 성조가 사신 파견으로 총카파를 초청한 기사 및 총카파가 성조에게 보내는 답신에 대한 역주」(譯注明成祖遣使召宗喀巴紀事及宗喀巴覆成祖書)[37]를 발표했다. 명나라 성조는 명대 제3대 황제 영락제(永樂帝)를 가리킨다. 1404년 영락제는 여러 명의 신하와 많은 수행원을 티베트로 보내 총카파를 초청한다. 하지만 총카파는 사양하고 결국 그의 제자가 영락제를 알현하게 된다. 명나라 조정과 티베트불교의 대표 총카파의 접촉에 대한 연구는 이들 지역의 불교사연구에 대단히 중요한 정보를 제공했다.

1934년 프랑스로 유학한 위다오취안은 프랑스 파리의 국립동방언어문화대학에서 공부했고, 1938년에는 영국 런던대학 아시아아프리카학원(School of Oriental and African Studies, SOAS)에 초빙되어 중국어와 몽골어 그리고 티베트어를 강의했다. 이 기간 그가 린리꽝처럼 전문적인 불교문헌학 훈련을 받은 것 같지는 않다. 주로 중국어 강사로 생활한 듯하다. 1949년까지 영국에 체류한 위다오취안은 1949년 사회주의 신중국이 성립한 이후 베이징으로 돌아왔다. 곧바로 베이징대학 동방어문학과 교수로 결합했다. 1951년 베이징에 중앙민족대학이 설립되자 티베트어 교수로 자리를 옮겼다.[38] 위다오취안은 신중국 성립 이후 중국학계에서 티베트불전연구를 대표했다.

스탈홀스타인과 그의 몇몇 제자는 서구 불교문헌학의 영향 아래 티베트불전을 연구했다. 이들과 달리 직접적으로 서구 불교문헌학을 학습하지는 않았지만 전통적인 교감학과 서구 불교문헌학의 간접적인 영향 아래 티베트불전 연구를 진행한 인물은 뤼청(呂澂)이다. 그가 산스크리트 불전이나 티베트불전을 이용하게 된 계기는 앞서 언급했듯, 금릉각경처에서 함께 공부한 황수인의 영향 때문이다. 뤼청은 "매년 겨울과 여름 방학 기간 황수인은 난징으로 돌아와 우리에게 베이징에서 산스크리트와 티베트어를 배우는 상황을 일러주었다. 나는 그 이야기를 듣고 크게 느끼는 바가 있어서 이 두 언어를 독학으로라도 배우리라 결심했다."[39]고 말한다. 뤼청은 근대 중국에서 가장 엄밀하게 불전 교감을 행한 인물이다. 적어도 이 분야에서는 최고의 능력을 보였다. 이게 가능했던 까닭은 황수인의 자극을 통해서 산스크리트와 티베트어를 독학했기 때문이다.

> 나는 황수인에게 부탁해 산스크리트 사전과 티베트어 사전을 구해서 시간이 나는 대로 독학했다. 황수인이 베이징에서 돌아올 때면 그에게 지도를 받기도 했다. 이렇게 5년 정도 시간을 쓰고 나서 나는 사전의 도움을 받아가며 산스크리트와 티베트어 원문을 읽을 수 있게 되었다. 그 후 『장요』(藏要) 편찬을 위해 불전 교감을 하는 과정에 나는 한편으로는 교감을 하고 한편으로는 배우면서 최후에는 산스크리트와 티베트어 자료를 이용해서 한문 장경과 대조·교감을 하여 예전에는 해결하지 못한 문제를 해결할 수 있었다.[40]

금릉각경처에서는 의도적으로 황수인을 산둥과 베이징에 보내 레싱과 스탈홀스타인에게 산스크리트와 티베트어를 학습하도록 했다. 이는 금릉각경처 그룹이 분명 서구 불교문헌학의 가치를 신뢰했고, 더구나 한문 불교문헌을 교감하고 출간하는 데도 그것이 중요한 역할을 할 것이라고 확신했기 때문이다. 뤼청이 한문 불전만으로는 풀지 못한 문제를 산스크리트 불전과 티베트 불전을 통해 해결했다는 것에서도 이를 확인할 수 있다. 그리고 뤼청이 교감을 담당한 불교 문헌 총서인『장요』(藏要) 곳곳에서 대교본으로 티베트불전을 끈질기게 활용하고 있는 뤼청을 만날 수 있다. 뤼청은 티베트어 학습과 티베트불전 연구를 계기로 티베트불교에 대한 전문적인 연구를 진행했다. 그 결과 1933년 상하이 상무인서관에서『티베트불학원론』(西藏佛學原論)을 간행했다. 그는 이 책에서 당시 티베트불교에 대한 불교계의 흠모를 다음과 같이 소개했다.

> 요즘 불교 연구자 가운데 자못 티베트불교연구를 중시하는 추세가 있다. 정도가 심한 사람은 오직 티베트불교만이 순정하고 완전한 불교학을 지녀서 그것에 의지해 수행해야 깨달음을 증득할 수 있다고 말한다. 다음 수준의 사람은 티베트불교가 전하는 다양한 학설은 완전히 파악할 수 없을 정도로 풍부하게 정수를 간직하고 있다고 말한다. 그 다음 수준의 사람은 티베트역 불교 전적은 문의(文意)가 극히 엄밀하여 준거와 모범이 될 만하다고 말한다.[41]

뤼청이 소개한 내용은 단지 당시 불교계 상황만은 아니다. 현재도 이와 유사한 입장을 표명하는 학자들이 많다. 특히 인도 대승불교를 연구하는 경우, 티베트불교의 교학 전통이나 수행 전통이 그 어느 지역보다 인도불교의 전통을 강하게 계승하고 있음을 강조한다. 일본의 저명한 불교학자 마츠모토 시로(松本史郎)는 "티베트불교만큼 지적이고 정통적인 불교는 세계 어디에도 없다."고 다소 단언적으로 이야기할 뿐만 아니라 "티베트불교야말로 인도 대승불교의 정통을 계승한 것이기에 오늘날 세계 불교학에서 티베트불교 연구가 불가결하다."고 말한다.[42]

뤼청은 티베트불교가 분명하게 인도불교 전통 속에 있음을 인식했다. 그래서『티베트불학원론』에서도 티베트불교 연원을 인도불교에 두고 그것의 흐름 속에서 이해하려 한다. 특히 그는 인도불교를 요약하면서 티베트불교 조낭파 학승 타라나타(Tāranātha, 1575-1634)가 쓴『인도불교사』를 전적으로 이용했다. 타라나타(티베트 명 Kundgaḥ sñiṇpo)의『인도불교사』는 1869년 프란츠 안톤 쉬프너(Franz Anton Schiefner, 1817-1879)에 의해 독일어 번역본『타라나타의 인도불교사』(*Täranätha's Geschichte des Buddhismus in Indien*)가 제정 러시아 상트페테르부르크에서 간행됐다. 1928년 일본의 테라모토(寺本婉雅, 1872-1940)가 같은 이름으로 일본어 번역본을 간행했다. 테라모토는 실제 1916년에 1차 번역을 마쳤다고 회고했다.[43]

뤼청은 자신이 참고한『인도불교사』가 시푸나(希弗那)의 교간본이라고 밝히는데, 여기서 시푸나는 위에서 언급한 쉬프너(Schiefner)의 중국어 음역으로 보인다. 쉬프너는 제정 러시아 시절 발트 국가인 에스토니아의 독일계 가정에서 태어난 언어학자이자 티베트학자이다. 스탈홀스타인과 대단히 유사한데, 그도 에스토니아 출신으로 독일계이다. 뤼청은 티베트불교에 대한 관심이 높아지는 상황에서 실제 티베트불교가 어떻게 전개되고 그것의 특징은 무엇인가를 검토해보고자 했다. 그는 연원, 전파, 문헌, 학설 네 방면으로 체계적으로 티베트불교를 분석했다. 그는 연구자들에게 기본적인 정보를 제공하려 하기 때문에 '원론'이라는 표현을 썼음을 밝힌다.

사실 뤼청에 앞서 불교거사 리이주어(李翊灼, 1881-1952)가 1929년 상하이 불학서국(佛學書局)에서『티베트불교약사』(西藏佛敎略史)를 간행했다. 이 책은 1933년 상하이 중화서국에서 '신문화총서'의 하나로『티베트불교사』(西藏佛敎史)로 이름을 고쳐 다시 출간됐다. 리이주어는 밀교에 관심을 갖고 불교 공부를 시작했고, 이후 양런산 문하에서 불교를 공부하기도 했다. 리이주어의『티베트불교사』는 전체 3편9장으로 구성됐다. 제1편「총론」에서는 불교와 티베트의 민족·정치·세계관 등의 관계를 거론했고, 제2편「간략한 역사」(史略)에서는 그야말로 티베트불교의 시작과 그 발전

과정을 묘사했다. 제3편 「여론」에서는 티베트불교의 교리와 문화, 교육 등을 소개했다.[44] 이 책은 뤼청의 『티베트불학원론』에 비해서는 학술적인 성격은 약하지만 당시 티베트불교에 대한 관심이 높은 상황에서 티베트불교를 개괄적으로 소개하는 좋은 개론서였다.

위다오취안과 더불어 베이징 대학 동방어문학부에서 티베트어를 가르치고, 신중국 성립 이후 티베트불교 연구를 이끈 인물은 왕썬(王森, 1912-1991)이다. 그는 1931년 베이징 대학 철학과에 입학하여 1935년 졸업했다. 이후 스승 탕융퉁(湯用彤)의 조수로 일했다. 1936년 칭화 대학에 근무하기 시작했다. 이 시기 왕썬은 당시 베이징 대학에서 산스크리트를 강의하고 있던 발터 리벤탈(Walter Liebenthal, 1886-1982)에게 산스크리트를 배웠다. 리벤탈은 독일 동양학자로 1933년 베를린 대학에서 불교 연구로 박사학위를 받았다. 1934년부터 1936년까지 스탈홀스타인이 소장으로 있던 '중국·인도연구소'에서 방문학자로 근무했다. 1937년에는 베이징 대학에서 산스크리트를 강의했다. 이 시기 왕썬은 스승 탕융퉁의 부탁으로 리벤탈에게 개인적으로 『조론』(肇論)을 강의하기도 했다. 리벤탈은 이를 기반으로 해서 1948년 가톨릭 계열 대학인 베이징 푸런(輔仁) 대학에서 『조론』 번역서인 『승조의 저작』(The Book of Chao)을 간행했다.[45] 그는 1968년 홍콩에서 『승조의 저작』 재판인 『조론』(Chao Lun: The Treatises of Seng-Chao)을 간행했다. 리벤탈은 저자 서문에서 텍스트를 함께 읽은 중국인 친구들과 탕융퉁에게 감사를 표한다.[46]

왕썬은 중일전쟁 기간 베이징에 잔류했고, 중국불학원 등 여러 곳에서 강의했다. 이 기간 그는 산스크리트본, 티베트본, 한역본 등을 서로 대조하면서 교감 작업을 진행했다. 이 교정 작업의 결과로 1943년 왕썬은 중국불학원에서 『중국불학원총서』(中國佛學院叢書) 제4권으로 『불교 산스크리트 독본』(佛教梵文讀本) 2책을 편찬했다. 이 책은 서명만 보면 산스크리트 교재같지만 실제는 『반야심경』과 『유가사지론』 교감을 시도한 것이다.

1946년 왕썬은 베이징 대학 동방어문학부 강사를 시작했다. 그는 1952년 중앙민족대학으로 옮겼고, 1958년에는 중국사회과학원으로 옮겨서 티베트불교 연구와 티베트불전 연구에 종사했다. 왕썬은 1960년대 『티베트불교발전사략』(西藏佛敎發展史略)을 간행했는데, 1987년에 정식으로 간행됐다.[47]

2부

역사학 방법론과 불교사 서술

5장

량치차오의 불교사 서술과 일본불교학의 번역

역사학 방법론과 역경사 연구

근대 시기 불교 연구의 중요한 방법론 가운데 하나는 역사학이다. 이 분야에서 선구적인 역할을 한 인물은 량치차오(梁啓超, 1873-1929)다. 그는 중국 근대 저명한 계몽 사상가이자 학술가였다. 량치차오는 1900년대 유식학과 업설(業說) 등 불교 이론을 동원하여 사회계몽을 시도했다. 1920 년대 량치차오는 순수한 학술 불교를 지향했다.

량치차오

그는 일종의 국학으로서 불교 연구를 진행했고, 자연스럽게『중국불교사』 저술을 기획했다. 하지만 갑작스런 죽음으로 그것을 완성하지는 못했다. 그가 1920년대 집중적으로 발표한 불교사 관련 글은 그의 사후『불학연구십팔편』(佛學研究十八篇)으로 묶인다.

량치차오는 최초로 근대적인 역사학 방법론을 학술연구에 도입한 인물로도 유명하다.[1] 그는 1902년「신사학」(新史學)을 발표하여 이른바 '사계혁명(史界革命)'을 이끌었다. 당시 그는 역사학을 "인류 진화의 현상을 서술하고, 그 공리공례(公理公例)를 파악하는 것"으로 정의했다.[2] 이는 역사

『불학연구십팔편』

연구가 사회 진화의 원리를 파악하는 도구임을 천명한 것이다. 1922년 「중국역사연구법」에서는 "역사 연구는 결국 인류사회가 계속해서 활동한 본질을 기술하고 그것의 총체를 정당히 평가하며 그것의 인과 관계를 파악함으로써 현대 일반인의 삶을 위한 양식과 귀감을 마련하는 것"[3]이라고 파악했다. 불교연구에서도 량치차오는 이런 입장을 견지한다. 1921년 쓴 「『기신론고증』서」에서 그는 "금후 불법을 창명하려는 자는 마땅히 역사적 연구에서 첫걸음을 시작해야 한다."[4]고 주장했다.

량치차오는 「인도불교개관」을 시작하면서 "어떠한 고원한 종교를 막론하고 모두 인류사회의 산물"이라고 말한다. 그가 불교를 진리로서 종교가 아니라 학문 대상으로서 종교로 취급할 것임을 천명한 셈이다. 전통적인 의미의 불교 연구와는 사뭇 다른 태도이다. 량치차오는 이어서 말한다.

(종교는) 사회적 산물이기 때문에 한편으론 사회에 영향을 미칠 수도 있고, 다른 한편으론 사회에서 영향을 입을 수도 있다. 이것은 피할 수 없는 이치이다. …… 불교는 붓다의 입멸 이후, 유기체가 발육하는 공리를 따라서 부단히 진화하고 변모했다. 그 사이 불교는 번영하기도 했고, 쇠멸하기도 했다.[5]

량치차오가 인도불교사를 다룰 때 이용하는 자료를 보더라도 사쿠라베가 말한 근대불교학의 특징을 엿볼 수 있다. 그의 자료 이용에서 가장 큰 특징은 『아함경』이나 『율장』 등 불교문헌을 역사 문헌으로 취급했다는 점이다. 량치차오는 1920년 발표한 「불전 번역」에서 "불교는 외래 학문이기에 번역에 운명을 기탁한 것이 자연스런 이치였다."[6]고 말한다. 그는 여기서 중국불교사가 실은 경전 번역의 역사, 즉 역경사임을 지적했다. 이런 입장은 량치차오가 『중국불교사』를 기획하는 과정에서 분명하게 드러났다. 그는 불전 번역 목록에 해당하는 경록(經錄)을 대단히 중시했다. 경록은 글자 그대로 풀면 '경전 목록'이다. 하지만 주로 '중국에서 번역된 불교 경전의 목록'을 가리킨다. 다음은 현대학자의 보다 전문적인 정의다.

경록은 온전하게는 불경목록(佛經目錄) 혹은 중경목록(衆經目錄), 일체경목록(一切經目錄)으로 부르며 불전의 명칭(名稱), 권질(卷帙), 번역자와 저술자 그리고 관련된 사항을 기재하는 불교 전적이다. 그 내용에는 불전의 제명 · 목차 · 부수 · 권수, 번역과 저술의 시기 · 지점 · 인물, 저록(著錄) 상황, 번략이동(繁略異同), 존일(存佚), 위망(僞妄), '경의 요지'와 '주요 의미', 그리고 관련된 표(表) · 조(詔) · 서(序) · 기(記) 등을 포함한다.[7]

량치차오는 경록에 대해 '불교전적보록(佛教典籍譜錄)'이라는 표현을 사용했다. '보록'이란 말은 계보와 목록을 의미한다. 량치차오의 경록 중시 태도는 기존 불교의 전통을 계승한 것이라기보다는 근대 불교사학의 영향이라고 해야 할 것이다. '불전 성립사 연구'나 '역경사 연구'는 근대 불교 문헌학의 중요한 연구 분야이기도 했다. 중국불교사에서 불전의 출현은 '불전의 성립'이 아니라 '불전의 번역'이라는 측면에서 접근해야 하고, 이를 다룰 중요한 사료는 다양한 경록이다. 량치차오는 이를 근대적 의미의 목록학 분과로 취급한다.

근대 목록학의 대성으로 사부(四部) 전적(典籍)의 존일(存佚)이나 진위(眞僞)에 대한 고증은 대략 분명해졌다. 불교 서적이 중국 학술계에 가장 중요한 부분을 차지하는데도 천년 동안 유학자는 그것을 거부하고 논의하지 않았다. …… 나는 『중국불교사』에서 전역(傳譯)된 각종 서적에 대해 변증하지 않을 수 없었다.[8]

량치차오는 중국 위진시대 고승 도안(道安)의 『종리중경목록』(綜理衆經目錄)이나 양대(梁代) 승우(僧祐)의 『출삼장기집』(出三藏記集) 등 다양한 경록을 통해 중국불교의 역경사를 재구성하고자 했다. 도안은 번역된 '여러 경론'[衆經]을 '모으고 정리하여'[綜理] 목록을 완성했다. 승우는 당시까지 역출[出]된 불교 문헌[三藏]의 서문[記]을 모았다[集]. 이는 경록 역할을 했다. 경록을 불교사의 사료로 취급하는 경향은 량치차오만의 방법은 아니었다. 그것은 근대 불교사학에서 출현한 방법론이기도 했다. 경록을 통해서 중국 역경사를 분석하고 중국불교사를 이해하려는 노력은 근대 최초로 중국불교사를 집필한 일본 불교학자 사카이노 고요(境野黃洋)에게서도 잘 보인다.[9]

량치차오는 역경사를 다루면서 자신의 번역론을 제시한다. 그리고 불전 번역이 단지 불교 내부의 일이 아님을 강조한다. 그것을 중국 문명사의 일대 사건으로 취급한다. 그는 「번역문학과 불전」 제1장 '불교수입 이전의 고대 번역문학'에서 '번역'을 '이금번고(以今飜古)'와 '이내번외(以內飜外)'로 구분한다. 첫째 '이금번고'는 '현재의 언어'[今]로 '고대의 언어'[古]를 번역함이다. 이런 방식은 동일한 민족 혹은 동일한 지역의 언어 내부에서 진행되는 번역 행위라고 할 수 있다. 중국 전통 속에서 이런 예가 있었지만 이를 번역론의 일부로 부각시킨 점은 량치차오의 탁월한 안목이라고 할 수 있다. '이금번고'에 대해 그는 다음과 같이 말한다.

이금번고(以今飜古)는 언문일치 시대에 가장 그 필요성을 느낀다. 대개 언어는 시대를 달리하면서 반드시 변하고, 변하면 고서(古書)는 번역하지 않으면 독해할 수 없다. 이금번고를 예전 문헌에서 찾아보면 『사기』

(史記)에 등장하는 『상서』(尙書) 번역이다.[10]

현재 중국어의 글쓰기는 근대 시기 백화문 운동의 영향으로 백화문을 사용한다. 이에 반해 근대 이전 문헌은 입말[言]이 아닌 글말[文]로 쓰였다. 그래서 고전 문헌은 모두 번역이 필요하다. 그런데 꼭 언문일치시대가 아니더라도 '이금번고'의 필요성은 있다. 량치차오는 '이금번고'의 사례를 사마천(司馬遷)에서 찾았다. 일반적으로 번역은 자국과 외국이라는 지역 차 혹은 민족 차를 극복하는 언어적 시도쯤으로 생각하기 쉽다. 량치차오는 자국 혹은 자민족 내에서도 고대와 현대의 언어 차이 때문에 번역이 시도됨을 지적한다.

"고서는 번역하지 않으면 알 수 없다."[11]라는 량치차오의 생각은 단지 주석할 뿐 번역하지 않는다는 경건주의를 깨뜨렸다. 그는 '이금번고'를 고문의 현대화로 이해한다. 그는 "한대 이후 언문이 분리되고 문장을 짓는 자는 대개 고언을 모방했고 역고(譯古)의 작업은 이내 단절됐다."[12]고 평가한다. 량치차오는 언문일치와 언문분리라는 측면에서 이금번고의 번역 행태를 다룬 셈이다.

둘째 '이내번외'는 당연히 '자국의 언어'[內]로 '외국의 언어'[外]를 번역함이다. 물론 고대 불전 번역은 '이내번외'에 해당할 것이다. '이내번외'는 우리가 알고 있는 협의의 번역이다. 량치차오는 중국 역사에서 이 '이내번외'의 가장 오래된 사례가 『산해경』이라고 평가한다. 그는 『산해경』을 중국에서 가장 오래된 역본이라고 파악하고, 그것은 중국 민족이 중앙아시아에서 생활하던 시기 전승된 신화가 전국시대와 진한(秦漢)시대에 한문으로 쓰인 결과라고 주장한다.[13] 중국 민족이 중앙아시아에서 생활했다는 점과 『산해경』이 중앙아시아 신화를 계승했다는 주장은 사실 놀랍다. 과연 이 두 가지 언급이 사실에 부합할지는 역사적인 고증이 필요할 것이다.

량치차오는 불전 번역이 중국인의 언어 세계에 끼친 엄청난 영향을 세

가지로 정리했다. 첫 번째 영향은 중국어의 내용을 확대했다는 점이다. 량치차오가 가장 중시한 불전 번역의 영향이다. 왜냐하면 이것은 문명사 차원의 문제이기 때문이다. 그는 다음과 같이 말한다.

> 근래 일본인이 편찬한 『불교대사전』에 수록된 어휘는 3만 5천 개에 달한다. 이 어휘는 다른 게 아니라 한대(漢代)와 진대(晋代), 그리고 당대(唐代)에 이르는 8백 년간 여러 역경가가 창조한 것이며 중국어 체계 속에 첨가되어 새로운 성분이 된 것이다. 어휘는 관념을 표현하는 도구이다. 3만 5천 개 어휘가 증가했다는 말은 3만 5천 개 관념이 증가했음이다.[14]

인류의 의식은 언어를 통해서 조직된다. 그 언어를 구성하는 통상적인 의미의 최소 단위는 아마도 어휘일 것이다. 어휘는 단지 하나의 단어에 그치지 않고 하나의 관념 나아가 하나의 세계를 우리에게 제시하기도 한다. 무명(無明), 중생(衆生), 열반(涅槃), 지옥(地獄), 극락(極樂) 등 불전 번역을 통해 등장한 어휘는 중국인의 의식과 삶에 큰 영향을 끼쳤다. 량치차오는 이 점을 대단히 중요하게 생각했다. 왜냐하면 그가 계몽가로서 서구의 온갖 이론을 번역해서 중국에 소개했기 때문이다. 그런 과정에서 그가 창안한 다양한 어휘는 지금도 중국인에게 중요한 관념으로 작용하고 있다. 근대적 문명 건설을 고민한 그로서는 불전 번역이 가진 문명사적 가치에 주목할 수밖에 없었을 것이다.

불전 번역의 두 번째 영향은 문법과 문체이다. 문체와 관련해 량치차오는 "특히 주의해야 할 점은 (문장) 조직을 해체하는 문체의 출현"이라고 지적한다. 실제 산스크리트 불전은 거의 단락이 나뉘지 않는다. 당연히 장절의 소제목 같은 것도 드물다. 그런데 중국에서 불전이 번역되면서 번역자나 혹은 조력자 또는 이후 주석가들이 하나의 덩이로 된 문장을 쪼개고 거기에 다시 의미를 부여하거나 제목을 붙이는 문체가 출현했다. 이런 식의 번역으로 원문에서는 의도하지 않은 구분이 번역문에서 나타난다. 이것이 과판(科判)인데 량치차오는 이를 조직을 해체하는 문체라고 했다.

과판(科判)이란 말에서 '과'는 본래 등급이나 품류 등을 가리키는데 평가나 분류의 단위이다. '판'은 '쪼개다'라는 원래 의미에서 판단이나 판정의 의미로 확대됐다. 그래서 과판은 하나의 문헌에 대해 그것의 내용이나 층위에 따라서 몇몇 부분으로 쪼개는 행위다. 이는 텍스트 자체를 좀 더 정교하게 독해하고자 하는 의도에서 출현한 방법론이다. 일본의 불교학자 나카무라 하지메(中村元, 1912-1999)는 『동양인의 사유방법』 시리즈 제2권 『중국인의 사유방법』(シナ人の思惟方法)에서 과판을 형식적인 정합성을 애호하는 중국인의 전통으로 평가했다.[15] 량치차오는 역대 불경 주석가의 과판을 다음과 같이 묘사한다.

> 과판(科判)의 학이 당송 이후 불학가가 극히 중시하는 바가 되어 규모가 큰 저명한 경론은 항상 몇 명 혹은 십수 명 학자의 과판을 거쳐 장절과 단락이 극히 정밀하게 나뉘었음을 알 것이다.[16]

량치차오는 다소 번쇄하게 보이기도 하는 과판을 '과학적 연구 방법론'의 하나로 취급한다. 또한 이 과판은 불경 소초학(疏鈔學), 즉 불경 주석학의 중요한 부분이며 아울러 일반 경학(經學)에도 영향을 미쳤을 것이라고 생각한다. 물론 전한대 훈고학이 불전 번역의 영향이라고 말할 수는 없고, 량치차오도 이 점은 인정할 것이다. 하지만 그는 과판의 문체가 등장하여 불경 소초학이 번성한 점과 수당대(隋唐代) 의소학(義疏學)의 번성은 모종의 관계가 있을 것이라고 추측한다.[17] 소초학이나 의소학은 모두 특정 텍스트에 주석을 달아서 그 의미를 파악하거나 새로운 의미를 부여하는 주석학을 말한다.

불전 번역의 세 번째 영향은 새로운 문학 장르의 출현이다. 량치차오는 "소설(小說)이나 가곡(歌曲) 같은 중국 근대의 순수 문학은 모두 불전의 번역 문학과 밀접한 관련이 있다."[18]고 확신했다. 그가 말하는 근대는 '근세' 정도에 해당한다. 그는 이 시기 대표적인 문학작품으로 『수호전』과 『홍루몽』을 거론한다. 그는 이들 작품이 『화엄경』이나 『열반경』 등 번역된 불전의 영향을 많이 받았다고 평가한다. 또한 송·원·명 이후 잡극(雜劇), 전기(傳奇), 탄사(彈詞) 등 장편 가곡(歌曲)이 간접적으로 『불소행찬』(佛所行贊) 등의 영향을 받았다고 지적한다.[19]

여기서 량치차오가 주목한 영향은 교리가 아니라 문학적 정취나 문학적 상상력이다. 사실 고대 중국에서도 번역 불전의 문학적 가치를 인지하고 특별히 관련 자료를 수집한 경우가 있다. 좋은 예는 남북조시대 양(梁)나라 보창(寶唱)이 편찬한 『경율이상』(經律異相) 50권이다. 보창은 당시 무제(武帝)의 명에 따라 '경장이나 율장'[經律] 등 불전에 등장하는 비유나 전생담 등 '특이한 고사'[異相]를 뽑아서 22부로 편찬했다.[20]

량치차오의 번역론에서 가장 중요한 지점은 번역이 일국의 문명 건설과 관계한다는 사고이다. 그는 「번역문학과 불전」 가장 마지막 부분에서 다음과 같이 언급한다. "이 글을 읽는 사람은 이미 번역 사업과 일국 문화가 맺는 관계가 중대함을 간략하게나마 살필 수 있었을 것이다. 지금 두 번째 번역 시대가 닥쳤다."[21] 량치차오는 고대 중국인이 불교를 통해서 인도 문명과 전면적으로 만나고 불전 번역을 통해 문명을 번역하고 다시 문명을 건설했듯, 근대 시기 중국인도 번역을 통해서 문명 번역과 문명 건설에 나서야 함을 강조한다. 량치차오에게 번역은 문명을 건설하는 방법이었다.

기무라 다이겐의 『원시불교사상론』

량치차오는 1920년대 중국불교사 서술을 시도
하면서 일본의 불교학 성과를 적극적으로 수용했
다. 『불학연구십팔편』에 실린 문장 내에서 일본인
학자나 저작을 직접 언급한 경우는 많지 않다. 하
지만 실제는 근대 일본 불교학의 성과를 대량으
로 활용했다. 근대불교학의 역사가 짧고 축적된
성과도 크지 않은 당시 중국 상황에서 당연한 결
과라고 할 수 있다. 량치차오가 「인도불교개관」

기무라 다이겐

등 인도불교 연구 관련 글에서 언급한 일본학자는 이노우에 테츠지로(井
上哲次郎, 1856-1944),[22] 기무라 다이겐(木村泰賢, 1881-1930), 가네코 다이
에(金子大榮, 1881-1976), 타치바나 에쇼(橘惠勝, 1875-1922?), 하타니 료타
이(羽溪了諦, 1883-1974) 등이다. 『대승기신론고증』에서는 무라카미 센쇼
(村上專精, 1851-1928), 마츠모토 분자부로(松本文三郎, 1869-1944), 모치즈
키 신고(望月信亨, 1869-1948) 등 주로 메이지 불교학을 이끈 학자들을 거
론했다.[23]

1900년대 장기간 일본 체류 경험이 있는 량치차오는 1920년대 불교연
구에 집중할 시기에 일본학계의 연구 성과에 주목했다. 그는 1925년 오늘
날 국립중앙도서관 격인 경사도서관(京師圖書館) 관장직을 맡았는데,[24] 그
해 12월 도서관의 도서 구입과 관련해서 담당자에게 보내는 글에서 일본
의 중국사 연구나 불교 연구 성과가 뛰어남을 지적하고 "『사학잡지』, 『사
림』, 『지나학』, 『불교연구』, 『종교연구』, 『불교학잡지』, 『동양학예』, 『외교
시보』 등"의 학술잡지 구매를 당부한다.[25] 량치차오는 이상 언급한 잡지
뿐만 아니라 다양한 서적을 통해서 일본 불교학의 연구 성과를 수용했다.
그는 특히 자신의 인도불교 연구에 일본 불교학자 기무라 다이겐의 연구

성과를 강하게 이용했다.

『원시불교사상론』

량치차오는 1925년 발표한 「불타시대 및 원시불교 교리강요」(佛陀時代及原始佛教教理綱要, 이하 「교리강요」)에서 기무라의 대표작 『원시불교사상론』의 내용을 적극적으로 수용한다. 그가 활용한 『원시불교사상론』은 1922년(大正 11) 4월 간행됐다. 그리고 동년 5월과 7월에 각각 재판과 증정(增訂) 삼판이 간행됐다. 그리고 기무라의 사후인 1930년에 제10판이 발행됐다.[26] 제10판에는 기무라가 1927년 『종교연구』(宗教研究) 1월호부터 5월호에 걸쳐 게재한 장문의 논문 「원시불교에서 연기관의 전개」(原始佛教に於ける緣起觀の展開)가 부록으로 실렸다. 초판본과 1930년 판본은 부록을 빼면 쪽수나 체제가 완전히 일치한다. 량치차오는 1922년 간행된 판본을 사용했을 것이다.

량치차오는 「교리강요」를 총 10개 항목으로 구성했다. 각각 「붓다의 생몰년」, 「붓다의 종성·출생지 및 그 약력」, 「붓다 출세 당시 바라문교의 상황」, 「당시 사상계의 혁신 및 그 혼란」, 「중용 실천을 교설로 하는 불교」, 「이론과 실제의 조합」, 「인식론에서 출발한 인연관」, 「업과 윤회」, 「무상과 무아」, 「열반과 해탈」 등이다. 앞 네 항목은 불교 출현의 배경으로 제시된 것이고, 그 뒤 여섯 항목은 불교 교리의 대강으로 제시된 것이다. 량치차오의 이런 항목 분류는 기무라의 『원시불교사상론』과 유사하다.

『원시불교사상론』에 등장하는 「시세와 불교」(1편 2장), 「세계적 원리로서 인연관」(2편 1장), 「업과 윤회」(2편 5장), 「고관(苦觀)의 근거로서 무상·무아」(2편 7장 2절), 「열반론」(3편 6장) 등의 제목을 보더라도 량치차오가 얼마나 강하게 기무라를 활용하는지 알 수 있다. 물론 지금 보면 이런 항목이 초기불교를 이해하는 기본적인 주제이지만 당시 초기불교 연구 자체가 정착하는 상황에서 단지 일반적인 항목 추출이라고 말할 수는 없을 것이다. 실제 량치차오의 글에서는 유사성이나 관련성이 더욱 확실하다. 특히 그가 원시불교를 이해하기 위해서 주로 인용하는 『장아함경』 내의 소규모 경전인 『범동경』(梵動經)과 『사문과경』(沙門果經) 등은 기무라가 특히 주목한 경전이기도 하다.[27]

량치차오가 「교리강요」에서 인용한 이들 경론은 자신이 섭렵한 경론에서 뽑아냈다기보다는 기무라가 인용한 것을 재인용하는 방식이 많다. 저들 경론도 사실 중국불교 전통에서 주목받지 못했지만 근대불교학에서 크게 주목했다. 이는 본서 제1장 1절에서 소개한 사쿠라베의 말처럼 자료 면에서 이전과 달라졌다고 할 수 있다. 비록 저런 자료가 한문 대장경에 이미 존재했지만 그것을 실제 자료로 활용한 점은 새로운 의미를 가진다고 할 수 있다. 량치차오가 이용하는 기무라의 견해는 크게 두 가지로 유형화할 수 있다. 첫째, 원시불교의 성격에 대한 포괄적인 평가이다. 둘째, 연기와 윤회 등 불교 교리해석에 관한 것이다. 량치차오는 '이론과 실제의 조합' 항목에서 다음과 같이 말한다.

> 불교철학의 출발점은 현학적(玄學的)인 게 아니라 과학적이고, 연역적인 게 아니라 귀납적이다. 그가 연구하는 문제는 본체에 주목했다기보다는 차라리 현상에 주목했다고 할 수 있고, 존재에 주목했다기보다는 차라리 생멸 과정에 주목했다고 할 수 있다. 불교가 바라문교나 일체 외도와 다른 점이 바로 여기에 있다.[28]

이상은 량치차오가 원시불교 일반에 대해 내린 평가이다. 기무라는 『원시불교사상론』 제1편 「대강론」에서 "불타의 사고방식은 적어도 그 출발점에서는 형이상학적이지 않고 과학적이고, 연역적이지 않고 귀납적이었다." 고 평가했다. 량치차오가 형이상학을 현학(玄學)이라는 중국식 용어로 번역한 것을 빼면 거의 그대로 옮겼다고 할 수 있다. 또한 기무라는 같은 곳에서 "본체보다도 현상에, 존재보다도 오히려 생성에 무게를 두었다."고 평가하고, 이는 붓다가 "세간의 병을 치료하려는 목적"을 가졌음을 의미한다고 정리했다.[29] 기무라의 이런 평가는 불교를 종교가 아니라 철학의 하나로 취급하여 그것이 가진 종교성을 부정하려는 당시 서양학자에 대한 저항으로 보이기도 하고, 또한 사변성이나 신비성에 빠진 전통적인 불교에 대한 반성으로 보이기도 한다. 사실 대단히 탁월한 평가다.

량치차오는 연기를 '관계'라는 근대적 용어로 설명했다. 그래서 그것을 동시적(同時的) 관계와 이시적(異時的) 관계라는 두 측면으로 이해했다. 원시불교의 연기론을 동시적 연기와 이시적 연기로 나누었다고 말할 수 있다. 이 점은 기무라에서 왔다. 그는 『원시불교사상론』제2편 제1장「세계적 원리로서 인연관」에서 연기에 대해 "넓게 말하면 관계 또는 조건의 의미로 해석할 수 있다."[30]고 말한다. 또한 연기를 동시적 의존 관계와 이시적 의존 관계로 구분했다.[31] 기무라는 『상윳타 니카야』(Saṃyutta Nikāya)를 인용하여 동시적 인과 관계의 예로 주관[識]과 객관[名色]의 동시 성립을 말한다. 량치차오도 기무라가 인용한 이 부분을 번역해서 싣는데, 그는 이를 『장아함경』의 내용으로 표시했다. 기무라가 니카야를 인용하면서 거기에 해당하는 『잡아함경』부분을 각주에 표시했는데, 량치차오는 「교리강요」에서 기무라가 번역 인용한 니카야 내용을 중국어로 번역해서 인용했음에도 니카야가 아니라 『잡아함경』에서 인용한 것으로 처리했다. 량치차오는 몇몇 곳에서 이런 오류를 보인다.

량치차오는 「교리강요」에서 초기불교의 업설과 윤회의 연관에 대해 영국의 저명한 불교학자 리즈 데이비스 부인(Mrs. Rhys Davids, 1857-1942)의 견해를 끌어와 설명했다. 사실 이도 기무라에게서 왔다. 기무라는 『원시불교사상론』제4장 제4절 '전생과 후생 사이의 인격적 관계'에서 리즈 데이비

리즈 데이비스 부인

스 부인의 견해를 언급한다. 그녀는 1912년 간행한 『불교』(*Buddhism: A study of the Buddhist Norm*) 제5장 「도덕율의 준거」(The Norm as Moral Law)에서 한 인간이 지속적으로 업을 지어서 변화하고, 다시 윤회하여 새로운 업을 짓는 과정을 '업의 축적'으로 설명한다.[32]

『불교』

기무라와 량치차오 모두 그녀의 암시에 따라 업의 축적을 도식화한다. "$A = Ab = Ac = Ad \cdots A^n \rightarrow A^n + B = Bb = Bc \cdots B^n$." 한 개인(A)은 출생 이후 죽을 때까지 끊임없이 업을 짓는데 이는 'A에서 A^n'으로 가는 과정이다. 그가 죽은 이후 윤회를 하는데, 이때 A^n에 새로운 삶의 주체 B의 행위(업)가 결합하여 '$A^n + B^n$'으로 진행한다. 량치차오는 이런 방식의 설명을 대단히 과학적이라고 생각한 듯하다.[33]

량치차오는 다시 유식학의 주요 이론인 종자설을 동원하여 업과 윤회를 설명한다. 유식학에서 "종자(種子)란 우리들이 현실 세계에서 겪는 경험이 의식 밑 심적 영역인 아뢰야식에 '인상되어'[薰習] '축적된 것'[習氣]"이다.[34] 이때 현실 세계에서 이루어지는 행위는 현행(現行)으로 표현되는데, 이는 중생이 짓는 업(業, karma)이라고 할 수도 있다. 량치차오는 12연기를 유식학의 종자설에 연결시킨다. 그에 따르면 "무명이 종자이고 행은 종자 고유의 속성이다. 그래서 두 가지를 종자라고 통칭할 수 있다." 량치차오는 행을 종자가 현행할 '원동력'으로 표현한다. 또한 12지(支) 가운데 무명과 행을 종자로 보고 "식, 명색, 육입, 촉, 수, 애, 취, 유 모두 현행의 변화"로 본다.[35]

량치차오는 12지를 종자와 현행으로 분명하게 구분하고, 무명과 행을 원인으로 그리고 나머지 10지를 결과로 파악한 것이다. 량치차오가 제시한 설일체유부의 '삼세양중인과설(三世兩重因果說)'은 물론 '종자와 현행'

이라는 구도를 따르지 않는다. 하지만 유식학에서는 이런 구도를 따른다. 일본의 불교학자 후카우라 세이분(深浦正文, 1889-1968)은 『유식학연구』에서 『성유식론』에 기반하여 "12지 가운데 앞선 10지가 원인이고 뒤 2지가 결과"임을 지적한다.[36] 유사한 맥락에서 다케무라 마사오(竹村牧男)도 유식학의 12연기설을 '이세일중인과(二世一重因果)'로 이해하는데, 그는 앞 10지가 종자이고 뒤 생과 노사를 현행으로 파악한다.[37]

량치차오의 「교리강요」가 기대고 있는 『원시불교사상론』에서 기무라는 12연기를 중요하게 이야기하지만 결코 그것을 유식학에 관련시켜 설명하지는 않는다. 유식학에 입각해서 업과 윤회 나아가 12연기를 이야기하는 것은 량치차오의 특별한 입장이라고 할 수 있다. 그는 업과 윤회에 대해 다음과 같이 말한다.

요즘말로 하면 종자는 유전이라고 할 수 있다. 현행은 환경이라고 말할 수 있다. 과거의 유전을 품고서 현재 환경에 적응하여 부단히 활동한다. 활동의 반응은 새로운 개성을 형성하고 다시 유전된다. 업과 윤회의 근본 이치는 대략 이와 같다.[38]

량치차오는 이시적 의존 관계를 설명하면서 주로 12연기설을 다룬다. 12연기설이 이시적 의존 관계의 내용일 수 있는 까닭은 12연기에 대한 한 이해인 이른바 '삼세양중인과설(三世兩重因果說)' 때문이다. 기무라는 『원시불교사상론』 제2편 제5장 「특히 12연기론에 대해서」에서 비교적 자세하게 12연기설을 설명하고 마지막에 설일체유부의 삼세양중인과설을 소개한다.[39] 량치차오는 기무라가 제시한 삼세양중인과설을 도표로 소개한다. 기무라는 12연기의 무명을 인간이 가진 근원적인 욕망으로 파악했고, 이를 독일의 철학자 쇼펜하우어의 의지(will) 개념을 빌려와서 정식화했다. 그는 제2편 제3장 「심리론」에서 "무명이 기초가 되어 생명 활동이 있고, 생명 활동이 있는 곳에 반드시 심리 활동이 있다."고 말하고, "심리 활동은 무명이라는 근본 의지가 그 살고자 하는 목적을 달성하기 위해 그 방향을 비추는 빛"이라고 파악한다.[40]

1925년 이후 기무라와 강하게 논쟁한 우이 하쿠주(宇井伯壽, 1882-1963)와 와쓰지 데쓰로(和辻哲郎, 1889-1960)는 기무라의 무명 이해가 쇼펜하우어의 의지론에 빠졌다고 비판했다. 그들은 무명이란 사성제와 같은 붓다의 근본 사상을 모르는 것이고, 12연기는 무지의 의식 구조를 논리 형식으로 정리한 것으로 파악했다.[41] 이에 대해 기무라는 그들이 칸트적 범주론에 기대고 있다고 비판했다.[42] 량치차오는 「교리강요」에서 기무라의 해석을 그대로 계승해서 의지주의(意志主義, voluntarism)에 입각해 12연기를 설명한다. 특히 무명과 행에 대해서 각각 '무의식의 본능 활동'과 '의지의 활동'으로 이해한다. 기무라는 「원시불교에서 연기관의 전개」에서 12연기의 무명에 대해 "생존 욕망에 기초한 오류 판단"이자 또한 "생의 맹목적 긍정(맹목의지)"으로 정의했다. 그리고 행(行)을 욕락(欲樂)을 추구하는 의지 작용이라고 정의했다. 또한 업(業)을 설명하면서도 이 의지론을 중요하게 사용한다. 그는 업을 일종의 의지 활동으로 보기도 한다.[43]

량치차오는 "불가에서 말하는 의지의 제어는 결코 심신 활동을 제지해서 마른 나무나 죽은 재처럼 만드는 게 아니다. 한편으로 의지를 제어하지만 한편으론 의지의 전진을 기도한다."고 말한다. 이는 의지를 단지 부정하는 게 아니라 어느 부분 긍정함을 의미한다. "붓다는 소극적으로 의지를 제어할 뿐만 아니라 오히려 적극적으로 연마하고 격려하는 점에 주목했다."[44] 기무라는 붓다가 긍정적인 의미의 의지 개념으로 '법욕(法欲)'이나 '욕삼매(欲三昧)'란 표현을 썼음을 강조한다. 욕망의 불교적 긍정이라는 차원에서 량치차오는 기무라에 동의했다고 할 수도 있다.

량치차오가 1925년부터 형성된 기무라와 우이·와쓰지의 전선(戰線)을 알아차렸는지는 알 수 없다. 왜냐하면 량치차오는 「교리강요」에서 원시불교가 이론과 실천의 종합임을 말하면서 "붓다는 칸트와 매우 비슷하다. 한편으로 실천철학을 제창하고, 한편으론 비판철학을 제창했다."[45]고 지적하기 때문이다. 이 점은 량치차오가 「교리강요」에서 순수하게 기무라의 생각을 재현하는 게 아니라 자신의 생각을 자유롭게 기술하고 있음을 보여준다.

『불교심리 연구』

기무라 외에 량치차오에게 강한 영향을 끼친 일본 불교학자는 타치바나 에쇼(橘恵勝)이다. 특히 량치차오가 불교심리학을 말할 때는 결정적으로 타치바나에게 기댄다. 일본학자 모리 노리코(森紀子)는 량치차오의 '불교심리학'도 어떤 식으로든 기무라 다이겐과 관련 있을 거라고 추측했다.[46] 하지만 량치차오의 「불교심리학 이해」(佛敎心理學淺測)에서 인용한 불전의 내용은 타치바나가 『불교심리 연구』(佛敎心理の研究)[47] 제1편 제2장 「오온」(五蘊)과 제3장 「색구의」(色句義)에서 인용한 구절과 거의 일치한다. 량치차오의 「불교심리학 이해」와 타치바나의 『불교심리 연구』를 비교하면, 량치차오가 『불교심리 연구』에 인용된 불전을 거의 그대로 재인용하고 있음을 확인할 수 있다.

아함경 연구와 소승의 복권

량치차오는 1920년 문헌 해제류의 글을 여러 편 발표하는데, 『불학연구십팔편』에 실린 「『사아함』 해설」, 「육『족론』·『발지론』 해설」, 「『대비바사론』 해설」 등이다. 그런데 그가 선택한 불전은 기존 중국불교 전통에서 보면 다소 특별하다. 이런 문헌이 분명 고대 중국에서 번역됐지만 실제 그것을 연구하거나 그 이론을 수용하여 사상을 전개한 경우는 드물었다. 하지만 근대 시기 바로 이 점에서 변화가 일어난다. 사쿠라베가 말한 근대불교학이 보인 '자료의 차이'를 이 대목에서 확인할 수 있다. 기무라도 『원시불교사상론』을 쓰면서 이런 전통적인 분위기를 고려했다.

> 중국과 일본의 구습에 젖은 학자들은 아함이라 하면 곧바로 소승이라고 처리하여, 그것을 불교 전체에 걸친 역사적 연원이라고 보는 세심함을 보여주지 않았다. 또 오로지 팔리어에 의지하는 근대의 불교학자들은 대승이라 하면 후대의 첨가에 의한 것이라고 처리하여 그것이 요컨대 원시불교에 내재된 사상의 논리적 전개에 다름 아니라고는 생각해보지 않았다.[48]

량치차오가 기무라의 이 견해에 직접적인 영향을 받아 아함경을 공부한 것은 아니다. 그가 기무라의 이 글을 읽은 것은 적어도 1922년 이후의 일이기 때문이다. 하지만 기무라가 위에서 제시한 생각은 그 이전 근대불교학의 종사자들이 이미 갖고 있던 생각이었다. 한역 『아함경』이 순수하게 초기불교의 음성을 담고 있는 건 아니다. 그것도 부파불교의 산물임을 근대불교학은 밝혔다. 량치차오도 이 점을 잘 알고 있었다. 하지만 기무라와 마찬가지로 초기불교의 목소리에 좀더 가까울 수 있음도 인정했다. '경전성립사'라는 근대불교학의 한 분야와 관련하여 량치차오는 「『사아함』 해설」에서 분명한 입장을 보여준다.

량치차오의 「『사아함』 해설」은 타치바나 에쇼가 쓴 『인도불교사상사』(印度佛教思想史, 1919)에 크게 기대고 있다. 물론 기무라의 영향도 보이고, 가네코(金子大榮)의 『불교개론』(1919)[49]과 하타니(羽溪了諦)의 『서역불교』[50]를 인용하기도 한다. 하지만 타치바나의 『인도불교사상사』 제2장 「아함

『인도불교사상사』

성전에 대해서」의 영향이 가장 크다.[51] 타치바나는 문헌학이나 역사학에 기초해서 인도불교나 중국불교 그리고 일본사상을 연구한 학자이다. 그는 『불교심리 연구』와 『인도불교사상사』 외에 『지나불교사상사』(1921)와 『일본고대사상사』(日本古代思想史, 1922)를 간행했다. 일종의 불교사상사 연구자라고 할 수 있다.

량치차오는 일본의 불교학 연구 성과에 힘입어 한역된 4종의 『아함경』에 대해 먼저 문헌학적인 분석을 시도하고 그 다음 『아함경』 연구의 필요성과 방법론을 언급한다. 그는 경전의 성립에 대해 네 가지 관점을 제시했다.[52] 간략히 요약하면 다음과 같다. ①모든 불경은 붓다의 입멸 이후 작성됐다. ②불교 저작은 집단적이고 공개적인 결집과 개인의 사적 저술이 있다. ③불경은 단행본 형식과 총서 형식이 있다. ④불경은 처음에는 암송에 의해 전승됐고, 나중에 여러 언어로 문자화됐기 때문에 모두 번역 문학이다. 이상 네 가지 관점은 근대 이전 불교도라면 상상할 수도 없었던 내용이다.

량치차오는 네 가지 한역 『아함경』은 내용상의 구분이 아니라 형식상의 구분임을 지적한다. 그래서 그는 천태 지의가 『법화현의』에서 네 가지 『아함경』에 대해 제기한 "『증일아함경』은 인천(人天)의 인과를 밝히고, 『중아함경』은 열반의 의미를 밝히고, 『잡아함경』은 여러 선정을 밝히고, 『장아함경』은 외도를 파척한다."[53]는 주장은 엉터리라고 비판한다. 중국불교의 많은 주석서에서 평가 문헌에 대한 다소 심한 단순화가 진행됐다. 그것은 교판처럼 독특한 견해가 될 수도 있지만 근거 없는 단순화와 오독을 초래하기도 한다. 량치차오는 이런 중국불교의 일부 전통에 대해 반성했다.

앞서 기무라 다이겐도 언급했듯 동아시아불교 전통에서 오랫동안 『아함경』은 소승경전으로 치부됐다. 량치차오는 이런 전통을 비판한다. 그는 "중국에선 수당 이후 불교를 공부하는 이들은 소승불교를 논하는 것을 수치로 여겼고, 그래서 『아함경』이 천년 동안 유통되지 않았다."고 평가한다.[54] 량치차오는 전통적인 『아함경』 평가에 반대하고 "정말 불교를 공부하려는 자는 마땅히 『아함경』을 공부해야 한다."고 힘주어 말한다. 그리고 여섯 가지 이유를 제시한다.

먼저 다섯 가지를 요약하면 다음과 같다. ①가장 먼저 성립된 불경으로 불설의 극히 중요한 부분이다. ②다른 불경에 비해 사실에 가깝고 합리적으로 설명한다. ③언행록 형식으로 붓다의 현실적 인격을 느낄 수 있다. ④불교의 근본 원리를 상세히 설명한다. ⑤대승교의와 충돌하지 않고, 오히려 그것을 품고 있다. 이런 평가는 대단히 객관적이라고 할 수 있다. 현재도 『아함경』이 비록 부파불교시대에 특정 부파에 의해 편집됐지만 대승불전에 비해 상대적으로 붓다의 원음에 가깝다는 점은 인정한다. 물론 과연 '붓다의 원음'이란 개념이 가능한지 의문을 품는 학자도 있을 것이다. 이상 『아함경』 공부의 다섯 가지 이유와 달리 여섯 번째 이유는 불경을 역사 문헌으로 다루려는 태도를 보여준다. 량치차오는 말한다.

> 『아함경』은 당시 사회상을 대단히 많이 서술한다. 그래서 그것을 읽으면 붓다가 자신이 처한 환경이나 상황에 맞춰 중생을 교화하려는 고심을 알 수 있다. 우리같이 다른 나라 다른 시대의 사람이 어떻게 불교를 수용할 수 있을지 일종의 자각을 얻게 한다.[55]

량치차오가 제시한 『아함경』 공부의 여섯 번째 이유는 '불교도 역사적 산물'이라는 자신의 입장을 반영한다. 그는 이런 입장에 설 때 오히려 붓다나 불교의 깊은 곳에 도달할 수 있다고 생각한다. 그리고 량치차오는 『아함경』을 통해 붓다의 교리가 아니라 인간 붓다의 고뇌와 노력을 만날 수 있다고 생각한다. 그가 『아함경』을 이렇게 평가하는 까닭은 아마도 중국불교의 전통 속에서 만난 여러 대승경전의 신비성 혹은 과도한 철학성에 대한 반성 때문일 것이다. 량치차오는 『아함경』의 특별한 가치를 인정하면서, 그것에 대한 전문 연구로서 '아함학'을 말한다. 그리고 그 연구 방법론을 제시한다. 요약하면 이렇다.

①먼저 주요한 교리 목록을 만들고 그것으로 경전 간 차이를 확인한다. ②불경에서 언급한 인도 사회의 풍속을 분류하여 그것의 불교의 관계를 검토한다. ③붓다가 생활한 지역이나 만난 인물 등을 분류하여 도표로 만들면 붓다 전기와 제자의 전기 그리고 인도사 등의 자료로 활용할 수 있다.[56]

여기서 제시한 세 가지 방법론은 전형적인 역사학 방법론이다. 첫 번째 항목은 일종의 개념사 연구라고 할 수 있다. 『아함경』에 실린 수많은 소경(小經) 사이에 발생하는 차이는 불교 개념과 불교 교리가 형성되는 과정을 보여준다. 두 번째 항목은 사회사의 입장에서 불교를 다룬 것이라고 할 수 있다. 이는 '성자 붓다와 그의 말씀'으로 불경을 읽는 게 아니라 고대 인도 사회의 일원으로서 붓다를 독해하는 태도다. 그럴 때라야 현실 사회에서 불교가 도대체 무엇을 지향했고 어떤 가치를 제기하는지 뚜렷하게 파악할 수 있을 것이다. 세 번째 항목은 불교도들이 주목하지 않던 경전 속 지역과 인물에 대한 관심이다.

1920년대 량치차오는 비록 불교연구 영역에서였지만 과거 중국불교 전통에서 소승불교로 치부한 『아함경』과 부파불교 문헌의 가치를 복권시키고자 했다. 그는 「『사아함』 해설」에서 『아함경』을 "동방문화의 일대 보고"라고 극찬했다. 량치차오는 비슷한 시기에 발표한 「『이부종륜론술기』를 읽고」, 「육『족론』·『발지론』 해설」, 「『대비바사론』 해설」 등에서는 전문적으로 부파불교의 문헌을 다뤘다. 「『이부종륜론술기』를 읽고」에서는 "소승불교의 변화와 발전 과정을 깊이 이해하지 못하면 결코 대승불교의 발전 과정을 설명할 길이 없다."[57]고 말하면서 소승과 대승을 대립적으로 이해하는 기존 태도를 비판한다. 기무라 다이겐이 『원시불교사상론』에서 『아함경』에서 대승불교의 연원을 찾았던 것과 비슷하다. 량치차오는 대승과 소승이라는 불공정한 분류법을 버리고자 했다.

> 내 생각에는 불교사를 계통적으로 연구하기 위해서는 마땅히 소승이니 대승이니 하는 구분을 물리치고, 교파 간 상호 영향을 분석하고 그들이 제시한 교리가 변화하고 발전한 까닭을 살펴야 한다. 애석하게도 이 분야와 관련된 자료가 대단히 부족하다.[58]

『이부종륜론술기』(異部宗輪論述記)는 당대(唐代) 규기(窺基)가 스승 현장이 번역한 『이부종륜론』(異部宗輪論)을 해설한 문헌이다. 기무라 다이겐이나 우이 하쿠주도 이 문헌에 대해 해설서를 내놓았다. 고대 인도 논사 바수미트라(Vasumitra, 世友)가 쓴 『이부종륜론』(異部宗輪論, Samayabhedoparacanacakra-śāstra)은 부파불교시대 20개 '상이한 유파'[異部]의 발생과 그들의 '핵심적인 주장'[宗輪]을 기술했다. 이 때문에 '부파불교사'를 이해하

『이부종륜론술기』

는 데 가장 유용한 한역 문헌으로 평가된다. 근대 시기 『이부종륜론』이 주목받은 이유는 부파불교 자체에 대한 관심이 발생한 데다가 그것이 극히 드물게 부파불교의 분화에 대한 정교한 정보를 제공했기 때문이다.

량치차오가 「『이부종륜론술기』를 읽고」를 쓸 때 어떤 연구서를 참고했는지 현재로선 분명하지 않다. 하지만 그가 타라나타의 『인도불교사』를 인용하는 점을 보면 분명 근대불교학의 성과를 이용했을 것으로 추정할 수 있다. 왜냐하면 그가 티베트어로 된 『인도불교사』 원서를 직접 보았을 리는 없고, 독일어 번역본을 참고했을 리도 없다. 일본어 번역본이 아직

출간되지 않은 상황에서 아마도 일본 연구자가 소개한 내용을 활용한 것으로 추측된다. 이런 점을 고려하면 그가 부파불교를 기술하면서도 일본 연구서를 참조했을 가능성이 크다.

「육『족론』·『발지론』해설」(1920)에서 량치차오는 이른바 '육족론'과 『발지론』을 간략하게 해설한다. 육족론은 부파불교의 한 유파인 설일체유부(說一切有部)의 논장(論藏)을 구성하는 『아비달마집이문족론』(阿毘達磨集異門足論), 『아비달마법온족론』(阿毘達磨法蘊足論), 『아비달마시설족론』(阿毘達磨施設足論), 『아비달마식신족론』(阿毘達磨識身足論), 『아비달마계신족론』(阿毗達磨界身足論), 『아비달마품류족론』(阿毘達磨品類足論) 등 여섯 개 문헌을 가리킨다. 이들 모두 한역명이 '족론(足論)'으로 끝나기 때문에 동아시아 전통에서 '육족'이라는 명칭이 발생했다. 여기에 『아비달마발지론』(阿毘達磨發智論)을 합쳐 흔히 '육『족』·『발지』'라는 말로 설일체유부의 7개 논장 전체를 표현했다. 량치차오의 「육『족론』·『발지론』해설」은 이들 일곱 문헌에 대한 해제 성격의 길지 않은 글이다. 량치차오는 문헌의 성립과 명칭, 번역, 체제, 내용 등 핵심적인 내용을 요령 있게 소개한다.

량치차오는 『아비달마발지론』의 주석서인 『아비달마대비바사론』 200권에 대한 글을 쓰기도 한다. 그는 「『아비달마대비바사론』 해설」에서 「『사아함』 해설」과 흡사한 형식으로 아비달마 교학의 집대성인 『아비달마대비바사론』(阿毘達磨大毘婆沙論, *Abhidharma-mahāvibhāṣā-śāstra*)을 소개한다. 량치차오는 어느 사가(史家)가 『대비바사론』의 성립을 '제4결집'으로 묘사한 일을 소개하면서, 이 문헌의 출현은 불교사 전체에서도 대단히 중요한 사건이었다고 평가했다. 량치차오는 당대(唐代) 현장에 의해 이렇게 엄청난 저작이 번역됐음에도 중국불교 전통에서 그다지 논의되지 않은 까닭을 다음과 같이 분석한다.

그 분량이 엄청나게 많아서 독자가 끝까지 읽어내기가 힘든 데다가 소승불교의 저술이라고 멸시하여 읽지 않았고, 원서에는 목록이 없어서 천년 동안 어떤 사람도 과판(科判)을 하는 이가 없었다. 그래서 그 내용이 어떤지 거의 아무도 말할 수 없었다.[59]

량치차오는 『대비바사론』 같은 저작이 중국불교 전통 속에서 각광받지 못한 점을 대단히 아쉬워한다. 그는 "유식종도 재전(再傳) 이후 쇠락했는데, 당시 유식종의 부속품에 불과한 비담종을 세상이 중시하지 않은 것은 그럴 만했다."[60]고 지적한다. 아비달마 불교는 주로 유식종 즉 법상종 전통에서 연구했는데, 법상종도 오래가지 않고 사라졌으니 비담종의 상황은 어떠했겠는가? 량치차오는 「『대비바사론』 해설」 말미에 있는 '『대비바사론』 연구의 부활을 희망함'(毘婆沙研究復活之希望)이라는 항목에서 『아함경』을 다룰 때와 비슷하게 대승불교가 아니라 '불교' 전통에 충실하자고 촉구한다. 그리고 『대비바사론』에 주목해야 할 여섯 가지 이유를 제시한다. 거칠게 요약하면 다음과 같다.

①『대비바사론』은 인식론과 심리학 상에서 오늘날 사람들이 받아들일 만한 내용을 갖고 있다. ②불교 수행의 확실한 기초를 위해서는 『대비바사론』에서 제시한 점진적인 수행법을 지켜야 한다. ③대승 법상종을 공부하려면 반드시 『대비바사론』에서 시작해야 한다. ④『대비바사론』을 통해서 불교의 법수(法數)와 개념을 훈련한다면 다른 불교 교리를 보다 정확하게 이해할 수 있다. ⑤서양철학과 심리학을 공부하는 이들이 『대비바사론』을 공부한다면 새로운 수준에 도달할 수 있다. ⑥종교사나 철학사를 연구하는 이들은 『대비바사론』을 통해서 당시 불교 교파의 학설 뿐만 아니라 불교 이외의 종교 교의를 이해할 수 있다.[61]

『대비바사론』에 대한 량치차오의 평가는 사실 오늘날에도 유효하다. 이런 평가가 제기된 지 90년이 지난 지금도 중국 불교계나 한국 불교계는 '대승불교 독존'이라는 관념을 완전히 떨치지는 못했다. 물론 량치차오도 부파불교에 비해 대승불교가 더 발전된 불교라는 식의 진화론적인 불교사 이해를 보이기도 한다. 전통의 무게가 지금에 비해서 훨씬 강한 당시에 량치차오가 이런 입장을 천명했다는 점은 하나의 교훈이 될 만하다. 비록 다른 사람의 언급을 인용한 것이긴 하지만 『대비바사론』의 성립을 '제4결집'으로 묘사한 사실은 그가 그것이 불교사에서 갖는 위상을 다시 정립하고자 했음을 알려준다. 그는 『대비바사론』이 불교사 내부에서 갖는 위상뿐만 아니라 근대 세계에서 갖는 보편적 가치를 강조했다.

6장

후스의 선종사 연구와 과학 방법론

의고주의와 문헌 고증

근대 학술의 탄생은 방법론의 출현을 의미한다. 불교사 연구도 분명 방법론의 출현이라는 측면에서 이해할 수 있다. 전통적인 방법론에 기반을 둔 연구자도 일부 있었지만 상당수는 외부에서 방법론을 들여왔다. 중국 근대에 중국 선종사를 다루면서 새로운 방법론을 동원한 인물은 후스(胡適, 1891-1962)다. 그는 근대 중국의 대표적인 학자이자 계몽 사상가이다. 5·4시기 신문화 운동의 깃발이었고, 서구적 근대 학술을 전면적으로 수용할 것을 제창하기도 했다. 그에게 계몽과 학술은 하나의 축이었다. 특히 그는 전통 문화와 학술에 대해 적극적으로 반성을 시도했다. 국고정리(國故整理)로 대표되는 고전 연구뿐만 아니라 문학 연구, 중국철학사 연구, 중국선종사 연구에서 새로운 경지를 개척했다.[1]

후스

후스의 선종사 연구방법론은 '과학 방법론'이라고 할 수 있다. 후스는 스스로 '과학적 방법'이란 말을 사용했다. 이 표현은 후스의 학문 방법론을 대변할 뿐만 아니라 당시 학술계의 분위기를 보여 주기도 한다. 그가 과학 방법론을 동원하여 진행한 선종사 연구는 근대 시기 불교 연구의 새로운 모습이었고, 불교계에 일련의 충격을 주기도 했다.[2] 후스의 과학 방법론의 구체적 내용은 역사학과 문헌학이다. 그는 무엇보다도 사실만을 말하자는 식이었다. 확인되지 않은 전통은 보류시켜야 마땅하다고 생각했다.

후스는 기존 선종 전통에 대한 의심에서 선종사 연구를 시작했다. 이는 근대 시기 출현한 의고주의(疑古主義) 경향이라고 할 수 있다. 후스는 과학 방법론을 통해서 하나의 종교 전통으로 지속된 선종 문헌의 권위를 부정했다. 또한 그는 신화한 선종사를 해체하고 재구성했다. 그의 연구가 현재 학계에서 그대로 통용되는 것은 아니지만 분명 그의 선종사 연구는 하나의 이정표였다. 그의 학술 연원은 존 듀이나 윌리엄 제임스 등 20세기 초 미국 정신사의 중요한 축에 연결되어 있다. 그는 20대에 미국 유학에서 비판과 자유라는 근원적인 방법론을 체득했고, 평생 그 방법론을 견지했다.

후스는 1910년 미국 유학길에 올랐다. 처음에는 코넬(Cornell) 대학에서 농학을 공부했지만 오래지 않아 철학으로 전향했다. 결국 컬럼비아 대학에서 존 듀이(John Dewey, 1859-1952)에게 철학을 배웠다. 1917년 7월 미국에서 귀국하고, 그해 9월 26세의 나이로 베이징 대학 문과대 교수로 초빙됐다.[3] 그는 베이징 대학 부임 이전부터 당시 대표적인 계몽잡지인 『신청년』(新青年)에 「문학개량추의」(文學改良芻議) 같은 글을 발표하여 백화문 운동을 고취시켰다. 베이징 대학에 재직하면서 그는 본격적으로 문화 운동에 투신한다. 후스는 기본적으로 기존 전통에 대한 반성에서 문화 운동을 시작했다. 그가 강조한 개인 해방이나 여성 해방 그리고 자유 연애 등은 전에 없던 가치였다. 학문 태도에서도 중국 전통에 대한 반성과 근대적 방법론의 도입을 시도했다.

중국 전통 문화나 학술에 대한 후스의 반성은 의고주의(疑古主義) 경향으로 분류할 수 있다. 단순히 과거나 전통에 대해 부정만 일삼는 것이 아니라 사실로 확인된 것만을 믿고 그렇지 않은 것에 대해서는 의심을 포기해서는 안 된다는 입장이다. 후스는 훗날 자신의 사상을 소개하면서 미국 유학기간 이런 회의(懷疑) 정신을 영국 사상가 토마스 헨리 헉슬리(Thomas Henry Huxlery, 1825-1895)에게서 배웠다고 술회했다.

> 헉슬리는 나에게 어떻게 회의할 것인가를 가르쳐 주었고, 충분한 증거가 없는 모든 것을 믿지 말라는 것을 가르쳐 주었다.[4]

헉슬리는 19세기 활동한 영국 사상가로 다윈의 진화론을 인간 사회에 적용한 사회진화론으로 유명하다. 또한 그는 학술 방법론상에서 회의주의를 천명했는데, 그의 회의주의는 불가지론(agnosticism)으로 대표된다. 기본적으로 이 견해는 '인간은 초경험적인 것들에 대해서 인식 불가능하다'는 입장이다. 이는 '반초자연주의'(anti-supernaturalism)라고 할 수 있다. 초자연주의(supernaturalism)는 불가사의하고 신적인 행위가 자연 세계와 인간 세계에 일어난다고 믿는 태도다. 특히 헉슬리는 인간의 지성을 초월하는 신적인 권능을 신봉하는 '성서적 초자연주의(biblical supernaturalism)'에 대항했다.

후스는 훗날 헉슬리식의 불가지론을 존의주의(存疑主義)로 번역했다. 여기서 '존의'란 어떤 주장에 대해서도 의심을 견지한다는 의미다.[5] 과학 지식인으로서 헉슬리는 종교에서 진리는 인간의 인식으로 파악할 수 없다고 주장했다. 이는 종교적 진리에 대한 논의 거부이고, 또한 그것이 행하는 월권에 대한 저항이기도 했다. 후스는 진리는 확신의 결과가 아니라 검증의 결과라고 생각했다. 이는 헉슬리의 회의정신과 듀이의 실험주의 방법론이 결합한 결과다. 중국사상사가 위잉스(余英時)는 "헉슬리와 듀이는 후스가 과학 방법론의 성질과 공용을 명료하게 이해하도록 했다."고 평가

하고, 후스에게서 과학 방법론은 "역사적 태도"로 나타남을 지적했다.[6]

후스는 1919년 『신청년』에 발표한 「신사조의 의의」(新思潮的意義)에서 자신의 학술 태도를 비교적 분명하게 언급한다. 신사조의 근본적인 의의는 새로운 태도의 출현이고, 이는 바로 비판적 태도라고 규정한다.[7] 이런 비판적 태도는 현실에서는 기존 전통이나 기존 관념에 대한 반성과 회의로 나타난다. 후스는 "습속으로 전해진 제도와 풍속에 대해 '이런 제도는 지금 존재할 만한 가치가 있는가?' 질문해야 한다."[8]고 강조한다. 데카르트식의 회의는 한 사회가 공인한 전통이나 사실에 대해서도 철저하게 의심하고 질문할 수 있어야 한다. 그야말로 명석판명(明晳判明, clear and distinct)한 사실만을 인정하는 것이다.

후스의 이런 태도는 관습을 통해 형성된 공동체의 보편이나, 종교적 권위에 의해 제시된 성언량(聖言量)에 대해서도 그것이 명석판명할 때까지 의심하고 질문할 수 있다는 사고를 반영한다. 근대 한국불교에서 승려 출신 불교학자 김법린도 1920년대 프랑스 유학을 통해서 데카르트식 방법론을 수용했다. 그는 해방 이후 자신의 학문 방법론을 회고하면서 다음과 같이 언급한다.

> 비교는 인식의 명료화(明瞭化)와 판연화(判然化)를 가능하게 하였다. 명료(明瞭)와 판연(判然)이 진리의 준거라는 데카르트의 주장을 옳다고 보았기 때문에 나는 이 방법을 애용했다.[9]

이성이나 비판적 사고에 대한 신뢰. 김법린이 기술한 데카르트식 사고는 건전한 근대 이성을 보여준다. 후스도 마찬가지다. 그의 회의주의는 '국고정리(國故整理)' 과정에서 분명하게 드러났다. 이때 국고(國故)는 중국의 과거 문화와 학술을 가리킨다. 한 국가(國家)와 민족이 존재하게 된 연고(緣故)라고 할 수 있다. '국고학(國故學)'이란 말도 통용됐다. 현재는 줄여 '국학'이란 말이 훨씬 보편적으로 유통된다. 국고정리는 후스만의 작업은 아니었다. 후스에 앞서 1900년대 『국수학보』 등을 중심으로 민족주의로 무장한 학자 그룹이 활동했고, 그들의 국학연구도 활발했다. 이 과정에서 다양한 국학논쟁이 발생하기도 했다.[10]

하지만 후스는 그들과 달랐다. 그는 민족주의로 무장할 생각도 없었고, 그것을 통해서 민족의 위대함을 알릴 생각도 전혀 없었다. 그에게는 '민족주의'도 하나의 맹목이었고, 의심의 대상이었다. 그는 진리가 아니라 사실을 알고자 했다. 후스는 국고 정리에서도 명석판명한 사실을 추적하고자 했다. 그는 1920년 『동방학지』(東方學志)에 발표한 「국고연구의 방법」(研究國故的方法)에서 국고 정리와 연구를 위해 네 가지 방법론을 제시했다. 역사 관념, 의고의 태도, 계통적 연구, 정리 등이다.[11] 후스는 의고의 태도에 대해 이렇게 설명한다.

> 의고의 태도를 간단하게 말하면, "寧可疑而錯, 不可信而錯"(차라리 의심해서 틀릴지언정 믿어서 틀려서는 안 된다)는 열 자이다.[12]

후스는 20년대 이후 시작한 선종사 연구에서도 이상과 같은 태도를 견지했다. 그가 의고의 태도로 제시한 두 가지 방법론은 첫째는 "고서의 진위에 대해 의심하는 것이고", 둘째는 "진서(眞書)라도 누군가 위조한 부분은 없는지 의심하는 것"이다.[13] 그리고 의고의 목적은 "진실을 얻기 위한 것"임을 분명히 한다. 그냥 믿기만 한다면 스스로 고인의 노예가 될 것이라고 일갈하기도 한다.[14] 후스의 이런 언급은 당시가 신문화운동 시기라는 점을 감안하더라도 대단히 충격적이다. 전통 문화를 마치 종교처럼 숭배하거나 성현의 말씀을 진리인 양 섬긴 사람이 여전히 많았기 때문이다.

후스의 선종연구는 철저하게 사료 중심이다. 1927년 발표한 「보리달마고」(菩提達摩考)에서 그는 "우리가 신화를 걷어내고 사료를 고증하면

달마를 역사적 인물로 인정할 수 없다. 하지만 그의 사적은 전설만큼 그렇게 중요하지 않다."[15]고 말한다. 후스가 말하는 '사실과 비사실'이 '가치와 몰가치'와 완전히 등치되는 것은 결코 아니다. 사실이 아니지만 현실적으로 작동하고 뭔가를 창조할 수 있는 것도 있기 때문이다. 후스도 이 부분을 인정한다. 하지만 그런 것을 학술 대상으로 삼지는 않는다. 그가 견지한 실험주의 입장에서 선종의 깨달음은 연구자가 검증할 수 없는 영역이다.

후스는 의심, 회의, 실증의 학술 방식을 자신의 임무로 생각했다. 어떤 권위도 인정하지 않았다. "그는 경전이나 역사에서 그야말로 경·중 혹은 정통과 이단의 구별이 없었다. 방법상에서도 철저하게 증거 없는 것은 믿지 않고 비판과 회의 정신을 관철했다."[16] 후스의 이런 태도는 그의 선종사 연구에 그대로 투영됐다. 1930년 쓴 「『신회화상유집』 자서」에서 "민국 13년(1924) 나는 『중국선학사』를 쓰려고 시도했다. 혜능까지 써 내려갔을 때, 나는 이미 의심스러웠다. 신회까지 갔을 때 나는 더 이상 써 내려갈 수 없었다."[17]고 회고했다. 후스는 기존 선종사에서 사실과 부합하지 않는 내용을 발견했다. 그가 도달한 결론은 이렇다.

오늘날 보존된 선종 자료는 적어도 80% 내지 90%는 북송 화상 도원, 찬녕, 계숭 이후 자료이고 왕왕 갖가지 망령된 개조와 위조의 손길을 거쳤기 때문에 그리 믿을 만하지 않다.[18]

후스는 당시 통용된 선종사 지식은 북송 이후 개작되고 위조된 문헌에 근거하고 있음을 간파했다. 물론 위조의 정도를 정확히 파악하기는 힘들다. 후스는 당시까지 전해진 선종사의 기본 지식에 대해서 의심했고, 위조된 고서를 근거로 선종사를 기술할 수 없다고 판단했다. 선종 연구는 영영 불가능해 보였다. 그가 이 문제를 해결할 수 있었던 계기는 돈황문헌

열람이었다. 후스는 1926년 프랑스와 영국을 방문해 파리의 국립도서관과 런던의 대영박물관에서 당대(唐代) 선종 문헌을 열람했다.[19] 그는 『신회어록』의 고본 등 중요한 당대 선종 문헌을 통해서 선종사를 새롭게 조망하고자 했다. 그는 일찍이 『국학계간』(國學季刊) 「발간 선언」에서 고학 연구와 관련해 다음과 같이 역설한다.

①연구의 범위를 확대해야 한다. ②계통적 정리에 주의해야 한다. ③비교 자료를 폭넓게 채용하고 참고해야 한다.[20]

후스는 선종사 연구에 돈황에서 발견된 선종 문헌을 비교 자료로 폭넓게 사용했다. 그는 런던 대영박물관 소장 돈황 문헌인 스타인컬렉션(Stein Collection)에서 「돈오무생반야송」(頓悟無生般若頌) 잔권(殘卷)을 발견했고, 이것이 신회의 『현종기』 (顯宗記) 고본임을 알아냈다. 이후 그는 이 잔권을 유통본 『현종기』와 비교해서 당대 이후 삽입된 부분을 제거하여 『현종기』를 원형대로 복구했다.[21]

「돈오무생반야송」

이를 통해서 그가 일찍부터 의심한 유통본 『현종기』에 등장한 이른바 '서천이십팔조설(西天二十八祖說)'이 고본에는 존재하지 않음을 밝혀냈다. '서천28조설'은 '인도[西天]에서 붓다부터 달마까지 28대를 거쳐 깨달음의 법통이 이어졌다'는 주장이다. 중국 선종은 28대 조사 달마에서 중국 법통이 다시 시작한다고 생각했다. 후스는 문헌 고증을 거쳐 이런 주장이 특정 시기에 형성된 것임을 밝히고자 했다.

후스는 선종 문헌 가운데 「영가증도가」(永嘉證道歌)의 작자에 대해서도 일찍부터 의심했다. 『연등회요』나 『석씨통감』 그리고 『종통편년』 등의 문헌에서는 영가현각(永嘉玄覺)이 713년 입적한 육조혜능과 거의 비슷한 시기에 입적한 것으로 되어 있다. 그런데 기존『증도가』내에 '서천28조설'이 제시된다. 그렇다면 혜능 당시에 벌써 이 견해가 유통됐다는 이야기인데, 실제 당대(唐代) 금석문에는 '23대' 혹은 '25대'설이 등장할 뿐이다. 후스는 펠리오컬렉션에서 '선문비요결(禪門秘要決), 초각대사일숙각(招覺大師 一宿覺)'이란 이름을 단 문서를 발견하고 이 글이 기존 「영가증도가」의 전문임을 밝혀냈다. 그런데 그는 작자 초각은 당말오대(唐末五代)에 활동한 승려로 판정했다.

후스는 마치 족보처럼 펼쳐진 선종의 법통이 상당히 조작되었다고 생각했다. 그는 오랜 시간이 흐르면서 선종 문헌의 저자와 내용 그리고 간행시기가 변화를 겪었다고 판단했다. 「영가증도가」와 관련해서도 그는 다음과 같이 말한다. "선종 문헌을 읽는 사람이라면 선종의 옛 사가들이 문도(門徒)를 조작하는 것을 대단히 좋아해서 점점 많아진다는 사실을 잘 알 것이다. 육조 문하에 현각을 보탠 것도 하나의 예이다."[22] 또한 탕융퉁의 작업을 경외하는 편지에서도 "선생이 선종 전법의 거짓 역사는 대개 육조 이후 선종 각파가 상호 투쟁한 산물이라고 했는데, 이는 저의 의견과 완전 동일합니다."[23]라고 언급한다. 그는 선종 법통은 8세기 말까지 여전히 확정되지 않았음을 탕융퉁의 연구에서 확인했다.

신회의 발견과 선종사 재구성

후스는 1925년 「역본을 통한 불교 선법 연구」(從譯本裡研究佛敎的禪法)를 발표한 이후 선종 연구에 매달렸다. 그는 이 글에서 중국에서 형성된 선종 전통에서 선법을 이해하는 게 아니라 번역된 역본에서 선법의 내용을 추적했다. 이는 중국 선종 전통이 형성되는 과정에서 선구적인 인물들이 인도에서 전래된 선법을 어떻게 변주했는가를 알기 위한 작업이었다. 또한 그의 의고주의 입장에서 보면 중국 선종 전통이 인도불교의 선법을 어떻게 개조 혹은 조작하는지 알기 위한 기초 작업이기도 했다. 이와 관련한 글은 후스가 1928년 발표한 「선학고사고」(禪學古史考)이다. 이 논문은 고대 역본을 통해서 선법의 수용을 검토할 뿐만 아니라 인도와 중국에서 전개된 선법의 전승 계보에 대해서도 분석했다.

후스의 선종사 연구 가운데 영향이 가장 컸던 분야는 하택신회(荷澤神會) 연구이다. 기존 선종 전통에서는 신회를 선종 적통이라고 평가하지 않았고, 그 때문에 신회는 선종 전통에서 특별한 지위를 점하지 못했다. 그런데 후스는 새로 확인된 「신회어록」과 돈황본 『육조대사법보단경』(이하 『단경』) 등 돈황문헌을 통해서 실제 남종선 전통의 건설자가 바로 신회였음을 주장했다. 이 시기 돈황본 『단경』은 일본의 야부키 게이키(矢吹慶輝,

『신회화상유집』

1879-1939)에 의해 영국 대영박물관 소장 스타인 발굴 돈황문헌에서 발견됐다. 이후 중국 소재 돈황문헌에서도 『단경』이 발견됐다. 현재까지 5종의 돈황본 『단경』이 확인됐다. 후스는 1930년 발표한 「하택대사신회전」(荷澤大師神會傳, 이하 「신회전」)에서 "신회는 필생 동안 정력을 바쳐 북종을 타도하고, 남종을 선문 정통으로 건립하여 당당히 제7조가 되었다."[24]고 언급한다.

후스는 실제 남종선의 건립자는 신회였음을 주장할 뿐만 아니라 중국 선종사에서 하나의 성전(聖典)으로 취급되는 『단경』이 혜능이 아니라 신회의 저작이라고 주장했다. 이는 선종사 연구에서 대단히 충격적인 견해였다. 「신회전」에서 후스는 "돈황사본 『단경』은 『단경』(여러 저본) 가운데 가장 오래된 사본인데 이는 신회 혹은 신회 일파의 손에서 저작됐다."고 파악한다.[25] 아울러 "남종의 급선봉이자 북종을 궤멸시킨 장본인이자 새로운 선학(禪學)의 건립자이며 『단경』의 작자가 바로 우리의 신회이다.

중국불교 역사상 이런 위대한 공헌과 오랜 영향을 끼친 사람은 다시 없었다."[26]고 평가한다. 이런 결론도 실은 후스의 문헌 연구에서 기인했다. 후스가 돈황사본 『단경』에서 주목한 부분은 혜능이 임종 시에 행한 예언이다. 후스가 사용한 표현대로라면 미래의 증과를 예언하는 현기(懸記)에 해당한다. 내용은 다음과 같다.

상좌 법해가 혜능대사를 마주하고 여쭈었다. "대사시어. 대사께서 입적한 후 의발(衣鉢)과 정법(正法)을 누구에게 부촉해야 합니까?" 대사께서 말하셨다. "법은 이미 부촉했다. 그대들은 물을 필요가 없다. 내가 입적한 후 20여 년에 사법(邪法)이 요동치고 난동을 부리고 나의 종지를 어지럽힐 것이다. 이때 어떤 사람이 출현해서 신명을 아끼지 않고 불타교설의 시비를 확정하고 종지를 수립하니 곧 나의 정법이다."[27]

후스는 바로 '혜능 입적 후 20여 년'이란 표현에 주목한다. 혜능이 선천 2년(713)에 입적했다고 간주한다면 733년경에 무슨 일이 일어났고, 누가 등장했을까? 후스는 바로서 여기서 신회를 발견했다. 그는 펠리오컬렉션에서 찾아낸 「보리달마남종정시비론」(菩提達磨南宗定是非論)을 통해 신회가 당 현종 개원 20년(732) 활대(滑臺, 지금의 허난성 滑縣에 해당) 소재 대운사(大雲寺)에서 무차대회를 개최하고 '남종이 달마의 법통을 이었고, 북종선은 방계일 뿐'이라고 북종 비판을 감행한 사실을 확인했다. 특히 선법이 달마에서 혜능까지 6대로 상승했음을 강조했다. 이 사건이 혜능 입적 20년 후에 일어난 일이다. 「보리달마남종정시비론」에서 다음과 같이 기술한다.

신회 화상이 사자좌에 올라 설하셨다. "보리달마의 남종 일문은 천하에 이해하는 사람이 아무도 없다. 만약 이해하는 자가 있다면 나는 끝내 말하지 않겠다. 금일 말하는 것은 천하의 학도자(學道者)가 그 옳고 그름을 판별하고 천하의 학도자가 그 종지를 확정하게 하기 위해서이다."[28]

후스는 결코 혜능이 이 사건을 예언했다고 보지 않았다. 오히려 이 사건 이후에 돈황본 『단경』의 현기 부분이 집필됐다고 파악한다. 후스는 신회 일파가 이를 통해서 혜능이 법을 신회에게 부촉했다는 구도를 설정했다고 본다. 「보리달마남종정시비론」에 따르면 신회는 활대 대운사 무차대회에서 남종의 종지를 건립했고, 북종선의 대표격인 보적 대사를 공격했다. 특히 법통설에 대한 반발이 심했는데, 신회는 "신수 화상이 '황매 홍인대사의 전법 가사가 지금 소주 혜능 선사의 거처에 있다'고 말하고 그때 제6대 전법 가사가 소주에 있음을 지적하며 스스로 6대라고 칭하지 못했다. 그런데 지금 보적 선사는 스스로 7조라 칭하고 망령되이 신수 화상을 6조로 세웠다."[29]고 공격했다. 후스는 이런 자료를 근거로 '혜능 신화'는 신수의 작업이었다고 주장한다.

신회를 남종선의 건설자로 우뚝 세운 것 외에 후스가 보인 선종사 연구의 독특한 견해는 초기 선종사를 능가종 중심으로 설명했다는 점이다. 그는 1931년 식민지 조선의 청년학자이자 스즈키 다이세츠(鈴木大拙)의 제자인 김구경(金九經, 1899-?)[30]에 보내는 편지에서 "능가종(楞伽宗)이 바로 훗날 말하는 북종인데 신수 일파는 이 종파의 정통이고, 나중에 일어난 남종은 혁명군으로 스스로 달마에 부회했지만 사실 능가종이 아니었다."[31]고 언급한다. 그리고 1935년 발표한 「능가종 연구」(楞伽宗考)에서 실제 "보리달마가 『능가경』으로 사람들을 가르치고 고행을 참고 견디는 선법을 전수하여 능가종을 개창했다."[32]고 주장한다. 이런 주장은 기존 선종사 이해와는 전혀 달랐고, 선종 내부로 보자면 획기적인 사건이었다. 후스는 『속고승전』 '법충전'에 등장하는 다음 구절에 주목했다.

법충은 심오한 『능가경』을 오랫동안 깊이 연구했다. 『능가경』을 배울 수 있는 곳이라면 어떤 역경을 무릅쓰더라도 방문했다. 그는 혜가 선사를 만나고서 이 『능가경』을 훌륭히 학습할 수 있었다. 곧바로 혜가 선사를 따라서 배웠고 『능가경』의 핵심을 파악할 수 있었다. …… 그리고 혜가 선사를 만나, 친히 전수한 것은 남천축일승종(南天竺一乘宗)에 의지해서 그것을 강의했는데 백회에 이르렀다.[33]

후스는 「능가종 연구」에서 위 인용문을 길게 인용하여 분석했는데, 그의 기본적인 생각은 중국 초기 선종사가 실제 『능가경』(楞伽經, Laṅkāvatāra Sūtra)을 중심으로 한 능가종이었다는 것이다.[34] 후스는 '보리달마와 혜가'라는 중국 선종의 초조와 제2조 사이에서 있었던 전승의 내용은 『능가경』이었다는 결론에 도달했다. 그는 '남천축일승종'이라는 표현에 주목했다. 한역 『능가경』의 경명에서 지시하는 '능가(楞伽, Laṅkā)'는 현재의 스리랑카(Sri Lanka)로 고대에는 랑카로 불리기도 했고, 또한 '남천축'의 일부이기도 했다. 그래서 후스는 남천축과 『능가경』을 연결시켰다. 또한 『능가경』은 본문에서 "오직 일승법만을 설한다. 이것이 곧 대승이다."[35]라고 말할 정도로 일승 정통의 입장을 분명히 했다. 후스는 이 점에 입각해서 '남천축일승종'을 능가종으로 규정했다.[36]

후스는 「능가종 연구」에서 네 가지 결론을 제시한다. 세 번째 결론까지 먼저 요약하면 다음과 같다. "첫째, 가사전법설(袈裟傳法說)은 신회가 완전히 조작한 거짓 역사이다. 둘째, 신수는 혜능과 함께 홍인의 제자였고 당시 가사전법의 사실은 없었고 또한 방계와 적통의 구별도 없었다. 셋째, 점수(漸修)가 능가종의 본의로 돈오는 능가종의 교의가 아니며 그것의 연원은 따로 있다."[37] 그리고 네 번째 결론이 다음과 같다.

최후로 우리의 네 번째 결론은 다음과 같다. 달마에서 신수까지 모두 정통의 능가종이었다. 혜능이 비록 홍인 문하에 간 적이 있지만, 『단경』에서 말하는 내용을 믿을 수 있다면 그의 교의는 이미 "갑자기가 아니라 점진적으로 정화한다."는 능가종의 종지가 아니다. 신회의 사상에 이르면 완전히 돈오를 제창하는데 전혀 능가종의 본의가 아니다. 그래서 신회의 『어록』 및 신회 일파가 지은 『단경』 도처에서 『금강경』으로 『능가경』을 대체했다.[38]

후스는 보리달마에서 시작해 육조혜능으로 이어지는 전통적인 의미의 중국 선종사에서 단절을 발견했다. 그리고 그는 이 단절이 선종사에서 『금강경』이 『능가경』을 대체하는 과정임을 지적한다. 그는 "혜능과 신회의 혁명은 남종이 북종의 명(命)을 혁신한 게 아니라 사실은 반야종이 능가종의 명을 혁신한 것"[39]이라고 규정한다. 후스는 능가종이란 표현으로 보리달마에서 신수에 이르는 초기 선종사를 성격 지우고, 그 성격이 혜능과 신회에 의해 『금강경』을 위주로 한 반야종으로 대체됐다고 평가한다. 후스가 이런 엄청난 결론에 도달할 수 있었던 까닭도 실은 고전 문헌에 대한 합리적인 의심을 갖고, 문헌 발굴과 정리, 그리고 문헌 간 상호 비교를 통해 사실을 추구했기 때문이다.

과학방법론과 선학 논쟁

후스의 선종사 연구는 신앙 바깥에 있었다. 또한 깨달음 자체를 대상으로 하지도 않았다. 그는 선종사 연구를 온전히 학술 연구로 위치 지웠다. 앞서 언급했듯, 인간 인식으로 도달할 수 없는 것은 불가지의 것으로 두고 그것에 대해 침묵했다. 이런 게 학술가의 태도라고 생각했다. 그래서 그는 종교인이라면 쉽게 받아들이는 종교 내의 권위와 전통을 거부했다. 앎과 신앙을 구분하는 게 그의 방법론이었다. 1919년 발표한 「신사조의 의의」에서 새로운 중국 건설을 위해서 필요한 신사조의 내용에 대해서 다음과 같이 말한다.

> 신사조의 정신은 일종의 비판 태도이고, 그 수단은 문제의 연구와 학술 이론의 수입이다. …… 구문화에 대한 신사조의 태도는 소극적인 면에서는 맹종(盲從)에 반대하고 조화(調和)에 반대하는 것이고, 적극적인 면에서는 과학 방법론으로 그것을 정리하는 일이다. 그리고 신사조의 유일한 목적은 문명의 재건설이다.[40]

이런 언급은 계몽가로서 후스가 시도한 중국 문명 개조의 기획을 분명하게 보여준다. 그는 "과학은 본래 하나의 방법이자 하나의 태도이며 하나의 정신"이라고 확신했다.[41] 적어도 그에게는 방법론의 적극적 수입과 기존 중국 문명에 대한 적극적인 반성이 문명 개조의 전제였다. 그리고 그 방법론을 과학방법론으로 명명했다. '문명 건설'이라는 거대한 목표를 설정했지만 그는 '문제의 연구'와 '학술 이론의 수입'이라는 대단히 구체적인 방법을 제시했다. 이 때문에 후스는 결코 어떤 '주의(主義, ism)'로 빠지지 않고 '문제'에 집중할 수 있었다. 훗날 그가 국민당과도 공산당과도 충돌한 이유는 하나의 주의로 아니면 하나의 이념으로 인간과 사회를 규정하려는 태도에 반대했기 때문이다.

후스는 비판 정신을 말하면서 철학자 니체(Nietzsche)가 『안티크리스트』의 부제로 사용한 '모든 가치의 재평가'(transvaluation of all values)라는 표현을 거론한다. 니체는 이 책 서문에서 "오늘날 어느 누구도 물어볼 용기가 없는 문제들을 선호하는 강건함. 금지된 것에 대한 용기" 등을 가진 자만이 자신의 독자가 될 수 있다고 말한다.[42] 니체가 말하는 가치의 전도는 당연해 보이는 것에 대한 질문이다. 그 질문이 바로 용기다. 후스는 비판 정신의 극명한 예를 바로 니체에게서 찾았다. 이런 입장에서 후스는 말한다.

①습속으로 전해진 제도와 풍속에 대해 "이 제도는 현재도 여전히 존재 가치가 있는가?" 물어야 한다. ②고대부터 유전된 성현의 교훈에 대해 "이 말씀은 오늘날 여전히 오류가 없는가?" 물어야 한다. ③사회가 구성하고 공인한 행위와 신앙에 대해 "모두 공인한 것은 오류가 불가능한 것인가? 다른 사람들이 다들 이렇게 한다고 나도 꼭 이렇게 해야 하나? 이것보다 더 좋고, 더 그럴듯하고, 유익한 다른 방법은 아예 없는가?" 물어야 한다.[43]

후스는 여기서 기존 중국 문명 자체에 대해 반성을 시도한다. 그는 전통이라고 해서, 혹은 성현의 말씀이라고 해서 무턱대고 수용할 생각은 없다. 그야말로 가치의 전도 혹은 가치의 재평가를 시도한다. 그리고 기존 가치에 대해 의심하고 그것을 따져 물었다. 맹종과 조화에 대한 반대는 철저한 비판 없이 섣부른 타협으로 결국 기존 가치에 투항하고 마는 태도를 비판한다. 그가 보기에 이런 비판 정신과 회의 정신으로 구문명을 정리하고 평가할 때야 비로소 신문명 건설의 환경은 조성된다.

물론 후스가 니체가 행한 것과 같은 파괴적 비판을 감행한 것은 아니다. 하지만 그는 결코 후퇴하지 않고 비판 정신을 요구하고 그 자신 그것에 기대어 중국 문화를 재평가했다. 후스는 이런 태도를 실험주의로 묘사했다. 후스는 컬럼비아 대학에서 공부하던 시절 실험주의를 전면적으로 수용했다. 그는 훗날 스승 듀이에게 받은 영향에 대해 다음과 같이 기술한다.

나의 사상은 두 사람의 영향을 가장 많이 받았으니 그 한 사람은 헉슬리이고, 또 한 사람은 듀이 선생이다. …… 듀이 선생은 어떻게 사고할 것인가를 가르쳐 주었고 어디서든지 눈앞의 문제를 잡고 생각하도록 가르쳐 주었다. 모든 학설과 이상을 증명되기를 기다리는 가설로 보라고 가르쳐 주었다. 이 두 사람은 나로 하여금 과학적 방법의 성질과 결과를 잘 알게 해주었다.[44]

후스는 듀이에게 사고의 방법을 배웠다. 모든 학설과 이상을 가설로 보는 것. 이를 통해 맹목에서 벗어나고, 세계를 건전하게 바라볼 수 있다. 후스는 「듀이의 사상론」(杜威論思想)에서 듀이 자신이 이 방법론을 "창조적 지혜 혹은 논리적 방법"으로 명명했다고 말한다.[45] 창조적 지혜는 답습이 아니라 의심하고 추적하고 의견을 세우고 그것을 증명하는 것이다. '가설과 증명'이야말로 과학방법론의 핵심이라고 할 수 있다. 앞서도 밝혔듯 후스의 '국고정리'는 바로 이런 입장에서 출발했다. 그것은 신문화운동의 일환이기도 했고 또한 과학방법론을 통한 전통 이해이기도 했다.

후스의 본격적인 국고정리에 앞서 그의 제자 푸스녠(傅斯年, 1896-1950) 등이 1918년 결성한 '신조사(新潮社)'는 잡지 『신조』(新潮)를 간행하여 과학 정신에 입각해서 국고(國故)를 정리할 것을 주장했다. 신조사 그룹의 일원이었던 마오즈수이(毛子水, 1893-1988)는 『신조』 제1권 제5호에 발표한 「국고와 과학 정신」에서 과학 정신에 입각해서 국고의 성질을 논하고 그것을 정리해야 함을 주장했다.[46] 후스는 이런 과학 정신을 선종 연구에 그대로 적용한다. 1934년 발표한 「중국선학의 발전」에서 기존 선학 연구의 병폐를 다음과 같이 지적한다.

중국이나 일본에서 선학을 연구하는 사람 모두 선종을 신앙하든 전체 불교를 신앙하든 선학에 대해 대부분 일종의 새로운 종교 태도로 연구를 한다. 단지 믿을 뿐 전혀 의심을 하지 않는다. 이것이 첫 번째 결점이다. 다음은 역사적 시각이 부족해서 선학을 연구하면서 그것의 역사에

주의하지 않는다. 이것이 두 번째 결점이다.[47]

후스는 선종 연구에서 신앙이 아니라 비판 정신
을 요구한다. 또한 역사적 사실에 입각해서 선종
을 연구할 것을 주문한다. 그가 보기에 중국 초기
선종사의 수많은 이야기는 전설처럼 전해진 것이
다. 또한 오랜 기간 불교도는 서로 충돌하는 이런
전설 같은 이야기를 그저 숭배할 뿐이었다. 후스
는 일반 불교도뿐만 아니라 불교를 연구하는 자
도 이런 오류를 범한다고 생각했다. 1950년대 후

스즈키 다이세츠

스는 일본의 저명한 선학자 스즈키 다이세츠(鈴木大拙, 1870-1966)와 지상
논쟁을 벌였다. 그는 영문으로 쓴 글에서 스즈키의 선학 입장과 그 방법론
을 비판했다. 이는 선학 연구의 방법론상에서 일어난 논쟁이라고 할 수 있
다. 이 논쟁을 통해 우리는 후스의 선학 방법론을 좀 더 분명히 이해할 수
있다.

나는 스즈키 다이세츠의 친구이자 중국사상을 연구하는 역사학자로서
줄곧 그의 저작에 큰 관심을 갖고 있었다. 하지만 나는 그의 연구방법에
대해 오히려 줄곧 실망을 표시했다. 내가 가장 크게 실망한 점은 스즈키
와 그의 제자들이 선은 비논리적이고 비이성적이기 때문에 우리의 지성
으로 이해할 수 없다고 주장하는 점이다. …… 내가 절대 동의할 수 없
는 점은 스즈키가 선을 이해하고 판단하는 우리의 지능을 부정한 점이
다. 이른바 선이 정말 논리와 이성에 부합하지 않고 우리의 이해 한계를
완전히 초월한 것일까?[48]

후스는 실험주의로 대변된 과학 방법론에 입각해서 선종을 연구했다.

그런 그가 선은 합리성이나 논리를 초월한다는 스즈키의 입장을 수용할수는 없었다. 사실 스즈키류의 선종 이해는 근대 이후 일본이나 한국 등지에서 선종을 연구하고 선지(禪旨)를 말하는 사람에게는 일반적인 입장이라고 할 수 있다. 물론 이 속에는 서구 문명에 대한 동양의 우월성을 강조하고 싶은 저의도 일부 존재한다. 일본 근대사상사에서 선종의 역할을 생각하면 이해할 수 있는 대목이다. 이는 교토학파와도 일부 관련된다. 그런데 그들의 선종 이해는 대단히 세련됐음에도 오히려 서구적이고 작위적이다. 서구를 향한 동양인의 선종 해설이라고 할 수 있다.

후스의 과학 방법론은 우리의 이성으로 도달할 수 없는 부분은 사실로결코 인정하지 않고 그것에 대해 판단을 보류한다. 그에게는 합리적 판단으로 도달하지 않은 결론은 곧 신앙이다. 후스는 선종도 중국불교사의 일부로 당연히 역사적 산물임을 강조한다.[49] 스즈키는 일찍이 "선은 시공의관계를 초월하기 때문에, 자연 역사 사실도 초월한다."고 말했다.[50] 후스는 이런 비이성적이고 탈역사적인 선종 이해를 지속적으로 비판한다.

스즈키는 후스에게 보내는 영문 편지에서 "역사학자로서 후스는 역사적배경 속에서 선을 이해하고 있지만 그것은 선의 본질이 아니다."라고 지적하고 선에는 비역사적으로 다루어야 할 점이 분명히 존재하고, 후스는 그점에 대해 결코 주목하지 않았음을 강조한다.[51] 그렇다면 선의 본질은 과연 무엇일까? 혹은 우리는 선의 본질을 과연 어떻게 체회할 수 있을까? 선에서 말하는 깨달음은 연구의 대상이 될 수는 있을까? 이는 선을 연구하는 사람이라면 한 번쯤 맞닥뜨린 물음일 것이다. 선종 연구에서 후스와 스즈키의 차이도 이와 관련된다. 스즈키는 다음과 같이 말한다.

나의 논점은 두 가지다. 첫째, 선은 지성적 분석에 의해 설명 가능한 게아니다. 지성(intellectual)은 언어 및 사고와 연관되기 때문에 그것은 선의본질에 도달할 수 없다. 둘째, 선이 역사적으로 다뤄질 때라도, 역사적

틀 속에서 선을 파악하려는 후스의 방법론은 옳지 않다. 왜냐하면 그는 선이 무엇인지 이해하는 데 실패했기 때문이다. 여기서 나는 선은 먼저 그 자체로 이해되어야 하고 그리고 나서 후스가 하는 것처럼 역사적 연구로 진행할 수 있다고 강조하고 싶다.[52]

스즈키는 우선 언표 불가능한 선의 본질을 체회하고 나서야 역사 연구 같은 방법론을 동원할 수 있다고 생각한다. 그가 보기에 후스는 선의 본질에 대한 체회가 전혀 없이 선의 역사만 연구했다. 불교의 여러 경론에서 진리는 언표 불가능하다고 말한다. 불가에서 흔히 쓰는 "언어의 길이 끊기고"[言語道斷], "의식 활동의 근거가 무너졌다."[心行處滅]는 말은 그것을 극단적으로 보여준다. 스즈키도 이런 전통 속에서 언어와 사고에 기반을 둔 지성으로는 진리에 도달할 수 없음을 강조한다. 그는 선이 무엇인지 이해하는(understand) 데 지성을 동원할 수 없다고 단언한다.[53] 그렇다면 우리는 어떻게 선을 이해할 수 있을까?

스즈키는 후스가 종밀(宗密)의 지(知) 개념을 단순히 지성으로 오해했다고 생각한다. 당대(唐代) 선승이자 화엄종 승려이기도 했던 규봉 종밀은 『선원제전집도서』(禪源諸詮集都序)에서 "지(知) 한 글자는 온갖 미묘한 이치에 들어서는 문이"[知之一字, 衆妙之門][54]라고 했다. 스즈키는 이때 '지'를 지식(knowledge)이 아니라 반야직각(prajña-intuition)이라고 이해한다.[55] 반야(般若, prajña)는 불교에서 강조하는 지혜이다. 대승불교에서 반야는 진리를 파악하는 앎으로 승격된다. 직각(直覺, intuition)은 서구에서 수용된 근대적인 용어로 어떤 단계나 매개를 거치지 않고 직접 대상을 파악한다는 의미다. 직각이라는 말에서도 단순한 앎이 아님을 알 수 있다. 스즈키가 사용한 '반야직각'이란 표현은 '반야가 곧 직각'이라는 의미이다.

사실 후스가 스즈키의 비난처럼 지(知)를 단순히 지식 정도로 이해한 것은 결코 아니다. 「중국 선학의 발전」에서 후스는 신회의 사상을 다섯 가지로 요약하면서 신회의 지(知) 개념을 언급한다. 그는 "지(知) 한 글자는 온갖 미묘한 이치에 들어서는 문이다."라는 구절에 대해 다음과 같이 해설한다.

중국 선종은 지해(知解)를 중시하여 종신토록 행각하여 선지식을 찾았다. 이 말은 실로 중국 사상계의 '양지(良知)' 일파의 앞 물길을 열었다.[56]

후스는 여기서 지해와 양지를 연결했다. 양지는 '선천적인 앎의 능력'으로 분명 단순한 지식은 아니다. '양지'는 송명 유학에서 '선천적인 도덕 능력'이기도 하다. 천리와 인성을 연결하는 과정에서 본래성 입장의 앎이 제시됐다. 이 앎은 그것을 허령불매(虛靈不昧)로 부르든 양지로 부르든 진리 인식이나 도덕 능력과 연관된다. 후스는 양지와 마찬가지로 지해도 이런 류의 앎임을 분명히 했다. 스즈키는 앞서 보았듯, 직각이란 표현을 통해서 언어나 사유라는 매개를 거치지 않는 앎을 말하고, 그것이 아닌 일상적 앎으로는 선(禪)의 체회가 불가능함을 강조한다.

스즈키는 종밀이 말하는 지(知)를 설명하면서 선가에서는 언어나 통상적인 정보 전달이 아닌 비언어적 · 비매개적 방식으로 모종의 깨달음을 획득한다고 지적한다. 그는 이런 앎의 경험을 순수자각(pure self-consciousness), 순수경험(pure experience), 순수각오(pure awakening), 직각(intuition) 등으로 표현했다.[57] 물론 이런 영어 표현은 서구적인 것임에 틀림없다. 이때 '순수(pure)'라는 표현은 어떤 매개도 없고 어떤 오염도 없어서 왜곡이 없다는 의미다. 다분히 근대적이고 서구적인 이런 표현에서 스즈키의 지식 회로 일부를 확인할 수 있다. 저런 표현은 근대 서구의 심리학과 철학이 제기한 개념이다.

미국 심리학자이자 철학자인 윌리엄 제임스 (William James, 1842-1910)는 1904년 발표한 「순수경험의 세계」(A World of Pure Experience)에서 순수경험(pure experience) 개념을 제시했다. 그는 "자신의 의도가 경험에 유래하는 기초 조건들에만 근거를 두고 있는 철학을 형성하는 데 있다."고 했는데 이것을 스스로 '근본적 경험론(radical empiricism)'이라고 불렀다. 제임스의 순수경험 개념은 스즈키에 앞서 근대 일본의 대표적 사상가 니시다 기타로(西田幾多郎)에게까지 영향을 주었다. 니시다는 처녀작 『선의 연구』(善の研究)에서 이 개념을 중요하게 사용했다. 그는 제1편 제1장 '순수경험'에서 깨달음을 말할 때, 윌리엄 제임스의 『심리학의 원리: 순수경험의 세계』(The Principles of Psychology, A World of Pure Experience)를 수차례 인용한다. 니시다는 『선의 연구』에서 이렇게 말한다.

윌리엄 제임스

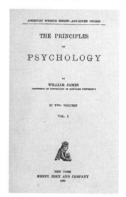

『심리학의 원리: 순수경험의 세계』

> 실제로 참된 선(善)은 오직 하나일 뿐이다. 즉 참자기를 아는 데 있다는 것으로 끝난다. 우리의 참된 자기는 우주의 본체다. 불교에서 말하는 견성(見性)이다.[58]

이때 견성(realizing pure experience)은 스즈키가 말하는 반야직각이라고 할 수 있다. 니시다는 순수경험에 대해 이렇게 말한다. "경험한다는 것은 사실 그대로 안다는 뜻이다. 전혀 자기의 잔꾀를 버리고 사실에 따라서 아는 것이다. 순수라 함은 보통 경험이라고 말하고 있는 사람도 실은 어느 정도의 사상을 가미하고 있으므로 조금도 사려 분별을 섞지 않은 참된 경험 그대로 상태를 말하는 것이다."[59] 스즈키는 "지는 반야의 절대 객체이자 동시에 반야 자체"[60]로 이해했다. 이는 순수경험을 주관과 객관의 통일로 묘사하는 니시다와 유사한 이해이다.

후스가 역사적 사실에 기반을 두고 선종을 연구해야 한다고 말했다고 해서 그가 단지 선종사의 역사적 사실에 대한 연구만 행한 것은 아니다. 그는 신회가 구축한 남종선의 가치를 인정하고 또한 선이 중국불교 내부 혹은 중국사상사에서 특별한 역할을 했음을 인정한다. 특히 그는 선이 인간에게 자유와 해방을 가져다주었다고 평가한다.[61] 물론 그것은 정치적인 의미가 아니라 정신사적인 자유와 해방을 의미한다. 일본의 선종사 연구자 야나기다 세이잔(柳田聖山, 1922-2006)은 "스즈키 다이세츠의 관심은 선 그 자체, 불교 그 자체에 있었고 때로는 역사성조차 초월한다. 후스는 그것을 신비주의, 비합리주의라고 거부하기 때문에 양자의 입장은 뿌리부터 서로 용납할 수 없었다."[62]고 평가한다. 후스에게 지식은 일종의 과학이다. 대상이 무엇이든 그는 의심하고 실험할 뿐이다.

7장

탕융퉁의 『한위양진남북조불교사』와 사상사 서술

사상사 방법론과 본체론

탕융퉁(湯用彤, 1893-1964)은 1938년 창사(長沙) 상무인서관에서 『한위양진남북조불교사』(이하 『불교사』)를 간행함으로써 중국 근대불교학의 신 기원을 이룩했다. 이 책은 근대 학술이 온전히 정 착하지 않은 당시 불교학계를 감안한다면 대단히 획기적인 저작임에 틀림없다. 탕융퉁은 역사학 방 법론과 철학 방법론 등 근대적 학술 방법론을 동

탕융퉁

원하여 불교가 중국에 전래된 한대부터 불교 중국화가 완성된 남북조시기에 이르는 기간의 불교를 사상적으로 분석했다.[1] 『불교사』는 이후 중국 고대불교 연구와 고대 사상 연구에 큰 영향을 끼쳤다.

탕융퉁은 1911년 베이징 칭화(淸華) 학당에 입학해서 1917년 졸업했다. 이듬해인 1918년 미국으로 유학해 1922년 하버드 대학에서 석사학위를 받고 귀국했다.[2] 그가 하버드에 유학할 당시 천인추에(陳寅恪)나 우미(吳宓, 1894-1981) 같은 중국 근대 학술계의 주요한 인물이 함께 공부했다. 탕융퉁은 하버드에서 인도학자 찰스 록웰 랜만(Charles Rockwell Lanman,

어빙 배빗

1850-1941)에게 산스크리트와 팔리어, 그리고 인도철학을 배웠다. 그리고 어빙 배빗(Irving Babbitt, 1865-1933)의 신인문주의 영향을 받아 중국 고대 문화의 가치를 새삼 확인했다. 이 때문에 탕융퉁은 전통의 일체 권위를 거부하고 오히려 그것에 대해 비판적인 태도로 일관한 후스와 달랐다. 그는 이후 줄곧 중국 고대 문화에 대한 엄청난 애정을 갖고 불교와 고대 사상을 연구했다. 탕융퉁은 『한위양진남북조불교사』「발문」에서 다음과 같이 말한다.

> 불법은 종교이면서 철학이다. 종교 정서는 인간의 내면 깊이 존재한다. 왕왕 반드시 존재하는 역사적 사실을 상징으로 해서 신묘한 작용을 발휘하기도 한다. 그래서 단지 기록만 따지고 아무런 동정이나 감응이 없다면 결코 그것의 진실을 장악할 수 없다.[3]

 탕융퉁는 하버드에서 산스크리트와 팔리어 같은 인도 고전어를 학습했지만 귀국후 주로 중국 고대불교를 연구했다. 근대학술이 정착하는 시기에 많은 유학파 학자들은 어쩔 수 없이 자국의 학술 전통을 재정립하는 데 투신했다. 미국 유학파인 후스(胡適)나 펑유란(馮友蘭)도 실은 마찬가지였다. 탕융퉁은 방법론 면에서 서양 근대 학술과 중국 전통 학술을 비교적 조화롭게 결합한 인물로 평가된다. 저명한 중국사상사가인 허린(賀麟)은 『당대중국철학』(當代中國哲學)에서 "탕융퉁은 서양인의 철학사 연구 방법론을 습득했고 다시 청대 건가학자의 고증학 방법론을 참고했다."[4]고 말했다.
 탕융퉁이 미국에서 귀국한 직후 발표하거나 번역한 논문에는 쇼펜하우어나 아리스토텔레스 철학 그리고 그리스 종교와 같은 서양 전통의 철학과 종교 연구가 있었다. 방법론 측면에서만 보면 탕융퉁은 서양의 철학사 연구법 가운데 하나인 범주사 연구의 전통을 적용했다고 할 수 있다. 이는 그의 『불교사』에 잘 보인다. 서양철학의 개념을 염두에 둔 듯한 태도로 중국 전통의 개념을 끄집어내어, 그것으로 전체 위진(魏晉) 불교와 위진 사상을 관통시키려 했다.

탕융퉁은 고증학 방법론을 온전히 학습한 세대는 아니다. 하지만 그가 사상 연구나 역사 연구를 위해 1차적으로 문헌을 고증할 때는 엄밀한 문헌 교감을 행했다. 그가 『불교사』에서 동원하는 고전 문헌은 대부분 자신의 교감을 거쳤고, 또한 중국불교사의 여러 문제를 해결하고자 할 때도 다양한 중국 고전 문헌을 쉼 없이 동원한다. 특히 『불교사』의 제2장 「영평 연간 구법 전설 고증」과 제3장 「『42장경』 고증」 등에서는 전문적인 문헌 고증을 진행했다. 『탕융퉁 평전』의 저자인 마톈샹(麻天祥)은 탕융퉁의 불교사 연구에 등장한 고증을 크게 ①사건 고증, ②인물 고증, ③문헌 고증, ④도통 고증 등 네 가지로 분류했다.[5]

①'사건 고증'은 불교사에 등장하는 특정 사건의 진위 여부나 그 내용을 고증하는 것이다. 「영평 연간 구법 전설 고증」이 사건 고증에 해당한다. 이 글은 『모자이혹론』 등에 등장하는 한나라 명제 영평 연간에 사신을 파견하여 불법을 구했다는 전설의 진위를 따진 연구이다. ②'인물 고증'은 인물의 생몰 연월, 생애, 관련사건, 학습, 저작, 이름 등 다양한 측면을 확인하는 작업이다.[6] ③'문헌 고증'은 특정 문헌의 진위 여부는 물론이고, 저자나 역자, 서명, 간행 시기, 내용 등을 고증한다. 뿐만 아니라 다양한 문헌을 분류하고 또는 복원하는 작업 등도 포함된다. 『불교사』의 제3장 「『42장경』 고증」과 제15장 「남북조 석교 찬술」(南北朝釋教撰述) 등이 여기에 해당한다. 1960년대에는 양대 승려 혜교(慧皎)가 쓴 『고승전』(高僧傳)을 교감

하고 그것에 주석을 다는 작업을 하기도 했다.[7] ④'도통(道統) 고증'은 중국불교의 다양한 종파 내부에서 전해지는 도통 혹은 법통이나 법맥의 진위 여부를 따지고 사실을 추적하는 작업이다.

이렇듯 탕용퉁은 철학사 방법론과 고증학 방법론을 함께 동원하여 『불교사』를 집필했다고 할 수 있다. 『불교사』가 간행되고 난 후 이 책의 영향은 꽤 컸다. 중국 국내뿐만 아니라 국외에서도 중국 고대 불교를 이해하는 데 교과서 같은 역할을 했다. 이 때문에 『불교사』에서 제시한 몇몇 견해는 오랫동안 중국 고대불교를 이해하는 틀로 광범위하게 활용됐다. 앞서 언급한 철학사 연구 방법론 측면에서 보자면 그가 위진불교와 위진현학 등 위진시대 주된 사상 흐름을 본체론으로 단정했다는 점이 중요하다. 그는 본체론 범주를 위진사상 전체에 관철시켰다.

본체론은 서양철학 용어인 온톨로지(ontology)를 근대 중국에서 번역한 것이다. 중국의 철학사가 펑유란(馮友蘭)은 『중국철학사』에서 철학을 우주론, 인생론, 지식론 셋으로 포괄하고 이 가운데 우주론을 다시 존재의 본질 및 진실한 요소를 탐구하는 본체론(ontology)과 세계의 발생 및 그것의 역사 그리고 그것의 귀결을 탐구하는 우주론(cosmology)으로 나누었다.[8] 탕용퉁도 본체에 대한 탐구를 온톨로지(ontology) 혹은 존재론(theory of being)이라고 표현했다. 그는 본체를 영어 서브스탠스(substance)나[9] 리얼리티(reality)로 표기했다.[10] 서양 철학에서 서브스탠스는 '존재의 근거'를 가리킨다. 철학사에서 철학자들은 다양한 방식으로 이 '존재의 근거'를 규정했다. 플라톤의 이데아나 데카르트의 신이 여기에 해당한다.

사실 중국에서 본체론적 사고는 대단히 오래됐다. 위진현학에 영향을 많이 끼친 『노자』의 경우, 제11장에서 "비존재[無]는 세계의 시초를 이름하고, 존재[有]는 만물의 어미를 이름한다."는 구절이 등장한다. 이는 상대적으로 비존재가 본체[本]이고 존재는 현상[末]임을 지적한 것이다. 탕용퉁은 유명한 논문 「말과 의미에 관한 논변」(言意之辯)에서 현학에 대해 "현학(玄學)은 현원(玄遠)의 학(學)을 말한다. 현원을 배우고 존귀하게 여기며 구체적 사물을 간략하게 처리하고 추상적인 원리를 탐구한다."[11]고 정리한다. 이때 한자 현원(玄遠)은 요즘 식으로 하면 형이상학적 실재를 가리킨다고 할 수 있다.

탕용퉁의 본체론 도식은 그의 승조(僧肇) 이해에서 잘 드러난다. 승조는 동진 시기 북방 후진(後秦)의 승려로 구마라집에게 배웠고, 그의 역장(譯場)에도 참여한 인물이다. 승조는 자신의 이름을 딴『조론』이란 논문 모음집으로 유명하다. 탕용퉁은『불교사』에서 승조의 공사상을 위진현학의 본체론과 연결시킨다. 다음은 탕용퉁의 승조 이해를 단적으로 보여주는 대목이다.

> 『조론』의 중요 논리는 시비(是非)를 통일하고 동정(動靜)을 일치시키는 데 있는 듯하다. 혹은『장자』를 읽고서 깨달은 바가 있다. 오직 승조의 특징은 장생(莊生)의 학설을 섭취하여 마음을 이해하고 순수하게 그것을 본체론에 이용했다. 그가 당시 유행한 현담에 대해서 극히 정밀하게 인식했고, 체용 문제에 대해서는 이해가 더욱 절실했다.[12]

이상의 언급에서 보면 탕용퉁이 위진현학의 한 연원인『장자』를 승조 불교의 연원으로 이해했음을 알 수 있다. 그는 승조 철학을「제물론」의 연장으로 보는 듯하다. 그런데 과연 승조가 "시비를 통일하고 동정(動靜)을 일치시키는 데" 주목했을까? 탕용퉁은 이런 상대성의 극복과 시비의 통일은 본체론을 통해서 가능하다고 생각하는 듯하다. 그는 위진현학의 본체론을 직접적으로 승조 철학에 연결시킨다. 승조 불교를 본체론으로 이해한 이런 탕용퉁의 입장은 대단히 영향이 컸다. 그것은 그가 근대 중국 학술사에서 차지한 엄청난 위상 때문이다. 현재 학계에서 많이 사용하는 대표적인 2종의 불교사전을 비교해 보면 이 점이 분명하게 드러난다.『망월

불교대사전』(1909-1937)과 『불광대사전』(1988)을 비교해 보자.

탕용퉁의 『불교사』 이전에 편찬된 『망월불교대사전』의 '조론' 항목에서
는 "「물불천론」에서는 인연에 의해서 발생한 존재자는 본성이 바로 공으
로 실상이기 때문에 본래 동정(動靜)과 거래(去來)가 없고, 사물은 천류하
는 일이 없다는 종지를 드러낸다."[13]고 기술한다. 승조는 「물불천론」(物不
遷論)에서 '어떤 존재자'[諸法]도 '자기라고 할 만한 실체를 갖지 않기 때문
에'[無自性], 자기라는 정체성을 가질 때만 가능한 "존재자가 '가고 오거나'
[去來] 혹은 '움직이거나 멈춘다'[動靜]"는 사고는 불가능하다고 말한다.
그래서 '불천(不遷)'은 동정과 거래 모두 부정하는 개념이다. 이는 중관학
에서 말하는 공 개념과 중도 개념을 적용한 것이다. 『망월불교대사전』의
해설은 승조 불교가 중국판 중관학이었음을 그대로 인정한 것이다. 이에
반해, 『불광대사전』에서는 탕용퉁의 승조 이해를 정설로 소개한다. '조론'
항목에서는 다음과 같이 언급한다.

> 「물불천론」은 반야성공학설을 천명하는데, '즉동즉정(卽動卽靜)'의 교의
> 로 '즉체즉용(卽體卽用)'의 이론을 천명한다. '물불천'은 [제법은] 비록
> 생기(生起)와 유전(流轉) 등의 현상이 있지만, 그것의 본체는 항상 움직
> 이지 않음을 말한다.[14]

반야성공학설(般若性空學說)은 반야경에서 말하는 '존재자의 본성이 공
하다'는 주장을 일컫는다. 물론 승조의 「물불천론」이 반야성공학설임에는
분명한데, 그것을 간단히 즉동즉정이나 즉체즉용이라고 할 수는 없다. 승
조는 '물불천'을 모든 존재자는 실체가 없기 때문에 '생기'나 '유전'을 말
할 수 없다고 했는데, 『불광대사전』은 '물불천'을 '생기'나 '유전'도 결코
흔들지 못하는 본체를 설명하는 방식으로 이해한다. 승조의 동정론(動靜
論)을 다루면서 살펴보겠지만 '즉동즉정'을 '즉체즉용'의 체용론으로 이해

하는 것은 탕용통의 독특한 방식이다. 하지만 이런 그의 견해는 『불광대사전』에 등장할 정도로 정설로 통용된다.

위진현학을 연구하는 중국학자 쉬캉성(許抗生)은 『승조평전』에서 승조의 「물불천론」과 「부진공론」을 '승조 불학의 본체론'으로 파악했다. 주목할 만한 점은 그가 「물불천론」을 분석하면서 내린 평가다. 그는 「물불천론」의 근본 종지는 일상 사물에 대한 사람들의 집착을 부수는 데 있고, 그리고 그것의 또 하나 목표는 "여래의 공덕은 만세에 흘러 영원하다."[15]는 도리를 논증하는 것이라고 평가한다.[16] 쉬캉성은 승조가 이 두 저작에서 우주본체론을 다뤘고, 「반야무지론」과 「열반무명론」에서는 해탈론을 다뤘다고 주장한다. 그는 본체론과 해탈론이라는 도식으로 승조 사상을 정리했다고 할 수 있다. 하지만 탕용통은 「열반무명론」은 위찬(僞撰)일 가능성이 있다고 생각했기 때문에, 쉬캉성의 견해가 탕용통과 완전히 일치하는 것은 아니다.

중국 불교학자 팡리톈(方立天)은 「승조평전」에서 승조 철학을 본체론의 일부로 간주하였고, 승조가 자신의 공사상을 동원해서 반야사상과 위진현학의 여러 유파를 비판했다고 평가한다.[17] 일본학자 히라이시 순에이(平井俊榮)도 『중국반야사상연구』에서 '승조에게서 체용상즉사상'이란 제목으로 승조 사상을 다뤘다.[18] 이는 히라이시 자신도 먼저 밝혔듯 탕용통의 견해를 직접적으로 수용한 결과이다. 아울러 그는 승조 사상이 중국 고유의 사상을 공통기반으로 하고 있다고 파악한다.[19] 인도 대승불교를 전공하는 일본학자 가지야마 유이치(梶山雄一)도 『조론 연구』에 실린 논문 「승조에게서 중관철학의 형태」에서 탕용통의 견해를 인용하면서 승조 사상을 위진현학과 연계된 체용론으로 평가한다.[20]

체용론과 중관철학

탕융통은 『불교사』에서 "현학(玄學)과 불학(佛學)은 동일하게 비존재[無]를 중시하고, 존재[有]를 부차적인 것으로 취급하고, 비존재를 본체로 간주하고 모든 존재자를 현상으로 간주한다."[21]고 언급한다. 그가 여기서 말한 불학은 위진불교에서 유행한 반야학을 가리킨다. 좀 더 정확히 말하면 『반야경』 계통의 경전을 통해 소개된 공사상과 그것에 대한 당시 중국 불교인의 이해이다. 인도불교에서는 나가르주나(Nāgārjuna, 龍樹)가 『중론』 등을 저술하여 중관학을 정립했다. 그렇다면 반야학의 연원으로서 중관학(中觀學)은 본체론에 대해 어떤 입장을 취할까?

기본적으로 본체론은 본체가 현상을 출현시킨다는 사고이다. 이와 관련하여 『중론』 제1품 「관인연품」에서 행한 '생성론' 비판을 주목할 필요가 있다. 나가르주나는 이른바 '팔불중도' 가운데 가장 먼저 제시한 '불생(不生)'을 설명하면서 우리가 사유 가능한 네 가지 '생'을 추출하여 분석한다.

> 모든 존재자는 '스스로 발생'[自生]하지도 않고, '다른 것으로부터 발생'[他生]하지도 않고, '자신과 타자에 의해서도 발생'[共生]하지도 않고, '아무 원인 없이 발생'[無因生]하는 것도 아니다. 그래서 '생이 부정됨'[無生]을 안다.[22]

나가르주나의 입장에서 적어도 뭔가 발생한다고 하면 이상 네 가지 방식을 벗어날 수 없다. 순서대로 설명하자면, 자생은 존재자가 존재자 자체로부터 발생했다는 것이고, 타생은 존재자가 다른 존재자에서 혹은 그것에 의지해서 발생했다는 것이고, 공생은 자신과 타자 양쪽의 힘을 빌려서 발생했다는 것이고, 무인생은 아무런 이유 없이 존재자가 발생했다는 것이다. 현대인의 사유로도 이런 네 가지 외 다른 발생의 방식을 생각하기 힘들다. 『중론』(中論)의 주석자 핑갈라(Piṅgala, 靑目)는 위 구절을 주석하면서 다양한 생성론을 소개한다. 시바 신이나 비슈누 신에서 출현했다는 설, 지(地)·수(水)·화(火)·풍(風) 등 네 가지 요소 화합설, 시간에 의해 출현했다는 설, 근본 원질이나 변화 혹은 자연에 의해 출현했다는 설 등이다. 핑갈라는 이런 견해를 상주론이나 단멸론 등과 관련시켜 사견(邪見)으로 간주했다.

자신이 자신을 낳는다는 '자생'은 무엇이 문제일까? 핑갈라는 나가르주나식의 논리를 동원하여 만약 어떤 존재자가 자신으로부터 발생한다면 한 가지 존재자에 두 개의 자체가 있게 된다고 말한다. 하나는 발생시키는 자체이고, 다른 하나는 발생한 자체이다. 이뿐만 아니라 자체가 자체를 낳는다면 끊임없이 그 자신을 낳게 되어 자기 복제는 무한히 가능해질 것이라고 말한다. 이때 핑갈라는 "다른 조건 없이 자생이 가능하다면 인(因)도 없고 연(緣)도 없는 꼴이 된다."[23]고 지적한다. 타생이라면 어떨까? 타생은 자생으로서 타자를 상정하고서야 가능하다. 그렇기 때문에 자생이 부정되면 타생도 논리적으로 불가능해진다. 공생의 경우는 자생과 타생 두 가지 오류를 가진다. 무인생의 경우, 핑갈라는 그 사물이 영원하다는 것이 된다고 파악한다.

핑갈라가 언급한 저런 생성론은 중국식으로 하면 본체론이나 우주론이다. 고대 중국인도 천신이 자연계와 인간계 모든 현상을 주재한다고 믿었다.[24] 천신이나 천도는 일찍부터 중국 철학의 근원적인 범주로 취급됐다. 『노자』 42장에는 "도(道)는 하나를 낳고, 하나는 둘을 낳고, 셋은 만물을 낳는다."는 생성론이 등장하는데 현학 본체론의 연원 같은 구절이다. 왕필은 『노자주』에서 "도는 명칭도 없고 형태도 없는 상태에서 만물을 만들어낸다."고 강조했다. 이는 분명 도를 만물의 근원 혹은 존재자의 존재 근거로 본 것이다. 본체론의 전형적인 모델이라고 할 수 있다.

탕융퉁이 말하듯 현학 본체론은 유·무와 본·말의 문제로, 본체와 현

『위진현학논고』

상 혹은 본체와 작용이라는 구도를 지지한다. 여기에는 왕필 같은 무(無)본체론과 배위 같은 유(有)본체론이 존재했다. 또한 그런 본체에서 벗어나 자연 발생을 말하는 곽상의 독화설도 있었다. 이는 모두 존재자가 무에서 출현하는가 아니면 유에서 출현하는가 아니면 저절로 출현하는가 하는 문제에 주목한 생성론의 일부다. 사실 이들의 주장은 모두 용수가 정리한 네 가지 생성론에 배당시킬 수 있다.

왕필이나 배위 같은 이들의 본체론은 전형적인 타생설이라고 할 수 있다. 무나 유라는 본체에서 만물이 출현했다고 하는 방식이기 때문에, 개별 사물은 무나 유라는 타자를 존재 근거로 삼게 된다. 곽상의 독화설은 자생설과 무인생설에 관련시켜 설명할 수 있다. 왜냐하면 존재자의 존재 근거가 유나 무라는 형이상학적 실재로서 타자에 있지 않고 순전히 자신에게 있다는 점에서 자생설이고, 다른 어떤 이유도 제기하지 않기 때문에 무인생같이 보이기도 한다. 나가르주나는 연기론에 입각해 "자성이 없기 때문에 타성도 없다."[25]고 언급한다. 또한 아무런 이유도 없이 존재자가 발생한다면 우리는 일상에서 개가 고양이를 낳는 정도가 아니라 돌멩이가 사람을 낳는 것과 같은 일을 기대해야 한다. 『중론』입장으로 세계를 조망하면 저런 방식의 생성론은 불가능하다.

탕융통은 "승조의 학설을 '즉체즉용'"[26]이라고 단언한다. 그는 승조 철학을 즉체즉용의 본체론으로 규정하면서 "부동의 한 본체로부터 각양각색으로 변화하고 운동하는 현상이 출현했다고 말하는 게 아니라, 대개 본체와 온갖 현상은 쪼갤 수가 없다."[27]고 부언한다. 이렇듯 그가 말하는 체용론은 현상은 근원적인 본체에서 유출된다는 것이 아니라, 본체와 현상이 맞닿아 있다는 주장이다. 하지만 이런 언급에도 불구하고 그는 생성론 차원에서 현학을 이해하는 경향을 보인다. 탕용퉁은 '체용'이란 개념을 통해서 본체론과 승조의 공사상을 좀 더 근접시키고자 한다. 그는 동일 시점에서 파악되는 실재(본체)와 현상이라는 구도에 주목한다. 그는 이를 체용이라고 표현했다.

> 현학은 체용일여를 주장한다. 작용은 진체(眞體)에 의지해서 일어난다. 그래서 본체 외에 작용은 없다. 본체는 작용 뒤에 별도로 존재하는 일물이 아니다. 그래서 작용 외에 본체는 없다고도 말할 수 있다. (…) 현학은 즉체즉용이고 작용이 없이 공통의 본체가 있다고 말할 수 없다(본체는 시공을 초월한다).[28]

이상은 탕용퉁의 현학(玄學) 정의라고 할 수 있다. 그런데 탕용퉁은 이 현학 정의를 승조 철학에도 관철시킨다. 왜냐하면 그는 승조 철학을 현학으로 보았기 때문이다.[29] 위 인용문에서 보듯, '즉체즉용'은 본체와 작용이 '상즉'함을 말한다. 체용의 상즉을 현대적으로 표현하면 '현상즉실재론'이라고 할 수 있다.[30] 탕용퉁은 「부진공론」에 등장하는 "성인은 사물에 대해, 만물의 '본래 공함'[自虛]을 통찰하지[即萬物之自虛] 그것을 해체하고 분석하고 나서야 그것에 통달하겠는가?"[31]라는 구절에 주목한다. 그는 '즉체즉용'을 여기서 발견한 듯하다. 탕용퉁이 이해한 즉체즉용은 현상을 부수지 않고서 현상 자체에서 곧바로 본질 혹은 본체를 파악한다는 사유다.

승조가 말하는 '즉만물지자허(即萬物之自虛)'의 실제 의미는 무엇일까? 승조가 말하는 사물의 공함은 당장 등장하는 사물의 본성이다. 다시 말하면 사물이 무상하여 시간이 지나고 나서 모두 부서지고 사라지고 나서 그 사물의 공함을 아는 게 아니라 지금 반짝반짝 빛나고 굳건하게 떡 자리잡고 있는 저놈이 실은 본질적으로 실체가 없음을 간파하는 것이다. '본래 공함'은 감각의 무능을 통한 모른 척도 아니고 그것이 무상할 것임을 예측한 것도 아니다. 본질적으로 공함은 지금 당장 공함이다.

탕융퉁은 승조가 말하는 이 '即萬物之自虛'를 용[萬物]에서 체[自虛]를 파악[即]한다는 정도로 이해한다. 탕융퉁이 말하는 '즉용'은 어떤 것일까? 그는 승조가 사물을 부수거나 모른 척하지 않고서 사물의 본질을 통찰한다고 할 때, 결국 현상적 사물을 훼손하지 않고 본질을 통찰한다고 이해했다. 그렇다면 즉체는 현실적으로는 즉용에서 시작한다고 할 수 있다. 사물의 본질을 통찰한다는 이야기는 먼저 사물 현상에 다가선다는 의미이기도 하다. 이는 탕융퉁도 지속적으로 강조하는 "움직임을 놓지 않고 고요함을 탐구한다."는 「물불천론」의 구절에서도 알 수 있다. 탕융퉁은 이 움직임을 현상으로 파악하고 고요함은 본체로 파악했다. 그래서 결과적으로 본체는 현상을 벗어나 파악할 수 없다는 결론에 도달한다.

일본의 중국사상사 연구자 시마다 겐지(島田虔次)는 유명한 논문 「체용의 역사에 관해서」에서 '체용'이라는 한 짝의 범주가 4세기 말 주로 활동한 승조 문헌과 당시 불교사상가의 문장에는 결코 등장하지 않음을 지적한다.[32] 그는 실제 체용 개념이 명시적으로 등장하는 것은 5세기 말 완성된 유협의 『문심조룡』「징성」(徵聖)과 양대(梁代) 승우(僧祐, 445-518)가 편찬한『홍명집』(弘明集)에 실린 「입신명성불의기병심적서주」(立神明成佛義記并沈績序注)임을 밝힌다. 두 번째 글은 양나라 무제가 편찬한 「입신명성불의기」와 거기에 심적(沈績)의 서문과 주석이 결합한 문헌이다. 양무제는 당시 불교계에 유통된 신명(神明) 개념을 인정하고 이것이 윤회의 주체이자 깨달음의 주체라고 생각했다.

시마다는 체용 개념은 5-6세기 교차기에 주로 불교 관련 저작에서 명확하게 출현하기 시작했다고 지적한다. 이는 당연히 탕융퉁이 즉체즉용으로 승조 철학을 포괄하는 데 반대한 것이기도 하다.[33] 시마다의 연구는 승조 당시 체용 범주가 명시적으로 사용되지 않았다는 주장이다. 시마다가 일종의 범주사 입장에서 체용 범주의 출현을 다뤘다면 단지 어휘나 범주가 아니라 실제 승조의 사유 속에서 현상과 그것의 근거로서 본체라는 형식을 찾을 수는 없을까?

승조가 말하는 사물의 본질은 앞서 말했듯 '공함'을 가리킨다. 또한 「부진공론」에서 승조가 "『중론』에서 모든 존재자는 존재도 아니고 비존재도 아니라고 하는데 이것이 제일진제이다."[34]라고 말한 데서 알 수 있듯, 공함은 '비유비무'로 표현되기도 한다. '존재다' 혹은 '비존재다'라는 우리의 기대를 저버리고 그것이 사실이 아님을 확인할 때 우리는 공함을 통찰할 수 있다. 그야말로 '일체 존재자는 참이 아니기 때문에 공이다.' 물론 승조가 위진의 언어를 사용하기 때문에 위진현학에서 말하는 본체를 쉽게 연상할 수 있다. 다음 구절이 대표적이다.

'지허무생'은 '반야현감'이 인식하는 대상이며, 존재자의 본질이다. 성인의 특별한 통찰이 아니라면 존재와 비존재의 문제를 이해할 수 있겠는가?[35]

지허무생(至虛無生)과 반야현감(般若玄鑑)이란 표현은 해설되지 않는 하나의 개념어를 동일한 의미의 다음 단어가 해설하는 방식이다. 다시 말하면 '지허=무생'과 '반야=현감'의 형식이다. 무생은 지허를 설명하고, 현감은 반야를 설명한다. '반야현감'이 보다 분명한데, 반야는 소리 옮김이고 현감은 그야말로 위진식의 의미 풀이다. 현감은 일상적 인식이 아닌 '진리'[玄]에 대한 통찰[鑑]이다. 이는 반야에 대한 풀이다. '지허무생'도 마찬가지다. '지허'라고 하면 위진현학에서 말하는 본체로서 태허 혹은 허무 같은 것을 상상할지도 모른다. 그런데 승조는 '무생'이라는 말로 그것을 한정했다. 이때 무생은 '불생불멸'의 불생 나아가 불생불멸 전체를 의미한다고 할 수 있다.

원대(元代) 승려 문재(文才)는 『조론신소』(肇論新疏)에서 '지허' 가운데

'지'를 '승의무상(勝義無上)'으로 해석했고, '허'를 "유(有)·무(無), 일(一)·이(異) 등의 개념을 모두 벗어남"으로 해석했다.[36] 이때 허에 대한 해석은 『중론』에서 제시한 팔불중도와 흡사하다. 또한 '허'는 '연기=중도=공'으로 설명되는 존재자의 본질이다. 승조가 "지허무생이 결국 존재자[有物]의 궁극적 본질[宗極]"이라고 말한 것과 일치되는 해석이다. 문재는 다음 '무생'을 『중론』에서 '불생'을 설명하는 구절과 관련해 해설한다. 그는 모든 존재자는 연기한 것으로 소멸인 듯하지만 출현하기에 무가 아니고, 출현한 듯하지만 출현이 아니기에 유도 아니라고 평가한다. 그래서 "만약 이와 같다면 삼라만상은 중도 아닌 게 없다."[37]고 지적한다.[38]

물론 문재의 평가는 무생을 불생불멸이 아니라 불생의 차원에 한정해서 해석한 것이다. 「부진공론」 첫 구절에서 언급한 대로 승조는 유·무 외 제3지대로서 새로운 본체를 상정한 것이 아니라, 유·무의 이중 부정으로 중도를 존재자의 본질로 간주한다. 나가르주나식으로 하자면 '희론적멸'의 장치로서 공을 말할 뿐이다. 탕융퉁은 나가르주나나 승조에게 뚜렷이 보이는 이런 중관철학의 입장을 거부하고 승조 철학을 현상의 직접적 배후로서 공을 말하는 본체론으로 규정한다. 단지 그는 '즉체즉용'이라는 체용 개념을 동원해서 본체론의 일원론적인 구도를 완화시켰을 뿐이다.

『중론』「관열반품」 제19송에서는 "열반은 세간과 조금도 구별되지 않는다. 세간도 열반과 조금도 구별되지 않는다."[39]고 말한다. 탕융퉁 식으로 하자면 이때 열반은 체(體)고 세간은 용(用)이고 둘은 상즉한다고 해야 할 것이다. 그런데 「관여래품」에서 "여래가 가진 성품은 곧 세간의 성품이다. 여래는 자성을 갖지 않기에 세간도 자성이 없다."[40]고 한 구절에서 알 수 있듯, 열반(혹은 여래)과 세간은 공하기 때문에 차별되지 않을 뿐이다. '생사즉열반' 혹은 '번뇌즉보리'가 가능하다면, 하나는 체고 하나는 용이기 때문이 아니라 두 쪽 모두 공하기 때문이다. 탕융퉁에게서는 나가르주나의 이중부정 혹은 상호부정의 장치가 은폐되고 만다.

동정론(動靜論)과 법신 본체

탕용퉁은 「물불천론」에서 승조의 체용론이 잘 드러난다고 생각한다. 그는 「물불천론」의 다음 구절에 주목한다. "반드시 온갖 변화[動] 속에서 불변[靜]을 통찰하기 때문에 비록 변화하지만 항상 불변한다. 변화를 놓지 않고서 불변을 통찰하기 때문에 비록 불변하지만 변화를 여의지 않는다."[41] 여기서 탕용퉁은 변화[動]와 불변[靜]의 '즉'함을 보았다. 탕용퉁은 이에 대해 다음과 같이 분석한다.

> 「물불천론」 전체는 실은 '움직임과 고요함이 같고'[動靜一如] '머묾이 곧 머묾이 아님'[住卽不住]을 증명한다. 부동의 한 본체로 말미암아 각양각색으로 변화하고 운동하는 현상이 출현했다고 말하는 게 아니다. 대개 본체(本體)와 '온갖 현상'[萬象]은 쪼갤 수가 없다. 그것을 쪼개서 동정(動靜)의 참 모습을 통찰하려 하면 진실을 어기고 본성을 잘못 알아서 본질로 귀착할 수 없다. 그래서 「물불천론」의 '즉동즉정'의 의미는 바로 '즉체즉용'의 이론을 설명하는 격이다. '물불천'이라고 명명한 것이 오로지 고요함[不動]을 말하는 것처럼 보이겠지만, 이른바 '불천'은 동정일여의 본체를 말하는 것이다. 절대의 본체는 언어 표현으로서 동정을 초월한다고 할 수 있다.[42]

탕용퉁이 생각한 체용 구도는 비교적 명확하다. 그는 승조가 말하는 동(動)과 정(靜)을 각각 현상과 본체에 대응시키고 양자가 분리되지 않음을 주장한다. 그가 말하는 '즉'은 분리 불가능성을 말한다. 그리고 '불천'은 동과 정 가운데 정을 말하는 게 아니라 동정을 초월한 절대적인 본체를 가리킨다고 말한다. 탕용퉁의 말대로라면 여기에 두 개의 본체가 등장한다. 첫째는 동과 정에서 정이 대표하는 본체이고, 둘째는 그 둘을 절대적으로 초월하는 상위의 본체이다. 탕융통은 이 절대 본체를 '파괴되지 않는 법신'이라고 말하고, 법신본체라고 부르기도 한다. 그런데 과연 승조는 이 중 본체의 체용론을 제기했을까?

승조는 「물불천론」을 시작하면서 『방광반야경』을 인용하여 "모든 존재자는 '오고 감'[去來]이 없으며, 어떤 '움직임이나 변화'[動轉]도 없다."[43]고 하였다.[44] 「물불천론」의 의미가 바로 여기서 드러난다. 이는 단순히 존재자는 운동하지 않는다는 이야기가 아니다. 일반적으로 '오고 감'[去來] 혹은 '움직이고 멈춤'[動靜]은 어떤 존재자가 '존재다' 혹은 '비존재다'라고 할 때처럼 실체론적 판단이 전제되어 있다. 하나의 실체가 시간의 경과에 따라 또 한 실체인 관찰자 쪽으로 접근하거나 아니면 관찰자 쪽에서 멀어지는 것이 오고 감이다. 하나의 실체가 시간의 경과에도 불구하고 한 지점에 지속하고 있는 게 머묾이고 위치를 이동하는 것이 움직임이다. 이는 모두 고정된 실체를 염두에 둔 사고이다. 승조의 이야기를 들어보자.

보통 사람들이 말하는 변화는 과거의 사물이 현재까지 연속하지 않기 때문이다. 그래서 "사물은 변화하지 불변하지 않는다."고 한다. 내가 말하는 불변[靜]도 마찬가지로 과거의 사물이 현재까지 연속하지 않기 때문이다. 그래서 "불변하지 변화하지 않는다."고 한다. 변화하고 불변하지 않는 것은 과거의 사물이 현재까지 '오지 않기'[不來] 때문이고, 불변하고 변화하지 않는 것은 과거의 사물이 현재로 '가지 않기'[不去] 때문이다.[45]

승조는 "과거의 사물은 현재에 도달하지 않는다."[昔物不至今]는 사실에 착안하여 '물불천'을 말한다. 그런데 보통 사람들은 이 사실에 착안하여 변화를 말한다. 같은 사실에 대해서 다른 결론에 도달했다고 할 수 있다.

여기서 '동'은 운동이나 변화의 의미로 읽을 수도 있지만 '무상'으로 읽을 수 있다. 탕용통과 비슷한 시기 활동한 뤼청(呂澂)은『중국불교원류약강』에서「물불천론」을 설일체유부 학설에 대한 비판으로 보았다.[46] 승조는 사실 동정(動靜)의 문제를 '불래불거'의 문제로 치환한다.「물불천론」전체가 이 '불래불거'에 의해 진행된다. 이는『중론』제2품「관거래품」을 떠올리게 한다.

『장요』수록본『중론』

　보통 사람은 "과거의 사물은 현재에 도달하지 않는다."는 사실에서 현재의 사물은 과거 사물의 연속이 아님을 알고, 사물은 변화했다고 말한다. 하지만 승조는 "과거의 사물은 현재에 도달하지 않는다."는 사실에서 과거의 사물은 어딘가 가지 않음을 확인하고 그래서 과거 사물은 변화하지 않았다고 생각한다. 과거 사물과 현재 사물이 단절했다면 우리는 그것이 변화했다고 할 수 없다. 변화는 동일한 것 속에서 일어나는 제한적인 일이다. 승조는 이 사실을 다시 한 번 확인한다.

　과거에서 과거의 사물을 찾으면 과거에 없었던 적이 없지만 과거의 사물을 현재에서 찾으면 현재에 전혀 존재하지 않는다. (과거의 사물이) 현재에 전혀 존재하지 않는다는 것은 과거의 사물이 현재에 '도달하지 않음'[不來]을 증명한다. (과거의 사물이) 과거에 없었던 적이 없다는 것으로 과거의 사물이 현재로 '가지 않음'[不去]을 알 수 있다.[47]

　나가르주나는『중론』「관거래품」제8송에서 "가는 놈은 가지 않으며 가지 않는 놈도 가지 않는다. 가는 놈과 가지 않는 놈을 떠나서 제3의 가는 놈은 없다."[48]고 말한다. 또한 멈춤도 마찬가지다.「관거래품」15송에서 "가는 놈은 멈추지 않는다. 가지 않는 놈도 멈추지 않는다. 가는 놈과 가지 않는 놈을 떠나서 어떻게 제3의 놈이 멈추겠는가?"[49]라고 반문한다. 이렇게 나가르주나는 「관거래품」에서 '움직임과 정지'라는 운동의 일반적 범주를 부정한다. 그것이 실은 실체론적 사유이기 때문이다. 『방광반야경』의 언급도 같은 맥락이라고 볼 수 있다. 사실 승조가 「물불천론」에서 강조하는 점도 동일하다. 오고 감이나 정지 모두 부정한다. 단지 과거 사물이 과거에 갇히고, 현재 사물이 현재에 갇힌다는 말을 하고 싶은 것은 아니다.

승조와 달리 본체를 분명하게 상정하는 탕융통은 법신 개념에서 절대적 본체를 찾는다. 그는 "법신은 파괴되지 않고[法身不壞] 상주한다고 말한다. 또한 승조가 「물불천론」에서 바로 이 법신본체를 제시했다고 주장한다. 탕융통은 「물불천론」 말미에 등장하는 다음 구절에 주목한다.

> 여래의 공덕은 만세에까지 미쳐 항상 존재하고, 불도(佛道)는 백겁을 관통하여 더욱 견고하다. 첫 삼태기의 흙에 힘입어 산을 이루고, 첫 걸음에 의탁해 수도에 이른다.[50]

탕융통은 이 구절에서 법신설을 읽어낸다.[51] 앞서 지적했듯 위진현학 연구자 쉬캉성도 이 구절의 특별함을 인식하고 승조가 「물불천론」에서 집착의 타파뿐만 아니라 여래의 상주성까지 설명했다고 파악한다. 탕융통은 이 구절이 본체론를 말하고 있다고 생각한다. 시간의 변화에도 굳건히 버티고 '유동하지 않는'[不遷] 하나의 존재자를 본 것이다. 과연 승조가 여기서 법신 상주나 법신 본체를 말했을까?

사실 「반야무지론」에도 이와 형식적으로 유사한 구절이 등장한다. 승조는 「반야무지론」을 시작하면서 당시 임금 요흥(姚興)을 찬양하며 "위대한 진(秦)의 천왕(天王)께서는 그 도덕은 백대 성왕과 일치하고 베푼 은덕은 천년 세월에 떨칠 것이다."[52]라고 말한다. 군주의 덕과 은혜가 영원할 것임을 말하는데 이런 것도 '유동하지 않는' 본체로 간주하거나 '법신불괴(法身不壞)'나 '법신상주(法身常住)'의 논의로 끌어들일 수 있을까? 사실 이는 당시 국가 권력의 수장인 군주에 대한 상투적인 수사(修辭)에 지나지 않는다. 승조가 정말 그렇게 생각했든 아니든 그것은 결국 수사다. 당연히 승조 철학의 논의로 끌어들일 수는 없다.

그렇다면 「물불천론」의 저 언급도 여래에 대한 찬양조의 수사에 지나지 않을까? 그건 아니다. 승조는 「물불천론」에서 결코 '유동하지 않는' 존재자를 상정하려고 하지 않는다. 오히려 대승불교가 본래부터 견지하고, 중관철학이 강렬하게 묘사한 중도를 드러낼 뿐이다. 탕융퉁이 법신본체론으로 읽어낸 이 부분은 실은 상주론과 단멸론에 대한 비판과 관련된다. 앞서 승조는 단멸론과 상주론에 대해 다음과 같이 말한다. "그래서 '감'을 말하지만 정말 감을 말하는 것은 아니며 단지 사람들의 상주론을 차단하기 위해서다. '머묾'을 말하지만 정말 머묾을 말하는 것은 아니며 단지 사람들이 말하는 단멸을 제거하기 위해서다."[53] 이 상주와 단멸에 대한 부정은 초기불교부터 지속된 불교 교의의 지향이다. 당대(唐代) 원강은 『조론소』에서 승조의 이상 언급에 대해 다음과 같이 해석한다.

경에서 "제법은 생멸하고 무상하다."고 말한다. 「물불천론」에서는 '거(去)'라고 말했다. 무상이라고 말한다고 해서 반드시 곧바로 무상인 것은 아니고, 사람들의 상주론을 차단하고자 해서 무상을 설했을 뿐이다. 경에서 다시 "업의 과보는 소멸되지 않는다."고 말한다. 「물불천론」에서는 '주(住)'라고 말한다. 어떤 존재자가 머문다고 말하지만 반드시 곧바로 머물지는 않고, 사람들의 단멸론을 차단하기 위해서 머묾을 말할 뿐이다.[54]

원강은 무상과 항상이 상주론과 단멸론을 차단하기 위한 기제임을 지적하고, 본질적으로 승조가 반드시 존재자가 무상하다거나 항상하다고 주장한 것은 아님을 말한다. 승조는 『성구광명정의경』을 인용하면서 "보살은 모든 존재가 항상 불변하다고 집착하는 범부들 속에 있으면서 무상의 교설을 연설한다."[55]고 말한다. 승조에게서 무상의 교설은 결코 본질적인 것이 아니다. 그래서 "항상을 말하지만 상주하지 않고, 거래를 말하지만 유동하지 않는다."[56]고 말한다. 항상이나 거래(무)는 그저 장치일 뿐이다. 승조는 "성문은 무상을 깨달아 도를 이룬다."고 말하는데, 물론 이 언급은 성문의 단계나 수준을 감안하는 듯한 뉘앙스를 띠고 있다. 여기서 무상설도 단계적 교의임을 주장한다.

초기불교에서 단멸론과 상주론 비판은 업보론과 관련된다. 차르바카 같은 단멸론자는 인간이 죽으면 다음 생은 존재하지 않고, 그러기에 금생의 선악 행위는 과보 없이 효과가 종료한다고 주장한다. 상주론의 경우, 고정된 속성은 지속되고 그것의 변형은 불가능하다는 입장이다. 이런 경우도 선악 행위에 따른 결과가 그 존재에 그다지 영향을 끼칠 수 없다. 중생은 중생으로, 악인으로 악인으로, 노예는 노예로 영속해야 한다. 이런 사고가 바로 단멸론과 상주론이라는 양극단이고 철학적 오해이다. 승조는 「부진공론」에서 "사물이 무라고 말하면 단멸론[邪見]이 미혹이 아니고, 사물이 유라고 말하면 상주론[常見]이 논리를 얻게 된다."[57]고 말한다. 그래서 유라고 말하지 않고[非有], 무라고 말하지 않는다[非無]. 그는 철저하게 단멸론과 상주론을 비판한다. 승조는 이렇게 말한다.

결과와 원인이 동시에 존재할 수 없고 원인 때문에 결과가 있다. 원인으로부터 과보가 있으면 원인은 과거에 사라진 것이 아니다. 결과가 원인과 동시에 존재하지 않기 때문에 과거의 원인은 현재에 이르지 못한다. 원인이 과거에서 사라지지도 않고[不滅] 현재에 이르지도 않는다면[不來] 사물이 천류하지 않는다[不遷]는 이치는 분명해진다.[58]

승조는 청목(펑갈라)이 『중론』을 주석하면서 행한 논리와 유사한 방식을 사용하여 상주론과 단멸론 비판을 감행한다. 청목은 『중론』 제1송에 등장하는 팔불중도 가운데 첫 번째 쌍인 '불생불멸'을 설명하면서 '씨앗과 싹'의 비유를 이용했다. 씨앗에서 싹이 틀 때, 씨앗에 있던 싹이 출현한 것도 아니고, 그렇다고 둘이 무관하여 씨앗이 완전히 소멸하고 만 것도 아니라고 말한다. 이를 '불래불거'를 설명할 때도 사용하는데, 씨앗에 있던 싹이 튼 싹으로 온 것도 아니고[不來], 그렇다고 둘이 무관하기에 씨앗이 어디론가 가버린 것도 아니라고[不去] 말한다. 사실 승조가 말하고 싶은 점은 이것이다.

탕용퉁은 본체라는 하나의 범주로 위진불교와 위진현학 전체를 설명하고자 했다. 이런 의도 때문에 본체론 범주로 포괄할 수 없는 승조의 공사상을 본체론의 일부로 변형시켰다. 사상사 서술은 기본적으로 몇몇 개념 혹은 하나의 이론으로 사상의 전개를 역사적으로 설명하는 방식이다. 다양한 사상을 하나의 흐름으로 서술하는 과정에서 어느 정도의 변형은 피할 수 없다. 하지만 이런 서술 방식 때문에 심각한 왜곡을 초래하기도 한다. 근본적으로 현학과 충돌하는 지점에 서 있는 승조의 공사상을 한데 모으는 과정에서 탕용퉁도 이런 잘못을 범하기도 했다. 하지만 탕용퉁의 『한위양진남북조불교사』는 이후 중국 고대불교사를 공부할 때 하나의 출발선이 되었다.

탕용퉁은 신중국 성립 이후 제대로 학술활동을 하지 못했다. 물론 정치적인 이유도 있었지만 병고 때문에 정상적으로 강의하고 연구할 수가 없었다. 그는 오랫동안 흐릿한 의식 속에서 살았다. 온전한 정신이 아니었다. 그래서 대학에서 제자를 길러내는 일도 불가능했다. 탕용퉁의 제자라고

런지위

할 수 있는 거의 유일한 사람이 런지위(任繼愈, 1916-2009)다. 그는 1930년
대 베이징 대학 철학과 학부와 대학원을 다녔고 탕융퉁과 허린(賀麟)을 스
승으로 중국불교와 중국철학을 공부했다. 런지위는 신중국 성립 이후 마
르크스주의와 유물사관에 기초해서 중국불교사를 연구했다. 이런 입장에
서 쓴 『한당불교사상논집』(漢唐佛敎思想論集)과 『중국불교사』(3권)가 유명
하다.

8장

천인추에(陳寅恪)와 천위안(陳垣)의 불교사 연구

중국불교사의 수입

1920년대 량치차오는『중국불교사』저술을 시도했지만 성공하지 못했다. 그 흔적이『불학연구십팔편』으로 남았다. 비슷한 시기『중국불교사』가 출현하기는 했다. 1923년 무창불학원(武昌佛學院)에서 강의하던 스이루(史一如, 1876-1925)가 일본학자의 연구 성과를 토대로『중화불교사』(中華佛敎史)를 교재로 간행했다. 그리고 1926년 천빈화(陳彬龢, ?-1945)가 역시 일본학자의 연구 성과에 힘입어『중국불교소사』(中華佛敎小史)를 편찬했다.[1] 천빈화는『역경석사』(譯經釋詞)에 표점을 하고 주석을 한 고전학자이기도 했다.[2] 하지만 온전한 의미의 중국불교통사는 1929년 장웨이차오(蔣維喬, 1873-1958)가 간행한『중국불교사』이다.

장웨이차오는 일본 학자 사카이노 사토루(境野哲, 1887-1933)가 1907년 간행한『지나불교사강』(支那佛敎史綱)[3]을 번역하고, 거기에 자신의 연구를 상당 부분 결합시켜『중국불교사』를 완성했다. 사카이노 사토루는 메이지 시기와 타이쇼 시기

사카이노 사토루

활동한 일본의 대표적인 불교사 연구자다. 사카이노는 근대적인 역사학방법론을 동원하여 중국불교사뿐만 아니라 인도불교사, 일본불교사 등 불교사 전체를 연구했다. 적어도 이 분야에서는 선구적인 역할을 했다. 장웨이차오의 『중국불교사』 간행 과정을 보면 근대 중국에서 '중국불교사'는 수입된 형식임을 분명히 알 수 있다.

장웨이차오

장웨이차오는 중국 남부 장쑤(江蘇) 출신으로 어린 시절 전통 교육을 받았고, 청말 지역 시험에 통과하여 수재(秀才)가 되었다. 1910년대 후반 불교에 입문하였고, 1922년 베이징에서 법상연구회(法相研究會)를 조직하여 유식학 연구에 매진했다. '법상연구회'는 유식학 연구로 이름이 높았던 베이징의 거사 조직 삼시학회(三時學會)의 전신이다. 1925년 장웨이차오는 난징(南京) 소재 동난(東南) 대학 교장에 취임했고, 이듬해인 1926년 교육시찰단 일원으로 일본을 방문했다. 이 일본 방문에서 그는 일본의 대표적인 불교학자 다카구스 준지로(高楠順次郎)를 만나기도 했다.

장웨이차오는 1927년 상하이 광화(光華) 대학에서 중국철학과 중국문학을 강의했다. 그는 이 시기 중국불교사 편찬을 위해 자료를 모으고 정리했다. 그리고 1929년 상하이 상무인서관에서

「『중국불교사』 서문」

『중국불교사』를 간행했다. 『중국불교사』는 책머리에 「서언」(敍言)과 「범례」(凡例)가 있고, 본문은 편(篇)·부(部) 구분 없이 전체 18장으로 구성됐다. 대체적으로 편년체 형식을 띠고서 불교의 중국 전래 전설부터 민국 시기 여러 종파까지 다뤘다. 사카이노 사토루의 『지나불교사강』은 전체 15장으로, 제1장 「불교의 중국 전래 시기」에서 시작

해 제15장 「송(宋)이후의 불교」로 종결한다. 장웨이차오는 『중국불교사』에서 『지나불교사강』을 거의 그대로 번역했고, 거기에 자신의 연구를 토대로 3장을 추가했다.

장웨이차오가 1928년 작성한 「서언」에서 불교사 연구에 대한 자신의 입장을 드러낸다. 그는 "일체 학문은 모두 이론 연구와 역사 연구 두 가지 방식이 있는데, 불교라고 어찌 예외일 수 있겠는가?"[4]라고 말한다. 장웨이차오는 기꺼이 불교를 근대적인 학문 대상에 위치시켰고, 역사 연구가 한 방법임을 밝혔다. 그의 이런 입장은 일본 불교학자 무라카미 센쇼(村上専精)가 쓴 『지나불교사강』의 「서문」과 동일하다.[5] 장웨이차오가 쓴 「서언」은 결코 무라카미의 「서문」을 그대로 번역한 것은 아니다. 그는 무라카미의 견해를 자신의 견해로 수용했을 뿐이다. 장웨이차오는 「서언」에서 말한다.

> 역사로 보자면 수천 년 이래 역사적 사실은 복잡한데 참고할 만한 체계적인 전적이 없었다. 그것을 연구하고자 해도 마치 어둠 속에서 사물을 더듬는 것처럼 쉽게 알 수가 없었다. …… 비록 교리를 연구하더라도 역사를 근거로 삼는다면 도출한 결과는 분명 더욱 정확할 것이다. 그렇다면 역사 연구는 실로 교리 연구의 보완재가 될 만하니 어찌 소홀히 할 수 있겠는가?[6]

사실 불교 내부에서 불교 연구라고 하면 거의 교리 연구였다. 물론 그는 교리 연구가 주요함을 인정하지만 역사 연구를 결여할 수 없음을 강조한다. 장웨이차오는 후스나 탕융퉁처럼 전문적인 근대 학술 훈련을 받지는 않았다. 더구나 천인추에(陳寅恪)와 천위안(陳垣) 같은 역사학자나 문헌학자로서 정체성을 강하게 가진 것도 아니다. 오히려 불교 거사로 불교를 연구하는 부류에 속했다. 하지만 전통적 학술 방법론과 근대 지식을 동원하여 높은 수준의 불교 연구를 진행했다. 그 때문에 그가 『중국불교사』를 번역하면서도 자신의 연구 성과를 거기에 반영할 수 있었다. 『중국불교사』에서 장웨이차오 자신의 고유한 작업은 크게 세 가지다.

첫째는 『지나불교사강』의 교감이다. 장웨이차오는 「범례」에서 "이 책은 일본의 사카이노 사토루의 『지나불교사강』에 의거한다. 원서가 인용한 사실 가운데 착오가 없지 않고 잘못된 글자도 꽤 많다. 지금 『대장경』과 『속장경』을 확인해서 그 잘못을 고쳤고, 결락된 부분은 보충했다."[7]고 밝힌다. 장웨이차오는 청말 전통 학문을 학습한 세대이고, 양런산에게 불전을 학습했고, 불전 교감에 대한 기본적인 훈련을 받았다. 그래서 불전을 인용할 때, 교감의 중요성을 잘 알았다. 둘째는 『지나불교사강』에는 없던 제12장 「조상과 석경」(造像與石經)의 삽입이다. 그는 「범례」에서 "북위시대 남북 석굴 조상과 수대(隋代) 승려 정완(靜琬)이 조성한 『석경』은 불교사상의 중대한 자료이다. 원서에는 전혀 언급이 없어서 지금 여기서 특별히 1장을 보충했다."[8]고 밝힌다. 그는 새롭게 발굴되고 확인된 자료를 적극적으로 동원하여 중국불교사 서술을 보충하려 했다.

셋째는 제17장 「근세불교」(近世之佛教)와 제18장 「근세종파」(近世各宗)의 보충이다. 「범례」에서 장웨이차오는 "원서에서는 청대 불교를 생략하고 다루지 않았다. 아마도 청대 불교의 자료를 쉽게 구하지 못했기 때문일 것이다. 이는 큰 결점이기도 하다. 지금 근세불교사에 대해 청대부터 민국 시기까지 특별히 2장을 보충하여 서술한다."[9]고 보충의 이유를 설명했다. 장웨이차오의 『중국불교사』가 현재까지 의미 있는 가장 큰 이유는 바로 이 점 때문일 것이다. 왜냐하면 청말과 민국 시기를 고스란히 산 장웨이차오는 자신이 속한 시대의 불교를 오롯이 기록했기 때문이다.

청대 이후 불교 사료는 지극히 산만하여 근거할 만한 전적이 거의 없다. 공식 문서와 개인 저술 등을 진력으로 수집하였고, 남북 각 총림에 편지

를 보내 상세하게 조사했다.[10]

장웨이차오는 과거의 불교가 아니라 당대(當代)의 불교를 정리하고자
했다. 사실 이런 감각은 쉽지 않다. 고대나 과거의 것을 주된 연구 대상으
로 삼는 보수적인 학문관이 전통의 일부로 남아 있던 중국이었기 때문이
다. 장웨이차오는 현실의 종교를 조사하고자 현장 조사나 자료 수집을 행
했다. 장웨이차오의 또 다른 저술『중국근삼백년철학사』에서도 제2편「외
래사상흡수시기」(吸收外來思想之時期)에서 옌푸(嚴復)와 왕궈웨이(王國維)
의 유럽 사조 수입을 소개한다. 이도 장웨이차오가 자신이 속한 시대를 연
구 대상으로 삼은 것이다.

장웨이차오의『중국불교사』가 1929년 완성된 이후, 10여 년이 지난
1940년 황찬화(黃懺華, 1890-1977)가 장웨이차오와 마찬가지로 상하이 상
무인서관에서『중국불교사』를 출판했다. 황찬화는 광둥(廣東) 출신으로
난징에서 성장했다. 그의 바로 아래 동생이 황수인(黃樹因, 1898-1923)이
다.(황수인에 대해서는 본서 1장 3절 참조) "황찬화는 1914년 일본에 건너가
당시 일본에서 공부하고 있던 양런산의 제자 구이보화와 교류했고, 그에
게『대승기신론』을 배우기도 했다. 황찬화는 1919년 다시 일본으로 건너
가 도쿄제국대학에서 철학을 공부했다."[11] 그는 일본을 통해서 근대 학술
의 방법론이나 동향을 습득한 것으로 보인다. 1920년대 초반 난징 지나내
학원에서 어우양징우에게 불교를 배웠고, 1920년대 후반에는 타이쉬(太
虛)에게 귀의하여 그의 주변에서 다양한 활동을 했다.

1926년 황찬화는 타이쉬가 주도한 불교잡지『해조음』(海潮音)에「불교
의 분류」(論佛敎之分類)를 발표했다. 이는 그가 발표한 최초의 불교 관련
연구물이라고 할 수 있다. 이후 1930년대 초반까지「불교와 종교철학」,
「유식학의 윤곽」,「천태종의 근본 교리」,「화엄종의 근본 교리」,「삼론가의
중도론」,「설일체유부의 일체 존재 해석」등을 발표했다.[12] 주로 특정한

종파의 교리를 집중적으로 연구하고 정리했다. 사실 이런 연구 성과가 이후 그의 저작에 반영된다. 『불교 각 종파의 대의』(佛敎各宗大意, 1934), 『불학개론』(佛學槪論, 1935), 『중국불교사』(1940) 등이 그 결과다.

『불교 각 종파의 대의』는 중국 불교 종파사 연구라고 할 수 있다. 이 저작은 구사종(俱舍宗)에서 시작하여 밀종(密宗)에 이르는 불교 10개 종파의 "명칭, 약사, 전적, 교판, 교리, 수행 방면을 분석했다."[13] 황찬화는 기본적으로 10개 종파가 중국에서 실제 전개되었다고 본다. 이는 이른바 '중토십종설(中土十宗說)'이다. 여기서 중토는 당연히 중국을 말한다. 탕융퉁 같은 학자는 1960년대 발표한 논문 「중국 불교에는 10종이 없었음을 논함」(論中國佛敎無十宗)에서 '중토십종설'을 정면으로 반박했다.[14] 황찬화는 『불교 각 종파의 대의』 「범례」 제4항에서 자신의 정보 출처를 아래와 같이 밝혔다.

> 본서에서 유식종에 관해서는 대부분 스승 어우양징우 선생의 저술을 계승했고, 밀종에 관해서는 스승 꾸이보화 선생에게 수업을 받을 때 들은 것이다. 그리고 타이쉬 법사의 가르침과 저술을 계승했다.[15]

황찬화는 자신의 지식 연원이 실은 어우양징우 등 당시 중국불교를 대표한 인물이었음을 밝힌다. 황찬화의 『불학개론』은 그야말로 개론으로 「불학의 개념」, 「불학의 약사」, 「불학의 분류」, 「우주만유의 구분 및 그 해석」, 「인과의 이법」, 「불가의 근본 학리」, 「불가의 지말 학설」 등 7편으로 구성됐다.[16] 여기서 『불학개론』이 근대적인 의미의 『입문서』나 『개론서』가 갖추어야 할 형식을 고스란히 구현했음을 알 수 있다. 특히 제7편 「불가의 지말 학설」은 대승불교와 중국의 각 종파를 다룬 것으로 전체 261쪽 가운데 120여 쪽을 차지할 정도로 많은 분량을 할애했다. 사실 여기서도 종파를 중심으로 불교사를 이해하는 그의 태도가 잘 드러난다.

황찬화의 『중국불교사』는 전 4장 33절로 구성됐고, 「변언」(弁言)과 「범례」가 본문 앞에 있다. 머리말 격인 「변언」에서 황찬화는 중국불교 맥락에서 '중국불교사'의 앞선 사례를 제시한다. 전통 속에서 불교사 연구를 확인하려는 듯 보인다. 그는 다음과 같이 말한다.

중국불교 통사의 편찬은 수대 번경학사 비장방(費長房)의 『역대삼보기』(歷代三寶記)가 그 효시가 된다. 『역대삼보기』는 한대부터 수대까지 이루어진 역경에 대한 기술을 주로 하고, 아울러 편년체를 사용하여 석가모니의 탄생부터 수대 불교 홍포까지 역사적 사실을 집록했다. 『역대삼보기』는 경록(經錄)이면서 불교 편년사이기도 했다.[17]

황찬화는 '중국불교통사' 기술에 대한 분명한 감각이 있었다. 그리고 그는 수대 비장방이 편찬한 번역 경전의 목록인 『역대삼보기』가 연대별로 역사를 기술하는 방식인 '편년체' 형식을 취한 불교 편년사임을 확정했다. 『역대삼보기』는 번역 경전의 서지사항뿐만 아니라 역대 불교의 상황을 시대별로 간략히 정리했다. 그런 의미에서 불교사의 형식을 갖췄다고 할 수 있다. 황찬화는 『역대삼보기』 이후 각 시대별로 편찬된 불교편년사를 제시했다. 송대는 조수(祖琇)의 『융흥불교편년통론』(隆興佛教編年通論)과 지반(志磐)의 『불조통기』(佛祖統記)가 있었고, 원대는 염상(念常)의 『불조역대통재』(佛祖歷代通載)와 각안(覺岸)의 『석씨계고록』(釋氏稽古錄)이 있고, 명대는 환륜(幻輪)의 『석감계고략속집』(釋鑑稽古略續集) 등이 있다. 이들 문헌은 경록이 아니라 순수 불교사라고 할 수 있다.

황찬화가 가장 먼저 제시한 『융흥불교편년통론』은 남송 융흥(隆興) 2년(1164) 융흥부(隆興府) 사문 조수가 '불교(佛教)'의 역사를 '편년체'[編年]로 쓴 '통사'[通]로 자신의 '논평'[論]을 첨부한 문헌이다. 이는 현존하는 가장 오래된 편년체 중국불교사이다. 나머지 문헌도 다루는 시대가 후대까지

점점 늘어날 뿐 성격은 거의 동일하다. 또한 고전적인 의미의 불교사 문헌으로 잘 알려진 것들이다. 위 인용문에서 황찬화의 한 가지 의도를 읽어낼 수 있다. 그는 자신이 근대적인 방식으로 중국불교사를 기술하고 있지만 전근대 시기에도 분명 불교사 연구가 있었음을 강조하고자 했다. 그는 마지막으로 "근대 학술 방법론으로 중국불교통사를 기술한 저작"으로 장웨이차오의 『중국불교사』를 거론한다. 황찬화는 근대 이전 불교편년사가 근대의 불교통사와 같은 맥락에 있다고 생각한다. 자신의 작업도 그 맥락에 닿아 있음을 확신하는 듯하다.

앞서 언급했듯, 황찬화의 『중국불교사』는 모두 4장이다. 제1장 「중국 불교의 원류시대」, 제2장 「중국 불교의 진전시대」, 제3장 「중국 불교의 영광시대」, 제4장 「중국 불교의 보수시대」 등으로 구성됐다. 중국불교사 전체를 시간 순서에 따라 구분하고 거기에 성격을 부여했다. 시기적으로 보면 제1장은 한대(漢代) 불교에서 서진(西晉) 불교까지, 제2장은 동진 불교에서 남북조 불교까지, 제3장은 수당 불교, 제4장은 오대(五代) 불교에서 청대 불교까지다. 이런 분류와 장절 구성 때문에 일부 학자는 일본의 저명한 불교학자 우이 하쿠주(宇井伯壽, 1882-1963)가 쓴 『지나불교사』(支那佛教史, 1936)[18]의 영향을 지적하기도 한다.[19] 중국의 불교학자 뤼청(呂澂)은 『중국불학원류약강』에서 근거를 밝히지는 않았지만 황찬화의 『중국불교사』가 우이의 책을 저본으로 했다고 평가한다.[20]

하지만 실제 두 책을 비교해 보면 『중국불교사』가 훨씬 분량이 많다. 또한 목차도 훨씬 정교하게 제시됐다. 그래서 번역 수준의 유사성을 확인하기란 힘들다. 그래서 "황찬화의 『중국불교사』는 오히려 완전히 자신의 독립적인 저작"이라고 주장하는 학자도 있다.[21] 하지만 정교하게 둘을 비교해 보면 황찬화가 우이의 책을 중요하게 참고했음을 확인할 수 있다. 주제의 추출과 그것의 배열, 그리고 논의의 전개 과정이 대단히 유사하다. 이것은 목차에서도 쉽게 확인할 수 있고, 내용에서도 확인할 수 있다.

예를 들면 제3장 제5절 1항 '법상종의 학통'에서 현장의 문하가 '구사학과 유식학 두 계열'[俱舍唯識二系]로 나뉨을 설명하고, 유식학 연구에서 『성유식론』외에『유가사지론』이 중요한데 규기의『유가사지론약찬』과 둔륜의『유가론기』가 전해진다는 언급에서는 거의 번역이라고 해도 될 정도로 유사하다.[22] 아마도 우이의 연구에서 기본적인 형식과 흐름을 참고하고, 구체적 내용에서는 실제 문헌 속에서 다양한 내용을 수집하여『중국불교사』에 보강한 것으로 보인다.

황찬화의『중국불교사』가 보이는 가장 큰 특징은 전체 중국불교사를 일종의 종파사로 이해했다는 점이다. 그는 「범례」에서도 "중국불교의 핵심은 각 종파에 있다. 그래서 본서는 불교의 역사를 기술하는 것 외에 각 종파의 내용을 함께 기술한다."[23]고 언급한다. 물론 우이도『지나불교사』에서 수당 불교부터 송대 불교까지 중국불교를 끈질기게 종파의 흥망성쇠로 설명했다. 황찬화는 10개 종파를 중심으로 각 시대마다 이들 종파의 활동 상황과 그 변화 추이를 추적했다. 황찬화의『중국불교사』가 보인 또 하나 특징은 다양한 자료를 통해서 문헌 고증과 역사 고증을 행한 점이다. 그는 「범례」에서 "불교의 역사는 고증을 거치면 바뀌는 부분이 있다. 예를 들면 가섭마등·축법란·보리달마 등의 기록이 그것이다. 본서에서는 이런 역사를 서술할 때 고증을 행했다."[24]고 말한다.

장웨이차오와 황찬화의『중국불교사』는 기본적으로 일본인의 중국불교사 연구에 큰 영향을 받았다. 특히 두 사람이 중국불교사를 종파 개념에 근거해 파악하려 한 점에서 그 영향을 분명히 확인할 수 있다. 이런 영향은 그들에 앞서 양런산의『십종약설』에서도 잘 나타난다. 일본 가마쿠라(鎌倉) 시대 승려 웅연(凝然, 1240-1321)은『팔종강요』에서 기존 불교를 종파 개념으로 이해했고 실제 종파가 뚜렷하게 존재한 일본 불교에서 그런 관념은 강하게 유통됐다. 근대 시기에도 일본인 연구자는 일본 불교사뿐만 아니라 중국불교사까지 종파사로 이해했다. 독일 출신으로 일본에서 연구

하고 있는 에리크 슈크턴츠(Erik Schicketanz)는 최근 간행된『타락과 부흥의 근대중국불교』(堕落と復興の近代中國佛教)에서 사카이노 사토루와 우이 하쿠주의 '중국불교사 서술'이 단지 학문적인 결과가 아님을 지적했다.

쉬크턴즈의 견해를 간단히 요약하면 다음과 같다. 사카이노나 우이는 종파 관념에 입각해 중국불교사에서 수당시대는 발전의 시대로 보지만 그 이후는 종파가 대부분 소멸하고 명맥만 유지했기에 쇠락의 시대로 간주한다. 그들은 이를 통해서 중국불교는 수당 이후 동아시아에서 그 우월적 지위를 상실했고, 그 자리를 일본불교가 대체했다고 주장하려 했다. 재미있는 점은 이런 일본인 학자의 중국불교사 관점이 중국에 그대로 수입됐고, 근대불교학에 큰 영향을 끼쳤다는 사실이다.[25] 실제 종파 개념을 통한 중국불교 이해는 일찌감치 양런산에게서 보이고 이후 간행된『중국불교사』나『불교개론』류의 서적에도 적용됐다. 앞서 언급했던 탕융퉁은 바로 이런 종파 관념에 입각한 중국불교사 서술에 강하게 저항한 바 있다.

비교언어학과 불교사 연구

천인추에

근대 시기 불교사 연구에 서구의 비교언어학 방법론을 동원한 사람은 천인추에(陳寅恪, 1890-1969)[26]다. 그는 정규 과정에서 산스크리트와 팔리어를 학습하고 불교 문헌학을 학습한 최초 인물이기도 했다. 천인추에는 1902년부터 1905년까지 일본에서 유학했고, 1909년부터 1911년까지 독일에서 유학했다. 그리고 1918년에는 관비 유학생에 선발돼 미국으로 유학을 떠나, 1919년 1월 하버드 대학에 입학하여 찰스 록웰 랜만(Charles Rockwell Lanman, 1850-1941)에게 산스크리트와 팔리어를 배웠다.[27] 1921년 9월 하버드 대학을 떠나 재차 독일 유학길에 올랐다. 이렇듯 천인추에는 일찌감치 일본과 구미 유학을 통해서 근대적 학술 방법론을 접하게 되고, 그것을 자연스럽게 수용했다.

천인추에는 1921년 하반기부터 독일 베를린 대학에서 공부했다. 그는 그곳에서 하인리히 뤼더스(Heinrich Lüders, 1869-1943)에게 산스크리트와 팔리어 그리고 고대 중앙아시아 문자를 배웠다.[28] 뤼더스는 중앙아시아에 출토된 산스크리트 잔편을 극도로 세밀하게 교정·편집한 데 크게 공헌한 인물이다.[29] 특히 그는 현재 중국 신장 지역에 해당하는 쿠처 부근에서 출토된 사본(寫本)을 이용

하인리히 뤼더스

해서 쿠마라랄타(Kumāralāta)의 『유만론』(喩鬘論, Kalpanāmaṇḍitikā) 단편 교정을 시도했다.[30] 일종의 사본 연구라고 할 수 있다. 쿠처는 중국 위진시대에는 구자국(龜玆國)이 있던 곳이다. 또한 빛나는 역경가 구마라집의 고향이기도 하다.

뤼더스는 1926년 독일어판 교정본을 『쿠마라랄타의 유만론 단편』(Bruchstücke der Kalpanāmaṇḍitikā des Kumāralāta)이란 이름으로 출간했다.[31] 천인추에는 뤼더스 외에 당시 베를린민족학박물관(Ethnologisches Museum Berlin)에 근무하고 있던 프리드리히 빌헬름 칼 뮐러(Friedrich Wilhelm Karl Müller, 1863-1961)에게서도 고전어를 배웠다. 지센린은 훗날 스승 천인추에가 독일 체류 기간 사용한 노트 60여 권을 학습 내용에 따라 다음과 같이 정리했다.

티베트문자 13권, 몽골문자 6권, 투르크·위구르문자 14권, 토하라문자 1권, 서하(西夏) 문자 2권, 만주문자 1권, 조선문자 1권, 중앙아시아 신장 2권, 카로슈티(Kharoṣṭhī) 문자 2권, 산스크리트·팔리문, 자이나교

10권, 마니교 1권, 힌디어문자 2권, 러시아문자 · 이란문자 1권, 히브리문자 1권, 산학 1권, 플라톤 1권, 아리스토텔레스 1권, 금병매 1권, 천태범본 1권, 불소행찬 1권.[32]

사실 천인추에가 학습한 언어의 종류는 상상을 초월한다. 인도와 중앙아시아 등을 포함한 실크로드 주변 지역의 고대 언어뿐만 아니라 티베트와 몽골 그리고 만주 고대 문자까지 학습했다. 심지어 당시 베를린 대학에 유학 중이던 조선인 이극로(李克魯, 1893-1978)에게 조선어를 배우기도 했다. 이극로는 1920년대 독일에서 유학했고, 이후 국내에서 국어학자로 활동한 인물이다.[33] 천인추에가 남긴 학습 노트의 분량으로 보면 천인추에가 티베트 문자와 투르크 · 위구르 문자, 그리고 몽골 문자를 학습하는 데 가장 많은 시간을 할애했음을 짐작할 수 있다. 천인추에는 1923년 독일에서 여동생에게 편지를 보내 티베트 대장경 구매를 부탁한다. 그는 여기서 티베트어 학습과 티베트어 문헌 연구가 갖는 의미에 대해 꽤 소상하게 밝힌다.

나는 지금 티베트어를 학습하는 데 무척 흥미를 갖고 있다. …… 만약 서양 언어학 방법론을 동원하여 중국어와 티베트어를 비교 연구한다면 청나라 건가학자(乾嘉學者)들보다 한층 나은 성과를 이룩할 수 있을 것이다. 하지만 이것은 내가 주로 의도하는 바가 아니다. 내가 주로 의도하는 바는 두 가지다. 첫째는 역사인데, 서장(西藏) 즉 토번(吐藩)으로 그것과 티베트어의 관계는 말할 것도 없다. 둘째는 불교인데, 대승경전은 인도에 극히 적고, 신장에서 출토된 것도 파편적이다.[34]

천인추에는 티베트 역사와 대승불교 연구를 위해서 티베트어 학습이 긴요함을 강조했다. 그는 이렇게 다양한 고대 언어에 기반을 두고 비교언어학 방법론을 동원하면 중국 전통의 문헌학자라고 할 수 있는 건가학자보다 훨씬 나은 성과를 낼 수 있을 거라고 확신한다. '건가학'(乾嘉學)은 청나라 건륭제(乾隆帝)와 가경제(嘉慶帝) 시대에 확립된 문헌학 전통을 가리킨다. 건가학은 청대 고증학 전체를 가리키기도 한다. 청말 학자들은 정도의 차이는 있지만 대부분 건가학의 세례를 받았다.

위 인용문에서 천인추에가 서양의 비교언어학 방법론을 자신의 방법론으로 적극 수용했음을 알 수 있다. 실제 천인추에가 훗날 보인 학술 여정은 그가 서구의 방법론을 보강한 20세기 건가학자임을 증명했다. 사실 그는 비교언어학 자체를 지향했다기보다는 역사 연구와 불교 연구에 비교언어학을 방법으로 동원했을 뿐이다. 천인추에는 같은 편지에서 실제 자신의 경험을 고백했다.

> 내가 우연히 『금강경』을 얻어 한 차례 대조·교감했다. 『금강경』 주석은 동진(東晉) 시대부터 청대(淸代) 위위에(兪樾, 1821-1907)까지 수 백 명이 행했지만, 거기서 보이는 오해 또한 헤아릴 수 없을 정도로 많다. 내 생각에 인도와 서역 출신 외국인을 제외하면, 중국인 가운데 동진 시대와 당대 승려들이 산스크리트에 능통했기 때문에 당연히 정확하게 이해할 수 있었다. 하지만 그 밖의 사람들은 대부분 [『금강경』을] 이해하지도 못하면서 함부로 견강부회한 것이라 말할 게 못 된다.[35]

오래된 한문 문헌이라고 해서 무조건 권위를 갖거나, 사실에 부합하는 건 분명 아니다. 천인추에는 고전 문헌에 오류가 있을 수 있음을 인정했다. 특히 불교 경론의 경우 역본(譯本)만 가지고 이해를 할 때, 실수를 남발할 수 있음을 강하게 지적했다. 그는 훗날 위위에(兪樾)의 불경 주석을 평가하면서 "곡원(曲園, 兪樾) 선생은 중국의 고문장구(古文章句)를 훈고하는 학술에 정통한 분이지만 중국어 범위에 구속되어 있기 때문에 이런 잘

못이 있었다. 시대가 사람을 가둔 것이기에 병통이라고 할 수 없다."[36]고 말한다. 위위에는 청말 대표적인 고증학자로 청말 최고의 고증학 교육기관인 항저우(杭州) 고경정사(故經精舍)에서 가르쳤다. 천인추에는 위위에의 한계를 통해서 중국 고전문헌학과 서구 불교문헌학이 나뉘는 지점을 분명히 보였다.

천인추에가 독일에서 학습하고 습득한 고대 언어 해독 수준이 어느 정도였는지 정확히 알 수는 없다. 하지만 그가 편지에서 "외국 문자로 작문을 할 수는 없었다."고 회고한 것에서 알 수 있듯, 완벽하게 장악하지는 못했음을 알 수 있다. 그래서 어떤 학자는 "천인추에의 외국어(고전어) 학습은 그 의도가 응용에 있었지 완벽함에 있지는 않았다."[37]고 평가하기도 한다. 하지만 그가 독일에서 정식으로 문헌학을 학습했고, 유럽의 불교문헌학을 온전히 경험했음은 분명하다. 천인추에가 중국 주변 지역의 고대 문자를 학습한 것은 훗날 그가 고대 불교사나 중국사를 연구할 때 엄청난 장점으로 작용했다.[38]

1925년 천인추에는 동년 칭화(淸華) 대학에 증설된 연구원부의 교수로 초빙됐다. 연구원부는 오늘날 대학원에 해당한다고 할 수 있다. 이 연구원부는 흔히 '국학연구원'으로 불렸고, 량치차오(梁啓超), 왕궈웨이(王國維), 우미(吳宓), 자오위안런(趙元任)[39] 같은 쟁쟁한 학자들이 근무했다. 연구원 설립을 주도한 우미는 "신시대와 구시대가 교차하는 현 시기에 서방 문화에 대해 깊은 연구가 있고 나서야 적절한 부분을 선택하고 융화하는 게 가능하다. 그리고 중국 고유문화에 대한 철저한 이해가 필요하다."[40]고 설립 취지를 밝힌다. 국학연구원은 결코 전통을 묵수하지 않았고 근대 혹은 서구의 장점을 기꺼이 받아들였다. 천인추에는 국학연구원에서 그간 자신이 학습한 서구 문헌학을 학생들에게 훈련시키고자 했다. 그는 언어학 방법론을 동원한 역사 연구와 불교 연구를 강의했다. 중앙아시아 고대 비문 연구나 몽골·만주 문헌 및 비문 연구, 불교 경전의 여러 역본 비교 연구

등이다.[41]

1927년 천인추에는 그간 불교문헌학 훈련으로 학습한 방법론을 동원하여 연구 성과를 발표하기 시작했다. 그의 불교 연구는 크게 불교문헌 연구와 불교사 연구로 구분할 수 있다. 철학적인 연구나 교리 연구로는 진입하지 않았다. 천인추에는 스승 뤼더스의 『쿠마라랄타의 유만론 단편』에 대한 간략한 평가와 『유만론』의 논주(論主)와 논명(論名) 등의 문제에 대한 자신의 견해를 실어 「쿠마라랄타 유만론 잔본 해설」(童受喩鬘論梵文殘本跋, 1927)을 발표했다.[42] 이후 「『대승의장』서후」(大乘義章書後, 1930), 「스타인(Stien)의 하라호트(Khara Khoto) 발굴 서하문 『대반야경』에 대한 고찰」(1932), 「서하문 『불모대공작명왕경』 서하어·산스크리트·티베트어·한문 통합 교석 서문」(1932) 등 불교문헌학 연구 성과를 발표했다.

천인추에는 「『대승의장』서후」에서 천태종의 건설자 천태 지의(智顗)가 산스크리트 이해가 없었기 때문에 범한 실수를 언급했다. 사실 전통적인 불교연구에서 고승의 실수를 지적하기란 쉽지 않았다. 왜냐하면 불교를 순수하게 학(學)의 대상으로만 취급할 수 없었기 때문이다. 하지만 근대라는 공간에서는 불교도 순전히 학의 대상이 될 수 있었다. 지의는 『묘법연화경현의』(妙法蓮華經玄義) 권1하에서 '사실단(四悉檀)'을 해설하면서, 실단(悉檀)의 실(悉)과 단(檀)을 쪼개 실(悉)은 중국어 편재(遍在)의 의미이고, 단(檀)은 산스크리트로 보시(布施)의 의미라고 해석했다. 그는 이렇게 중국어와 산스크리트가 결합된 사례로 스승 남악 혜사가 지적한 대열반을 거론한다.[43] 이에 대해 천인추에는 수대(隋代) 정영사 혜원이 『대승의장』(大乘義章) 권2 「사실단의사문분별」(四悉檀義四門分別)에서 '실단'은 외국어라고 한 구절을 인용하면서 '실단'이란 말을 다시 분석한다.

내가 보건대, 실단(悉檀)은 산스크리트 시단타(siddhānta)의 음역인데, 『능가경』 주석의 내용이 바로 이것이다. 그 글자는 어근 시디(sidh)에서 나왔다. 베푼다는 의미의 '단(檀)'은 다나(dāna)의 음역이다. 이 글자는 어근 다(dā)에서 나왔다. 시단타(siddhānta)와 다나(dāna) 두 단어는 전혀 상관없는 말인데, 중국어 번역자가 우연히 동일한 '단(檀)'자로 음역한 것에서 지자대사가 오해하였다.[44]

중국불교사에서 지의만 이런 실수를 범한 것은 아니다. 산스크리트에서 음역한 것에 대해 각 글자를 중국식으로 의미 풀이한 예도 많다. 또는 『대방광원각수다라요의경』(大方廣圓覺修多羅了義經)처럼 수다라(修多羅, sūtra)와 경(經, sūtra)이 같은 의미인데도 동일 경명 내에 함께 등장하는 위경도 존재했다. 천인추에는 고대 중국인이 이런 어이없는 실수를 범한 것도 산스크리트 등 한역 불전의 원전 언어에 대한 이해가 부족했기 때문이라고 생각했다. 실제 중국불교사에서 이런 식의 오류는 비일비재하다. 한자로 된 경전 제목이나 술어를 한 글자 씩 해석하여 과장되게 의미 부여하는 경우도 많았다. 어떤 경우 음역한 술어를 풀어헤치기도 했다. 비유하자면 '라디오'라는 말에 대해 '라'자는 무엇이고 '디'자는 무엇이고 '오'자는 무엇이라는 식의 해석이다. 이는 해당 술어가 외국어라는 감각이 부족해서 범한 오류이다.

천인추에는 1943년 발표한 「지민도학설고」(支愍度學說考)에서 위진시대 활동한 6가7종의 반야가(般若家) 가운데 한 유파인 심무종(心無宗)을 분석한다. 천인추에는 『도행반야경』(道行般若經)의 '유심무심'[45]에 주목하면서 "심무 두 글자의 정확한 해석은 과연 어떠할까? 비교방법론으로 그것을 확정해 보자."[46]고 말한다. 이때 비교방법론은 『도행반야경』의 해당 구절을 다양한 동본 이역본에서 확인하여 그것이 원래 어떤 의미였는지 추적하는 방식이다. 『도행반야경』은 『팔천송반야경』(Aṣṭasāhasrikā prajñāpāramitā)의 한역이다. 『팔천송반야경』은 중국에서 여러 차례 번역됐다. 천인추에는 『도행반야경』의 구절을 한역 5본, 티베트역본 『팔천송반야바라밀다경』,

산스크리트본『팔천송반야경』과 비교한다. 3종 언어 8종 판본을 상호 비교해 가면서 '심무'의 원 의미를 추적했다. 그는 결론적으로 말한다.

산스크리트본과 한역본, 티베트역본에 근거하면『도행반야바라밀경』「도행품」의 '유심무심(有心無心)' 구절은 바로 산스크리트본의 cittam acittam임을 알 수 있다. 심(心)은 곧 cittam이고, 무심(無心)은 acittam이다. '무심' 두 글자는 여러 한역본 가운데『도행반야바라밀경』과『마하반야바라밀경』을 제외하고 나머지 역본에서는 모두 비의(非意) 혹은 비심(非心)으로 번역했다. 그래서 '무심'의 '무'자는 응당 아래 '심'와 연결된 것이지 위의 '심'자에 속하지 않는다. '무심'은 하나의 명사가 되지만 '심무'는 하나의 명사가 되지 않는다.[47]

천인추에는 '유심무심'에 해당하는 산스크리트 '치탐(cittam) 아치탐(acittam)'을 분석한다. 여기서 치탐(cittam)은 치타(citta)의 대격(對格, accusative)으로, 치타(citta)는 마음(mind), 혹은 사고(thought) 등으로 번역되는 말이다. 아치탐(acittam)은 아치타(acitta)의 대격으로, 아치타(acitta)는 치타(citta)에 부정 접두사 아(a)가 붙은 것이다. 그래서 '치탐(cittam) 아치탐(acittam)'은 한자로 '심(心)과 무심(無心)'으로 번역할 수 있다. 여기서도 둘이 분리되어 있음을 알 수 있다. 또한 천인추에는 여러 역본에서 이 '아치탐'을 비의(非意) 혹은 비심(非心)으로 번역했음을 확인하고『도행반야경』의 '유심무심'에서 무심은 비심임을 확신한다. 그는 "심무의를 주장하는 사람은 번역 문장을 오해하여 정확한 독해를 상실하고는 "有'心'無'心'"이라고 생각하고 이내 그 의미를 연역해서 심무의를 수립한 게 아닐까?"[48] 추측한다.

고증학 방법론과 역사문헌학

　중국 근대학술에 큰 획을 그은 후스(胡適), 천인추에(陳寅恪), 탕융퉁(湯用彤) 같은 인물은 유럽과 미국 등지에서 근대적인 학술 방법론을 훈련받은 학자이다. 그들은 귀국 후 문학, 철학, 역사 등 다양한 분야에서 중국 학술계를 이끌었다. 또한 근대 시기 중국 지식인 사회에서는 서양 유학파보다 더 많은 일본 유학파가 활동했고, 그들은 일본 학계가 선별하고 개량한 근대 지식을 중국에 소개했다. 이처럼 근대 지식으로 무장한 유학파 지식인은 여러 영역에서 거대한 중국 사회를 밀고 갔다. 하지만 다분히 전통적인 방법론에 기반을 두고 학술 연구를 진행한 인물도 있었다. 역사 연구에 한정한다면 천위안(陳垣, 1880-1971)이 대표적 인물이다. 천위안은 종교사 연구와 역사문헌학 연구 분야에서 큰 성과를 냈다. 그의 불교사 연구도 이 두 영역에 포함된다.

천위안

　천위안은 중국 남부 광둥(廣東) 출신으로 어린 시절 전통적인 교육을 받았다. 중화민국이 건립된 1912년 그는 국회의원에 당선되어 1913년부터 베이징에 거주했다. 그는 오래지 않아 『사고전서』(四庫全書) 읽기를 시작했고, 이후 대략 10여 년 동안 계속했다. 이 시기 천위안은 마샹보(馬相伯, 1840-1939)나 잉롄즈(英斂之, 1867-1926) 같은 베이징의 저명한 가톨릭 인사와 교류했다. 마샹보는 1905년 상하이에 푸단(復旦) 공학(公學)을 설립하는 등 교육자로 그리고 계몽가로 활동했다. 푸단 공학은 현재 상하이 푸단 대학의 전신이다. 잉롄즈는 1925년 베이징에 일종의 가톨릭 대학인 공교대학(公教大學)을 설립했다. 이 대학은 1927년 로마 교황청의 지원을 받아 푸런 대학(輔仁大學, Fu Jen Catholic University)으로 전환했다. 푸런 대학은 현재도 타이완에서 대표적인 사립대학으로 지속되고 있다.

천위안은 두 사람의 영향 아래 『중국기독교사』를 저술하고자 했다.[49] 이런 의도를 갖고 계속 『사고전서』 등 고전 문헌을 읽었다. 그 결과 1918년 논문 「원대 에리크온 연구」(元也里可溫考)를 『동방잡지』(東方雜誌)에 발표했다. 그는 글머리에서 저술 의도를 밝힌다.

이 글은 한문 사료로써 원대 기독교의 상황을 증명하는 데 목적이 있다. 먼저 『원사』(元史)에 등장하는 에리크온이 기독교임을 확정하고 그것과 관련된 사료를 수집하고 분류하여 설명함으로써 원대 기독교사 연구의 참고 자료로 삼고자 했다.[50]

'에리크온'은 『원사』에 등장하는 표현으로, 원대 당시 기독교인을 의미하는 아라비아어 레카비움(Rekhabiun)의 몽골어 음역인 에리카운(Erekhawiun)을 한문으로 음사(音寫)한 것이다.[51] 천위안은 이 논문에서 바로 이 사실을 밝혀냈고, 단번에 학계에 주목을 받는다. 이 논문은 그야말로 그의 출세작이라고 할 수 있다. 천위안은 이후 고대 중국의 외래 종교와 관련한 일련의 연구를 발표했다. 그의 주요한 종교사 연구 성과는 다음과 같다.

1920년 천위안은 『동방잡지』에 「카이펑 일사락업교 연구」(開封一賜樂業教考)를 발표했다. 허난(河南)의 유서 깊은 도시 카이펑(開封)은 중국 북송(北宋)의 수도였다. '일사락업(一賜樂業)'은 이스라엘(Israel)의 고대 중국어 발음 표기다. 현재 중국어 발음으로는 '이츠러예(yī cì lè yè)'이지만 한자 '사(賜)'의 발음은 고대에는 아마도 '츠(ci)'가 아니라 '스(shi)'나 '쓰(si)'에 가까웠을 것이다. 일사락업교는 이스라엘교로 이스라엘 민족의 종교인 유대교를 가리킨다. 이 논문은 명대와 청대 조성된 비문(碑文)을 통해서 유대인이 중국 역사에 어느 시기부터 등장하고 언제부터 카이펑에서 생활했는지 분석했다. 금석학이라는 방법론에 기반을 두고 종교사를 연구한 것이다.

1923년 천위안은 베이징 대학에서 발행한 『국학계간』(國學季刊)에 「배화교 중국 전래 연구」(火祆敎入中國考)를 발표했다. 배화교는 고대 페르시아에서 탄생한 조로아스터교를 말한다. 천위안은 이 글에서 중국의 다양한 고전 문헌을 동원하여 배화교의 기원과 그것의 중국 전래 그리고 당시 명칭, 남북조 시기와 당대의 관련 자료를 소개했다. 1924년에는 『국학계간』에 「마니교 중국전래 연구」(摩尼敎入中國考)를 발표했다. 마니교도 조로아스터교처럼 페르시아에서 발생해 중앙아시아 전역에 전파되고 이후 중국에까지 전래됐다. 이 글에서도 마니교의 기원과 그것의 중국 전래와 발전 과정을 다양한 고전 문헌을 통해서 추적했다.

1927년 천위안은 베이징 대학에서 '회회교 중국 전래 원류(回回敎進中國的源流)'란 제목으로 강연을 행했는데, 그 강연 내용을 기록하고 수정하여 그해 베이징 대학에서 간행된 『베이징대학연구소국학문월간』(北京大學硏究所國學門月刊)에 실었고, 이듬해 『동방잡지』에 「회회교 중국 전래 약설」(回回敎入中國史略)로 제명을 고쳐 실었다.[52] 근대 이전 중국의 주류 학계에서 조로아스터교나 마니교 또는 회회교를 다룬다는 것은 상상할 수 없는 일이었다. 이들 종교는 그야말로 주변부이자 소수자였다. 이런 점을 고려하면 천위안이 고대 중국의 외래 종교에 대해 보인 관심은 특이할 정도다.

물론 천위안이 종교사 연구에 탁월한 성과를 보일 수 있었던 것은 단순히 외래 종교에 대한 관심 때문만은 아니다. 어린 시절부터 시작한 전통 문헌학 훈련과 『사고전서』와 같은 방대한 양의 총서 읽기가 사실은 중요한 바탕이었다. 그는 전문적으로 역사문헌학 분야의 성과를 발표하기도 했다. '역사문헌학'이라는 말은 '역사적 사실의 고증'이라는 목표를 두고 진행하는 문헌학 작업을 말한다. 역사문헌학에는 교감학(校勘學), 목록학(目錄學), 판본학(板本學), 연대학(年代學), 사휘학(史諱學), 변위학(辨僞

學), 금석학(金石學) 등이 포함된다. 청대 고증학의 역사학 전통과 많은 부분 겹친다. 이런 방법론은 이후 천위안의 불교사 연구에까지 그대로 진입했다.

천위안은 1930년대 교감학과 피휘학 등 전통적인 학술 방법론 분야에서 특별한 성과를 올렸다. 1928년 그는 옌징 대학에서 간행한 『연경학보』(燕京學報)에 『사휘거례』(史諱擧例)를 발표했다. '사휘거례'란 '역사 문헌[史]에 등장하는 피휘[諱]의 용례[例]를 제시한다[擧]'는 의미다. 이는 청대 고증학의 일부인 피휘학(避諱學)의 중요한 성과였다. 천위안은 『사휘거례』「서문」에서 "피휘를 연구해서 교감학이나 고고학에 응용하는 것을 피휘학이라고 한다."[53]고 말한다. '피휘'는 성현이나 제왕같이 권위 있는 사람들의 이름[諱]을 직접 표기하는 것을 피하고[避] 다른 방식을 동원해 그것을 표시하는 것을 말한다. 한자 '휘(諱)' 자체가 '피하다'는 의미를 갖기도 한다. "신해혁명 이전 사람들은 피휘를 하기 위해 성명(姓名), 관명(官名), 지명(地名), 서명(書名), 연호(年號) 그리고 심지어 경전의 글자까지 고쳤다."[54] 그래서 피휘를 모르고 보이는 글자대로 해석한다면 엄청난 실수를 범하고 만다.

천위안의 교감학 연구 성과는 그의 원대사(元代史) 연구와 관련된다. 천위안은 원대사 연구 과정에서 『원전장』(元典章)의 중요성과 유통본 『원전장』의 문제점을 함께 인식했다. 『원전장』은 정식 명칭이 『대원성정국조전장』(大元聖政國朝典章)으로 원조(元朝)의 전장제도(典章制度)를 소상히 기재한 문헌이다. 1931년 천위안은 『심각원전장교보』(沈刻元典章校補)를 간행했다. 천위안이 저본으로 사용한 『원전장』 판본은 청말 학자 심가본(沈家本, 1840-1913)이 발문을 쓴 판각본이다. 이른바 『심각원전장』(沈刻元典章)이다. 천위안은 이를 저

『심각원전장교보』

본으로 베이징 자금성에서 발견된『원전장』판본과 당시 유통된 필사본 등을 대교본으로 사용하여 교감을 행해, 잘못된 곳을 바로잡고[校] 빠진 곳은 보충했다[補]. 후스는 천위안의 교감작업에 대해서「교감학방법론」에서 다음과 같이 평가한다.

> 우리는 천위안 선생이 행한『원전장』(元典章) 교감이라는 이 엄청난 작업의 완성을 경하합니다. 왜냐하면 우리는 그의 이 작업이 전통적[土法] 교감의 최대 성공이자 또한 새로운 중국 교감학의 최대 성공임을 인정하기 때문입니다.[55]

후스는 천위안의『원전장』교감이 전통과 근대를 결합한 작업이라고 찬탄했다. 천위안은『원전장』교감 이후 그 성과를 바탕으로『원전장교보석례』(元典章校補釋例)를 간행했다. 이 책은 이후 주로『교감학석례』(校勘學釋例)라는 이름으로 유통됐다. "『교감학석례』는 천위안이 교감학 강의에 대한 수요를 충족시키기 위해서『원전장교보』에 수록된 일만 이천 군데 오류 가운데 십분의 일을 뽑아 교감의 사례로 삼고 그 기초 위에 교감학 이론과 교감학 방법론을 귀납시켜 편집했다."[56] 천위안은『원전장』교감의 다양한 사례를 유형화하여 그것을 이론화하고 방법론으로 정리했다. 그는 이 책에서 대교법(對校法), 본교법(本校法), 타교법(他校法), 이교법(理校法) 등 이른바 '교감사법(校勘四法)'을 제시했다.(본서 3장 1절 참조)

천위안의 불교사 연구는 그의 학술 생애와 함께 시작했다고 할 수 있다. 그는 기독교사 연구 과정에서 적지 않은 불교 문헌을 동원했다. 여러 문헌에서 기독교와 불교의 교류와 경쟁을 확인하기도 했다. 1917년 일본에서『대일본교정대장경』(大日本校訂大藏經)을 구매해서 돌아왔다. 불교연구의 직접적인 계기가 될 만한 사건이었다.[57] 이듬해인 1918년 천위안은 유명한 불교거사 예공줘(葉恭綽) 등과 산시(山西) 다퉁(大同)의 윈강(雲岡) 석굴과 주변 북위(北魏) 사원을 답사했다. 이듬해인 1919년 「다퉁 무주산 석굴사원 기록」(記大同武州山石窟寺)을 『동방잡지』에 발표했다. 그는 이 글에서 『위서』(魏書)와 같은 중국 정사(正史) 기록, 『속고승전』 같은 승전류 문헌, 『대당내전록』 같은 경록류 문헌, 『산서통지』(山西通志)나 『삭평부지』(朔平府志)같은 지방지(地方志) 등 다양한 고전에서 관련된 내용을 뽑아 실었다.[58]

천위안의 불교사 연구는 크게는 문헌 연구와 역사 연구로 구분된다. 그의 불교 관련 저작 가운데 『돈황겁여록』(1931)과 『중국불교사적개론』(1942)은 목록학(目錄學)에 해당하는 연구이고, 『석씨의년록』(1938)은 연대학(年代學)에 해당하는 연구이다. 이들 연구는 모두 역사문헌학 범주에 든다고 할 수 있다. 이와 달리 『명말 윈난·구이저우 지역 불교 연구』(1940)와 『청초 승쟁기』(1941)는 순수하게 불교사 연구라고 할 수 있다. 하지만 불교사 연구라고 해도 자료를 동원하고 정리·분류하는 측면에서는 역사문헌학의 방법론이 여전히 적용됐다.

1931년 천위안은 『돈황겁여록』(燉煌劫餘錄)을 당시 국립 중앙연구원 산하 역사언어연구소에서 간행했다. 서명에서 '겁여'라는 말은 '강탈당하고[劫] 겨우 남았다[餘]'는 의미이다. 당시 베이징도서관이 소장한 돈황 문서는 서방과 일본의 서역 원정대가 돈황에서 발견자로부터 헐값에 구매해 가고 남은 문헌이었다. 실제 총칼로 그것을 강탈한 것은 아니지만 천위안은 그것이 강탈이나 다름없다고 생각했다. 그래서 '돈황겁여록'이라는 이름을 사용했다. 돈황 문헌은 상당수가 단편으로 존재하고, 결락이나 파손이 많아 서명, 저자, 역자, 편자, 간행 시기 등을 확정하기 힘들었다. 이런 상황에서 천위안은 8,679건의 돈황 문서를 정리하였다. 『돈황겁여록』은 전통적인 목록학을 계승했을 뿐만 아니라 서양의 목록 색인과 같은 방식도 수용했다.[59] 『돈황겁여록』은 완전히 불교 관련 저작은 아니지만 실린 문헌은 대다수가 불전이었다.

『석씨의년록』

1938년 천위안은 『석씨의년록』(釋氏疑年錄)을 완성했고, 이듬해인 1939년 『여운서옥총각』(勵耘書屋叢刻) 제2집 제4권으로 간행됐다. '여운서옥'은 천위안의 서재 이름이었다. 『석씨의년록』은 전통 학술 분류에 따르면 연대학 범주에 든다고 할 수 있다. 여기서 '석씨'는 승려를 가리킨다. 고대에 활동한 승려의 생몰년은 문헌마다 상이한 경우가 많다. 또한 동명이인(同名異人)도 많다. 연령을 법납(法臘)으로 표기한 경우도 있고, 실제 연령으로 표기한 경우도 있다. 인물의 생몰년이나 활동기간을 확정하지 못하면 어떤 역사적 사실도 확정하기 힘들어진다. 천위안은 이 책에 서진(西晉)대부터 청초까지 활동한 승려 2,800여 명을 수록했다. 그리고 그들의 생몰년을 『고승전』, 『출삼장기집』, 『개원석교록』 등 다양한 자료를 근거로 해서 고증했다. 이런 작업은 연대학(年代學)이기도 하고 변위학(辨僞學)이기도 한다.

천위안은 1942년 『중국불교사적개론』(中國佛敎史籍槪論)을 간행했다. 이는 불교분야에서 역사문헌학의 전형을 보인 작품이다. 그는 이 책에서 『출삼장기집』, 『고승전』, 『홍명집』 등 중국불교사를 이해하는 데 필수적인 전적(典籍) 35종을 개괄적으로 소개했다. 이 책은 목록학과 판본학 등 역사문헌학 전반에 걸치는 작업이라고 할 수 있다. 천위안은 서문격인 「연기」(緣起)에서 다음과 같이 말한다.

이 책은 육조 이래 역사학이 반드시 참고해야 할 불교사 전적을 그것의 대의에 따라 분류해서 역사학 연구의 보조로 삼고자 한다. 감히 불교사라고 말하지는 못하겠다. …… 중국 불교사 전적의 범위는 대략 『열장지진』(閱藏知津)에 의거해서 중국에서 찬술된 목록(目錄), 전기(傳記), 호교(護敎), 찬집(纂集), 음의(音義) 등 각 유형을 찬술 시대에 따라 배열하고,

매 전적의 명목(名目), 약명(略名), 이명(異名), 권수이동(卷數異同), 판본 원류(板本原流), 찬인약력(撰人略歷), 내용체제(內容體制) 그리고 역사학과 관련점 등을 조목별로 거론했다.[60]

천위안은『중국불교사적개론』의 편제는 명대 고승 지욱(智旭)이 1635년 부터 1654년까지 20여 년에 걸쳐 편집한『열장지진』에 근거했다고 말한다. '열장지진'은 '『대장경』[藏]을 열독[閱]하는데 그 길[津]을 알게 한다[知]'는 의미다. 지욱은『열장지진』서문에서 "감히 허공을 깨뜨리지는 못하겠지만 이것에 의지해서 방위를 판단할 수는 있을 것"[61]이라고 말했다. 사실 천위안의 불교사 연구는 순수하게 불교 연구라고 할 수는 없다. 그는 크게 중국사 연구의 일환으로 불교사 연구를 행했다. 그렇다고 가톨릭교도로서 자신의 종교적 신념이나 지향이 자신의 연구에 투영되지는 않았다. 그리고 그가 불교사 관련 전적을 분류하고 그것을 정리하는 방식은 전형적인 문헌학 방법이다. 하지만 수록된 각 저작을 설명하면서 '역사학에서 본서의 활용'[本書在史學上之利用] 항목을 두는 데서 알 수 있듯 근대적인 방법론을 결합시켰다.

이상 연구 성과가 역사문헌학 방면의 저작이었다면 천위안이 1940년 『푸런대학총서』(輔仁大學叢書) 제6권으로 간행한『명말 윈난·구이저우 불교 연구』(明季滇黔佛教考)는 전형적인 역사 연구 성과였다. 천위안은 일찍이 명말청초 윈난[滇]과 구이저우[黔] 지역에서 불교가 부흥한 것에 주목했다. 명말청초 시기 윈난(雲南)과 구이저우(貴州)는 대단히 궁벽한 곳이었다. 이 지역에서 불교가 부흥한 것은 의외였다. 천위안은 세 가지 원인을 제시했다. 간략히 요약하면 다음과 같다. "첫째, 중국 동남지역 불교 부흥의 영향이다. 둘째, 이 지역 승려들의 개척 정신이다. 셋째, 명말 정치 혼란과 유민(遺民)의 유입이다."[62]

이런 분석을 통해서 천위안은 "명말 윈난과 구이저우 지역 불교와 당시 사회·정치의 관계, 저명한 불교 인물과 사원 생활 및 불교가 두 지역 문화 발전에 끼친 영향을 전면적으로 보여주었다."[63] 이 책 서문을 쓴 천인추에는 천위안이 동원한 방대한 자료에 대해 놀라움을 금치 못한다.

> 천위안 선생은 선후로 발표한 마니교와 불교 관련 연구물은 중국 국내외 학자들 모두 정독하고 선생을 추앙하고 흠모했다. 지금 다시 선생이 저술한 『명말 윈난·구이저우 불교 연구』를 멀리 있는 내게 보내와 일독하게 하고 더불어 한 마디를 부탁하셨다. 나는 자못 불전 읽기를 좋아하고 또한 윈난 지역을 여행한 적도 있다. 하지만 천위안 선생이 이 책에서 인용한 자료는 열에 일곱 여덟은 내가 보지도 못한 것들이다.[64]

천인추에는 비교언어학을 통해서 특정한 개념을 미세하게 분석하고 그것의 본 의미를 추적했다. 이에 비해 천위안은 특정한 사실이나 주제에 대해 대단히 다양한 사료를 동원하여 사방에서 포위해가는 방식이었다. 천위안의 역사학 방법론을 평가하는 현대 중국학자들은 이를 '연못을 말려서 고기를 잡는'[竭澤而漁] 방식이라고 묘사한다. 관련된 자료를 남김없이 섭렵하고 동원하여 빠져나갈 틈이 없이 사실을 고증했기 때문이다.

천위안이 『명말 윈난·구이저우 불교 연구』에서 동원한 자료는 "불가의 어록(語錄), 금석비문, 지방사지, 명대의 정사(正史), 명대 실록(實錄), 문인 필기(筆記), 학자들의 문집, 문학 작품[詩詞歌賦], 청초 천주교 사료 등"[65]이다. 기존 역사학자들은 주로 사서(史書)를 자료로 동원했지만, 천위안은 그것은 물론이고 개인 문집이나 문학 작품도 역사 문헌으로 간주했다. 그랬기 때문에 훨씬 정교하고 풍부하게 역사를 이해하고 연구할 수 있었다.

1941년 천위안은 『청초승쟁기』(淸初僧諍記)를 푸런 대학에서 간행한 『푸런학지』(輔仁學志)에 실었다. 이 책은 천위안의 『가흥대장경』 읽기의 결과물이기도 하다. 『가흥장』에는 명말청초 활동한 승려들의 어록과 관련 자료가 상당히 수록되어 있었다. 천위안은 이런 자료를 동원하여 명말부터 청대 강희제 때까지 저장(浙江)과 장쑤(江蘇) 등 중국 동남지역 승려 사회에 발생한 논쟁을 분석했다. 당시 주요한 선종 분파인 임제종과 조동종 사이에 발생한 논쟁이나 천동파(天童派) 내부의 논쟁 그리고 신구 세력 간의 논쟁을 불교 사서와 금석문, 시문 등을 동원하여 분석했다. 당시 명조와 청조가 교체되는 시기였고, 불교계 내에서도 청조를 받아들이느냐 마느냐 문제로 논쟁이 있었다. 이렇게 천위안은 불교사의 한 주제로 전체 중국사 문제에 접근하고자 했다. 그의 종교사 연구 방식이었다.

3부

불교철학의 출현과 교리논쟁

9장

윤리학과 심식본체론

옌푸의 『천연론』과 윤리학

근대 중국에서 불교는 전통 학술이기도 했지만, 새로운 학문 전통이기도 했다. 당시 서구에서 전래한 철학은 불교와 결합하여 새로운 불교철학을 잉태했다. 불교철학을 시도한 사람은 주로 불교의 유심주의 전통에 주목했다. 탄쓰퉁(譚嗣同), 량치차오(梁啓超), 장타이옌(章太炎), 량수밍(梁漱溟) 등이 대표적이다. 그들의 불교 사유를 개념적으로 보면 심식론(心識論)이라고 할 수도 있다. 심

옌푸

성(心性)과 의식(意識)을 중심으로 자신의 이론을 구성했기 때문이다. 이와 달리 불교를 윤리학과 불가지론으로 이해한 경우도 있다. 이는 옌푸(嚴復, 1854-1921)가 『천연론』(天演論, 1898)에서 보인 경향이다. 그는 불교의 업설(業說)을 일종의 윤리학으로 소개하고, 열반 개념을 불가지론으로 묘사했다.

옌푸는 1877년부터 1879년까지 '영국 왕립 그리니치 해군대학(The Royal Naval Academy)'에서 유학했다.[1] 귀국 후 번역가로서 정치학, 사회학, 논리

『천연론』

THE ROMANES LECTURE
1893

Evolution and Ethics

THOMAS H. HUXLEY, F.R.S.

IN THE SHELDONIAN THEATRE, MAY 18, 1893

London
MACMILLAN AND CO.
AND NEW YORK
1893

『진화와 윤리』

학 등 근대 유럽의 주요한 학문을 소개했다. 그의 번역 가운데『천연론』(天演論, 1898)의 영향이 가장 컸다.『천연론』은 영국의 의사이자 고생물 학자인 토마스 헨리 헉슬리(Thomas Henry Huxlery, 1825-1895)가 쓴『진화와 윤리』(*Evolution and Ethics*, 1894)를 번역한 것이다. 옌푸는 영어 에볼루션(evolution)을 '천연(天演)'으로 번역했다. 천연은 '자연계[天]의 진화[演]'를 말한다. 대단히 우아한 번역이라고 할 수 있다.

『천연론』은 도론과 본론으로 이루어졌는데, 본론 17개 장 가운데 붓다[佛釋], 카르마[種業], 윤회[冥往], 진실과 환영[眞幻], 불법(佛法) 등 다섯 개 장에서 불교에 대해 집중적으로 논의한다. 옌푸가 불교에 심취한 것일까? 아니다.『천연론』의 원서인『진화와 윤리』에서부터 아주 적극적으로 불교를 끌어들인다. 헉슬리가 동원한 불교 지식은 영국 빅토리아 시대 이룩한 불교학의 성과라고 할 수 있다. 오랜 인도 식민지 경영과 지식인들의 동방에 대한 관심이 불교 연구를 견인했고, 이른바 '빅토리안 부디즘(Victorian Buddhism)'을 내놓았다.[2] 19세기 후반 빅토리안 부디즘의 대표적인 인물은 리스 데이비즈(Thomas William Rhys Davids, 1843-1922)였다. 헉슬리는『진화와 윤리』에서 자신의 고급한 불교 지식이 어디서 연원했는지 밝혔다.

내가 인도철학에 관해서 강연했던 내용은, 리스 데이비즈가 저명한『인도 불교사에서 몇 가지 관점으로 묘사한 종교의 기원과 발전에 대한 히버트 강연』(1881)[3]과『불교: 고타마 붓다의 삶과 가르침에 대한 소묘』[4](1890)

에서 원시불교와 초기 힌두사상의 관련성에 대해 명쾌하게 해설한 부분에 크게 빚을 지고 있다. 주석에서 그의 글을 자유롭게 인용한 데 대해 내가 할 수 있는 유일한 해명은 고마운 마음을 확실하게 드러내는 일이다. 또 올덴베르크 박사의 『붓다: 그의 삶과 가르침 그리고 교단』[5](제2판, 1890)에서도 많은 도움을 받았다.[6]

리스 데이비즈는 1881년 '팔리성전협회(Pali Text Society)' 창립을 지도했을 정도로 초기불교 연구의 권위자였다.(본서 1장 참조) 위 인용문에서 말한 『인도불교사에서 몇 가지 관점으로 묘사한 종교의 기원과 발전에 대한 히버트 강연』은 그가 1881년 옥스퍼드 대학에서 진행된 권위 있는 '히버트 강좌(The Hibbert lectures)'에서 행한 강연 원고를 출판한 것이다. 그리고 헉슬리는 독일 인도학자

리스 데이비즈

헤르만 올덴베르크(Hermann Oldenberg, 1854-1920)의 열반 이해에 도움을 받았다. 올덴베르크는 리스 데이비즈와 함께 팔리 율장을 번역하기도 하고, 막스 뮐러(Max Müller)가 편집한 『동방성서』(Sacred Books of the East) 시리즈에 참여하기도 했다.[7] 진화론자인 헉슬리가 굳이 불교의 논의를 강하게 끌어온 이유는 진화론에 윤리학이라는 옷을 입히고자 해서다.

헉슬리는 '다윈의 불독(Darwin's Bulldog)'으로 불릴 정도로 적극적으로 다윈 진화론을 지지한 인물이다. 하지만 사회의 진보에는 생물진화론의 원리를 그대로 적용할 수 없다고 생각했다. 오히려 거기에 윤리가 필요함을 역설했다. 헉슬리와 비슷한 시기 활동한 영국 철학자 허버트 스펜서(Herbert Spencer, 1820-1903)는 사회의 진보는 어떤 개입이 없더라도 최선의 결과에 도달할 것이라고 주장했다. "스펜서는 다윈의 자연도태의 원리를 사회에 적용시키기 시작했고, 1864년 『생물학의 원리』(Principle of

Biology)에서 다윈의 자연도태(natural selection)에 대한 동의어로 적자생존 (survival of the fittest)이라는 용어를 만들어 냈다."[8] 헉슬리는 스펜서와 전혀 달랐다.

헉슬리는 『진화와 윤리』에서 다음과 같이 말한다. "'사회적 진보(social progress)'란 매 단계마다 존재하는 '우주 과정(cosmic process)'을 억제하여 이른바 '윤리 과정(ethical process)'으로 대체하는 것을 의미합니다. 윤리 과 정의 목표는 주어진 환경에 가장 잘 적응하는 사람들이 아니라 윤리적으 로 가장 훌륭한 사람들의 생존입니다."[9] 헉슬리가 말하는 '우주의 진화'는 본능이나 욕망에 의해 진행되는 자연 상태를 말한다. 만약 인간 사회를 자 연 상태로 그대로 방치한다면 고해(苦海)의 세계가 될 게 분명했다.

『진화와 윤리』에서 헉슬리는 인도철학과 불교를 크게 두 갈래로 이해했 다. 첫째, 윤리학으로서 카르마(karma) 이론이다. 둘째, 욕망 극복의 이론 배경으로서 비실체론이다. 윤리학으로서 카르마 이론은 주류 인도철학과 불교가 함께 지지하는 주요 교설이다. 헉슬리가 이해한 카르마 이론은 당 시 초기불교 연구 성과에 크게 힘입었다.

> 인도 철학자들은 카르마는 각 생에서 단지 혈통의 집합뿐만 아니라 자 신의 행위에 의해서도 변형된다고 주장했다. …… 조건 특히 '자기 수행 (self-discipline)'이 카르마에 영향을 끼친다는 신념은 인과응보설의 필수 전제일뿐더러 끝없는 생사윤회에서 벗어나는 유일한 길임을 보여주었 다.[10]

헉슬리는 카르마를 단순히 주어진 운명 정도로 해석하지 않고, 그것 을 극복하는 방법으로 이해했다는 점에서 카르마에 대한 정교한 이해라 고 할 수 있다. 예전 자신의 행위에 의해 현재 내 운명은 규정되지만 현재 나의 의지와 행위에 의해 이 운명은 재조정된다. 단순히 선험적으로 주어진 혹은 자연 상태에서 확인된 본능과 욕망만이 나를 조정하는 것은 결코 아니다. "카르마를 일으키는 인과(因果)의 과정에 영향을 끼칠 수 있는 외부적인 힘은 아무것도 없으며, 오직 카르마의 '주관적 의지(the will of the subject)'만이 그것을 종결할 수 있다."[11] 주체적인 운명 개조가 가능함을 말한다. 그래서 헉슬리는 인도철학자들을 획득형질의 유전을 신봉하는 부류로 파악했다.

헉슬리는 붓다가 어떤 형식의 실체도 거부했다고 파악한다. 카르마이론이 불교의 윤리학이라면 이 점은 불교의 철학이라고 할 수 있다. 헉슬리는 불교의 이런 비실체론 경향을 18세기 영국 철학자이자 성직자인 조지 버클리(George Berkeley, 1685-1753)의 관념론에 결부시킨다. 버클리는 『인간지식의 원리』(The Principles of Human Knowledge, 1710)에서 "실재하는 사물들[사람들이 직접 지각하는 사물들]은 마음 안에 존재하는 관념들[직접 지각된 사물들]"이라는 주관 관념론의 전형을 보였다. 그는 "'알려지지 않은 어떤 무엇(unknown somewhat)' 또는 '우리가 모르는 무엇'은 '아무것도 아닌 것-없는 것(nothing)'이라고 말한다."[12] 알려졌다는 것은 지각됐다는 것이고, 지각됐다는 것은 "오로지 마음 안에 있는 것이므로 관념[표상]이다."[13]

헉슬리는 붓다의 비실체론 경향을 버클리와 비교하지만 붓다가 마음 또한 근원적인 실체로 인정하지 않았음을 강조한다. "고타마는 이러한 윤회와 전생을 수용하면서도, 더 나아가 모든 실체를 제거하고, 우주를 어떤 토대도 없는 감각과 감성과 의지와 온갖 사고의 흐름으로 귀결시켰다."[14] 헉슬리는 붓다의 비실체론은 세계를 하나의 흐름으로 파악했다고 지적한다. 그리고 그는 붓다의 입장을 일종의 불가지론(agnosticism)으로 묘사한다. 헉슬리는 붓다가 결코 신(God)이나 우주적 실체를 인정하지 않고, 외부 세계의 근원으로서 관념의 실체성도 인정하지 않았음을 강조한다.

사실 불가지론(agnosticism)이란 말도 헉슬리가 1869년 최초로 사용했다.

그는 "증명되지 않았거나 증명할 수 없는 결론을 놓고 확실한 척 하지 말라."고 말한다. 고대 인도에도 이런 불가지론 혹은 회의론(skepticism) 전통이 있었다. 붓다와 동시대에 활동한 회의론자(Ajñana) 산자야 벨라티푸타(Sañjaya Belaṭṭhiputta)는 확신할 수 있는 최종적 진리를 거부했고, 형이상학적 질문도 봉쇄했다. 그의 이런 태도는 불교에도 중대한 영향을 끼쳤다.

『진화와 윤리』에 보이는 불교의 두 가지 갈래는 『천연론』에서는 옌푸의 종교적 입장과 그가 속한 중국불교의 전통 속으로 용해된다. 먼저 업설에 대한 부분은 『진화와 윤리』를 그대로 옮긴 면도 있고, 각색한 면도 있다. 옌푸는 "복과 재앙은 지금까지 행한 일들을 실제대로 합산한 결과"로 보거나 "인간이 처한 고통과 즐거움은 모두 인간이 스스로 뿌린 대로 거두어들인 것"으로 본다. 바로 카르마 이론의 전형이라고 할 수 있다. 그는 "이전부터 쌓아온 성정과 덕행은 서로 섞여 하나가 되는데, 이를 카르마 혹은 갈마라 부르고 종업(種業)이라고 번역한다."고 평가한다. 그는 또한 "대체로 카르마는 조금씩 달라지는데, 과거의 일이라 하더라도 현재의 행위에 의해 변하게 할 수 있기 때문이"[15]라고 평가한다. 옌푸는 윤리학으로서 카르마 이론을 온전하게 소개한다. 업설에 관해서 헉슬리와 큰 차이를 발견하기는 어렵다.

헉슬리와 옌푸 두 사람의 불교는 불가지론에 대한 이해에서 분명한 차이를 보인다. 옌푸는 서구의 불가지론을 불가사의(不可思議) 혹은 불이법문(不二法門)으로 바꿔 표현한다. 그리고 "불가사의(不可思議) 네 글자는 불교 경전에서 가장 정치한 말인데, 시정의 무지한 사람들이 경솔하게 사용하여 오래 지나면서 점차 본래의 뜻을 잃어버렸다."[16]고 평가한다. 그리고 옌푸는 "스펜서의 『제일원리』(First Principles, 1862)에서 종교와 학술은 모두 불가지론을 출발점으로 삼는다고 하는데, 불교에서 말하는 불이법문이 그것이다."[17]라고 하면서 헉슬리가 아니라 스펜서의 불가지론을 지지한다. 헉슬리의 불가지론과 스펜서의 불가지론은 뭐가 다를까?

헉슬리는 사실 무신론이나 회의론에 가까운 불가지론자이다. 신이나 우주적 실체를 우리는 증명할 수 없고, 또한 알 수 있는 것이 아니기에 논의에서 배제시켜야 한다는 입장이다. 그래서 진화론을 지지했을 때와 마찬가지로 당시 많은 성직자들에게 무신론자 아니면 불신론자로 비난받았다. 이에 반해 스펜서는 『제일원리』 제1장 '불가지와 절대자(The Unknowable and Absolute)'에서 절대자에 대한 불가지를 주장하였고, '불가지의 것(The Unknowable)'을 제일원리로 간주한다. 그의 불가지론은 '불가지론적 실재론(agnostic realism)'으로 분류되며, 이는 불가지(unknowable)의 실재가 존재함을 말한다. 스펜서의 주장은 과학이나 학문 분야에 신과 같은 불가지의 것이 개입되는 상황을 차단한 효과도 있었지만, 신이나 종교의 영역을 과학에서 배제함으로써 보편학으로서 과학을 축소시키는 결과를 초래했다.

옌푸는 "이치에 대한 논의를 극한까지 밀고 가면 반드시 불가사의한 경지에 이르게 된다."고 말한다.[18] 그는 "만물의 질점, 운동과 정지의 진정한 차이, 힘의 근원" 같은 물리학의 주제도 불가지의 사례로 든다. 여기서도 옌푸의 '불가지' 혹은 '불가사의'는 '알 수 없음'이지 '존재하지 않음'이 아니다. 그는 '불가사의'의 예로 열반을 거론한다. 헉슬리는 『진화와 원리』에서 욕망의 완전한 극복이자 윤리적 완성으로 열반을 이야기한다. 그는 열반을 '적멸(the rest is silence)'로 묘사한다. 헉슬리는 "불교에는 서양적인 의미의 신이란 개념이 존재하지 않는다. 인간의 영혼이라는 개념도 존재하지 않는다."고 분명히 밝힌다. 그는 불교에서 절대자를 말할 수 없고, 열반에서도 절대나 초월적 실재를 찾을 수 없음을 말한다. 옌푸는 이와 달리 열반을 불가지의 것으로 이해하고 다음과 같이 해설한다.

열반을 불가사의하다고 부르는 이유는 반드시 그 이치가 오묘하여 알기 어렵기 때문만은 아니다. 그것이 불가사의한 것은 바로 고요하지만

진정으로 고요하지 않고, 소멸하지만 진정으로 소멸하지 않는다는 이치에서 비롯된다.[19]

　전형적인 중국불교의 논법이다. 헉슬리가 열반이 적멸이라고 말할 때, 그 이상 뭐가 있는 것은 아니다. 옌푸가 말하는 열반은 적멸에서 그치지 않고, 일종의 기능을 가진다. 『대승기신론』에서 진여(眞如)를 '공의 속성을 가진 진여(空眞如)'와 '불공의 속성을 가진 진여(不空眞如)'로 구분한 것과 유사하다. 이때 공진여는 일체 오염된 성품이나 차별적인 모습이 없이 한마디로 텅 빈 의미로서 진여이다. 이에 반해 불공진여는 "진실한 마음으로서 변함없이 항상하고 청정한 존재로 가득 차 있는 상태"를 말한다. 옌푸는 "최상의 이치는 절대적으로 존재하며 이미 모든 것을 포괄하면서도 더불어 통함이 없다. 더불어 통함이 없으면 이해할 수 없다. 이해할 수 없는 것이 바로 불가사의이다."[20]라고 선언한다. 옌푸에게 열반이 불가사의이고 불가지인 까닭은 그것이 언설로 표현할 수 없고, 일상의 인지 능력으로 파악할 수는 없지만 분명 존재하는 실재이자 절대이기 때문이다.

탄쓰퉁의 심력(心力)과 의지주의

탄쓰퉁

　옌푸의 『천연론』이 불교의 업설을 고급스럽게 윤리학으로 기술했다면 탄쓰퉁과 장타이옌은 불교의 심식론을 일종의 본체론으로 정립했다. 탄쓰퉁(譚嗣同, 1865-1898)의 불교는 심본체론이라고 할 수 있고, 장타이옌의 불교는 식본체론이라고 할 수 있다. 탄쓰퉁은 무술년(戊戌年, 1898) 광서제가 주도한 정치개혁에 참여했다. 개혁 실패 후 처형된 인물이다. 그가 가장 치열하게 사회변혁을 고민한 시기에 쓴 글이 바로 『인학』(仁學, 1897)이다. 이 글이 그의 불교를 대표한다. 탄쓰퉁은 『인학』에서 불교를 중심으로 전통과 근대의 다양한 지식을 재구축하고, 중국 봉건사회를 비판했다. 그가 과연 불교에서 무엇을 보았기에 불교를 전통의 습속을 부수는 무기로 사용했을까? 한 중국 학자는 다음과 같이 평가한다.

> 서방 근대의 평등과 자유, 민주와 독립이라는 계몽사상이 아직 중국에 수입되기 전에, 탄쓰퉁은 본보기가 없었기 때문에 오직 본토의 이단을 이용했다. 그는 가장 필요하다고 느낀 평등사상을 불학에서 찾아 그가 간접적으로 습득한 서학과 교차시켜 확인했다. 불학의 평등관으로 유학의 윤리관을 대체하였고 불학의 언어로써 근대의 이상을 간곡히 전달했다.[21]

오늘날 인간 평등을 주장하려 불교를 동원하는 사람은 거의 없다. 하지만 100여 년 전 동아시아인은 불교나 유교라는 전통 지식으로 평등을 말하기도 했다. 중국의 경우, 서구 근대 지식이 보편 지식으로 자리 잡기 전까지 많은 지식인이 전통의 사유를 끈질기게 붙들고 있었다. 일부 지식인은 유교로 대표되는 봉건 윤리를 비판하는 한편 서구 근대에 대응하기 위해서 불교라는 전통 속 이단을 불러냈다. 이런 경향은 탄쓰퉁과 장타이옌에게서 가장 잘 보인다. 탄쓰퉁이 『인학』에서 주로 다룬 주제는 '중생 평등'과 그것의 연장으로서 '세계 구제'이다. 이를 위해서 그는 마음을 근본으로 하는 '심본체론' 건립을 시도한다. 탄쓰퉁은 심본체론을 통해서 보편으로서 마음을 말하고, 또한 부조리한 세계를 변혁할 도구로서 심력(心力)을 말한다. 이는 모두

『인학』

유심주의의 연장이라고 할 수 있다.

탄쓰퉁은 두 명의 스승에게서 불교를 배웠다. 그는 "옌저우(雁舟) 우자루이(吳嘉瑞) 선생이 나의 첫 번째 불학 스승이고, 런산(仁山) 양원후이(楊文會) 선생이 두 번째 불학 스승"[22]이라고 밝혔다. 우자루이에 대해서는 자세히 알려진 바가 없다. 양런산(楊仁山)은 당시 대표적인 불교 거사로 난징의 금릉각경처를 이끌었다. 1896년 탄쓰퉁은 난징에서 관리 생활을 하면서 양런산을 만났다. 그는 훗날 "다행히 불학과 서학으로 국내에 이름을 떨친 양원후이(楊文會)라는 분이 있어서 때때로 서로 왕래하여 만족할 수 있었다. 당시 고뇌와 곤욕을 모두 '참선의 힘'[定力]으로 버틸 수 있었다."[23]고 회고한다. 이 시기는 탄쓰퉁이 『인학』을 저술한 때이기도 하다. 탄쓰퉁의 불교를 이론적인 측면에서 보면 양런산의 영향이 가장 컸다고 할 수 있다.

량치차오는 탄쓰퉁이 "양런산을 만나고 학문이 일변했고"[24] "양런산에게 배운 학문을 바탕으로 『인학』을 저술했다."[25]고 지적한다. 양런산의 제자 어우양징우(歐陽竟無)도 「양런산 거사전」(楊仁山居士傳)에서 "양런산 문하에 많은 인재가 있었는데, 탄쓰퉁은 화엄학에 뛰어났다."[26]고 말한 적이 있다. 화엄학(華嚴學)은 중국에서 『화엄경』(華嚴經)을 중심으로 대승불교 철학을 종합한 대표적인 중국 불교 교학이다. 양런산이 가장 중시한 불교 이론도 바로 화엄학이었다. 탄쓰퉁은 스승의 화엄학 연구를 계승했다고 할 수 있지만, 그렇다고 그가 체계적인 화엄학 이론을 정립한 적은 없다.

탄쓰퉁의 심본체론은 화엄학에서 출발한다고 할 수 있다. 그는 "인학(仁學)을 연구하는 사람은 『화엄경』과 심종(心宗)과 상종(相宗) 같은 불전에 통달해야 한다."[27]고 할 정도였다. 여기서 심종은 선종을 말하고, 상종은 법상종을 말한다. 모두 심식(心識)을 핵심적인 개념으로 운용한다. 불교에는 마음을 철학 주제로 삼는 오랜 전통이 있다. 『화엄경』「야마천궁품」에서는 "마음은 솜씨 좋은 그림쟁이 같아, 모든 세계를 그려내네."[28]

라고 노래하고, 「십지품」에서는 "삼계는 허망하여 단지 마음이 지은 것이다."[29]라고 말한다. 이런 구절은 『화엄경』의 '마음 철학'을 직접적으로 보여준다. 탄쓰퉁도 "대윤회는 반드시 생각 생각이 구성한 것이다. 그래서 부처는 '삼계는 유심이'라고 말하고, '일체는 오직 마음이 만들었다'고 말한다."[30]고 언급한다. 전형적인 유심주의 입장이다.

화엄학에서 마음은 부처의 마음이고 진리의 마음이다. 화엄학은 인간의 마음을 부처와 일치시키고, 그것을 일종의 우주론 차원으로 고양시킨다. 탄쓰퉁도 마음이 세계를 구성하고, 세계를 구제한다는 입장을 취했다. 『인학』의 핵심 개념인 인(仁)·통(通)·에테르·심력(心力)도 이와 관련된다. 이들 개념은 전통의 것이자 근대의 것이다. 탄쓰퉁은 인(仁)을 세계 근원으로 보고, 소통이 그것의 현실화라고 하고, 그것의 구체적 형식으로 에테르와 심력을 제시한다. 이것이 탄쓰퉁 인학의 골격이다. 중국 전통에서 인(仁)은 분명 유교의 대표 개념이지만 탄쓰퉁은 그것을 결코 유교로 제한하지 않았다. 그는 『인학』에서 말한다.

인(仁)은 이(二)와 인(人)으로 구성되는데, '서로 마주보다'[相偶]는 뜻이다. 원(元)은 이(二)와 인(儿)으로 구성되고, 인(儿)은 인(人)의 고자(古字)로 역시 인(仁)이다. 무(无)에 대해서 허신(許愼)이 원(元)을 무(无)와 통용할 수 있다고 했는데, 무(无) 역시 이(二)와 인(人)으로 구성되기 때문에 인(仁)이다. 그래서 인(仁)을 말하는 사람은 원(元)을 모르면 안 되고 그 공용은 궁극적으로는 무(无)에 도달한다.[31]

공자는 "자신을 이기고 예로 돌아가는 것을 인(仁)"(『논어』 「안연편」)이라고 규정한다. 맹자는 "인(仁)은 인간다움[人]"(『맹자』 「고자」상)이라고 풀었다. 사실 인은 공동체 내에서 구성원 간 조화로운 삶을 위해 개인에게 요구되는 덕목이다. 탄쓰퉁은 인(仁)을 먼저 '사람'[亻]이 둘[二]이라는 의미에서 확장하여 '서로 마주보다'[相偶]로 풀었다. 이는 한나라 학자 정현(鄭玄)이 『예기』 「중용」 주석에서 제시한 인(仁) 해석이다. 일본의 중국사상사가 미조구치 유조(溝口雄三)는 바로 이 점에 착안하여 탄쓰퉁이 인을 '관계의 윤리'로 해설했다고 평가한다.[32] 위 인용문에서 탄쓰퉁이 제기한 '인(仁)=원(元)=무(无)' 도식은 인 개념에 세계 본원의 의미를 부여했을 뿐 아니라 그것에 자기 극복의 의미를 부여했다. 그는 인을 하나의 본원[元] 혹은 연원[源]으로 상정하면서 불교의 개념에 대응시킨다.

> 인(仁)은 천지 만물의 원천[源]이다. 그래서 유심(唯心)이고, 유식(唯識)이다.[33]

인이 세계의 원천으로 간주될 때, 그것은 불교에서 말하는 심식(心識) 개념과 동일하다는 주장이다. '유심'이라는 말은 『화엄경』에 등장하고 '유식'이라는 말은 『해심밀경』이나 『성유식론』 등 유식 계열의 경론에 자주 등장한다. 물론 그런 개념이 저들 문헌 내에서 세계 본원의 의미를 가진다고 단정할 수는 없다. 하지만 탄쓰퉁은 세계의 원천 혹은 본체로서 마음을 분명히 말한다. 그는 "불생불멸이 인(仁)의 본체다."라고 할 정도로 인을 절대적인 의미의 본체로 인정한다. "하늘과 땅 사이엔 인이 있을 뿐"이라고 말하기도 한다. 여기서 인은 하나의 근원으로서 또는 하나의 원질로서 제시된다. 인은 마음이자 본체이다.

탄쓰퉁은 『인학』 제1장에서 "법계, 허공계, 중생계에 충만한 한 물건 있는데 그것이 에테르다."라고 선언한다. 그리고 "법계도 이것으로부터 발생하고, 허공도 이것으로부터 수립되고, 중생도 이것으로부터 출생한다."고 설명한다. 에테르(ether)는 19세기 서구 물리학계에서 빛을 전달하는 매질로 제시된 개념이다. 탄쓰퉁은 이렇게 서구에서 유래한 과학지식을 동원했다. 여기서 에테르는 화엄학에서 말하는 법성(法性) 개념과 유사하다.

탄쓰퉁은 불교적 의미에서 세계에 충만한 한 물건을 성해(性海)라고 말한다. 성해라는 말은 불타발타라가 번역한 60권본 『화엄경』과 실차난타가 번역한 80권본 『화엄경』에 모두 등장한다. 이는 진리로서 '부처의 본성'[性]이 바다[海]와 같이 넓고 깊다는 의미로 사용된 것이다. 이때 성(性)은 진리로서 부처라는 의미에서 법신(法身)이기도 하고, 존재자의 본질이란 의미에서 법성(法性)이기도 하다.

앞서 보았듯, 탄쓰퉁은 인을 세계 본원[元]으로 이해했을 뿐만 아니라 무(无)로 이해했다. 이때 무는 단순히 '없다'라는 의미가 아니다. '자기 부정' 혹은 '자기 극복'이라는 능동적이고 주체적인 의미가 내포되어 있다. 왜냐하면 그가 인에 소통[通]의 의미를 부여했기 때문이다. 그는 『인학』에서 "평등이란 궁극적으로 하나가 된다는 말이다. 하나이면 소통하고 소통하면 인(仁)"이라고 말한다. 소통을 위해서 개체 수준을 돌파해야 한다는 이야기이다. 개체를 초월하여 소통하는 것이 인이고, 또한 자기 극복으로서 무를 실현하는 것이라고 할 수 있다.

탄쓰퉁은 『인학』 「계설」에서 '나와 타인의 소통'을 말하면서 『금강경』에 등장하는 무아상(無我相) · 무인상(無人相)이란 표현을 '자기[我]에 대한 실체적 고집[相]도 없고, 타인[人]에 대한 실체적 고집[相]도 없다'고 해설했다. 이런 해설은 사실 탄쓰퉁이 『금강경』을 오독한 결과다. 구마라집이 번역한 『금강경』에는 아상(我相, ātma-saṃjñā), 인상(人相, pudgala-saṃjñā), 중생상(衆生相, sattva-saṃjñā), 수자상(壽者相, jīva-saṃjñā) 등 이른바 사상(四相) 개념이 등장한다. 『금강경』에 따르면 우리는 이런 네 가지 측면에서 자신을 실체로 확신한다. 저 넷은 요즘 말로는 각각 자아, 영혼, 존재, 생명 등으로 번역할 수 있다. 첫 번째와 두 번째가 아상과 인상인데, 탄쓰퉁은 이들 번역어의 고유한 의미를 고려하지 않고 고문 해석의 습관으로 아(我)는 자아로 인(人)은 타자로 이해했다. 탄쓰퉁은 소통을 이야기하면서 이제는 유식학의 이론을 동원한다.

소통의 외재 형식은 평등이다. 소통하면 반드시 영혼을 존중하며, 평등하면 육체가 영혼이 될 수 있다. 영혼은 지혜의 영역이고, 육체는 업식의 영역이다.[34]

탄스퉁은 '영혼=지혜'와 '육체=업식'의 도식을 제시한다. 평등을 통해서 육체가 영혼으로 전환하듯, 업식이 지혜로 전환한다. 이는 바로 유식학의 '전식득지(轉識得智)' 개념을 차용한 것이다. 이 개념은 '업식을 전환해서 지혜를 획득한다'는 의미다. 『인학』 제26장에서는 "지혜는 유교에서 말하는 도심(道心)이고, 업식은 유교에서 말하는 인심(人心)이다."라고 평가한다. 그리고 "식(識)은 시작이 없지만 끝은 있다. 업식이 지혜로 전환하면 식의 종결이다."라고 말한다. 여기서 식은 망식(妄識)이자 번뇌이다. 이는 극복의 대상이다. 이 식이 지혜로 극복되면 망식으로서 식은 종결하고 지혜가 작동한다.

탄쓰퉁은 『인학』 「계설」 제1항에서 "인은 소통을 제일의(第一義)로 삼는데, 에테르·전기·심력은 모두 소통의 도구를 가리킨다."[35]고 말한다. '계설'은 범주[界]에 관한 설명[說] 정도로 이해할 수 있다. 요즘 말로는 정의(定義, definition)에 해당한다. '제일의'란 근본적인 의미란 뜻이다. 소통의 도구로 제시한 세 가지 가운데 에테르와 전기는 탄쓰퉁이 근대 과학 지식을 수용한 결과이다. 사실 소통의 도구라고 하지만 이 셋은 앞서도 이야기했듯, 인의 구체적 형식이라고 할 수 있다. 탄쓰퉁은 소통의 물질적 근거로서 에테르를 말한다. 전기도 이것과 유사하다. 그는 에테르나 전기와 달리 소통의 비물질적 역할로서 심력을 제시한다. 근대 사상 연구자 가오루이추안(高瑞泉)은 탄쓰퉁의 심력 개념을 다음과 같이 분석한다.

심력 개념은 주로 마음의 구동력(驅動力)을 가리키고, 선의지(善意志)라고도 할 수 있다. 인(仁)을 가치 지향으로 하는 이런 선의지는 단지 하나의 동력인(動力因)일 뿐만 아니라 세계의 본체이기도 하다. 이 때문에 심력론은 의지주의(意志主義)의 경향을 띠고 있다.[36]

가오루이추안은 심력 개념을 구동력이라고 했는데, 이는 어떤 물체를 운동하게 하는 힘이다. 요즘 말로는 추동력이라고 할 수 있다. 그것이 인간에게 한정되면 인간이 어떤 방향으로 활동하고자 하는 의지가 된다. 탄쓰퉁이 "심력은 자비보다 큰 게 없다."고 한 데서 알 수 있듯, 탄쓰퉁의 의지는 선의지다. 가오루이추안이 말한 의지주의(意志主義, voluntarism)는 "세계의 본질은 의지"라고 보는 철학사조이다. 독일 철학자 쇼펜하우어가 『의지와 표상으로서의 세계』에서 이를 잘 보여준다. 쇼펜하우어는 세계가 표상되고 작동하는 동력은 의지라고 단언한다. 탄쓰퉁의 심력은 바로 의지라고 할 수 있다. 탄쓰퉁 철학은 이런 의지주의의 중국판이기도 하다. 그는 『인학』 44장에서 다음과 같이 말한다.

심력으로 겁운(劫運)을 구하는 것은 다만 자기 나라를 구제하겠다는 바람이 아니라 저 극강의 서양 제국과 중생 모두를 제도하겠다는 바람이다.[37]

탄쓰퉁은 "심력으로 겁운을 구한다."는 구호로 세상의 온갖 속박을 부수고자 했다. '겁운'은 한 시대가 만난 거대한 재난을 가리킨다. 탄쓰퉁은 『인학』 「자서」에서 "그물처럼 드리운 온갖 속박을 찢어버리자"[衝決網羅]고 외쳤다. 세계에 드리운 그물, 세계를 옥죄는 속박 이런 게 바로 겁운이다. 탄쓰퉁이 말하는 속박은 봉건적 학문과 군주제, 강상윤리와 종교 등이다. 이는 마치 운명처럼 중생을 움켜쥐고 있다. 심력은 이런 운명에 격렬히 저항하는 의지력이다. 자신의 능력을 마음껏 고양시키라고 인간을 경책한 니체가 연상된다. 탄쓰퉁은 심력과 대비되는 마음을 기심(機心)이라고 표현했다. 기심은 『장자』에 등장하는 말로서 자신의 이익을 위해서 일을 꾸미는 마음이다. 일상의 마음은 주로 이렇다. 이는 자기애(自己愛)에 휩싸인 마음이다.

탄쓰퉁의 심력은 이기심을 버리고 시대의 운명과 자신의 운명을 극복하고자 분투하는 선의지이다. 그는 심력의 본질을 다음과 같이 정리한다. "심력의 실체는 자비보다 큰 게 없다. 자비롭다면 타인을 나와 평등하게 보아 나는 무외심(無畏心)으로 대할 것이다."[38] '무외'는 두려움 없음이고, 더 정확하게는 상대방이 나에 대해 어떤 두려움도 갖지 않게 하는 행위다. 청말 탄쓰퉁은 마음이 세계를 구성한다는 심본체론을 제기했고, 또한 심력으로 겁운을 구제한다는 의지주의를 견지했다. 이는 당시 출현하기 시작한 변혁 세력에게 탄쓰퉁이 제공한 윤리이자 정신 동력이었다. 이런 경향은 장타이옌(章太炎)까지 이어진다.

장타이옌의 유식교와 식본체론

중국 근대 사상사에서 불교 심식론을 이용하여 전통 관념과 서구 근대를 비판한 인물은 장타이옌(章太炎, 1869-1936)이다. 본명은 빙린(炳麟)이고 타이옌은 호다. 장타이옌은 1890년부터 7년간 항저우(杭州) 고경정사

장타이옌

(詁經精舍)에서 고증학을 공부했다. 1896년 고경정사 생활을 마감하고 사회 운동에 뛰어들었다. 1902년 장타이옌은 청년 혁명가 쩌우룽(鄒容)이 지은 책 『혁명군』(革命軍)에 서문을 써서 잡지 『소보』(蘇報)에 발표했다. 이 글에서 장타이옌은 청나라 황실인 만주족을 타도하고 나라를 되찾자고 주장했다. 또한 중국의 정치와 학술, 중국인의

풍속과 품성까지 개혁할 것을 요구했다. 오래지 않아 당국에 체포되어 상하이 감옥에 수감됐다. 일종의 필화(筆禍)였다. 그는 옥중에서 집중적으로 불교 유식학 문헌을 읽었다. 훗날 그는 다음과 같이 말한다.

『유가사지론』, 『인명론』, 『성유식론』을 전문적으로 읽었고 유식학에 더할 게 없음을 알았다.[39]

장타이옌이 거론한 문헌은 유식학의 대표적인 문헌이다. 청대 고증학을 학문 기반으로 한 그가 이제 대승불교의 주요한 철학 이론인 유식학을 수용한 것이다. 1906년 3년 형기를 마치고 출옥한 장타이옌은 일본으로 건너가 쑨원(孫文)이 이끈 혁명 단체 동맹회(同盟會)에 가입했다. 그리고 기관지 『민보』(民報)의 주편을 맡는다. 그는 일본 체류 기간 메이지 일본이 수입하고 가공한 서양 학술을 폭넓게 학습했다. 그가 수용한 근대 학문은 자신의 고증학 연구와 불교 연구 그리고 혁명 활동에 용해됐다. 이 시기 제자가 된 루쉰(魯迅)은 훗날 스승을 '학술이 있는 혁명가'로 묘사했다. 장타이옌은 유식학 이론에 서양 철학 개념을 부가하는 방식으로 자신의 심식론을 구성했다.

장타이옌은 1906년 11월 『민보』 9호에 「건립종교론」(建立宗敎論)을 발표했다. 그는 중국 혁명과 사회 개혁을 위해 종교가 필요한데, 그것은 무신(無神)의 종교여야 한다고 생각했다. 그는 혁명의 종교로서 불교를 말한다.[40] 그리고 "철학을 말하고 종교를 일으켜 세운 사람 중에 본체를 상정하지 않은 경우가 없다."[41]고 말하면서 식(識)을 본체로 하는 유식교를 제시한다. 장타이옌은 식본체론을 통해서 기존 철학과 종교가 제기한 여러 본체론을 비판한다. 그

「건립종교론」

렇다면 그가 말하는 유식교에서 유식은 무엇인가? '유식'이란 말은 산스크리트로는 위가프티마트라(vijñaptimatra)로 "오직 식에 의해 알려졌다."는 의미다. 유식학의 개창자로 추앙되는 인도의 불교 철학자 마이트레야(Maitreya, 彌勒)는 『변중변송』(辨中邊頌) 제3송에서 다음과 같이 말한다.

식은 대상으로, 중생으로, 자아로, 의식으로 거짓 나타난다.[42]

이 구절은 우리의 인식 주체로서 주관과 인식 대상으로서 객관 등 일체가 모두 식(識, vijñāna)이 전개한 것임을 말한다. 유식학의 실질적인 완성자로 간주되는 고대 인도의 유식논사 세친(世親, Vasubandhu)은 『유식삼십송』(唯識三十頌) 제1송에서 "가설(假設, upacāra)된 자아[我]와 대상[法]은 갖가지 모습으로 전환하는데[轉], 그것은 식(識)이 변현한[變] 것이다."[43]라고 말한다. '가설'이란 말은 실제가 아니라 임의적으로 구성됐다는 의미다. 여기서 유식학의 '모든 존재자는 오직 식일 뿐이다.'라는 명제가 등장한다. 이렇게 유식학에서는 식이 세계를 드러낸다고 주장한다. 이것이 식전변설(識轉變說)이다.

장타이옌은 식전변설을 수용하면서 유식학의 주요한 학설인 삼성설을 적극적으로 활용한다. 그는 「건립종교론」을 시작하면서 "무슨 인연으로 종교를 건립하는가?"라고 자문하고 "삼성(三性) 때문이다."[44]라고 답한다. 유식학의 한 이론인 삼성설(三性說)에서 말하는 삼성(三性, trisvabhava)은 존재자의 세 가지 속성 내지 양태다. 이는 우리가 사물을 바라보는 태도와 관련된다. 그 셋은 각각 변계소집성, 의타기성, 원성실성이다. 변계소집성(遍計所執性, parikalpita)은 한문 술어대로 풀어보면 '보편적인[遍] 분별[計]에 의해 집착된[所執] 것'이다. 구체적으로는 언어나 관념에 의해 수립된 내용이다. 이를 설명하면서 장타이옌은 중세 유럽의 학자 로스켈리누스(Roscellinus, 1050-1125)의 유명론(唯名論, nominalism)을 거론한다. 그는 우리가 일상적으로 파악하는 사물은 내용 없이 텅 빈 이름일 뿐이라고 지적했다.

의타기성(依他起性, paratantra)은 일체 현상은 '다른 것[他]에 의존해서[依] 생기한[起] 것'이란 뜻이다. 이때 '다른 것'은 8종의 식을 말한다. 장타이옌은 "이들 식에 의거해서 견분(見分, darśana-bhāga)과 상분(相分, nimitta-bhāga)을 일으키는데, 그것의 경계는 비록 실재하지 않지만 그 형상은 거짓으로라도 존재한다. 이것이 의타기자성이다."[45]라고 말한다. 이때 견분과 상분은 각각 '주체로서 식'의 역할과 '대상으로서 식'의 역할이다. 원성실성(圓成實性, pariniṣpanna)은 '완전히 성취된 것'이란 의미로, 세친은 『변중변론』에서 그것을 공성이라고 했다. 좀 더 구체적으로는 허망분별이 분별의 활동에서 벗어난 상태이다. 장타이옌은 "변계소집의 명언 가운데 자성은 없고[無], 변계소집의 명언을 벗어나서 진실로 자성이 있다[有]."고 말한다.

장타이옌은 「건립종교론」에서 기존 본체론은 손감집(損減執)과 증익집(增益執) 이 두 가지 잘못을 범했다고 지적한다. 한자 '손감'은 훼손하고 감소시킨다는 의미고, '증익'은 그야말로 원래 없던 것을 보탠다는 의미다. 삼성설에서 말하는 이 두 가지 집착은 기본적으로 "있는 것을 없다고 하고[損減], 없는 것을 있다[增益]"고 하는 착각이다. 이와 관련해 미륵은 『변중변송』에서 다음과 같이 말한다.

①모든 존재자[法]와 그것의 푸드갈라(pudgala, 數取趣), ②'인식 대상'[所取]과 '인식 주관'[能取], ③'공성의 존재'[有]와 '자성의 부재'[非有]에 대한 증익(增益)과 손감(損減)의 견해는 삼자성의 진실을 깨닫는다면 작동하지 않으니 이것이 이른바 진실한 모습이다.[46]

세친은 『변중변론』에서 ①을 인정하는 것은 변계소집성을 모르고 증익집을 부리는 것이고, ②를 인정하는 것은 의타기성을 모르고 증익집을 부린 것이고, 일상에서 ③을 부정하는 것은 원성실성을 모르고 손감집을 부린 것이라고 해설했다.[47] 그런데 장타이옌의 이해는 이와 조금 다르다.

> 텅 빈 이름을 부정하는 데 집중한 이들은 자아를 공이라고 여기고, 혹은 12범주를 공이라고 여기며, 혹은 공간과 시간을 공이라고 여기지만 유독 '다섯 가지 감각 대상'[五塵]에 대해서는 감히 공이라고 하지 못한다. 그것은 반드시 본체가 있다고 생각해서 물여(物如, 물자체)라고 했다. 물여는 『유마경』에서 말하는 색여(色如)와 같다.[색은 다섯 가지 감각 대상을 겸해서 말한다.] …… 손감집은 '다섯 감각 대상'과 개념적 대상[法塵]이 같이 상분(相分)임을 알지 못함이다. 이들 상분은 같이 식(識)에 의지해서 일어났다. 이 식이 있기 때문에 견분(見分)과 상분이 그것에 의지해서 일어난다.[48]

장타이옌은 손감집과 증익집 이 "두 가지 집착은 의타기성을 알지 못했기 때문에 일어났다."고 설명한다. 그는 '모든 존재자는 다른 조건[他]에 의지해서[依] 일어난[起] 것'이라고 할 때 그 '다른 조건'을 식으로 보았다. 그래서 그는 관념뿐만 아니라 '다섯 감각 기관'[五根]인 눈·귀·코·혀·피부로 감각하는 모습·소리·냄새·맛·감촉 등 다섯 물질 대상[五塵]도 실은 식의 소산임을 강조한다. 이는 일종의 경험론(empiricism) 비판이라고 할 수 있다. 경험론자는 기본적으로 인간의 통상적 경험을 벗어난 사실에 대해 논의를 거부한다. 장타이옌이 보기에 이런 경험론자들은 "다섯 가지 감각 대상은 진실로 거짓 존재이지만 반드시 그것은 본체를 가지며, 개념도 거짓 존재지만 본체를 가진다."[49]는 사실을 몰랐다. 그들은 본체로서 식의 존재를 부정한 격이다. 그래서 장타이옌은 저들의 견해를 손감집으로 보았다.

장타이옌은 다섯 감각 대상과 사유 대상으로서 개념은 구체적으로 "아뢰야식의 원형관념에서 발생한다."[50]고 말한다. 그가 말하는 식본체는 바로 아뢰야식의 원형관념(原型觀念)인 셈이다. 장타이옌은 손감집 비판 때와는 달리 영혼론[說神我], 유물론[說物質], 유신론[說神敎] 셋을 분명하게 들어 비판했다. 사실 이 셋은 서구의 종교와 철학에서 핵심적인 주장이다. 장타이옌은 이런 주장이 각각 영혼, 물질, 신을 본체로 상정하여 결국 증익집에 빠졌다고 평가한다. 영혼론에 대해서는 "이른바 자아는 아뢰야식을 벗어나서 다시 다른 존재가 있지 않음을 알지 못한다. 이 아뢰야식은 진실하지만 이 아견은 거짓이다."라고 말한다. 장타이옌은 여기서도 '아뢰야식'의 진실함을 거론하고 그 외의 본체를 부정한다.

유물론과 관련해서 장타이옌은 "유럽의 유물론자는 아톰(atom, 원자)이 실제 있다고 여기고, 인도의 유물론자는 파라마누(paramanu, 極微)가 실제 있다고 여긴다. ⋯⋯ 이 마음은 진실하지만 이 물질은 거짓이다."라고 평가한다. 아톰이나 파라마누는 더 이상 쪼갤 수 없는 최소의 물질 단위이다. 장타이옌은 이런 물질 존재가 그 자체로서는 성립할 수 없음을 강조한다. 그가 이때 마음이 진실하다고 한 이유는 궁극적으로 물질을 파악하는 데 우리의 마음이 작용한다고 보기 때문이다. 유신론은 종교와 관련된다. 사람들은 "삼계가 모두 마음이 드러낸 것임을 알지 못하고, 그것을 외물에서 찾고 외물에 대해 신의 이름을 부여하여 그것이 인격을 지녔다고 여긴다." 장타이옌은 이에 대해 의타기성을 알지 못해서 "외계 대상에 대해 증익집을 일으키고 자신의 마음에 대해서는 손감집을 일으킨다."고 말한다. 그렇다면 장타이옌의 종교는 어떠한가?

오늘날 종교 건립은 오직 자식(自識)을 종지[宗]로 해야 한다. [여기서] 식이란 무엇인가? 진여가 바로 '식의 진실한 성품'[唯識實性]이며 또한 이른바 원성실성이다.[51]

장타이옌이 말하는 유식교와 식본체론이 여기서 분명히 등장한다. 세친은『유식삼십송』제25송에서는 "이들 모든 존재자의 진실한 내용은 곧 진여인데, 늘 그 성품 그대로이기 때문에 유식실성이다."[52]라고 하면서 진여와 유식실성을 일치시킨다. 이 구절을『성유식론』에서는 "진여의 진(眞)은 진실을 말하며 허망함이 없음을 표현하고, 진여의 여(如)는 늘 그대로임을 말하는데 변이가 없음을 표현한다."[53]고 풀이한다. 유식실성은 유식의 진실한 성품이란 뜻이고, 이것은 모든 존재자의 본질로서 진여다. 유식 삼성설(三性說)에 입각하면 진여는 바로 원성실성이다.[54]

『제물론석』

그런데 앞서 장타이옌이 손감집을 말하면서 인식의 주관으로서 견분(見分)과 인식 대상으로서 상분(相分)을 일으키는 식을 본체로 상정했다. 또한 그것을 아뢰야식의 '본래적 역할' 내지 '본래적 형식'이란 의미에서 '아뢰야식의 원형관념'이라고까지 했다. 여기서 원형관념(原型觀念)은 장타이옌이 일본 근대 종교학자 아네사키 마사하루(姉崎正治)가 쓴『상세 인도종교사』에서 가져왔다. 아네사키는 유식학에서 말하는 아뢰야식이 간직한 종자 개념을 원형관념으로 풀었는데, 이는 당시 플라톤의 이데아 개념의 번역어처럼 사용됐다.[55] 장타이옌도『제물론석』에서 아뢰야식의 종자를 원형관념으로 묘사하기도 했다.[56]

유식학에서 견분과 상분을 포함한 일체 현상을 성립시키는 식의 활동을 진여 혹은 원성실성이라고 하지는 않는다. 오히려『유식삼십송』에서 말한 것처럼 식의 활동은 임의적일 뿐이다. 임의적인 것을 진실이라고 말할 수는 없다. 유식학의 전의설(轉依說)에서 말하는 '의지처로서 식을 전환하여 지혜를 획득한다'[轉識得智]는 의미를 생각해보면 식은 극복의 대상임이 분명하다. 장타이옌도 이것이 극복의 대상임을 알고 있었다. 그런데 극복 대상을 본체나 본질로 삼을 수는 없는 노릇이다. 그래서 그는 "원성실성은 아뢰야식의 환멸(還滅)에 의해 성취된다."[57]고 말했다. 『유가사지론』에서도 "전의는 아뢰야식을 단멸하는 것"이라고 말한다.

그렇다면 장타이옌이 말하는 현상 성립의 근거로서 식과 본체로서 식은 이중적이다. 이 이중성을 극복하기 위해서 장타이옌은 중국의 전통적인 유식학 이해를 동원한다. 그는 "모든 번뇌가 완전히 소멸하면 아공(我空)과 법공(法空)을 증득한다. 이때 종자는 이미 단절하니 이 아뢰야식은 다시 어디에 존재하겠는가?"라고 자문하면서 "이 아뢰야식이 더러움을 완전히 벗어나고 암마라식(菴摩羅識)이란 이름을 얻는다."[58]고 답한다. 암마라식(amala-jñāna)은 '더러움이 없는 식'이란 뜻으로 무구식(無垢識) 혹은 청정식(清淨識) 또는 진여식(眞如識)으로 불린다.

중국 남북조시대 진제(眞諦)가 번역한 『전식론』(轉識論)과 『결정장론』(決定藏論) 등 유식 문헌에서는 아뢰야식을 망식(妄識)으로서 규정하고 순전히 청정식인 제9암마라식을 상정한다. 이 개념을 근거로 섭론종은 8식설이 아닌 9식설을 제기한다. 또한 그들은 암마라식을 한 개체의 의식 활동을 초월하는 보편체이자 초월체로 간주한다. 장타이옌은 유식학 입장에서 본체론을 건립하고자 하면서 제8아뢰야식이 아닌 보편체인 제9암마라식 개념을 동원한다.

> 일체 중생은 이 진여를 공유하고, 이 아뢰야식을 공유한다. 그래서 이 식은 단지 자신[自體]에 한정되지 않고 중생에게 보편하며 둘이 아니라 하나이다.[59]

이는 전통적인 인도 유식학의 아뢰야식 이해라고 하기는 힘들다. 장타이옌의 아뢰야식 개념은 『기신론』의 아뢰야식 개념과도 유사하다. 『기신론』에서는 "불생불멸과 생멸이 화합하며, 동일하지도 다르지도 않기 때문에 아려야식(아뢰야식)이라고 이름한다."[60]고 말한다. 여기서 생멸은 오염된 마음이고 불생불멸은 청정한 마음이다. 이는 진여와 무명의 결합이라고도 할 수 있다. 그래서 장타이엔은 원성실성과 진여가 플라톤이 말한 이데아 범주와 가깝다 보고, "불교에서는 정지(正智)의 인식 대상을 진여라고 여기고, 플라톤은 '이성적 인식'(episteme)의 대상을 이데아라고 했다."[61]고 언급한다.

이렇게 장타이엔의 식본체론에서 '식' 개념은 『기신론』의 아뢰야식 개념으로 귀결한다. 그는 식을 현상 성립의 배후로 간주하고, 또한 현상을 초월한 순수체로 상정한다. 그래서 종자로서 원형관념을 말하면서도 진여로서 이데아를 말한다. 장타이엔의 식본체론은 중국 근대 불교철학의 한 전형을 보여준다고 할 수도 있다. 유식학이라는 대단히 정교한 불교 교리를 동원하지만 그것을 서구 철학의 주요한 개념들과 대비시키고 둘을 포괄하는 보편적인 사유를 제시하려고 했다. 비록 전통으로 회귀하는 듯한 인상도 있지만 그의 시도는 충분히 적극적이고 실험적이었다. 이 때문에 민국 시기 후배격인 량수밍(梁漱溟)과 슝스리(熊十力)는 다시 식본체론을 자기식으로 재구성한다.

10장

칸트철학과 진여

독일관념론과 칸트철학 수용

중국 근대에 정교한 의미의 불교철학이 출현한 것은 아니다. 당시 불교철학은 하나의 실험이었다. 특히 서양철학과 불교를 지속적으로 교차시켜 불교를 서구적 의미의 철학으로 승격시키려 했다. 물론 그것을 거부한 경우도 있다. 그것을 거부한 경우라도 불교가 보편적인 이론 체계임을 끊임없이 증명하려 했다. 중국 근대불교가 동원한 서구 철학은 주로 독일관념론이다. 이는 중국 불교만의 특징은 아니다. 일본도 그랬고, 한국도 그랬다. 근대 동아시아에서 불교철학의 실험은 일본 메이지 시기 시작됐고, 독일관념론이 중요한 역할을 했다. 굳이 독일관념론이 선택된 이유는 그것이 유심주의 경향의 불교 이론과 유사했고, 일본 메이지 정부가 그것을 국가철학으로 장려했기 때문이다.

일본의 경우, 도쿠가와 막부 시대에 벌써 네덜란드[和蘭]를 통해서 서양 학문을 수입했다. 이렇게 수입되고 유통된 학문을 '화란의 학'이란 의미에서 난학(蘭學)이라고 불렀다. 메이지 유신 이후 네덜란드가 아니라 영국과 프랑스에서 주로 서양 학문을 수입했다. 철학 분야에서는 벤담, 밀, 스펜서, 콩트 등 공리주의나 실증주의 계열 철학자가 집중적으로 소개됐다. 유물론적이고 실증주의적인 철학 사조가 메이지 초기 계몽 사상을 이끌었다. 유럽에서 이런 철학 사조는 산업 혁명이후 형성됐고, 기본적으로 자본주의 사회를 옹호하고 근대국가를 지향했다.[1] '철학'이란 한자어 술어를 창안한 것으로 유명한 니시 아마네(西周, 1829-1897)같은 『명육잡지』(明六雜誌) 멤버들이 적극적으로 저런 서양 사조를 소개했다.

일본의 철학사가 후나야마 신이치(船山信一, 1907-1994)에 따르면 메이지 초창기 실증주의 철학 사조는 관념론과 유물론 경향으로 분화된다. 실증주의 이식이 메이지 철학사 제1기에 해당한다면 관념론과 유물론의 분화는 제2기에 해당한다. 이 시기의 정치적 특징은 자유 민권 운동의 격랑과 그것의 좌절이라고 할 수 있다. 이런 정치 상황과 당시 철학 경향은 직접적으로 관련된다. 후나야마는 이 시기 철학 특징을 "실증주의는 한편으로는 전통 사상 및 독일철학을 매개로 한 관념론으로 순화되고, 다른 한편으로는 유물론으로 기울어졌다."[2]고 요약한다.

당시 유물론 경향을 대표한 인물은 자유 민권 운동 제창자이자 장자크 루소 신봉자인 나카에 조민(中江兆民, 1847-1901)이었다. 그는 1886년 『이학연혁사』(理學沿革史)와 『이학구현』(理學鉤玄)을 번역·출간했다. 나카에는 '철학'을 의미하는 프랑스어 '필로조피(philosophie)'를 '이치를 탐구하는 학문'이란 뜻으로 '이학(理學)'이라 번역했다. 그래서 『이학연혁사』는 철학의 연혁을 소개한 서양 철학사에 해당한다. 그리고 『이학구현』에서 구현(鉤玄)은 심오한 도리[玄]를 탐구한다[鉤]는 말이다. 한자 '구(鉤)'는 본래 낚시 바늘 같은 갈고리를 의미하는데, 어떤 사물의 핵심을 끄집어낸다는 의미로 사용됐다. 유럽의 자유 정신을 열심히 소개한 나카에는 유물론과 무신론에 입각하여 신을 거부했다.

나카에에 반해 전통 철학을 지지한 학자들은 주로 독일관념론을 끌어들여 유교나 불교를 철학화하고 근대화했다. 니시무라 시케키(西村茂樹, 1823-1902)가 유교와 서양철학을 결합하려 했다면, 이노우에 엔료(井上圓

了, 1858-1919)는 불교와 독일관념론을 결합하려 했다. 이노우에는 1887년 9월 도쿄에 '철학관(哲學館)'을 설립하여 서양 철학과 불교를 강의했다. 철학관은 현재 도쿄 소재 도요(東洋) 대학의 전신이기도 하다.

일본에서 독일철학은 1870년대 후반에서야 본격적으로 소개됐다.[3] 이 시기는 루소의 사회계약설과 천부인권설 소개와 어느 정도 겹친다. 자유민권론자들은 천부인권설에 근거하여 국가의 기원과 주권의 소재를 질문하기 시작했다. 메이지 정부는 저런 질문을 봉쇄하는 과정에서 스펜서류의 사회진화론과 독일철학을 적극적으로 소개하고 장려했다. 당시 대표적인 관방 학자이자 도쿄 제국대학의 제2대 총장을 역임한 가토 히로유키(加藤弘之, 1836-1916)는 유기체론을 철학적 특징으로 하는 사회진화론을 선전했다. 당시 메이지 정부는 독일 철학이 가진 국가철학적 성격에 주목했다. 이후 독일철학은 제도권 철학의 중심이 되고, 국가철학의 기반이 되었다. 아울러 국가주의와 결합하면서 일본형 관념론으로 확립됐다.

메이지 시기 독일관념론의 출발이라고 할 수 있는 칸트철학을 소개하는 데 노력한 사람은 오니시 하지메(大西祝, 1864-1900)이다. 그는 칸트(Immanuel Kant, 1724-1804)로부터 비판정신을 계승하여 국가를 가족주의적 유기체가 아니라 '이성의 발현'으로 보려 했다. 그리고 나카지마 리키조(中島力造, 1858-1918)는 1890년대 신칸트학파의 이상주의적 윤리학설을 선전했다. 일본의 철학사가 사이구사 히로토(三枝博音, 1892-1963)는 "신칸트학파 철학은 독일 자본주의가 이미 제국주의로 전환을 마치고 정치적인 강력한 통일을 획득하기 시작한 시기에 생긴 철학"[4]이라고 평가했다. 물자체(物自體, Ding an sich)를 현상의 원인으로 간주하는 나카지마의 칸트 이해는 '현상즉실재론'이라는 일본형 관념론에 형이상학적 기반을 제공했다.[5]

일본 메이지 시기 칸트철학을 비롯한 독일관념론을 불교와 결합한 인물은 앞서 '철학관' 설립자로 소개한 이노우에 엔료(井上圓了)이다. 그는 일본 불교의 거대 종파인 정토진종 출신으로 도쿄 대학 철학과를 졸업했다. 그는 호국애리(護國愛理)라는 기치 아래 불교를 변형했다. 이노우에는 "호국과 애리는 두 가지가 아니라 하나이다. 진리를 사랑하는 마음을 떠나서 호국의 염원이 있지 않고, 국가를 보호하려는 염원을 떠나서 따로 진리를 사랑하는 마음이 있지 않다."[6]고 말한다. '애리'는 사실 기독교 비판과 관련된다. 그는 "내가 기독교를 비판하는 것은 예수 그 사람을 싫어해서가 아니다. 내가 불교를 동조하는 것은 붓다를 사랑해서가 아니다. 다만 내가 사랑하는 것은 진리이고 내가 물리치는 것은 비진리일 뿐이다."[7]라고 설명한다. 이노우에는 결국 국가와 기독교 반대라는 기치 아래 불교철학을 구성했다.

일본의 불교학자 스에키 후미이코(末木文美士)는 일본 근대사상이 '개체와 개체 초월'이라는 거대한 과제를 안고 있었다고 말한다.[8] 여기서 개체 초월은 구체적으로는 '개인을 극복하고 그 상위에 집단 가치 혹은 절대의 존재를 세우려는 시도'이다. 일본 근대사상사에서 개체 초월의 시도는 독일관념론의 전개와 맞물려 있다. 이노우에는 『철학요령』(哲學要領)에서 말한다.

> 천태종의 진여연기는 서양철학 가운데 논리학파 즉 이상학파와 유사하다. 그 종파가 수립한 '만법은 진여이고, 진여는 만법이라는 것'은 헤겔(1770-1831)의 현상이 곧 무상이고 무상이 곧 현상이라는 논의와 동일하다. 『기신론』에서 말한 일심(一心)에서 이문(二門)이 나뉘는 것은 셀링(1775-1854)의 절대에서 상대가 나뉜다는 논의와 같다. 진여(眞如)는 스피노자(1632-1677)의 본질, 셀링의 절대, 헤겔의 이상(理想)과 유사하다.[9]

여기서 이노우에는 불교의 진여 개념을 직접적으로 독일관념론의 개념에 대응시킨다. 이렇게 함으로써 대승불교의 교리 전개가 독일식 관념론의 역사에 포개진다. 량치차오(梁啓超)가 독일철학의 대표자로서 칸트를 감각한 것도 이노우에와 관련된다. 그는 칸트와 만남을 이렇게 기록한다. "내가 예전에 일본 철학관에서 이른바 사성사전(四聖祀典)을 참관하고 깜짝 놀랐다. 그 네 분을 열거하면 석가, 공자, 소크라테스, 칸트였다. ……칸트가 수천 년 학계에서 차지하는 지위를 알 수 있었다."[10] '사성사전'은 이노우에가 동서양의 철학자를 사람들에게 알리기 위해 철학관에서 네 사람을 성현으로 봉향하여 행한 제사 의식이다.

타이완 학자 황커우(黃克武)에 따르면 량치차오는 1898년에서 1903년까지 자신이 간행한 잡지『청의보』와『신민총보』에 아리스토텔레스, 베이컨, 홉스, 데카르트, 스피노자, 몽테스키외, 루소, 아담 스미스, 칸트, 벤담, 블룬칠리, 다윈, 벤자민 키드 등 다양한 서양 철학자의 학설을 소개했다.[11] 그리고 그는 1903년 2월부터 이듬해 2월까지『신민총보』에 네 차례 걸쳐「근세 최고 철학자 칸트의 학설」(近世第一大哲康德之學說, 이하「칸트의 학설」)을 발표했다. 사실 이 글이 중국 근대 최초의 본격적인 칸트철학 소개였다.[12]

「근세 최고 철학자 칸트의 학설」

1900년대 초 량치차오와 마찬가지로 중국에 서양철학을 소개한 대표적인 인물은 왕궈웨이(王國維)이다. 왕궈웨이는 량치차오처럼 계몽이나 정치를 위해서 서양철학을 소개한 게 아니라 철학 자체에 대한 관심으로 서양철학을 연구했다. 그는 철학 연구자가 아니라 스스로 철학자가 되길 바랐지만 성공하지 못했고, 결국 갑골문 연구 등 국학자로 전향한다. 왕궈웨이는 훗날『정암문집』(靜庵文集)의 서문을 쓰면서 자신의 칸트 읽기를 다음과 같이 회고한다.

나의 철학 연구는 신축년(1901)과 임인년(1902)년 사이에 시작됐고, 계묘년(1903) 봄에 비로소 칸트의『순수이성비판』(純理批評)을 읽기 시작했다. 그 난해함에 정말 힘들었고, 읽은 지 반년 만에 포기했다. 이어서 쇼펜하우어의 책을 읽었는데 대단히 좋아했다. 계묘년 여름부터 갑진년(1904) 겨울까지 쇼펜하우어의 책을 벗으로 삼은 시간이었다.[13]

왕궈웨이 말대로 칸트의 3대 비판서를 직접 읽기란 무척 힘들다. 그런데 그런 글에 비해 쇼펜하우어의 글은 한결 친절하다. 쇼펜하우어 글쓰기의 특징이기도 하다. 왕궈웨이는 칸트의 제자를 자처하는 쇼펜하우어를 통해 칸트철학을 이해했다. 그리고 니체 철학까지 관심은 번졌다.[14] 칸트철학과 중국 전통 철학의 비교를 연구 주제로 하는 타이완 학자 리밍후이(李明輝)는「왕궈웨이와 칸트철학」(王國維與康德哲學, 2006)에서 왕궈웨이가『철학개론』(哲學槪論, 1902)이나『간추린 서양 윤리학사』(西洋倫理學史要, 1903) 같은 번역서를 통해서 칸트철학을 소개하고, 1904년부터는 자신의 글로 칸트철학을 소개했음을 지적한다.[15] 왕궈웨이는「쇼펜하우어의 철학 및 그 교육학설」에서 칸트 철학에 대해 다음과 같이 말한다.

칸트 이전 철학자는 극히 일부를 제외하고는 지식의 본질 문제에서 모두 소박실재론을 신봉했다. 즉 외물을 인식에 앞서 존재하는 것으로 간주하고 인식은 외물을 경험함으로써 발생한다고 생각했다. …… 칸트는 홀로 우리가 사물을 인식할 때 반드시 공간과 시간에 인과성을 통해서 그것을 정리한다고 말한다. 하지만 공간과 시간은 우리의 감성 형식이고 인과성은 우리의 오성 형식이다. 이들은 모두 경험에 기대지 않고 존재하며 우리의 경험을 구성한다. 그래서 경험 세계는 외물이 우리의 감성과 오성의 형식에 진입한 것으로 물자체와는 다르다. 물자체는 비록

그것을 사유할 수 있지만 그것을 인식할 수는 없다. 그래서 우리가 인식한 바는 오직 현상일 뿐이다.[16]

사실 이상의 정리는 칸트 지식론의 핵심이라고 할 수 있다. 비록 일본어나 영어로 된 개설서를 참고했겠지만 1904년 중국에서 이 정도로 명쾌하게 칸트철학을 정리했다는 것은 다소 놀랍다. 1903년 량치차오가 발표한 「칸트의 학설」이 1904년까지 연재된 글이라는 점을 고려하면 왕궈웨이의 칸트 소개도 량치차오와 거의 비슷한 시기라고 할 수 있다. 그런데 량치차오와 왕궈웨이가 칸트철학을 다루고 이해하는 수준은 많이 다르다. 량치차오가 자기 식으로 칸트철학을 이해해서 빠르게 응용하려 했다면, 왕궈웨이는 칸트철학을 그 자체로 차분하게 이해하고자 했다. 그래서 왕궈웨이는 상대적으로 칸트철학의 훨씬 깊은 곳까지 도달했다.

왕궈웨이의 수준 높은 칸트 소개가 있지만 분명 량치차오의 「칸트의 학설」은 중국 근대 최초의 칸트 소개임에 분명하다. 또한 최초로 불교와 칸트를 결합시킨 글이라고 할 수 있다. 이 글은 앞서 소개한 나카에 조민이 1886년 번역·출간한 『이학연혁사』에서 칸트 관련 부분을 번역하고 자신의 생각을 첨부한 것이다. 『이학연혁사』의 저본은 프랑스 학자 알프레드 쥘 에밀 푸이에(Alfred Jules Émile Fouillée, 1838-1912)가 쓴 『철학의 역사』(L'

『이학연혁사』

Histoire de la philosophie, 1875)로 나카에는 1879년 간행한 제2판을 사용했다.[17] 량치차오는 서양인이 쓴 서양철학사의 일본어 번역본을 근거로 해서 칸트를 소개한 셈이다. 량치차오는 「칸트의 학설」 머리에서 칸트를 다음과 같이 소개한다.

칸트를 동방의 옛 철인과 견주면 이론을 말할 때는 붓다와 닮았고, 실천을 말할 때는 공자와 닮았으며, 이론으로써 실천을 관통하는 점은 왕양명과 닮았다. 칸트를 그리스의 옛 철인과 견주면 행동은 소크라테스와 닮았고, 이론의 설파는 플라톤과 닮았고, 박학은 아리스토텔레스와 닮았다. …… 칸트는 독일인이 아니라 세계인이고, 18세기 사람이 아니라 모든 시대의 사람이다.[18]

량치차오가 '철학관'의 사성사전에서 본 네 인물이 여기에 모두 등장한다. 중국의 근대사상가 옌푸(嚴復, 1851-1927)가 일찍이 『천연론』에서 그랬듯 량치차오도 「칸트의 학설」에서 번역문 중간중간에 '안(案)'이라는 표현을 사용하면서 자기 이야기를 했다. 이때 한자 '안(案)'은 본문 외에 부가되는 설명이나 판단을 가리킨다. '내 생각은 이렇다.' 정도로 해석할 수 있다. 이는 중국의 전통적인 주석학의 한 방식이다. 량치차오는 자신의 생각을 끊임없이 제시하고, 칸트를 평가함으로써 「칸트의 학설」을 자기 작품으로 만들었다. 그는 주로 불교의 몇몇 이론과 개념을 동원하여 칸트철학을 해설하고 평가한다. 그래서 「칸트의 학설」은 대체적으로 번역문인 본문과 량치차오의 견해인 '안'으로 구성됐다.

근대 시기 량치차오 외에 칸트철학과 불교를 비교하거나 결합한 인물은 장타이옌(章太炎)이다. 그는 『제물론석』에서 『장자』 「제물론」에 등장하는 '성심(成心)'이란 표현을 해석하면서 유식학의 종자설과 칸트의 범주론을 비교한다. '성심'은 글자 그대로는 선입견처럼 이미 형성된 마음이나 이미지를 가리킨다. 장타이옌은 성심을 종자 개념으로 풀이하기도 했고, 또한 그것을 서양철학의 원형관념으로 간주하기도 했다. 원형관념은 본유관념으로 불리기도 하는데, 간단히는 선천적 지식이라고 할 수 있다.

여기서는 아뢰야식에 저장된 종자, 즉 원형관념을 논한다. 색법, 무위법 외에 대승과 소승에서는 모두 24종의 불상응행법(不相應行法)을 제시했다. 근세 칸트는 12범주를 제시했다. 이는 모두 번쇄한데, 지금 색법과 무위법, 그리고 불상응행법을 대략 비교하면 제8식 아뢰야식[藏識]은 시간관념[世識]·공간관념[處識]·형상관념[相識]·수관념[數識]·행위관념[作用識]·인과관념[因果識]을 본유하고, 제7식 의근(意根)은 본래 자아관념[我識]을 본유한다. 기타 '존재와 비존재'[有無], '옳고 그름'[是非], '개별과 집단'[自供], '결합과 분산'[合散], '완성과 파괴'[成壞] 같은 관념은 모두 이 일곱 가지 종자가 서로 관계하여 형성했다.[19]

장타이옌은 유식학에서 말하는 아뢰야식설과 종자설을 일종의 범주론으로 해석했다. 부파불교의 5위75법이나 대승 유식학의 5위100법은 일체 존재를 개념적으로 분류한다는 점에서 서양철학에서 말하는 범주론과 유사하다. 장타이옌은 색법, 심법, 심소법, 심불상응행법, 무위법 등 5위와 그들 하부의 개념 분류, 그리고 칸트가 제시한 12범주가 번쇄하다고 말한다. 그는 장식이라 불리는 제8아뢰야식 하부에 6종의 범주를 두고, 의근이라 불리는 제7말라식에 1종의 범주를 둔다. 이렇게 장타이옌은 7범주론을 제시한다. 그가 제시한 7범주는 불교의 범주론으로 보이기도 하고, 칸트의 범주론을 불교식으로 각색한 것으로 보이기도 한다. 량치차오나 장타이옌에게서 알 수 있듯, 1900년대 초 서양철학의 대표는 소크라테스나 플라톤이 아니라 칸트였다.

량치차오의 「칸트의 학설」은 근대 한국의 칸트 수용에도 중요한 영향을 끼친다. 박종홍은 「이정직의 칸트 연구」에서 한말 유학자 이정직(李貞稙)이 "「강씨철학설대략」(康氏哲學說大略)이라 하는 128쪽에 걸친 긴 글에서 칸트의 철학을 상세히 소개하였다."[20]고 지적했다. 이것이 사실이라면 한국 최초의 칸트 소개라고 할 수 있다. 하지만 현존하는 이정직의 『연석산방고』에는 「강씨학설대략」이 실려 있지 않다. 박종홍이 현존본과 다른

「서양철학자 칸트의
격치학설」

저본을 보았다고 추측하기도 하는데 사실 여부는 알 수 없다. 박종홍이 대단히 자세하게 기술했기 때문에 전혀 존재하지 않는 글이라고 단정하기도 쉽지 않다. 이정직의 이 글도 량치차오의 「칸트의 학설」을 주로 참조했을 거라고 추측할 수 있다.

일제강점기인 1915년 양건식(梁建植, 1889-1944)은 불교계 기간지인 『불교진흥회월보』에 세 차례에 걸쳐 「칸트의 학설」을 번역해서 소개했다.[21] 이때 그는 「서양 철학자 칸트의 격치학설」(西哲康德格致學說)이란 제목을 달았다. 여기서 양건식이 제목으로 뽑은 '격치'라는 표현은 '격물치지'의 줄임말로 니시 아마네의 '철학'이나 나카에 조민의 '이학'에 비해 훨씬 유교적인 분위기를 띤다. 하지만 이 글에서 양건식 자신의 견해는 보이지 않고 순전히 량치차오의 글을 번역하기만 했다. 양건식은 당시 중국의 문학과 문화를 열심히 소개한 인물이다.

선험적 통각과 진여

량치차오의 「칸트의 학설」은 크게 '발단과 그 생애', '학계에서 칸트의 지위', '칸트의 비판철학', '순수이성', '윤리학이 철학의 근본이 됨', '자유와 도덕률의 관계' 등 여섯 부분으로 구성됐다. 네 번째 '순수이성' 하부에 두 개 항목을 두었다. 첫 번째 항목 '학술의 본원'은 이성의 제1작용(시청각작용)과 이성의 제2작용(사고작용)으로 다시 나누었다. 두 번째 항목 '일반 사물 원리학의 기초'에는 이성의 제3작용(추리작용)을 두었다. 물론 이런 구분은 기본적으로 『이학연혁사』에 근거하고 있지만 꼭 일치하지는 않는다. 나카에 조민이 번역한 『이학연혁사』에서는 크게 '순수이성비판(純然智慧の點檢)'과 '실천이성비판-윤리학(實行の智慧の點檢-道學)'으로 구분했

다. 그리고 순수이성비판을 '학술의 본원'과 '일반사물[庶物] 원리학의 기초'로 나누었다.

  량치차오는 이성을 지혜로 번역하는 등 『이학연혁사』의 표현을 그대로 가져온 경우도 많지만, 기본적으로는 자기가 이해한 내용을 자기식 문장으로 축약했다. 번역문에 해당하는 본문의 분량으로 봐도 『이학연혁사』의 해당 내용을 대폭 줄였음을 알 수 있다. 사실 분량의 문제보다는 칸트철학을 이해하는 방식에서 「칸트의 학설」의 독특함이 드러난다. 량치차오는 칸트철학을 불교이론과 강하게 밀착시킨다.

  칸트철학은 불학에 매우 가깝다. 칸트의 (비판철학) 주장은 불교 유식학 교의와 서로 인증된다. 붓다가 일체의 이치를 규명할 때, 반드시 먼저 본식(本識)을 근저로 삼는데 바로 이런 의도이다.[22]

  량치차오가 칸트철학이 유식학과 가깝다고 했지만 과연 그런지 쉽게 단정할 수는 없다. 또한 그가 「칸트의 학설」 전체를 불교 유식학으로 풀어내는 것도 아니다. 그런데 적어도 이 부분에서 량치차오가 유식학을 거론한 것은 「칸트의 학설」 본문의 "칸트가 이성의 본원을 탐구하여 그것의 성질과 작용을 밝혔다."는 언급과 관련된다. 량치차오는 유식학이야말로 '앎'에 대해 가장 정교한 탐구를 시도한다고 생각했다. 그뿐만 아니라 그가 보기에 유식학이 근본식·장식·아뢰야식 등으로 불리는 하나의 본체를 상정했다는 점도 큰 이유였다. 물론 유식학 입장에서 아뢰야식에 해당하는 이런 개념을 쉽게 본체로 간주할 수는 없다. 하지만 량치차오는 그것을 분명 하나의 본체로 간주한다.

  칸트는 『순수이성비판』에서 이성이 가진 두 가지 역할을 보여준다. "이성은 한편 비판을 행하는 주무 관청이자, 다른 한편 이 비판을 당하는 대상이기도 하다."[23] 칸트의 순수이성 비판은 바로 이성이 자신의 한계를 규정하고 그렇게 함으로써 자신의 정당성을 확보하려는 노력이다. "내가 무엇을 알 수 있는가에 대한 고백"인 셈이다. 알 수 없는 것을 알려고 들지 않고, 모르는 것을 아는 척하지도 않는다. 이성 비판은 사물의 존재에 관여하는 것이 아니라, 사물을 대하는 우리의 인식 능력에 대해 질문하는 것이다. 하지만 이후 독일관념론을 잉태한 칸트철학은 결코 여기서 끝나지 않는다. 비록 소극적이지만 초월적 자아나 절대자에 대해서도 언급한다.

독일관념론을 축조한 피히테와 셸링, 그리고 헤겔은 오히려 칸트의 이런 지점을 계승했다고 할 수 있다. 칸트가 말한 초월적 자아는 "독일관념론에서는 그것이 이론과 실천을 포괄하는 제일원리, 적극적으로 현상을 창출해 나가는 근본원리로서 본격적인 논의의 대상이 된다."[24] 메이지 철학의 전개를 봐도, 오히려 독일철학의 이런 측면이 각광받았음을 알 수 있다. "독일 이상주의 또는 독일관념론 사상의 핵심은 세상사를 보편적으로 이성화하는 정신이었고, 또한 무한자를 동경하고 열망하는 정신이었다."[25]

근대 일본의 국가철학자 이노우에 테츠지로(井上哲次郎, 1856-1944)는 "현상즉실재론을 주장하여 독일관념론과 불교 범신론의 종합을 시도했다."[26] 여기서 말하는 범신론은 화엄학이나 『대승기신론』 등에서 등장하는 법신, 불성, 진여 등의 개념과 관련 있다. 량치차오도 이런 개념을 적극적으로 활용하여 칸트를 해석했다. 그가 칸트철학에서 가장 주목한 개념은 진아(眞我, real self)이다. 진아는 칸트의 개념인 선험적 통각(transzendentale Apperzeption)의 일본어 번역이다. 요즘 국내에서 사용하는 용어로 바꾸면 '초월적 자아'에 해당한다. 칸트는 『순수이성비판』에서 현상을 가능하게 하는 원인으로서 선험적 대상과 선험적 주관에 대해서 언급한다. 둘은 각각 질료와 형식 면에서 현상 성립에 불가결하다.[27] 칸트는 저 둘을 물자체와 선험적 통각(순수통각)이라고 명명했다.

『순수이성비판』 「선험적 분석론」에서 칸트는 "자기 의식 일반은 모든 통일의 제약이 되는 표상이되, 그 자체는 무제약적인 것이"[28]라고 말한다.

이때 자기 의식은 무제약자로서 경험적 자아와 구분된다. "선험적 통각은 그것이 모든 현상, 즉 공간 내의 외적 현상 및 시간 내의 내적 현상을 가능케 하는 제약이면서 그 자체는 제약된 현상이 아니라 무제약적 활동성인 것이다." 이 무제약적 활동성이 현상 성립의 근거가 된다. "칸트는 외적 현상의 근거를 가상체(Noumenon), 선험적 대상으로서 물자체라고 한다면 그것이 바로 초월자아일 수 있음을 주장한다."[29] 이 초월적 대상은 "동시에 사고의 주체일 수도 있다." 이렇게 되면 선험적 대상과 선험적 주관은 만나게 된다. 칸트는 둘의 관계를 다음과 같이 말한다.

> 자기 자신에 대한 의식(통각)은, 그것이 촉발되는 한에서, 현상에서의 대상에 대한 표상이고, 그러나 그것이 자기 자신을 촉발하는 주관인 한에서, 그것은 동시에 객관 자체=X로 보아야 하는 것이다.[30]

선험적 대상과 선험적 주관이 결합하는 듯한 분위기다. 칸트철학에서도 이 지점은 대단히 난해한 문제이다. 섣불리 둘의 일치를 선언할 수는 없다. 하지만 칸트철학을 상당히 거칠게 수용한 량치차오에게 두 개념은 일치한다. 량치차오에게서 물자체와 선험적 통각은 진여(眞如, tathatā)로 결합된다. 진여는 초기불교나 부파불교 문헌에서 이미 등장했다. 연기와 같이 불교가 말하는 영원불변한 진리를 가리킬 때 쓰는 말이다.[31] 대승불교의 중관학에서 진여는 사물의 있는 그대로 모습을 가리킨다. 반야사상에 입각하면 실체 없음이 바로 사물의 본질이자 진여일 것이다. 유식학 문헌인 『성유식론』에서는 진여라는 한자를 다음과 같이 풀이한다.

> 진(眞)은 진실(眞實)을 말하는데, 허망하지 않음을 드러낸다. 여(如)는 한결같음[如常]을 말하는데, 변이(變異) 없음을 표시한다. 진실(眞實)이 일체법에 대해서 그 성질이 한결같음(如常)을 말한다. 그래서 진여라고

말한다.[32]

　이런 정의에 따르면 진여는 일체 존재에 항상 관철되는 진실이다. 그래서 『성유식론』에서 "진여는 삼성 가운데 원성실성에 해당한다."고 평가한다. 이는 일체 현상은 모두 아뢰야식이 생성한 것이기에 진여 자체는 현상 성립에 관여하지 않는다는 말이기도 하다. 그래서 "꼼짝도 하지 않는 진여는 존재자를 짓는 일 따위는 하지 않는다."[眞如凝然, 不作諸法]고 말한다.[33] 여기서 결코 아뢰야식과 진여가 일치하지는 않는다. 다시 말하면 유식학에서 말하는 진여는 현상 성립의 배후일 수 없다. 하지만 중국 불교에서 가장 넓게 유통된 '진여' 개념은 유식학의 진여가 아니라 『기신론』에서 제시한 '진여'이다.

　　심진여는 곧바로 일법계대총상법문체이며, 이른바 심성의 불생불멸이다. 일체 제법은 오직 망념 때문에 각종 차별이 있다. 만약 마음의 망념을 여읜다면 일체 경계의 차별적인 모습은 없다. 그래서 일체법은 처음부터 언어의 차별상을 떠나고, 개념의 차별상을 떠나고, 인식의 차별상을 떠나서 궁극적으로 평등하며 어떤 변이도 없으며 파괴되지도 않으며, 오직 이 마음이기 때문에 진여라고 명명한다.[34]

　그냥 진여가 아니라 '심진여'로 제시된 것은 『기신론』의 모든 논의가 '중생심'에서 출발하기 때문이다. '심진여'라고 해서 마음 진여, 몸 진여, 사물 진여 등의 개념이 따로 있는 건 아니다. 심진여는 일법계대총상법문체(一法界大總相法門體)라고 했는데, 개념어가 여럿 나열되어 이해하기 쉽지 않다. 타이완의 고승 인순(印順, 1906-2005)은 『대승기신론강기』에서 이를 "무차별한[一] 여래장[法界]이며, 전체로서 한 모습[總相]이며 일체법이 출현하는 곳[法門]으로 본체[體]"라고 풀었다.[35]

『기신론』의 주장대로 하자면 진여는 일체에 통용되는 진실이며, 개념적으로 그것은 여래장이자 법신이며, 하나일 뿐만 아니라 전체상이며, 모든 것이 거기서 출현하는 본체이다. 량치차오가 진여 개념을 동원한 이유는 바로 여기서 드러난다고 할 수 있다. 또한 메이지 관념론자가 찾아 헤맨 '개체를 초월한 존재'도 여기서 만난다고 할 수 있다. 량치차오는 「칸트의 학설」에서도 이런 맥락의 진여 개념을 사용한다.

> 불교에서 말하는 이 진여는 일체 중생이 공유하는 본체이며, 개별 인간이 각각 하나의 진여를 가지는 것이 아니다. 하지만 칸트는 사람은 모두 자신의 진아를 하나씩 가진다고 말한다. 이 점이 불교와 칸트가 다른 까닭이다.[36]

물론 칸트가 말하는 진아(선험적 통각)를 본체나 본원 같은 근원적이고 우주론적인 무엇으로 간주할 수는 없다. "선험적 통각은 우리 지각에 늘 따라다니는 영혼 같은 것이 아니다. …… 선험적 통각은 순수한 활동성이지 사물이 아니다."[37] 량치차오도 칸트의 진아가 일체 사물에 보편적으로 관통하는 개념으로 사용되지 않음을 간파했다. 그래서 그는 '일체 중생이 공유하는 본체'로서 진여를 말한다. 량치차오는 칸트의 선험적 통각보다는 불교의 진여 개념이 훨씬 보편적이라고 생각한다. 이노우에 엔료는 『불교철학』에서 불가지의 실체는 무한하고 절대이며 평등한데 불교에서는 그것을 진여라고 한다고 말한다.[38]

량치차오는 개별이 아니라 그것을 초월한 보편으로서 진여를 지속적으로 말한다. 이런 논의는 칸트보다는 칸트 이후 형성된 독일관념론에 더 가깝다. 철학사가인 프레데릭 코플스턴도 독일관념론에 대해 "유한한 주관의 배후에 있는 개체를 넘어선 지성, 곧 절대적 주관에까지 나아갔다."[39]고 평가한다. 당연히 '절대적 주관'이란 말에서 헤겔의 절대정신을 떠올릴 수 있다. 량치차오가 말하는 진여도 사실은 절대적 주관임에 틀림없다. 량치차오에게 진여는 지혜로서 주관이자 진리로서 이치이다. 헤겔이 말하는 절대정신처럼 그것은 세계가 작동하는 법칙이면서 또한 주관이다. 하지만 량치차오가 헤겔의 절대정신을 온전히 이해했다거나 절대관념론을 직접 계승했다고 말할 수는 없다.

량치차오는 칸트의 진아 개념과 달리 불교의 진여 개념은 보편체로서 일체 사물에 투영된다는 사실을 강조했다. 그렇다면 이 보편자로서 진여가 어떻게 개별 사물을 산출하는지 설명해야 한다. 『기신론』에서는 "아뢰야식은 두 가지 의미가 있는데, 일체 존재를 모두 포섭할 수 있고, 일체 존재를 낳을 수 있다. 무엇이 둘이냐 하면 첫째는 각의(覺義)이고, 둘째는 불각의(不覺義)이다."라고 말한다. 아뢰야식은 모든 존재와 결합하고 동일화할 수 있는 보편체로서 역할을 하기도 하고, 때론 일체 존재를 산출하는 역할도 한다. 이때 각의는 '깨달음의 내용이자 활동'이라고 할 수 있다. 이에 반해 불각의는 깨닫지 못한 상황으로, 깨달음이 아닌 무명과 관련된 활동이다. 이 두 가지는 진여나 아뢰야식이 지닌 '지혜와 무명'이라는 중층 구조의 특징이다.

> 불교에서 말하는 동일한 진아가 어떻게 홀연히 여러 본체로 나뉘어 각각의 자아가 되는가? 대개 중생 업식의 망분별 때문에 업종자가 서로 훈습하여 과보가 서로 다르다. 만약 이 논의를 분명히 이해한다면 현상이 출현하는 바를 알 수 있을 것이다.[40]

량치차오는 보편적 일자로서 진여의 존재를 인정하면서도 다양한 현상을 설명하기 위해서 무명과 종자 같은 개념을 동원한다. 중생의 업식(業識)에 대해 『기신론』은 그것을 아뢰야식의 일부 활동으로 규정하고 "업식은 무명의 힘이 불각심을 작동시켰기 때문에" 일어난 것으로 본다. 물론 량치차오가 정확히 『기신론』의 이 정의대로 업식을 이해했다고 보기는 힘들다. 다소 느슨한 의미로 그것을 사용한 것으로 보인다. 아무튼 그는 중생의 업식은 무명이나 망념과 관계하여 작동하고 그것이 개별 행위와 관계하여 결과를 초래한다고 파악한다. 그래서 보편체로서 진여가 작동하지만 개별 인간의 삶은 다를 수밖에 없다.

자유와 복종

량치차오는 「칸트의 학설」에서 칸트가 작용을 기준으로 이성을 순수이성과 실천이성으로 구분했음을 지적했다. 또한 칸트가 이성의 두 작용을 탐구한 결과 『순수이성비판』과 『실천이성비판』를 썼고, 그것은 각각 철학과 윤리학에 해당한다고 평가했다.[41] 이는 량치차오의 견해라기보다는 칸트철학에 대한 일반적인 평가라고 할 수 있다. 칸트는 단지 세상의 이치만을 파고들지는 않았다. 그는 인간이 현실과 마주할 때 요구되는 삶의 양식(樣式)을 제시하고자 했다. 그것이 칸트의 윤리학이자 정치철학이다. 량치차오가 칸트의 물자체나 통각 개념을 불교 개념과 비교할 때, 그가 칸트철학 자체에 관심을 갖는 것처럼 보일지도 모른다. 하지만 량치차오가 실제 칸트철학에 관심을 갖는 지점은 칸트의 윤리학이고, 그의 계몽가로서 모습이다. 그는 「칸트의 학설」을 시작할 때부터 이 점을 지적했다.

18세기 말 거짓 유신(維新) 사상이 일세를 풍미하였다. 직각주의와 쾌락주의가 도도하게 천하를 뒤덮었고, 도덕관념은 발밑에 뒹굴었고, 사치와 음탕과 방종 같은 악덕만 횡행하고 범람했다. 진지하고 근엄한 칸트가 출현하여, 양지(良知)로써 본성을 말하고, 의무로써 윤리를 말하였다. 그리고 광란을 멈춰 세우고 대중들이 지향할 바를 알게 했다. 칸트는 실로 백세의 스승이고, 암흑시대의 구세주였다.[42]

량치차오는 칸트가 독일인이 방탕에 빠진 시대에 출현해서 도덕을 창안했다고 말한다. 물론 양지는 『맹자』에 등장하는 말이고, 명대 철학자 왕양명이 특화시킨 술어이다. 일본의 중국사상사가 시마다 겐지(島田虔次)는 『주자학과 양명학』에서 양지를 '선천적 도덕능력'으로 풀었다. 왕양명은 『전습록』에서 "(그대가 가진) 한 점 양지가 그대 자신의 준칙이다. 그대의 의념이 붙어 있는 곳에서 그것이 옳으면 옳은 것으로 알고, 그른 것이면 그른 것으로 아니, 다시 조금이라도 그것을 속일 수 없다."고 말한다. 량치차오도 바로 이 구절을 인용해서 인간의 도덕 능력을 긍정했다. 량치차오가 양지(良知)라고 우아하게 번역한 말은 칸트 윤리학의 양심(良心, Gewissen)을 가리킨다. 칸트는 인간 본성으로서 양심과 윤리로서 의무를 연결시키고자 했다. 이런 역할 때문에 칸트는 구세주일 수 있었다.

량치차오는 「칸트의 학설」 마지막 장 '자유와 도덕법칙의 관계'에서 주로 윤리 문제를 다뤘다. 칸트의 윤리학에서 가장 중요한 개념 가운데 하나는 '자유'이다. 칸트는 우리가 인간에게 도덕상의 책임을 물으려면 인간이 어떤 행위에 대해서도 자유로워야 한다고 생각했다. 「칸트의 학설」 본문에서도 "도덕의 책임은 양심의 자유에서 발생한다."고 말한다.[43] 상식적으로 봐도 '자유'가 분명하게 주어진 상황에서만 책임을 물을 수 있다. 주인의 부림을 받아 동료 노예를 폭행하는 노예에게 책임을 물을 수는 없다. 그때 그가 사용한 것은 자신의 자유 의지가 아니라 단지 자신의 우람한 근육뿐이다. 칸트가 말하는 자유는 단지 행위가 자유롭다는 정도에 그치지 않는다. 칸트는 『실천이성비판』에서 다음과 같이 말한다.

네 의지의 준칙이 항상 동시에 보편적 법칙의 원리로서 타당할 수 있도록 그렇게 행위하라.[44]

칸트철학 연구자 백종현은 칸트의 자유개념을 이렇게 설명한다. "자연법 칙과는 다른 당위의 실천 법칙으로서 도덕 법칙을 인간이 스스로 세울 수 있다는 것은 인간이 그 자체로 자유롭다는 것을 의미한다. 여기서 자유는 '뭔가를 마음대로 한다'가 아니라 도덕 법칙이 자신으로부터 출현한다는 의미다. 자신이 제일 원동자라고 할 수 있다."[45] 칸트에게서 자유는 도덕 법칙을 수립하기 위해서 요청된 것이다. 인간이 자신의 도덕 법칙에 근거 해서 행위할 수 없고 단지 자연 법칙에만 기댄다면 어떤 책임도 물을 수 없 다. 「칸트의 학설」 본문에서도 다음과 같이 칸트의 자유 개념을 정리한다.

> 자유는 자신을 목적으로 하고, 자신을 법령으로 삼는다. 오직 스스로 이 법령을 수호할 수 있는 자만이 그 자유를 실제 소유할 수 있다. 좀 더 구 체적으로 말하면, 나는 나에게 나 이외의 어떤 견제도 받지 말도록 명령 하고, 나의 양지(양심)가 스스로 편안하게 여기는 바를 관철시킬 뿐이 다. 그래서 권위이며, 자유이며, 입법자이며, 법률이며, 주인이며, 손님이 며 이들 모두를 합쳐 일체가 되고 차별이 없다.[46]

칸트에 따르면 인간이 행하는 실천적 자유는 초월적 자유를 전제로 한 다. 그는 인간은 자연의 필연성에 제약되지 않는 매 순간 스스로 결단하는 능력을 가지고 있다고 말한다.[47] 그것은 현상을 넘어서 지적 세계에 도달 할 수 있는 능력이기 때문에 초월적 자유이다. 그래서 이것이 인간의 본질 일 수 있다. 위 인용문에서 량치차오의 손길을 느낄 수는 없다. 어떻게 보 면 대단히 정교하게 칸트의 자유 개념을 번역 소개했을 뿐이다. 하지만 량 치차오는 이런 '자유의 정의'를 가져오면서 자유가 발원하는 양심의 소재 를 한 인간이 아니라 국가 혹은 집단 단위로 바꿔 놓는다.

칸트가 말하는 자유의 정의는 대단히 엄정하다. 그 대략은 이미 앞 절에 설명했다. 즉 자유의 발원은 온전히 양심(즉 진아)에서 귀결함이 그것이다. 대체로 칸트의 양심설과 국가론의 주권설은 절대적으로 유사하다. 주권은 절대자이고, 무상의 존재이고, 명령자이지 결코 피명령자가 아니다. 인민의 자유는 대체로 이를 원천으로 하고, 인민은 모두 국가 주권이 부여한 자유 범위 내에서 자유롭고, 어쩔 수 없이 주권에 복종해야 한다. 양심도 그러하다. 절대적이고 무상의 것이며 명령자이다.[48]

이는 칸트철학에 대한 오해라기보다는 변주라고 해야 한다. 앞서도 량치차오는 진아 개념을 불교의 진여 개념과 연결시키면서 '진여'야 말로 보편 개념이며 모든 존재자를 관통하는 보편체라고 주장했다. 그것은 결코 한 개인에 의해 소유되거나 한 개인에 의해 한정되지 않는다. 그렇다면 자유의 원천으로서 양심은 결코 개인의 양심이 아니다. 훨씬 보편적인 단위가 요구된다. 기독교 같으면 그것을 신(God)으로 규정하고, 유학 같으면 그것을 천(天)으로 규정할지 모른다. 하지만 1900년대 국민국가 건설에 매진한 량치차오는 그것을 국가라고 했다. "칸트의 양심설과 국가론의 주권설은 절대적으로 유사하다."는 이야기는 당연히 량치차오의 주장이다. 량치차오는 칸트의 양심설을 가지고 철학이 아니라 정치 계몽을 하려 한다.

량치차오가 말하는 양심설은 '양심에 기꺼이 복종하는 도덕 주체'를 교육하려는 윤리학을 가리킨다. 그는 자유를 행사하는 도덕 주체와 양심을 분리하고, 그 도덕 주체가 지속적으로 양심에 복종하는 방식을 제시한다. 량치차오는 바로 그 양심을 국가주권이라고 말한다. 그에게 '국가주권은 절대자'이다. 16세기 프랑스 사상가 장 보댕(Jeang Bodin, 1529-1596)은 『국가론』에서 주권이란 "국가의 절대적이며 영구적인 권력"이자 "최고 명령권"이라고 말한다.[49] 그렇다면 주권은 도대체 어디에 있나. 주권의 소재와 관련하여 세 가지 주권론이 있다. 첫째, 인민주권론(popular sovereignty)으로 국가의 주권이 인민에게 있다는 주장이다. 둘째, 군주주권론으로 국가의 주권이 군주에게 있다는 주장이다. 셋째, 국가주권론으로 주권이 국가 자체에 있다는 주장이다.

량치차오가 말한 국가론은 주권이 인민이 아니라 국가(Nation)에 있다고 주장한다. 하지만 현실적으로 '국가'라는 것이 한 인간처럼 물질적이거나 유형의 것으로 등장하지 않기 때문에, 국가주권은 모호할 수밖에 없다. 이런 이유로 국가론자는 국가 자체를 하나의 생명체로 파악한다. 그리고 국민과 그들의 역량을 국가의 부속물처럼 묘사한다. 이것이 이른바 국가유기체론이다. 현실에서는 그 생명체의 상징으로 군주, 독재자, 정부가 등장한다. 량치차오가 「칸트의 학설」에서 말한 '국가론자의 국가론'은 아마도 그가 일본에서 접한 정치학자 블룬칠리의 국가론을 염두에 둔 듯하다.

메이지 시기 관방학자 가토 히로유키(加藤弘之, 1836-1916)가 1872년 스위스 출신 독일 법학자 요한 카스파 블룬칠리(Johann Kaspar Bluntschli, 1808-1881)의 『일반국가론』(*Allgemeines Statsrecht*)을 『국법범론』(國法汎論)으로 번역한 이후 블룬칠리의 국가론은 일본 메이지의 국가론으로 자리잡았다. 가토는 당시 메이지 천황에게 직접 강의를 행하는 시강(侍講)이었는데, 천황에게 일종의 제왕학으로서 블룬칠리의 국가론을 소개했다.[50] 량치차오는 일본학자 아즈마 효지(吾妻兵治)가 한문으로 번역한 『국가학』[51]을 참조하여 「정치학 대가 블룬칠리의 학설」(政治學大家伯倫知理之學說, 1903)을 발표했다. 이 시점은 「칸트의 학설」 발표와 거의 같은 때다. 량치차오는 블룬칠리의 국가유기체론을 다음과 같이 소개한다.

가토 히로유키

『국법범론』

블룬칠리의 의도는 국가란 각 개인의 생명을 다 바쳐 그 자체를 구제해도 된다는 것이다. 그렇다면 개인의 안녕과 재산은 어디에 있는가? 블룬칠리가 국가는 국가 자체를 목적으로 한다고 말한 것은 실로 국가의 목적 가운데 최상위의 것이며 각 개인은 실로 이 목적을 달성하기 위한 도구라고 하는 것이다.[52]

철학적으로 보면 블룬칠리는 "영국과 프랑스를 중심으로 발전한 자연법이론과 계약설을 비판하는 헤르더와 헤겔의 논지를 충실히 계승했는데" 이것은 결국 "국가를 형이상학적으로 지지되는 윤리적 실체로 고양시킨 것"이다.[53] 블룬칠리의 주권론은 칸트의 주권론과 사뭇 다르다. 칸트는 주권에 대해서 "국가에는 어느 무엇에 의해서도 제한받을 수 없는 하나의 최고 권력이 존재하여야 한다. 이것이 곧 주권이다. 오직 공동체의 의지만이 그러한 최고 권력을 소유할 수 있다."[54]고 말한다. 여기서 '공동체의 의지'는 무엇일까? 그것은 국민의 통합된 의지이다. 달리 말하면 통합된 개별 국민의 의지이다. 국민의 의지 말고 주권은 없다. 칸트는 『도덕형이상학』에서도 입법권은 국민의 통합된 의지에만 귀속될 수 있다고 말한다. 이에 반해 량치차오는 다음과 같이 말한다.

우리 인간의 자유 권리가 성립할 수 있는 까닭은 양심을 믿기 때문이다. 양심을 믿기 때문에 어쩔 수 없이 양심에 복종하고, 진아에 복종한다. 주권에 대한 복종은 곧 개인이 국가에 대한 책임이 출현하는 곳이고, 양심에 대한 복종은 신체로서 자아가 진아에 대한 책임이 출현하는 곳이다. 그래서 그것을 '도덕의 책임'이라고 말한다. 이에 따라 말하면 자유는 반드시 복종을 조건으로 한다.[55]

칸트는 도덕의 형이상학적 기초를 놓으려고 했다.『도덕형이상학』이 그 결과이다. 량치차오는 칸트의 양심설을 가져와서 국가의 형이상학적 기초를 놓으려고 한다. 그가 수립한 '진여=양심=주권=국가'라는 도식이 바로 그것이다. 특히 량치차오의 '복종'이라는 표현이 대단히 인상적이다. 량치차오는 「칸트의 학설」뿐만 아니라 비슷한 시기 다른 글에서도 개인에게 자유가 아니라 복종을 요구했다. 물론 복종의 대상은 집단 나아가 국가이다. 그는 「자유를 논한다」(論自由)에서 이렇게 말한다. "자유를 남용하여 타인의 자유를 침해하거나 단체의 자유를 침해하면 그 공동체는 이미 자립할 수 없어서 장차 다른 공동체의 노예가 될 것이니, 어찌 다시 자유를 기대할 수 있겠는가? 그래서 진정한 자유는 반드시 복종할 수 있어야 한다."[56] 여기서도 자유에 앞서 복종을 요구한다. 그렇다면 자유란 도대체 무엇인가?

> 자유란 단체의 자유이지 개인의 자유가 아니다. 야만의 시대에는 개인의 자유가 활발하고 단체의 자유는 사라졌다. 문명 시대에는 단체의 자유가 강하고 개인의 자유는 감소한다.[57]

자유란 과연 이런 것일까? 오늘날 이런 식의 자유를 이야기하면 전체주의자로 의심받을 것이다. 하지만 량치차오가 전에 없던 국가관이나 공동체 윤리를 수립하고자 했을 때, 개인은 결코 집단 우위에 있을 수 없었고, 개인은 집단 가치를 옹호하거나 유지하는 조건 아래 자유를 추구할 수 있었다. 량치차오의 입장은 분명해 보인다. 개인의 자유는 집단의 가치를 지키고 역량을 강화하기 위해서 발휘되어야만 한다. 그래서 그는 1904년 12월과 이듬해 1월까지 두 차례 걸쳐『신민총보』에 발표한 「나의 생사관」(余之死生觀)에서 "대아는 내가 속한 집단이고 소아는 '나'라는 개체"[58]라고 말한다. 그는 개체를 초월한 주관으로 집단을 상정했다. 그래서 소아인 개인은 죽더라도 그 개인이 자신을 투사한 대아는 소멸하지 않는다고 말한다.

신이나 국가에 대한 복종을 일종의 운명처럼 받아들일 수도 있다. 물론 그것은 미화임에 틀림없다. 자신에게 천부적으로 부여된 자유를 기꺼이 반납하고 신이나 군주 혹은 국가에 복종하고 신민(臣民)으로 살겠다 선언한다면 하는 수 없다. 1900년대 량치차오의 칸트는 왕궈웨이(王國維)와 달리 계몽의 도구였다. 그가 칸트 상위에 위치시킨 불교도 마찬가지로 계몽의 도구였다. 국민국가 건설을 염원한 량치차오에게 철학이든 종교든 하나의 디딤돌이었고 징검다리일 뿐이었다. 중화민국 건국 이후는 달랐지만 적어도 그때는 그랬다.

존재탐구와 생명운동

장타이엔의 열반론과 쇼펜하우어

근대 중국에서 칸트와 마찬가지로 일찍부터 불교와 조우한 서양 철학자는 쇼펜하우어(Arthur Schopenhauer, 1788-1860)다. 이 조우를 주선한 대표적인 인물은 장타이엔(章太炎, 1869-1936)이다. 청말 청조(清朝) 타도를 외치다 투옥된 장타이엔은 감옥에서 불교에 심취했다. 1906년 출옥 후 일본으로 건너 간 장타이엔은 그곳에서 칸트, 헤겔, 쇼펜하우어, 니체 같은 독일철학자뿐만 아니라 찰스 다윈, 토마스 헉슬리, 허버트 스펜서 같은 영국 사상가를 접한다. 또한 후쿠자와 유키치나 나카에 조민 같은 메이지 사상가를 만난다. 특히 그는 쇼펜하우어 철학을 불교의 입장에서 강하게 해석했다.

근대 일본에서 쇼펜하우어 철학은 독일에서 유학한 이노우에 테츠지로(井上哲次郎, 1856-1944)와 독일계 러시아인 라파엘 본 케벨(Raphael von Koeber, 1848-1923)이 처음 소개했다. "이노우에는 독일 유학 시기 하르트만을 방문하고 파울 야코브 도이센(Paul Jakob Deussen, 1845-1919)과 교류했다. 도이센은 '쇼펜하우어협회' 창립자이자 니체의 친구였다."[1] 케벨은 1893년부터 1914년까지 20년 간 도쿄제국대학에서 강의했다. 두 사람의

『의지와 현식으로서 세계』

도쿄제국대학 제자 아네사키 마사하루(姉崎正治, 1873-1949)는 독일 유학 이후 쇼펜하우어의 주저『의지와 표상으로서의 세계』를『의지와 현식(現識)으로서 세계』(1911)로 번역했다.[2] 아네사키는 표상이나 관념으로 곧잘 번역되는 독일어 포스텔룽(Vorstellung)을 현식(現識, manas)이라는 다분히 불교적인 술어로 번역했다.

장타이옌은 1906년 도쿄에서 개최된 환영회에서 "법상종에서 말하는 점은 '모든 존재자가 오직 마음에 의해 성립됨'[萬法唯心]이다. 일체 유형의 색상이나 무형의 관념은 모두 '거짓 주관'[幻見]이자 '거짓 객관'[幻想]일 뿐이고 실재하는 참 존재는 아니"[3]라고 선언한다. 유식학에 따르면 세계는 일종의 마야(maya, 幻)다. 쇼펜하우어도 표상으로서 세계는 "인간의 눈을 가리고 세계를 보게 하는 기만의 베일인 마야"[4]라고 말한다. 장타이옌은 칸트와 쇼펜하우어 철학을 불교와 비교한다.

칸트의 12범주는 불교의 상분(相分)의 도리이고, 쇼펜하우어의 '세계는 완전히 의지의 망동에 의해 성립한다'는 주장은 12연기의 도리이다.[5]

유식학에서는 '인식 주관'[見分]과 '인식 대상'[相分]이 모두 의식의 소산임을 주장한다. 장타이옌은 칸트의 12범주가 현상 혹은 인식 대상을 구성하는 원리라고 파악한다. 그래서 그것을 상분에 배당한다. 쇼펜하우어는 "세계는 나의 표상"[6]이라는 선언으로『의지와 표상으로서의 세계』를 시작한다. 이때 나는 바로 '나의 의지'다. 세계는 내 의지의 표상인 셈이다. 그는 "아무런 목표와 한계가 없다는 것이 끝없는 노력인 의지 자체의 본질에 속한다."[7]고 말한다. 그야말로 '맹목적 의지'다. 장타이옌이 이를 12연기와 비교한 것은 순전히 무명(無明, Avidyā) 개념 때문이다.

초기불교에서는 무명에서 시작하여 12가지 항목[支]의 '의존 관계'[緣起]를 통해서 인간 존재의 출현과 고통의 전개를 설명한다. 그 고통은 '늙음[老]과 죽음[死]'으로 대표된다. 무명이란 말 대신 근원적 욕망을 '갈증을 채우려고 허겁지겁 물을 찾는 행위'에 비유해서 갈애(渴愛, tṛṣṇa)라고 표현하기도 한다. 근대 일본의 불교학자 기무라 다이겐(木村泰賢)은 이 무명 개념의 연원을 설명하면서 『리그베다』(Rig-veda) 「무유가」(無有歌, nāsadīya sūkta)의 한 구절을 소개한다. "하나의 종자가 열기(熱, tapas)의 힘에 의해 전개하여 욕구(kāma)가 되고, 욕구로부터 다시 전개하여 현식(現識, manas)이 되어 여기서 우주가 되었다."[8] 욕망 혹은 의지가 세계 구현의 동력처럼 보인다. 장타이옌은 쇼펜하우어 의지론과 관련해 「구분진화론」에서 다음과 같이 말한다.

헤겔이 역사발전론을 제창하기 시작했을 때, 쇼펜하우어는 이미 그에 대항하여 세계의 성립은 맹목적 의지에 연원할 뿐이고 지식은 그것의 종복(從僕)이 될 뿐이라고 여겼다. 맹목적 의지는 그 과정을 알지 못하고 오직 행복 추구를 목적으로 할 뿐이고 그 추구는 끝이 없다.[9]

헤겔은 세계는 잘 짜인 기획에 따라 늘 합목적적으로 전개한다고 웅변한다. 이에 반해 쇼펜하우어는 "아무런 목표와 한계가 없다는 것이 끝없는 노력인 의지 자체의 본질에 속한다."[10]고 말한다. 그리고 "영원한 생성, 끝없는 흐름이 의지의 본질"임을 거듭 강조한다. 쇼펜하우어 철학에서는 의지(Willel)가 물자체(物自體, Ding an sich)이고 표상은 의지의 객관화이다. 이때 "모든 표상은 충족근거율의 원리에 따른다. 그것은 물질적 대상, 시간과 공간의 구조, 추상적 개념들 사이의 필연적인 관계를 규정하는 경험대상과 과학의 원리이다."[11]

「사혹론」

충족근거율이란 '표상의 성립'과 표상에 대한 '인식의 성립'에서 충분한 근거로 요구되는 선험적 원리다. 쇼펜하우어는 생성, 존재, 인식, 행위 네 범주로 구분하여 '네 가지 충족근거율'을 제시한다. 그는 자신의 박사학위 논문『충족근거율의 네 가지 뿌리』(1813)에서 이 원리를 정립했다. 표상은 충족근거율에 의해 이해되지만 의지는 충족근거율 밖에 존재한다. 물자체로서 의지는 그 근거를 요구할 수 없다.[12] 당연히 의지에 대해서는 지성이나 이성으로 접근할 수 없다. 앎은 의지의 객관화인 표상에 대해서만 작동할 뿐이다. 장타이옌이 말한 것처럼 "지식은 의지의 종복"일 뿐이다.

쇼펜하우어 철학에서 의지는 세계 성립의 동력이자 고통의 연원이다. 쇼펜하우어는 결국 의지 부정을 통해서 인간은 구제된다고 주장한다. 장타이옌은 1908년 발표한 「사혹론」(四惑論)에서 말한다. "유기물의 세계와 무기물의 세계는 모두 의지의 표상이다. 스스로 그 본체에 대해 분명하게 알지 못하면 거기서 일체 번뇌가 발생한다. 그래서 열반 추구는 반드시 의지의 단절에 있고, 그것의 방식은 은둔에서 시작한다."[13] 여기서 '본체에 대한 무지'는 '표상으로서 세계'와 '의지의 망동'을 말한다. 이 무지, 즉 무명(無明)이 번뇌를 초래한다. 장타이옌은 여기서 열반 추구와 의지 단절이라는 목표를 제시한다. 또한 '은둔'이라는 방법을 제시하는데, 이는 일상을 기피하는 게 아니라 욕망의 관계를 단절하고자 하는 것으로 해석할 수 있다.

쇼펜하우어는『의지와 표상으로서의 세계』제4권을 시작하면서 "인식이 생기자마자 욕망은 사라져 버렸다."라는『우파니샤드』라틴어 번역『우프네카트』(Oupnekhat)의 한 구절을 인용한다.[14] 간단히는 앎이 욕망을 극복했다는 말이다. '인식' 또는 '지혜'의 방법은 무엇인가? 불교에서 주요한 지혜의 방법은 바라밀이다. 보시, 지계, 인욕 등 육바라밀을 지혜의 실천적인 형식으로 제시한다. 대승불교에서는 보살에게 중생 구제라는 자비행을 요구한다. 그것이 지혜의 현실적인 행위다.

쇼펜하우어는 『의지와 표상으로서의 세계』 제4권 66장 '덕과 선의 원천'에서 "모든 사랑은 동고(同苦)다."라는 명제를 제시한다.[15] 제67장 '동고(同苦)에 대하여'에서는 "모든 참되고 순수한 사랑은 동고이고, 동고가 아닌 모든 사랑은 사욕(私慾)"[16]이라고 말한다. 그는 『윤리학의 두 가지 근본문제』에서도 구제에 도달하는 방법으로 동고(同苦, Mitleid)를 말한다. 독일어 미트라이트(Mitleid)는 영어로는 심프시(sympathy) 혹은 피티(pity)로 번역되는데, 타인의 고통에 대한 연민이나 동정을 가리킨다. 나카에 조민은 이를 '측은의 정(惻隱の情)'으로 번역했다.[17]

장타이옌은 미트라이트를 굳이 '비성(悲性)'이라고 표현했다. 중국에서는 자비(慈悲, mettā)라는 불교 술어를 쪼개 자(慈)는 타인에 대한 사랑의 능력으로, 비(悲)는 타인의 고통에 대한 공감 능력으로 묘사한다. 장타이옌은 그야말로 동고(同苦)의 의미로 미트라이트를 이해했다.

> 독일인 쇼펜하우어는 다음과 같이 말한다. "세계는 매우 오염된 곳이다. 그래서 도덕을 의욕하는 사람이라면 반드시 먼저 자신의 육체를 버려야 한다. 자신의 육체를 버린다는 말은 자살하라는 게 아니라 단호하게 고행을 닦고 음계(婬戒)를 단단하게 지키면 가능하다."[18]

쇼펜하우어는 "삶에의 의지의 부정에서 첫 걸음은 자발적이고 완전한 동정(童貞)"[19]이라고 말할 정도로 금욕을 강조한다. 위 인용문에서 장타이옌이 말한 '음계'이다. 『의지의 표상으로서의 세계』 「의지의 긍정인 자살에 대하여」에서 쇼펜하우어는 자살자는 "삶에의 의지를 포기하지 않고, 개별적인 여러 현상을 파괴하면서 단지 삶만을 포기한다."[20]고 말한다. 그리고

"삶에의 의지에는 삶은 언제나 확실하고 이 삶에는 고뇌가 본질적이기 때문에, 하나의 개별적인 현상의 자의적인 파괴인 자살은 사물 자체에는 방해받지 않는다."[21]라고 말한다. 이렇게 자살은 결코 맹목적 의지를 극복하는 방법일 수 없다.

장타이옌은 욕망을 극복하기 위해서 자살하더라도 삶은 되돌아온다고 말한다. 바로 윤회(輪廻, saṃsāra)다. 그래서 그는 "삶과 죽음을 뛰어넘는 것이야말로 궁극"이라고 말한다. 쇼펜하우어 또한 말한다.

> 그는 남들을 자신처럼 사랑하고, 자신을 위하는 것만큼 그들을 위하는 것으로는 더 이상 만족하지 않고, 그의 마음속에는 자기 자신이라는 현상으로 표현되는 본질, 즉 삶에의 의지, 고난에 찬 것으로 인식된 세계의 핵심과 본질에 대한 혐오가 생겨난다. 그 때문에 그는 바로 그의 마음속에서 현상하고 이미 그의 신체를 통해 표현된 이 본질을 부인한다.[22]

불교는 허무주의나 비관주의가 아니다. 쇼펜하우어도 마찬가지다. 음욕을 끊기 위해서 자살을 하라거나 성기를 절단하라고 권유하지 않는다. 그것은 회피나 무능력의 권장이다. 불교도 그렇고 쇼펜하우어도 그렇고 각고의 노력으로 무명을 또는 맹목적 의지를 극복하라고 말한다. 쇼펜하우어는 『의지와 표상으로서의 세계』 제4권 마지막 장인 「무에의 의지와 세계」에서 의지의 부정으로서 무를 말한다. 그는 "불교도들이 열반으로 들어가는 것처럼 무(無) 자체를 회피하지 말 것"을 당부한다. 쇼펜하우어는 의지 소멸의 상황을 귀용 부인(Jeanne Marie Bouvier de la Motte-Guyon, 1648-1717)의 말로 설명한다.

> 축복의 대낮, 다시는 밤이 오지 않는 낮, 죽음에 직면해서도 더 이상 죽음을 두려워하지 않는 삶이다. 왜냐하면 죽음이 죽음을 극복했고, 최초

의 죽음을 당한 사람은 두 번째의 죽음을 더 이상 감각하지 않기 때문이다.[23]

귀용 부인은 프랑스의 신비주의자(Mystic)이자 정적주의(靜寂主義, Quietism) 신봉자이다. 정적주의는 기독교의 일파로 명상을 통해서 신과 일체 됨을 지향했다. 기독교식 범아일여(梵我一如) 지향이라 할 수 있다. 귀용의 "죽음이 죽음을 극복했다."는 표현이 대단히 인상적이다. 물론 이것이 불교의 윤회 개념과 유사한 것은 전혀 아니다. 오히려 이는 의지의 소멸과 함께 무를 경험한 상황이라고 할 수 있다. 논리적인 설득이 아니라 단지 상황 묘사 내지 수사에 지나지 않지만 쇼펜하우어는 귀용의 이런 언급에서 삶에의 의지가 부정된 상황을 감각한다. 장타이옌은 「사혹론」에서 쇼펜하우어의 입을 빌려서 자신의 열반론을 드러낸다.

> 열반은 순수한 무(無)의 상태로 조금이라도 섞이지 않음을 말한다. 구체적으로 말하면 세계 소멸이다. 열반 경계에 도달하면 세계 의지는 그것의 본래 모습을 회복한다. 형상으로 드러난 사물은 전혀 존재하지 않고 어떠한 사물도 열반을 형상화할 수 없다. 그래서 무를 이용해서 소극적으로 드러낸다. 무는 단멸공이 아니며 단지 거짓 있음과 상대해서 그것을 무라고 말했을 뿐이다.[24]

장타이옌은 열반을 무와 등치시킨다. 그는 그것을 '세계 소멸'로 묘사했는데, 이때 세계는 거짓 세계라고 할 수 있다. 왜냐하면 "열반 경계에 도달하면 세계 의지는 그것의 본래 모습을 회복한다."는 구절에서 알 수 있듯, 열반 경계의 도달은 '본래 세계'[本處]로 귀환이다. 쇼펜하우어에게 이런 식의 본래 세계란 존재하지 않는다. 맹목적 의지에서 세계는 출발하고 그것을 극복하여 무에 도달할 뿐 맹목적 의지 이전에 어떤 완전한 상태가 존재한 것은 아니다.

장타이옌의 이런 사고는 『대승기신론』의 입장을 반영하고 있음을 알 수 있다. 『기신론』에서 본처를 이렇게 말한다. "일체 제법은 처음부터 언어에 의한 모습, 개념에 의한 모습, 의식에 의한 모습을 벗어나서 궁극적인 평등이며, 변이도 없고 파괴도 없으며 오직 일심(一心)이기에 진여(眞如)라고 이름한다."[25] 쇼펜하우어는 뭐라 말했을까? 다음은 『의지와 표상으로서의 세계』 가장 마지막 문단이다. 여기서도 정확히 무를 향한다.

> 우리는 오히려 의지가 완전히 없어진 뒤 우리에게 남아 있는 것이 아직 의지로 충만한 모든 사람에게는 무에 지나지 않는다는 사실을 거리낌 없이 고백한다. 그러나 이와 반대로 의지가 방향을 돌려 자신을 부정한 사람들에게도, 우리의 그토록 실재적인 이 세계는 모든 태양이나 은하수와 더불어 무(無)인 것이다.[26]

의지가 충만한 자가 의지 소멸의 상황을 목도하면 그것은 무임에 분명하다. 마찬가지로 온갖 욕망을 극복해 마치 불 꺼진 재처럼 고요한 열반도 실은 그들에게 무임에 분명하다. 하지만 이렇게 의지나 욕망을 극복한 자에게 세계는 태양이나 은하수 같은 찬란하고 신비로운 무이다. 쇼펜하우어는 '무'라는 표현에 대해 각주에서 "이것이 바로 불교도의 반야바라밀이며 '모든 인식의 저편, 즉 주관과 객관의 경계가 더 이상 없어지는 지점"이라고 설명한다. 그는 이자크 야코브 슈미트(Isaac Jacob Schmidt, 1779-1847)가 쓴 「대승불교와 반야바라밀」(Ueber das Mahayana und Pratschna-Paramita)[27]을 참조했다고 설명한다. 쇼펜하우어가 어느 정도로 감각했는지 모르겠지만 그의 무는 열반일 뿐만 아니라 공(空)이다.

량수밍의 생명탐구와 베르그손

근대 중국에서 유럽 당대의 철학도 수입되는데 프랑스 철학자 앙리 베르그손(Henri Bergson, 1859-1941)이 대표적이다. 그를 불교에 끌어들인 사람은 량수밍(梁漱溟, 1893-1988)이다. 량수밍 연구자로 유명한 기 살바토레 알리토(Guy Salvatore Alitto)는 그를 '최후의 유자(The Last Confucian)'로 묘사했다.[28] 이는 량수밍이 신문화운동 즈음해서 유교로 전향하고, 이후 유교공동체 건설 등 유교 가치

량수밍

를 구현하기 위해 실천했기 때문이다. 프랑스 학자 티에리 메이노(Thiery Meynard)는 량수밍을 '숨은 불자(The Hidden Buddhist)'로 평가했다.[29] 이는 불교가 량수밍 사상 초창기뿐만 아니라 전 생애에 걸쳐 관철됐음을 주장한 것이다. 사실 『구원결의론』, 『인도철학개론』, 『유식술의』 같은 저작뿐만 아니라 유교 전향 이후 작품으로 분류되는 『동서 문화와 그 철학』에서도 량수밍의 주요한 이론 도구는 불교였다.

일본 학자 고토 노부코(後藤延子)는 논문 「량수밍의 불교인생론」에서 량수밍의 처녀작 『구원결의론』을 분석하면서 다음과 같이 말한다. "량수밍의 유교 전향은 결코 단순하고 조건 없이 전통 가치 체계로 복귀한 것은 아니다. 그가 유교로 전향한 것은 불교철학을 매개로 하여 자신을 확실성 없는 지식·법칙·규범의 허무 경계에 위치시키고 인간은 무가치하고 무목적의 인생 가운데 생존하고 있음을 통찰했기 때문이고, 이를 기초로 신유교를 다시 건립했다. 그의 신유교와 기존의 유교 사이에는 '무'라는 심연이 존재한다고 말할 수 있다."[30] 고토는 량수밍의 유교도 실은 무에서 출발했음을 지적한다.

량수밍은 1916년 5월에서 7월까지 세 차례에 걸쳐 『동방잡지』(東方雜誌)

에『구원결의론』(究元決疑論)을 발표했다. 이 논문은 인생고에 대한 자각과 수년 동안 행한 불교 공부의 결과였다. 이 시기 량수밍은 문필가 황위안성(黃遠生, 1885-1915)에게 큰 영향을 받았다. 황위안성은 '근대'라는 풍랑 속에서 신경쇠약에 걸린 지식인이었다. 황위안성은『상영록』에서 일본 학자 오스미 슌(大住舜, 1881-1923)[31]의『신사상론』(新思想論)을 인용하여 자신이 처한 시대를 묘사한다.

> 옛것은 죽었고, 새것은 태어나지도 않았다. 우리가 과거 신봉한 종교와 도덕, 학술과 문예는 이미 새 시대의 격렬한 바람과 파도를 감당할 수도 없다. …… 우리의 이 한 몸뚱이는 과거의 시체와 미래의 배아 사이에 서 있다. 쥔 거라곤 아무것도 없이, 빈손 맨주먹으로 단지 과도의 시기에서 방황할 뿐이다.[32]

이 구절은 오스미의『신사상론』제6장「과도시대의 비애」(過渡時代の悲哀)에 해당한다.[33] 이 글을 번역한 황위안성뿐만 아니라 량수밍도 '과도시대의 비애'를 충분히 감각했다. 황위안성은 과도의 시대는 근거가 될 만한 어떤 가치가 없는 시대라고 규정했다. 량수밍은『구원결의론』에서 "이 세계는 커다란 괴이(怪異)"라고 했다. 그가 번민 속에서『구원결의론』을 짓게 된 이유는 이런 상황에서도 어떻게든 살아내려 했기 때문이다. 그가 결국 도달한 지점은 불교였다. "이 세간에는 걱정·번뇌·병고 등이 너무도 많다. 내가 믿는 바는 오직 불법(佛法)만이 그것을 해결할 수 있다."[34] 병고를 해결하기 위해서 쓴 글이 바로『구원결의론』이다.

량수밍의 처녀작『구원결의론』(究元決疑論)은 크게 두 부분으로 나뉜다. 량수밍의 설명에 따르며, '구원(究元)'은 '구선원진(究宣元眞)'의 의미로 본질[元]과 진실[眞]을 탐구[究]하여 밝힌다[宣]는 뜻이다. 간단히 '근원 탐구'라고 할 수 있다. '결의(決疑)'는 '결행지지의(決行止之疑)'의 의미로 행동해야 할지[行] 멈추어야 할지[止] 혼란스러움 [疑]을 해결한다는 뜻이다.[35] 간단히 '의심 타파' 라고 할 수 있다. 량수밍은 이 둘을 각각 「불학여 실론」(佛學如實論)과 「불학방편론」(佛學方便論)으 로 명명했다. 하나는 진실[如實]을 다루고 하나는 실천[方便]을 다루기 때문이다.

『구원결의론』

「불학어실론」에서 량수밍은 프랑스 학자 귀스 타브 르봉(Gustave Le Bon, 1841-1931)의 물질관 을 소개한다. 그는 황스헝(黃士恒)이 1915년 『동방잡지』 권12 제4·5호에 번역해서 실은 「프랑스 르봉 박사의 물질 생멸론」을 통해 르봉의 『물질 신론』(物質新論)을 이해했다. 르 봉은 1905년 『물질혁명』(L'Evolution de la Matière)을 간행한다. 1907년 영국학자 프랜시스 레게(Francis Legge)는 『물 질혁명』(The Evolution of Matter)을 영어로 번역해 간행한다. 영역본 『물질 혁명』 제1부가 「물질에 대한 새로운 견해」(The new ideas on matter)인데, 황 스헝은 아마도 이 글을 『물질신론』으로 번역한 듯하다. 제1부 제1장이 '원 자 간 에너지 이론과 물질의 소멸(The theory of Inter-atomic energy and the passing away of matter)'인데 황스헝은 주로 이 부분을 소개했다.

르 봉의 주요한 이론은 에테르설(ether theory)과 와동설(渦動說, eddy theory)이다. 에테르는 19세기 서구 물리학계에서 빛을 전달하는 매질(媒 質, transmission medium)로 제시된 가상의 물질 개념이다. 와동설은 에테르 라는 물질로 가득 찬 우주 공간에서 태양이 운동을 하게 되면 일종의 회 오리[渦, eddy]가 발생하는데, 이 움직임 때문에 물질이 응집하여 행성이 되 었다는 학설이다. 량수밍은 이들 개념을 불교와 비교한다.

에테르(ether)의 와동(渦動)이 원자(原字)를 형성하여 이 세계를 생성한 다. 이 와동이 곧 홀연염기(忽然念起)이다. …… 이 와동이 바로 무명(無

明)이다. 그것이 어디서 왔는지는 말할 수 있는 바가 아니다. 와동이 에테르를 떠나지 않고, 무명은 진심(眞心)을 여의지 않는다.[36]

량수밍은 비물질적 속성을 띤 에테르가 세계를 생성하고 수렴한다는 주장을 『기신론』에서 말하는 심성이나 아뢰야식이 순수체지만 무명의 발동으로 세계를 구성한다는 주장에 대비시켰다. 그는 분명 본체론 입장에서 르 봉의 물질관과 『기신론』의 홀연염기설을 이해한다. 그래서 그는 "마음은 본래부터 청정하다."거나 "중생이 본래 열반에 상주한다."[37]는 등 완전태로서 '본성'을 상정한다. 그리고 거기에 마치 원질(原質) 같은 근원성을 부여한다. 이렇게 되면 그리스 자연철학자와 형이상학자의 본질 혹은 근원 찾기 시도와 비슷해 보인다. 량수밍은 물질의 연원이 마음임을 지속적으로 강조한다. 량수밍 연구자 메이노도 "량수밍은 『기신론』 방식의 생멸과 불생불멸을 결합하는 본체(fundamental substance)를 지지하기 위해서 에테르설 같은 과학 이론을 사용했다."[38]고 평가한다.

베르그손에 대한 논의는 『구원결의론』의 두 번째 장인 「불학방편론」에 주로 등장한다. 량수밍은 여기서 세계를 원질이나 이법(理法)이 아니라 하나의 흐름(flux)으로 파악한다. 서양철학에서는 쇼펜하우어와 니체가 세계를 실체가 아니라 맹목의지나 권력의지로 설명했다. 량수밍은 의지가 아니라 흐름으로 설명한다. 그리고 여전히 홀연염기설을 거론한다.

이미 근원을 탐구한 자라면 비존재 가운데서 세간이 거짓으로 존재함을 알 것이다. 이른바 '홀연히 무명이 일어나서'[忽然念記] 인과(因果)가 상속(相續)하고 멈추지 않고 천류하여 지금에 이른다. 이런 천류와 상속은 르 봉이 말하는 '쉼 없는 변화'이고, 다윈과 스펜서가 말하는 '진화'이고, 쇼펜하우어가 말하는 '생 의지'이고, 베르그손이 말하는 '생명의 약동'이자 '창조적 진화'에 해당한다. 베르그손이 밝힌 바가 가장 놀랍고 뛰어나다. 나는 지금 세간을 설명하는 데 그것을 취하여 나의 논의로 끌어들인다.[39]

량수밍은 세계는 홀연히 일어난 무명에서 시작하지만 그 이후 인과의 상속이라는 원리에 지배되어 구성된다고 말한다. 사실 '홀연염기' 개념에 입각하면 『기신론』에서 '홀연'이라는 말은 사실 '불가지'의 의미다. '규명 불가능'을 의미하기도 한다. 그래서 '홀연염기'는 알 수 없는 이유로 무명[念]이 발생함을 말한다. 이런 발생 이후 세계는 하나의 흐름으로 전개된다. 량수밍은 흐름 혹은 상속을 말한 철학자를 열거한다. 르 봉이 그렇고, 다윈과 스펜서의 진화가 그렇고, 쇼펜하우어의 생 의지가 그렇고, 베르그손의 생명의 약동과 창조적 진화가 그렇다. 이렇게 량수밍은 불교의 상속 개념을 흐름(flux) 개념으로 파악하고, 다윈부터 베르그손까지 하나로 계열화한다. 특히 프랑스 철학자 앙리 베르그손(Henri Bergson, 1859-1941)의 논의에 주목한다.[40]

량수밍은 영국학자 허버트 윌든 카(H. Wildon Carr, 1857-1931)가 쓴 『변화의 철학: 베르그손 철학의 기초 원리 연구』[41]를 인용하여 "철학의 임무는 과학이 할 수 없는 바에 있는데 바로 이 생명의 약동을 규명하는 것일 뿐"이라고 말하고, 또한 "참된 근원은 이런 실체를 가진 물질이 아니며, 또한 사고하는 사람의 마음도 아니며 단지 '생명의 약동'[生活]이자 '창조적 진화'[生成進化, creative evolution]일 뿐이다."[42]라고 말한다.

량수밍이 베르그손의 개념으로 제시한 '생활(生活)'은 한자 그대로 풀면 '생의 활동' 혹은 '삶' 정도의 의미이지만 그것이 베르그손의 개념임을 감안하면 '생명의 약동(vital impetus, F.'élan vital)'으로

허버트 윌든 카

*『앙리 베르그손:
변화의 철학』*

보아야 한다. 생명의 약동은 "생명의 근원적 힘 또는 원초적 노력"이다.[43] 그렇다면 량수밍의 '생활'은 '생명의 활발발(活潑潑)'로 이해할 수 있다. 『임제록』 같은 선종 문헌에서는 선수행자의 활달 자유와 충만한 생기를 마치 물고기가 펄떡거리며 튀어 오르는 것과 같다고 해서 '활발발하다'[活潑潑地]고 표현한다.[44] 실제 물고기의 움직임을 말하는 '활발(活鱍)'이란 한자로 쓰는 경우도 있다.

베르그손은 『창조적 진화』에서 "생명은 물질과의 접촉에서 충동이나 약동(躍動)에 비교되지만 그 자체로 고찰되었을 때는 막대한 잠재성이며 수천의 경향들의 상호 침투"[45]라고 말한다. 이렇게 베르그손에게 생명은 무지막지한 잠재성이자 수천의 경향이다. 그는 "생명의 약동은 창조의 요구로써 이루어진다."고 확신한다.[46] 그래서 생명의 약동은 바로 '창조적 진화'의 원동력이고, "연속적 변화 속의 질적 비약을 의미한다."[47] 량수밍의 베르그손 이해에서 또 하나 중요한 개념은 '지속'이다. 베르그손은 1889년 간행한 처녀작 『의식에 직접 주어진 것들에 관한 시론』 제2장에서 '지속(duration)의 관념'을 다룬다. 베르그손의 지속에 대해 김재희는 다음과 같이 정리한다.

> 『시론』에서 처음 등장한 지속 개념의 독창성은 무엇보다 시간을 비-공간적인 질적 다양체로 정의했다는 데 있다. 흔히들 지속을 무구별적이고 불가분한 연속으로만 간주하는데 사실 지속의 핵심은 질적 차이에 의해 나뉜다는 것, 나뉘면서 스스로 달라진다는 것에 있다. 시간이 이러한 질적 다양체로서의 지속이라는 것은 무엇을 의미하는가? 그것은 바로 시간은 공간과 같은 것이 아니며, 존재의 연속적인 질적 변화와 분리 불가능한 것으로서, 창조적 생성이라는 실재 자체의 초월론적 근거라는

282

것이다.[48]

  량수밍은 『구원결의론』에서 윌든 카의 『변화의 철학』을 인용하면서 "물
질의 본질은 다만 천류일 뿐"이라고 말하고, 사물이 있어서 유동하거나 혹
은 지속하는 게 아니라 유동이나 지속이 바로 사물이라고 말한다. 그는
"베르그손은 모든 존재자를 끊임없는 흐름으로 귀납시켰다."고 평가한다.
베르그손은 『의식에 직접 주어진 것들에 관한 시론』에서 "지속은 순수한
이질성"[49]이라고도 했다. 이렇게 베르그손에게서 지속은 "끊임없는 생성
과 창조와 질적 변화의 불가분한 연속체인 존재 세계와 분리 불가능한 시
간"[50]이다. 량수밍은 1921년 간행한 『동서 문화 및 그 철학』에서 『구원결
의론』보다 훨씬 정교한 논의를 펼친다. 여기서 그는 베르그손의 지속 개념
을 유식학의 상속(相續, saṃtati)개념으로 이해한다.[51]

> 생명활동은 상속이다. 유식학에서는 오늘날 생물이라고 말하는 유정(有
> 情=중생)을 상속(相續)이라고 규정한다. 상속은 생활과 결코 두 가지 사
> 건이 아니다. 생명활동을 떠나 생명활동의 주체가 있지 않음을 알아야
> 한다. 다만 생명활동이 있을 뿐이지 '생명활동의 주체'[生物]가 있지는
> 않다고 말할 수 있다. 좀 더 분명하게 이야기하면 단지 생명활동이라는
> 사건이 있을 뿐이지 생명활동이라는 사물이 존재하지는 않는다. 이른바
> 생물은 단지 생명활동이고, 생명활동과 생물은 두 가지가 아니다. 그래
> 서 모두 상속이라고 말할 수 있다.[52]

  이 구절은 유식학의 상속 개념과 『구원결의론』에서 인용되기도 한 베르
그손의 이야기를 결합한 것이다. 사실 "생명활동이 있을 뿐이지 생명활동
의 주체가 있지는 않다."라거나 "생명활동이라는 사건이 있을 뿐이지 생명
활동이라는 사물이 존재하지는 않는다."는 이야기는 모두 베르그손의 것

이다. 량수밍은 베르그손에 힘입어 생명을 지속 혹은 흐름으로 이해했고, 다시 유식학의 상속 개념을 끌고 온다. 중국 유식학의 교과서라고 할 수 있는 『성유식론』에서는 『유식삼십송』 제4구 "[아뢰야식은] 폭포수 물줄기처럼 언제나 전이(轉移)한다."[恒轉如暴流]는 구절을 해설하면서 "아뢰야식은 단절하는가 아니면 [동일하게] 항상하는가?"란 질문을 먼저 던진다. 그리고 "언제나 전이하기[恒轉] 때문에 단절하지도 항상하지도 않다."고 답한다.[53] 그리고 이어서 항전(恒轉) 두 글자를 하나씩 풀이한다.

> 항(恒)은 이 아뢰야식이 시작 없는 때부터 '한 유형으로 상속'[一流相續]하여 늘 단절 없음을 말하는데, 삼계·오취·사생의 근본을 형성하고, 종자를 굳건히 지켜 사라지지 않게 하기 때문이다. 전(轉)은 이 아뢰야식이 시작 없는 때부터 찰나 생멸하여 전 찰나와 후 찰나가 변이함을 말하는데, 원인이 소멸하고 결과가 발생하여 '항상 동일하지'[常一]는 않기 때문이며, 7전식이 [아뢰야식에] 종자로 훈습되기 때문이다. 항(恒)은 단절을 부정하고, 전(轉)은 동일성을 부정한다.[54]

량수밍이 앞서 "유식학에서는 오늘날 생물이라고 말하는 유정을 상속"이라고 규정한다고 했는데, 물론 이 언급에는 그 자신의 생각이 많이 개입됐다. 『유식삼십송』 제1송에서는 "가설된 자아[我]와 대상[法]은 갖가지 모습으로 전환하는데, 식에 의해 변현한 결과"라고 말한다. 이렇게 보면 유식학에서는 유정을 포함한 모든 주체가 식의 소산임을 인정한다. 또한 찰나 생멸로 식의 흐름을 이해한다면 "유정은 상속이다."라는 말도 가능하다. 위 인용문에서도 보듯, 『성유식론』에 '상속'이란 개념이 따로 등장하지만 "지속의 핵심은 질적 차이"[55]라는 평가에 의거하면 상속보다는 '항전'이 지속 개념에 좀 더 부합할 듯하다. 왜냐하면 항전은 '질적 차이를 담보한 연속'이라는 의미이기 때문이다. 량수밍은 『동서 문화 및 그 철학』에서 계속해서 말한다.

생명활동은 모종의 범위 내에서 사건의 상속이다. 여기서 사건이란 무
엇인가? 내 생각으로는 일문일답(一問一答) 즉 유식학에서 말하는 하나
의 견분(見分)과 거기에 해당하는 하나의 상분(相分)이 하나의 사건이
다. 하나의 사건, 하나의 사건, 또 하나의 사건, 이와 같이 끊임없이 사건
이 솟아남이 바로 상속이다. 왜 이렇게 끊임없이 솟아나는가? 우리의 질
문, 즉 탐구가 끊임없기 때문이다. 한 번 질문하면 곧 자신이 행한 하나
의 답변이 있다. 질문이 끊임없기에 답변이 끊이지 않는다. 그래서 사건
이 끊임없이 솟아나고 이 때문에 생명활동은 끊임없이 상속한다.[56]

량수밍은 생명활동은 사건의 상속이라고 정의하고, 이 사건은 일문일답
이라고 했다. 일문일답은 '존재론적 물음과 그 대답'이라고 할 수 있다. 그
런데 사건의 상속은 다시 하나의 견분과 하나의 상분이라고 했다. 유식학
에서 식의 작용을 말하면서 식의 인식[見] 역할[分]로서 견분과 식의 대상
[相] 역할[分]로서 상분을 말한다. 식이 보는 역할을 담당할 뿐만 아니라
보이는 역할도 담당한다는 이야기다. 량수밍은 아마도 하나의 질문을 견
분에 대응시키고, 하나의 답변을 상분에 대응시킨 듯하다. 본래 견분과 상
분에 량수밍이 말하는 의미가 있는 것은 아니다. 그는 견분을 질문이자 탐
구로 간주하고 상분은 대답이자 탐구의 결과로 취급한다. 이는 인식론 차
원의 이론을 존재론 차원으로 전환한 것으로 보인다.

루쉰의 적막과 위버멘쉬

량수밍과는 다른 방식으로 인간 존재를 고민한 사람은 루쉰(魯迅, 1881-
1936)이다. 그렇다. 루쉰은 분명 불교도가 아니다. 불교학자도 아니다. 하

루쉰

지만 그의 고민과 적막에서 불교를 만난다. 장타이옌과 량수밍이 불교로 고통과 죽음 그리고 생을 말했다면 장타이옌의 제자 루쉰은 불교의 언설을 내뱉지 않고 그것을 말했다. 「양지서」(兩地書)에서는 "오직 암흑과 허무만이 진실하다."고 했고, 『외침』에서는 영혼에 달라붙은 독사 같은 적막감을 말했고,[57] 『들풀』에서는 벗에게 줄 거라곤 '암흑과 공허뿐'이라고 말했다.[58] 이렇게 루쉰 문학에는 적막이 있다. 그 적막의 어디쯤 불교가 닿아 있다. 루쉰이 1927년 간행한 산문시집 『들풀』에 실린 작품들이 그의 불교를 잘 보여준다.

루쉰은 인간 존재의 본질을 탐구하고, 불교적 무에 도달한다. 불교적 무는 존재에 대한 정시(正視)일 뿐 아니라 인간 존재를 친친 감싼 거짓과 감행하는 싸움이다. 일본의 루쉰 연구자 다케우치 요시미(竹內好)는 "루쉰 문학의 근원은 무(無)라고 불릴 만한 어떤 무엇"[59]이라고 말했다. 루쉰에게서 무는 현실이고 방법이다. 그가 말하는 암흑과 허무는 불교 술어로는 '일체개고(一切皆苦)'와 '일체개공(一切皆空)'이다. 세계는 어떤 본질도 갖지 않는다. 그런데 우리는 거기에 우리의 욕망을 분사하고 자신과 타인에게 그것을 사실로 요구한다. 거짓의 출동이다. 이런 거짓이 초래하는 우리의 삶은 고(苦)다.

그렇다면 진실은 어디쯤 있을까? 사실 진실 따윈 없다. 그저 거짓과 싸울 때만 진실할 뿐이다. 루쉰 문학은 거짓과 싸움이다. 노예 도덕으로 찌든 불쌍하지만 야비한 인간. 근엄하지만 위선으로 가득 찬 인간. 우상을 머리에 이고 우쭐대는 인간. 이것이 현실의 비루한 인간이다. 우리의 아큐가 적나라하게 보여준다.

다행히도 몽둥이 소리와 함께 사건도 끝이 난 것 같아 오히려 홀가분한

느낌도 들었다. 역시 조상 대대로 물려받은 망각이라는 보물이 효과가 있긴 있었다. 아큐는 천천히 술집으로 향했다. 술집을 들어서는 순간 어느덧 신이 나 있었다.(「아Q정전」)

정신승리법으로 무장한 그는 이유 없이 맞아도 억울하지 않고, 약한 자를 보면 이유 없이 기세등등하다. 돈 없이 술집이나 기웃거리는 주제에 아이를 만나면 문자를 가르치려 드는 쿵이지(孔乙己)도 매한가지다.

루쉰은 『들풀』 「옅은 핏자국」에서 조물주에 놀아나며 고통을 고통으로 느끼지 못하는 무능한 인간을 비난한다. 조물주는 "모르는 사이에 인류가 고통을 받게 하면서도 오히려 인류가 그것을 오래도록 기억하게 하지는 않는다."[60]고 말한다. 그래선지 조물주는 "날마다 사람들에게 살짝 단맛이 도는 '고통의 술'[苦酒]을 적지도 많지도 않게, 얼큰할 정도로만 한 잔씩 건넨다." 그 결과 인

『들풀』

류는 "남과 나의 아득한 슬픔과 고통을 곱씹을 뿐이다. 그것을 뱉어 버릴 생각은 하지 않고 그래도 공허(空虛)보다는 낫겠다고 여긴다."[61] 왜 공허보다 고통이 나은가? 공허보다 고통이 나을 턱은 없지만 왠지 존재해야 할 것 같다. 소멸의 두려움 때문인가?

루쉰은 바로 이 고통을 응시하고 옅어진 핏자국을 선명하게 바라볼 수 있는 자를 호출한다. "깊고 오랜 모든 고통을 기억해내는" 전사이다.[62] 고통이 고통임을 아는 것. 그것도 쉽지 않아 용기가 필요할 지경이다. 루쉰도 고통의 정시(正視)에서 출발한다. 고통의 정시가 바로 현실의 정시다. 고통이 본질인 이 세계에서 온갖 허위가 난무하고 사람들은 그것을 마치 진리인 양 숭배한다. 루쉰의 주된 공격은 바로 허위와 위선이다. "반역의 용사는 일어서서, 인류를 소생시키거나 아니면 인류를 멸망시킨다. 이 조

물주의 양민들을." 그래 차라리 멸망시키는 게 나을지도 모른다.

니체는 『우상의 황혼』에서 "세상에는 진짜보다 우상이 더 많음."[63]을 간파하고, 자신은 망치를 들고 철학하겠다고 선언한다. 니체는 '모든 가치의 전도'를 말하는 우상 파괴자다. 루쉰도 니체처럼 우상을 부수고자 악전고투한다. 루쉰은 「이러한 전사」에서 세상에 난무하는 우상을 나열하고, 투창을 든 전사를 불러낸다.

> 그들의 머리 위에는 갖가지 깃발이 꽂혀 있고, 갖가지 아름다운 칭호가 수놓여 있다. 자선가, 학자, 문사, 장로, 청년, 아인(雅人), 군자, 머리 아래에는 갖가지 웃옷이 있는데, 갖가지 아름다운 무늬가 수놓아 있다. 학문, 도덕, 국수, 공론, 논리, 정의, 동방문명… 그러나 그는 투창을 치켜든다.[64]

루쉰의 무는 적멸이자 부정이다. 이때 적멸은 알맹이 없음을 말하지만 부정은 저항이자 전투다. 그것은 또한 존재의 진실이자 깨달음의 도정이다. 대승불교의 한 축인 중관학(中觀學)은 모든 존재자는 어떤 실체도 없이 텅 비었다고 주장한다. 존재의 본질은 본질 없음, 즉 공(空, śūnya)임을 밝힌다. '중관'은 '중도의 입장으로 세계를 통찰한다'고 풀이할 수 있다. 그렇다면 '중도(中道)'는 무엇인가? '중도'란 '중(中)'의 방식을 사용하는 태도나 입장을 말한다. '중'의 방식이란 '대립적인 두 사실의 타협'이 아니라 '대립적인 두 사실을 동시에 부정하는 행위'다. 이를 통해 우리가 일상적으로 쌓아 올린 의식의 탑을 일거에 부순다. 변증법적 과정이라고 해도 좋다. 부정의 철학이기도 하다. 중관학의 완성자 나가르주나(Nāgārjuna, 龍樹)는 『중론』(中論)에서 부정의 철학을 극한까지 밀고 간다.

'생성하지도 않고 소멸하지도 않으며'[不生亦不滅], '항상하지도 않고 단절하지도 않으며'[不常亦不斷], '동일하지도 않고 상이하지도 않으며'[不一亦不二], '오지도 않고 가지도 않는다'[不來亦不去]는 연기법을 설하여 훌륭하게 모든 희론(戱論, prapañca)을 적멸시킨 최고의 설법자 부처님께 나는 머리 숙여 예경합니다.[65]

나가르주나는 '네 가지 짝'[四雙]으로 이루어진 '여덟 가지 상대적 부정' [八背]으로 중도의 의미를 드러낸다. '여덟 가지 부정'이란 의미에서 '팔불 (八不)'이라고 한다. '불생역불멸'처럼 '생성과 소멸'을 '이중 부정'[雙遮]하기 때문에 '중'이다. 그래서 '중'에는 부정의 의미가 내포된다. 생각해보라. 세상 어떤 존재도 생성 아니면 소멸이다. 적어도 일상 인식으로는 그렇다. 그런데 나가르주나는 생성과 소멸을 동시에 부정함으로써 우리가 사물이나 사건에 대해 특정한 판단을 내리는 것을 불가능하게 만든다. 그리고 그런 판단이 결국 대단히 부실한 건축물임을 밝히고 판단 중지를 명령한다. 나가르주나는 사물과 사건에 대한 잘못된 판단을 희론(戱論, prapañca)이라고 했다. 희론은 망상이라고 할 수도 있다.

루쉰에게서도 중관학에서 말하는 이중 부정을 발견할 수 있다. 『들풀』 「길손」에서 한 노인은 길손에게 이름을 묻지만 길손은 "내 본래 이름을 알지 못합니다."라고 대답한다. 어디서 오는 길이냐고 묻자, "모릅니다. 저는 철든 이후 줄곧 이렇게 걷고 있을 뿐입니다."라고 답한다. 보리유지 역『금강반야바라밀경』에는 "여래(如來)는 지향[如]하는 곳도 없고, 연원[來]한 곳도 없기 때문에 여래라고 한다."[66]라는 구절이 있다. 존재는 시작한 연원이 있는 것도 아니고 돌아갈 귀의처가 있는 것도 아니다. 시작과 끝을 말하지 못하면 과정을 말할 수도 없다.

중국의 루쉰 연구자 하잉페이(哈迎飛)는 고통에서 공(空)에 도달하는 것은 루쉰 사상의 발전 단계이지 종착점은 아니라고 하면서 실제 루쉰이 대면한 난제는 이 공에서 어떻게 활로를 찾을까 하는 문제였다고 지적한다.[67] 하지만 공이나 중도 개념은 집착이나 우상을 부수고 자유를 획득한다는 점에서 그 자체로 활로다. 일체 존재자가 공임을 알 때, 허무나 무력함으로 떨어지는 게 아니라 고통을 극복한다거나 자유를 획득한다는 주장은 부정성이 갖는 실천적 기능이다. 물론 고통과 액난을 극복한다는 것은 아픈 다리가 낫거나 없던 돈이 생긴다는 이야기는 아니다. 인식이나 의식상에서 일어나는 착각이나 편견에서 벗어난다는 이야기다. 이를 통해서 존재론적 변환을 맞을 때 그것을 불교적인 의미에서는 해탈 혹은 자유라고 한다.

어우양징우(歐陽竟無)는 「불법은 종교도 아니고 철학도 아니다」라는 제목의 강연에서 "불법은 단지 집착을 부수는 것이고, 집착하는 게 하나도 없으면 곧 부처"[68]라고 말한다. 공 외에 더 긍정적이고 실천적인 무엇이 필요하지 않다. 그것이면 충분히 활로이다. 루쉰 작품 가운데 이중 부정을 기반으로 한 존재 비판을 여실히 보여준 것은 1925년 쓴 「희망」이다.

> 만약 내가 '밝지도 어둡지도 않은'[不明不闇] 허망 속에 목숨을 부지해 갈 수 있다면, 저 지나간 슬프고도 덧없는 청춘을, 비록 그것이 내 몸 밖에 있다 할지라도 찾아내리라. 내 몸 밖의 청춘이 한 번 소멸되면, 내 몸 안의 황혼도 동시에 시들 테니까.[69]

루쉰은 말한다. "절망은 허망이다. 희망이 그러함과 같이." 이렇게 되뇌고는 다시 "청춘이 소멸하면, 황혼도 시든다."고 말한다. 희망과 절망도, 청춘과 황혼도 동시에 부정된다. 일체 속박을 부술 수 있다면 부처될 수 있다. 산산이 부서진 이름이야말로 진실이다. 그래서 루쉰은 「묘비명」에서 말한다. "한바탕 노래와 열광 속에서 한기를 느끼고, 천상에서 심연을 본다. 모든 이의 눈빛에서 무소유를 보고, 희망 없는 곳에서 구원을 얻는다."[70] 그는 희망으로 절망을 치유할 수 없음을 안다. 그는 희망이란 말로 어찌해 볼 생각이 아예 없다.

불교에서 말하는 '무아'나 '공'은 허무주의나 무기력으로 몰락하자는 이야기가 결코 아니다. 그저 거짓을 걷어내자는 이야기다. 진실과 마주하라는 이야기다. 허나 두려울 게다. 「묘비명」에서는 그 두려움을 말한다.

> 심장을 도려내어 스스로 먹는 것은 그 참맛을 알려는 것인데, 찢어지는 아픔이 혹독하니 참맛을 어떻게 알겠는가? 아픔이 멈춘 후 천천히 그것을 먹었지만 그 심장은 이미 썩어버려 참맛을 또한 어찌 알겠는가? 나는 떠나려 했다. 그러자 죽은 시체가 이미 무덤 속에서 일어나 앉았고, 입술은 움직이지 않았으나 말하길, "내가 먼지로 됐을 때, 너는 내 미소를 보게 되리!"[71]

루쉰 문학은 거짓과 싸움이다. 그 거짓은 허위나 부조리, 허상과 우상, 우승과 열패, 전통과 근대 등등 차고 넘친다. 그래서 루쉰은 무를 말하지만 끊임없이 전사를 불러낸다. 루쉰도 문학계에서 숱한 전투를 감행했고, 작품 속에서도 숱한 인간 혹은 인간성과 싸웠다. 일말의 자비도 없이 전투를 감행했다. 불교가 공을 말하지만 끊임없이 부정하고, 끊임없이 수행하라고 말하는 것과 같다. 결코 맥 빠지는 허무주의가 아니다. 루쉰의 전사는 니체의 전사와 닮았다. 니체는 권력의지(will to power)로 충만하고 끊임없이 자기 극복과 자기 상승을 시도하는 위버멘쉬(Übermensch)를 말했다. "보라, 나는 너희에게 위버멘쉬를 가르친다. 그가 바로 번개이고, 그가 바로 그 광기이다." 차라투스트라는 이렇게 말했다.

> 내가 너희들에게 권하는 것은 노동이 아니라 전투다. 내가 너희들에게 권하는 것은 평화가 아니라 승리다. 너희들이 하는 노동이 전투가 되고 너희들이 누리는 평화가 승리가 되기를 바란다. …… 나로 하여금 너희

들에게 최고의 이념을 명하도록 하라. 사람은 극복되어야 할 그 무엇이라는 가르침을 말이다.[72]

니체는 들뢰즈 같으면 전쟁기계라고 할 법한 인간상을 요청한다. 루쉰 문학에서도 니체는 커다란 자원이다. 동생 저우쭤런(周作人)에 따르면, 루쉰은 일본 유학 시절 『차라투스트라는 이렇게 말했다』를 항상 책상 위에 두었고, 그 서장은 번역해서 잡지에 싣기도 했다.[73] 그는 1907년 발표한 『문화편지론』에서부터 니체를 적극적으로 활용했다. 차라투스트라는 말한다. "나 너희들에게 위버멘쉬를 가르치노라. 사람은 극복되어야 할 무엇이다. 너희들은 너희 자신을 극복하기 위해 무엇을 했는가?"[74] 니체나 루쉰은 자기 극복은 말하지만 결코 초월을 말하지는 않는다. 니체의 위버멘쉬는 결코 '대지'를 벗어나지 않고, 루쉰의 전사도 결코 전장을 떠나는 법이 없다.

> 반역의 용사가 인간 세상에 태어났다. 힘차게 일어서서 과거와 현재의 모든 폐허와 황폐한 무덤을 통찰한다. 광대하고도 영속적인 모든 고통을 기억에 되살리고, 누적된 모든 응혈의 산을 정시하고, 죽은 자, 산 자, 태어나려는 자 및 태어나지 않은 자 전부를 통찰한다. 그는 조화의 비밀을 간파한다. 그는 일어서서, 인류를 소생시키거나 아니면 인류를 멸망시킨다. 이 조물주의 양민들을.[75]

니체의 위버멘쉬가 '반시대적'이듯, 루쉰의 전사도 반역적이다. 시대의 순종자는 노예일 뿐이다. "이런 곳에서는 창칼의 소리가 들리지 않는다. 세상은 태평이다. 태평. 그러나 그는 투창을 치켜든다."[76] 그렇다. 태평성세는 주인들만 하얀 이빨을 드러내며 히득거리는 시대다. 주인과 노예, 조물주와 양민. 루쉰은 이 관계를 모두 부수고 싶다. 그래서 전사는 "인류를

소생시키든지 아니면 인류를 멸망시키든지 해야 한다." 오히려 인류에게
는 파멸이 축복일지도 모른다. 그래 너희들에게 줄 거라곤 벼락밖에 없다.
루쉰은 투창을 꼬나 쥐고 차라투스트라처럼 저들 벌레를 쫓는다. "가라,
파리 떼야! 아무리 날개가 있더라도 아무리 붕붕거려도 절대 전사를 초월
할 수 없다. 너희 벌레들아!"[77] 그렇다면 원숭이보다 더 원숭이 같은 인간
을 두들길 전사는 누구인가?

> 그렇다, 청년의 넋은 내 눈 앞에 다가 선다. 이미 거칠어져 있거나, 이제
> 바야흐로 거칠어지려 하는 넋, 그 피를 흘리며, 고통을 감내하는 넋을
> 나는 사랑한다. 그것은 내가 인간 세상에 있다는 것, 인간 세상에 살고
> 있다는 것을 가르쳐 주기 때문에.[78]

루쉰이 희망 없는 시대지만 전투를 시작하고, 철 방 속에 고이 잠든 이
들을 굳이 깨운 까닭도 청년의 넋이 있었기 때문이다. 불행히도 손에 든
것은 조잡한 투창일지라도 결코 물러서지 않고 싸웠다. 루쉰이 희망을 절
망과 마찬가지로 허망하다고 말하지만 결코 그가 냉담자나 방관자가 아
닌 이유가 여기에 있다. 청년의 함성, 청년의 방황, 그리고 청년의 분투. 부
서지는 그 넋을 사랑하고, 흘리는 그 피를 사랑한다. 소멸함으로써 존재했
음을 증명하듯, 루쉰도 저 청년들의 고귀한 전투를 보고 그제야 살아 있
음을 감각했다. 루쉰은 적막에 있었지만 결코 그곳에 갇히지 않았다. 허무
속에서 오히려 늠름했다.

12장

『대승기신론』 논쟁

중국불교 반성과 『대승기신론』 비판

청말 불교 부흥을 이끈 양런산은 『대승기신론』(이하 『기신론』) 읽기로 불교에 입문했다. 그는 1894년 선교사 티모시 리차드(Timothy Richard, 1845-1966. 중국명 李提摩太)와 『기신론』을 번역하기까지 했다. 근대 이전 『기신론』은 중국불교에서 교과서와 같은 권위를 가졌다. 하지만 1920년대 『기신론』은 불교계의 대표적인 논쟁거리였다. 『기신론』 논쟁은 크게 두 가지 방향으로 진행됐다. 첫째는 어우양징우(歐陽竟無)와 왕언양(王恩洋) 등 지나내학원 그룹이 제기한 '『기신론』 소승설'과 '『기신론』 비불설'이다. 둘째는 『기신론』이 인도에서 찬술된 게 아니라 중국에서 찬술됐다는 '『기신론』 중국찬술설'이다.

어우양징우는 1922년 9월 지나내학원에서 『성유식론』 강의를 하면서 중국불교 전통과 『기신론』을 함께 비판했다. 먼저 중국불교의 다섯 가지 폐단을 거론한다. 첫 번째 폐단으로 선종 전통의 반주지주의 경향을 들었다.

눈먼 자들은 멋도 모르고 그저 선가(禪家)의 공안(公案) 한두 개 들고서

구두선을 행하면서 들여우처럼 앉아서 참선한답시고 입만 벌렸다 하면 '불성은 문자에 있는 게 아니라'고 말한다. 이 때문에 이전 성인의 전적과 고승의 지극한 가르침은 폐기되어 사용되지 않고, 불법의 진의는 몰락하여 미약해졌다.[1]

이는 거의 성토에 가까운 비판이다. 어우양징우는 선종이 불교 경론을 통한 불교 이해를 단순히 알음알이로 비하하는 전통을 거부했다. 물론 선종 전통 전체가 이런 식의 태도를 취한 것은 아니다. 하지만 선종 내부에 분명 이런 경향은 존재했고, 선사들은 '불립문자'의 기치 아래 경론 공부를 비하하는 발언을 서슴없이 쏟아냈다. 어우양징우는 불보살이 설한 경론에 근거하지 않고 어떻게 불교의 진의를 이해할 수 있는지 반문하기도 한다. 그는 선종의 저런 반경전주의 혹은 반주지주의 전통 때문에 오히려 불법의 진의(眞義)가 은폐되고 쇠약해졌다고 평가한다.

두 번째 폐단으로 중국의 사상 연구는 정밀한 관찰을 결여했다는 점을 들었다. 어우양징우는 기존 불교 연구가 "교리상 힘써 공부하지도 않고서 자신의 사건에 의탁해서 함부로 창작을 해댔다."고 판단했다. 세 번째 폐단으로 "천태종과 화엄종 등 여러 종파가 흥성한 이후 불법의 광명은 더욱 어두워졌음"을 거론했다. 그는 종파의 건립자가 인도의 여러 논사에 비해 수준이 떨어짐에도 "신봉자는 그들을 부처님의 재림이라고 여긴다."고 힐난한다.[2] 중국불교의 발전사로 보자면 천태종, 화엄종, 선종 등의 종파는 불교의 중국화라는 측면에서 대단히 중요한 역할을 했다. 하지만 어우양징우는 교세의 흥성이나 문화적 친근성이 아니라 교리적 순수성이란 덕목으로 이들 종파를 평가했다.

네 번째 폐단으로 "공부하는 사람이 경전과 그 밖의 불교 저작에 대해 판단한 능력이 없다."는 점을 들었다. 어우양징우가 보기에 많은 사람들이 자신이 읽고 있는 불전이 불교의 가르침을 온전히 담고 있는지 아닌지, 심지어 불교의 이치에 부합하기나 하는지도 잘 몰랐다. 전통적으로 '불설'로 인정받으면 그저 좋은 말씀 정도로 생각하고 신봉할 뿐이었다. 다섯 번째 폐단으로 "불교를 공부하는 사람이 뜻밖에도 전혀 불교를 연구하는 방법론을 장악하지 못했다."는 점을 들었다. 그는 "불교를 공부한다는 게 일대 험로임을 인정하지 않고 오히려 '일행일문(一行一門)'을 구경(究竟)이라고 고집한다."고 지적

『유식결택담』

한다. 자신이 알고 있는 몇 마디 언설에 불교가 다 있다고 주장하거나 이렇게만 하면 깨달음이 열린다고 속삭이는 이들을 비판한다. 그렇다면 이런 폐단을 어떻게 극복할 것인가. 어우양징우는 답한다.

> 이상 다섯 가지 폐단을 제거하고자 하면 먼저 유식과 법상에 입문하지 않으면 안 된다. 유식과 법상은 방편이 훌륭하고 그것이 제시한 교리도 구경의 것이다. 불교를 배우는 사람이 유식과 법상을 연구하여 그 의리를 분명히 통찰한다면 사상의 미숙함을 치료할 수 있을 것이고, 완전하지 않은 학설에 미혹되지도 않을 것이다.[3]

어우양징우는 중국불교 전통이 가진 다섯 가지 폐단을 없애기 위해서 하나의 치료약으로 유식학과 법상학 공부를 처방했다. 중관학과 더불어 인도 대승불교의 양대 축인 유식학은 『해심밀경』과 『섭대승론』 등의 경론을 통해서 중국에 전래됐다. 그리고 당대(唐代)에는 현장이 유식 문헌을 대거 번역한 이후 법상종이 출현했다. 그래서 크게 보면 유식학과 법상학은 같은 범주의 것이다. 어우양징우는 『성유식론』 강의에서 이상과 같이 중국불교에 대한 반성을 시도한 후, 불교의 핵심적인 교리를 선별하여 그것의 바른 의미를 논했다.

그는 유식학 입장에서 진여(眞如)와 정지(正智) 개념을 정의하고, 그것으로 『기신론』의 진여 개념을 비판했다. 어우양징우는 정지(正智)를 세간과 출세간에서 이루어지는 여리여량[如理如量]의 지혜로 정의하고, 진여(眞如)는 '존재자의 본성 없음'[法無我]으로 정의했다.[4] 간단히 말하면 진여는 사물의 공한 본질이고 정지는 그것을 파악하는 앎이다. 어우양징우는 진여는 어떤 실체가 아님을 계속해서 강조했다.

> 진여(眞如)는 언어와 사고를 초월하기에 근본적으로 이름을 붙일 수 없지만 억지로 그것을 진여라고 하는데, 단지 간별(簡別)일 뿐이다. …… 여기서 간별함의 의미는 차전(遮詮)이다. …… 진여라는 말은 결코 특별한 작용을 가리킨 게 아니다. 고금의 사람들은 상당수가 이런 이해에 어두워 다만 진여(眞如) 두 글자를 표전(表詮)으로 보아 진여가 훈습하여 만법을 연기한다는 학설로써 불법이 전도되고 지리멸렬하며 그 까닭은 논변하지 않는 상황에 도달하게 됐다.[5]

어우양징우는 진여라는 술어는 차전이지 표전이 아니라고 말한다. 표전은 어떤 사물의 내용을 묘사하는 방식으로 무엇을 지시하는 방법임에 반해, 차전은 '무엇이 아니다'라는 부정[遮]을 통한 지시법이다. 『중론』「귀경게」에 등장하는 '팔불중도'도 차전의 방식이다. 진여가 차전으로 묘사될 수밖에 없는 것은 그것이 실제 내용을 가진 사물이 아니기 때문이다. 어우양징우는 진여는 수행자가 아공과 법공이 드러낸 사실을 알지 못하기 때문에 제시된 표현이라고 했다. 궁극적으로 진여는 공(空)함이다. 어우양징우는 그런데도 진여를 표전으로 보아 어떤 활동을 부여하려는 학설이 있다고 평가한다. 그는 "진여가 훈습하여 만법을 연기한다."는 진여연기설이 바로 그런 망설(妄說)임을 지적한다.

진여연기론은 기본적으로 진여에서 일체 세계가 출현했다는 발상이다.

『기신론』에서는 일심 즉 중생심이 "일체 세간법과 출세간법을 남김없이 포섭한다."고 말한다. 이 중생심이 실은 진여이다. 그리고 이 중생심이 진여문과 생멸문으로 분기하는데 진여문은 불생불멸하는 세계의 본질을 말하고, 생멸문은 생멸변화하는 현상세계를 말한다. 진여문은 근원적인 의미의 중생심을 그대로 구현하는 영역이지만 생멸문은 한 점 티 없이 청정한 진여가 일종의 오염된 현상세계로 타락한 것이다. 어떻게 본래 청정한 것

당대 승려 법장이 쓴 『기신론』 주석서 『대승기신론의기』

에서 오염이 발생할까? 『기신론』에서는 그 이유로 진여와 무명의 결합을 말한다. 『기신론』은 유식학의 훈습 개념을 동원하여 '진여[眞]와 무명[妄]이 서로[互] 훈습[薰]한다'는 이른바 진망호훈설(眞妄互薰說)을 제기한다.

> 이 마음(중생심)은 본래부터 자성이 청정하지만 무명이 있어서 무명에 의해 오염되어 염심(染心)이 있다. 비록 염심이 있더라도 항상 불변하며 그래서 이 의미는 오직 부처만이 알 수 있다. 이른바 심성이 항상 망념이 없기 때문에 불변이라고 명명하고, 일법계를 통달하지 못했기 때문에 그 심성에 상응하지 못해 '홀연히 망념이 일어나서'[忽然念起] 무명이라고 명명한다.[6]

어우양징우는 바로 이 지점에 주목하여 『기신론』이 대승불교의 논의가 아니라 오히려 부파불교의 분별론(分別論)과 유사함을 지적한다. 그는 분별론에서도 "심성은 본래 청정한데 객진번뇌에 오염되기 때문에 잡염이라고 명명하고, 번뇌를 여읠 때 무루법으로 전환하는 것"[7]으로 파악한다고 지적한다. 이는 어우양징우가 부파불교 분별론과 『기신론』의 교리적 친근성을 확인함으로써 『기신론』에서 대승불교로서 지위를 박탈하려는 시도

이다. 어우양징우는 급기야 "『기신론』의 저자 마명은 소승 출신으로『기신론』은 대승으로 옮겨가는 과도기의 논의로서 그 내용은 소승과 대승 양쪽에 인정을 받지 못했다."[8]고 평가하기에 이른다. 어우양징우는 말한다.

천 수백 년 동안 사람들은『기신론』을 지극한 보배로 여겼는데, 말류의 논의가 생선 눈깔과 진주를 혼돈하여 사람을 미혹시킨 게 이미 오래 되었다.[9]

왕언양이 쓰촨에서 설립한 학교 구산서방(九山書房)의 1936년 졸업식 장면으로 가운데 앉은 사람이 왕언양이다.

어우양징우의 이런 반성 속에서 제자 왕언양(王恩洋, 1897-1964)은 훨씬 강력한『기신론』비판자가 된다. 그는 1923년『학형』(學衡)에『대승기신론료간』(大乘起信論料簡)을 발표하여 '『기신론』소승설'이 아니라 아예 '『기신론』비불설(非佛說)'을 주장한다.[10] 이후 타이쉬를 비롯하여 탕따위안(唐大圓), 창싱(常惺), 서우페이(守培) 등 무창불학원 그룹이 왕언양의 주장에 강하게 반발했고, 결국 본격적인『기신론』논쟁이 시작된다. 왕언양은『기신론』이 불교의 바른 가르침, 이른바 정법(正法)에서 벗어났다고 생각했다. 그렇다면 왕언양이 말하는 정법은 무엇일까?

왕언양은 먼저 "일체 불법은 세제(世諦)와 제일의제(第一義諦)에 포섭된다."[11]고 지적한다. 그에게 정법은 바로 이 '두 가지 진리'[二諦]이고, 그는 이것을 기준으로 불교의 일체 교설을 판단하고자 한다. '이제' 가운데 세제(世諦)는 일상이나 현상 차원에서 통용되는 진리를 말한다. 그래서 속제(俗諦)라는 말도 쓰인다. 제일의제는 가장 근본적인 차원의 진리라는 의미로 속제와 대비시켜 진제(眞諦)라고 표현하기도 한다. 가장 수승한 지혜이자 가장 수승한 자들이 체득하는 진리라는 의미에서 승의제(勝義諦)라고 부르기도 한다. 왕언양은 세제의 내용으로 연생(緣生)을 제시했는데, 이는 "일체 존재자는 인연에 따라 발생한다."는 의미다. 그리고 제일의제로 법성(法性)을 제시했는데, "인연에 따라 발생하는 일체 '존재자의 성품'[法性]"이란 의미다.

왕언양은 연생을 말하면서 모든 존재가 인연으로 발생하기 때문에 '원인 없이 발생하는 일'[無因生]이나 '저절로 발생하는 일'[自然生] 따위는 없다고 강조한다.[12] 그리고 그는 연생을 기본으로 존재자가 출현하고 사라지기 때문에 존재자에게 실체적인 본질은 없다고 파악한다. 그래서 그에게 법성은 무성(無性)이고 공성(空性)이다. 진실한 본질은 바로 본질 없음이다.[13] 이 때문에 왕언양은 "진여가 있기 때문에 만법을 발생시키는 게 아니라, 만법이 끊임없이 생성소멸하기 때문에 진여의 이치가 존재할 뿐이다."[14]라고 말한다. 이때 진여는 법성과 같은 의미다. 그런데 그가 보기에 『기신론』은 거꾸로 진여에서 세계가 출현한다고 주장했다. 이는 전도된 진여 개념이다. 왕언양은 『기신론』의 진여 개념이 세 가지 측면에서 오류를 범했다고 평가한다.

①불법에서 말하는 진여는 실체가 없고 다만 제법의 공성일 뿐인데, 『기신론』은 오히려 진여는 본체이고 제법의 본질이라고 말한다. ②불법에서 말하는 진여는 결코 작용을 갖지 않고, 그 본성은 발생의 주체가 아니기 때문에 만법을 생기시키지 않고 다만 만법이 있기 때문에 진여의 이치가 존재한다. 하지만 『기신론』에서는 진여가 생기의 주체로서 만법을 생기시키고 진여가 있기 때문에 만법이 일어난다고 말한다. ③불법에서 말하는 진여는 하나의 상주하는 실체가 있어서 제법이 그것에 의지해서 생멸하는 게 아니라, 단지 모든 존재자가 생멸하고 무상하기 때문에 무상의 보편성을 드러내어 그것을 진여라고 했을 뿐이다. 그런데 『기

신론』은 오히려 하나의 상주하는 실체로서 진여가 있어서 제법이 그것에 의지하여 생멸하여 이와 같은 차별이 가능하다고 말한다.[15]

『대승기신론료간』

왕언양이 제시한 진여 개념의 세 가지 차이는 사실 철학적으로 대단히 중요하다. 그리고 그것은 대승불교 철학을 대할 때면 어김없이 마주하는 문제이기도 하다. 사실 이 세 가지는 하나의 문제는 존재의 본질은 자성 없이 공한 것인가? 아니면 어떤 실체로서 존재하는 것인가? 나아가 존재의 본질이 세계를 낳는가? 그렇지 않은가? 하는 문제에 도달한다. 왕언양이나 어우양징우는 존재의 본질은 실체 없음으로서 공(空)임을 천명한다. 그들은 공이 세계를 출현시킨다는 것은 받아들일 수 없었다. 또한 공으로서 진여는 분명 무루법이고 그것이 유루법인 무명과 서로 관계한다는 주장, 즉 '진여와 무명이 서로 훈습한다'는 설도 결코 받아들일 수 없었다.

『기신론』에서는 진여가 결코 '순수성을 잃지 않는다'[不變]고 말하면서, 또한 그것은 무명을 만나 세계를 구성하기에 '변화를 무릅쓴다'[隨緣]고 말한다. 왕언양의『기신론』평가대로 말하면 "일체법은 모두 이 진여의 현상이자 작용이다. 그래서 만법은 진여에서 발생하고, 만법이 소멸하면 다시 복귀하여 진여가 된다."[16] 어떻게 보면 무명이나 번뇌도 진여에서 출발한다는 것이다. 그런데 완전 순수체로서 진여에게 그 순수성을 무너뜨리고 번뇌로 나아간다는 게 개념적으로 가능할까. 만약 그렇다면 그것은 절대적이고 완전한 순수성이 아니지 않은가! 이는 어떻게 보면 공 개념과 자성청정심 개념의 충돌이라고 할 수도 있고, 공 사상과 여래장 사상의 충돌이라고 할 수도 있다. 왕언양은 다음과 같이 말한다.

『기신론』은 불교의 논설이 아니다. 법성을 위배했고, 연생을 파괴했고,
유식의 도리를 위배했기 때문이다. 마치『금칠십론』과 같이.[17]

왕언양은 인명학의 표현 방식인 주장[宗]·원인[因]·비유[喩]로 '『기
신론』비불설'을 주장한다. 이런 논리 방식은 유식학 문헌에 자주 등장
한다. 그는『기신론』은 불교의 연생(緣生)과 법성(法性)을 위배했고, 진여
와 무명이 서로 훈습한다는 헛된 주장으로 유식학의 도리도 위배했다고
판정한다. 또한『기신론』이 바수반두(世親)와 활동시기가 겹치는 상키아
(Sāṁkhya) 학파의 논사 이슈바라 크리슈나(Iśvarakṛṣṇa, 自在黑)가 지은『금
칠십론』(Suvarṇasaptatiśāstra)과 같다고 했다.『금칠십론』(金七十論)은 '70개
의 게송'[七十]으로 이루어졌고, 당시 국왕이 이 글을 읽고 황금[金]을 하
사했다고 해서 이런 이름이 붙었다고 한다. 양나라 진제가 번역했다. 왕언
양은『기신론』이 불교가 아니라 외도라는 입장을 제시한다. 왕언양은 이
렇게『기신론』을 불교 외부로 밀어낸다.

『기신론』 옹호와 중국 찬술설

어우양징우와 왕언양이 강렬하게『기신론』을 비판한 이후, 타이쉬(太虛,
1889-1947)를 비롯한 무창불학원 그룹은 적극적
으로『기신론』을 옹호했다. 그리고 저 두 사람의
주장을 강하게 반박했다. 타이쉬는『기신론』이 소
승의 학설도 아니고, 비불설은 더더욱 아님을 주
장했다. 뿐만 아니라 어우양징우가 시도한 중국
불교 비판에 대해서도 중국불교는 인도불교 전통
을 온전히 계승했다고 주장한다. 어우양징우에게
중국불교 전통이 청산(淸算)의 대상이었다면 타이

타이쉬

『불법총결택담』

쉬에게 중국불교 전통은 찬양의 대상이었다.

1922년 9월 어우양징우가 『유식결택담』(唯識抉擇談)에서 『기신론』과 중국불교에 대해 비판하자, 타이쉬는 같은 해 12월 『해조음』에 『불법총결택담』(佛法總抉擇談)을 발표했다. 어우양징우가 유식학을 기준으로 중국불교와 『기신론』을 평가했다면 타이쉬는 불교라는 거대 조망 아래서 그것을 평가하려 했다. 타이쉬는 『불법총결택담』에서 유식종과 진여종을 구분한다. 인도불교나 중국불교 전통 속에 이런 구분법이 존재한 것은 아니다. 이를 불교 교리사 입장에서 바꿔 보자면 유식학과 여래장 사상의 구분 정도일 것이다. 물론 불교 내부에서 여래장 사상이 종파 형태로 존재한 것은 아니다. 하지만 타이쉬는 그런 계열이 존재했음을 주장한다.

타이쉬는 삼성설을 기준으로 대승불교를 분류하는데 반야종, 유식종, 진여종 셋이다. 반야종은 변계소집자성에 대한 논의이기 때문에 '오직 부정만 하고 건립이 없다'[唯破無立]. 이에 해당하는 문헌은 『십이문론』, 『중론』, 『백론』 등이다. 유식종은 의타기성에 대한 논의이기 때문에 '부정하기도 하고 건립하기도 한다'[有破有立]. 『성유식론』이 여기에 해당한다. 진여종은 원성실성에 대한 논의이기 때문에 '오직 건립만 있고 부정은 없다' [唯立無破]. 『화엄경』, 『법화경』 등의 경전과 『기신론』, 『보성론』 등이 여기에 해당한다. 타이쉬의 이런 분류는 실은 중관학, 유식학, 여래장 사상 등 대승불교 철학의 세 계열을 말한다. 타이쉬는 원성실성을 진여종에 대응시킴으로써 진여종이 반야종이나 유식종에 비해 오히려 더 본질적임을 주장한다.

진여종은 원성실성을 최고로 확대하고 제법을 수렴하여 진여로 귀결시키기 때문에 생멸문 가운데서도 진여의 본체가 분리되지 않는 불멸의 청정한 형상과 청정한 작용을 함께 설하고 그것을 진여라고 이름한다. 모든 청정법[佛法]을 통괄해서 진여라고 명명하고, 오직 모든 잡염법[異生法]은 변계소집성이고 의타기성인데 통괄해서 무명이라고 명명하고, 혹은 염(念)이라고 명명한다. 이는 『기신론』에서 '무명이 진여를 훈습하고, 진여가 무명을 훈습한다'는 학설이 있는 까닭이다.[18]

타이쉬의 언급에 따르면 진여종의 진여 개념은 절대적인 순수성이기도 하지만 번뇌하는 존재자도 기꺼이 수용할 수 있다. 물론 이는 『기신론』의 입장을 반영한 것이다. 『기신론』에서는 "진여는 청정법으로 염법이 존재하지 않는다. 단지 무명에 의해 훈습되기 때문에 염상이 있게 된다. 무명은 염법으로 사실 정업(淨業)이 존재하지 않는다. 하지만 진여가 훈습하기 때문에 정용(淨用)이 존재한다."[19]고 말한다. 여기서 앞서 말한 진망호훈설(眞妄互薰說)이 등장한다. 이때 '진(眞)'은 진여를 가리키고, '망(妄)'은 망념(妄念)의 의미로 무명을 가리킨다.

타이쉬는 진여종이라는 이름으로 유식종의 훈습설과 진여종의 훈습설을 분리하고자 한다. 『기신론』은 본질적으로 청정한 진여의 존재를 인정하면서 무명에 따른 존재자의 생멸 변화도 인정한다. 진여문과 생멸문이 함께 가능함을 주장한다. 타이쉬는 어우양징우가 말하는 진여 개념이나 훈습설은 유식종 차원의 것으로 한정해 버린다. 그리고 『기신론』에서 말하는 진여 개념이나 진망호훈설은 진여종 차원의 것임을 강조한다. 타이쉬가 이렇게 『기신론』을 옹호하는 이유는 명확하다. 자성청정으로서 진여나 본각 등 선험적인 초월자 관념을 인정하는 중국불교의 여러 이론을 지켜야 했기 때문이다. 그는 『불법총결택담』에서 선종, 천태종, 화엄종, 밀종 등을 진여종으로 분류한다. 중국불교의 주류 종파는 모두 진여종에 해당하는 셈이다.

어우양징우와 왕언양이 유식학 입장에서『기신론』의 시비곡직을 따지고자 한 것과 달리, 타이쉬는『불법총결택담』에서 불교라는 큰 조망에서 대승불교의 다양한 교리를 조화시키고 통합하고자 했다. 그는 일종의 체계불학을 구상했다. 체계불학[系統佛學]은 모순적으로 보이는 불교 교리가 실은 하나의 거대한 체계 속에서 적절하게 작동하고 있다는 발상이다.[20] 타이쉬는『기신론』도 이 체계 속에 굳건한 위치를 점한다는 입장이다. 어떻게 보면 타이쉬는 근대 시기에 새로운 교판을 시도했다. 타이쉬와 함께 지나내학원 그룹에 대항한 이는 천지동(陳繼東), 탕다위안(唐大圓), 창싱(常惺), 셔우페이(守培) 등이다.

천지동은 왕언양이『기신론료간』에서 행한 '『기신론』 비불설'에 대해 "『기신론』은 불교 대승론이다. 법성의 이치에 계합하고 연생의 현상에 부합하기 때문이다. 마치『성유식론』과 같이."라고 대응한다. 그리고 "왕언양은 대승불법을 신임하지 않는다.『기신론』의 대승론을 비방하기 때문이다. 소승과 외도와 같이."[21]라고 하며 왕언양을 외도로 몰아세운다. 심지어 어우양징우를 외도로 비난하기도 한다. 조롱에 가까운 이런 언사는 그 사실 여부를 막론하고 당시 이 논쟁이 얼마나 극렬했는지 보여준다. 실제 무창불학원 그룹에서 이 논쟁을 이끈 인물은 유식학 연구자 탕다위안(唐大圓, 1885-1941)이다.

탕다위안은 '『기신론』 인도찬술설'을 굳건히 지지했고,『기신론해혹』(起信論解惑)을 지어서 유식학 입장에서 왕언양의『기신론』 비판을 반박했다.『기신론해혹』은 '『기신론』에 대한 갖가지 오해[惑]를 푼다[解]'는 의미다. 그도 기본적으로 타이쉬의 입장을 따라『기신론』에서 "진여 개념은 유식 삼성 가운데 원성실성에 속하며, 원성실성은 두 가지 함의가 있는데 하나는 변계소집성을 차단[遮詮]하여 진여의를 드러내고, 하나는 허깨비같은 의타기성을 표현[表詮]하여 진여의를 드러낸다."[22]고 말한다. 탕다위안은 진여 개념에 집중하여 왕언양을 비판한다.

지나내학원 그룹과 무창불학원 그룹이 서로 적대적인 논쟁을 진행했다면 량치차오는 제3지대에서『기신론』의 중국적 가치를 강조했다. 그는 1922년『대승기신론고증』(大乘起信論考證)을 발표하여『기신론』에 대한 근대적 비평을 시도했다. 그는 말한다. "『기신론』은 예부터 '마명보살조·진제삼장역'으로 표제되어 있어서 천년 이상 이론(異論)이 없이 전승되었다. 하지만 역사상 불교 교

『대승기신론고증』

리 발달의 순서로 그것을 말한다면 마명(馬鳴)시대에는 결코『기신론』일파의 원교(圓敎) 학설이 존재하지 않았을 것이다. 중국 불교 사상의 유파로 말한다면『기신론』학설은『섭대승론』을 전문적으로 전파한 진제(眞諦)와도 그다지 접점이 없다."[23] 그는 '『기신론』중국찬술설'을 지지함으로써 무창불학원 그룹의 비난을 받았지만, 그렇다고 지나내학원 그룹처럼『기신론』의 권위를 박탈하려 하지는 않았다. 오히려 그 반대였다.

> 지금까지 사람들은 모두『기신론』은 2천 년 전 인도의 위대한 철학자가 찬술한 것이라고 지적했지만 일단 그것이 우리 중국인 조상의 손에서 나왔음을 문득 증명했을 때 나는 떨 듯이 기뻐 말로 표현할 수가 없었다. ……『기신론』은 불교 각 학파에서 그 정수를 뽑고 그것을 조화시켜 불교 교리의 최고 발전을 이룩했다.[24]

량치차오는『기신론고증』에서『기신론』과 관련해 일본 불교학의 성과를 자세히 소개했다. 그는 마츠모토 분자부로, 모치즈키 신고와 무라카미 센쇼 등 불교사 연구자와 불교문헌 연구자의 근대적인 연구 성과를 정리하고 자신의 견해를 보탰다. 량치차오는 근대불교학이 강하게 주장하는 '『기신론』중국찬술설'을 수용하면서 오히려 그것이 중국 민족과 중국불

『대승기신론연구』

교의 위대함을 증명한 사례라고 생각했다. 다분히 민족주의적인 발상이지만 그렇다고 『기신론』이 불설(佛說)인지 아닌지 질문을 닫아 버린 것은 아니다. 그는 "『기신론』은 실로 인류 최고 지혜의 산물이며, 중국과 인도 두 문화가 결합한 결정체이다. 불교의 '법에 의지하지 사람에 의지하지 않는다'[依法不依人]는 의미로 그것을 판단하면 불설이라고 해도 가능할 것"[25]이라고 입장을 밝힌다. 량치차오에게 『기신론』은 분명 불설이다. 바로 이 점 때문에 그는 지나내학원 그룹과도 달랐다.

중국에서도 인도불교가 정통이라는 사고가 있었다. 그것이 일종의 원본이라고 생각했다. 그래서 어떤 불전이 인도 찬술로 알려졌다가 중국 찬술로 밝혀지면 그야말로 위서(僞書)라는 칼을 쓰게 된다. 이렇게 되면 그 문헌은 불교 내부에서 배제되기 십상이다. 타이쉬가 그렇게까지 '『기신론』 중국찬술설'을 반대하고, 어우양징우와 왕언양뿐만 아니라 량치차오까지 싸잡아 비난한 까닭은 이 때문이다. 하지만 량치차오는 인도불교가 정통이라는 관념을 갖지 않았다. 근대 시기 서구 문명과 중국 문명의 결합을 시도한 그에게 불교는 완벽하게 중국 문명과 인도 문명의 결합체였다. 그가 보기에 불교문헌이 중국인의 손을 탔다고 해서 그것의 가치를 몰수하거나 혹은 삭감할 필요가 없었다.

량치차오는 특이하게도 『기신론』이 중국의 민족성을 반영했다고 생각했다. 그는 중국 사상계의 가장 큰 특징은 "조화를 좋아하고[好調和] 조화에 뛰어난[善調和] 점"[26]이라고 확신하는데, 『기신론』에서 바로 이 '조화(harmony)'라는 특징을 찾아낸다.

중국인은 무수한 경전을 번역하면서 거기서 많은 모순점을 발견했다.

하지만 판시판교(判時判敎)의 학설로써 혹은 기타 방법으로 그것을 조정하고 그것이 회통(會通)하는 지점을 통찰하는 것을 목표로 삼았다.[27]

인용문에서 말하는 판시판교(判時判敎)는 불교의 다양한 교설을 교설 시기나 교설 내용에 따라 분류하는 방식을 말한다. 중국불교의 각 종파는 이를 통해서 서로 충돌하거나 혼란스러워 보이는 불교 교설을 하나의 체계로 정돈했다. 량치차오는 조화 내지 회통을 중국불교의 특징이자 또한 중국의 민족성으로 파악한다. 그는 『기신론』 출현 배경에 대해 이렇게 말한다. "삼론종·지론종·섭론종이 서로 대립하고 할거하는 상황에서 사상계의 혼란은 극에 달했다. 조화를 좋아하는 중국 국민성으로는 이런 상태에 대해서 가만히 견디기가 힘들었다. 그래서 회통·융화의 필요성을 느끼게 되었다."[28] 조화 지향의 중국 국민성이 분열의 상황을 참다못해 『기신론』이라는 통합적 텍스트를 작성했다는 논리다. 량치차오는 불교라는 울타리를 벗어나서 『기신론』의 가치를 평가했다.

사실 량치차오가 『기신론』이나 중국불교 일반에서 '조화'라는 특징을 찾아낸 것은 다분히 근대적인 이유에서다. 중국 근대 대표적인 계몽가 량치차오는 서구 문명과 적극적인 조우를 시도했다. 그는 서구 문명과 중국 문명이 조화하면 새로운 문명이 출현할 수 있으리라 기대했다. 또한 그렇게 해야만 중국이 열강의 도전 속에서 살아남고 발전할 수 있을 것이라 전망했다. 그는 문명 간 조우와 그에 따른 새로운 문명의 탄생이라는 면에서 가장 훌륭한 사례로 중국 문명의 불교 수용을 들었다. 이렇게 보면 량치차오는 미래적인 이유로 과거 중국불교 전통을 들추고 있음이 분명하다.

초월적 실재와 본각

『기신론』 논쟁은 "『기신론』은 무엇을 주장하는가?" 하는 문제에서 "중국불교의 특징은 무엇인가?" 혹은 "중국불교와 인도불교의 차이는 무엇인가?" 하는 문제로까지 나아간다. 크게 보면 이런 문제들은 하나의 문제이다. 『기신론』을 중심으로 놓고 중국불교의 이론적 특징을 개념화하면 '초월적 실재 개념에 입각한 심성론'이라고 할 수 있다. 물론 여러 이론(異論)이 있을 수 있겠지만 일체 현상을 초월하거나 혹은 그것에 내재하는 진여 개념을 강하게 제시하고 그것이 결국 중생의 마음과 결부됨을 주장하는 『기신론』의 논리를 보자면 이런 개념화도 가능할 것이라 본다. 여기서 '초월적 실재(transzendental reality)'라는 표현이 중요하다.

'초월적 실재'의 의미는 '개인의 경험이나 감각을 초월한 실재'를 가리킨다. '초월적 실재 개념에 입각한 심성론'은 '초월적 실재 개념을 심성(心性)의 문제 내에서 전개시킨다'는 의미다. 『기신론』에서 초월적 실재 개념에 해당하는 술어를 찾아보면 중생심(衆生心), 일심(一心), 진여(眞如), 본각(本覺) 등을 들 수 있다. 유명한 일심이문(一心二門)의 구조도 사실 여기서 출발한다. 이 구조에서 일심이 '초월적 실재'라고 할 수 있다. 『기신론』에서 "심진여는 일법계대총상법문체(一法界大總相法門體)"[29]라고 했는데, 여기서도 초월적 실재의 의미가 잘 드러난다. 이 말은 아주 단순화시키면 "심진여가 하나의 본체"라는 의미다. 한자 일(一)과 체(體) 사이에 있는 글자는 결국 본체라는 말을 수식하는 말에 지나지 않는다.

인순

타이완의 고승 인순(印順, 1906-2005)은 『기신론강기』에서 심진여를 가리키는 '일법계대총상법문체'라는 말에 대해 "심진여는 하나로 평등한 법계심이며, 이 마음은 일체를 포섭하며 이 총상은 일체법이 의지하는 바며 연유하는 바"[30]라고 풀이했다. 본체로서 심진여는 보편체이고 모든 현상의 근거이며 연원이라는 해설이다. 이때 진여는 우주적 일자로서 불생불멸한다. 그것은 개별 존재자를 초월하거나 관통하며 출발점이자 귀결점이다. 그렇다면 심진여는 초월적 실재라고 부를 만하다. 『기신론』에서는 본각을 다음과 같이 정의한다.

> 각은 망념을 벗어난 심체를 말한다. 망념을 벗어난 심체는 허공계와 같이 미치지 않은 곳이 없고, 법계로서 하나이다. 곧 여래의 평등한 법신이다. 이 여래의 평등한 법신에 의거하기 때문에 본각이라고 명명한다.[31]

근대 중국에서 『기신론』의 진여나 본각 개념 등을 가지고 중국 불교의 특징을 설명한 인물은 어우양징우의 제자 뤼청(呂澂, 1896-1989)이다. 그는 1962년 발표한 「『기신론』과 선(禪)」에서 "천 수백 년 동안 마명조·진제역으로 알려진 『기신론』은 수당대(隋唐代) 불학과 밀접한 관계를 맺는 책이자, 또한 내역이 모호한 책"이라고 언급하고, 함께 "수당시대 형성된 선종, 천태종, 화엄종 등의 사상 구조와 그 발전은 모두 『기신론』의 진심본각설(眞心本覺說)의 영향을 받았다."[32]고 지

1960년대 초 뤼청이 이끈 불교연구반 모습으로 앞줄 오른쪽이 뤼청이다.

적한다. 또한 뤼청은 「선학의 연원」(禪學述源)에서 "『기신론』이 중국에서 유사불학[相似佛學]의 비조였다."[33]고 언급하기도 한다.[34] 그에 따르면 『기신론』이야말로 중국불교 종파에 핵심적인 이론을 제공했고, 그 핵심 개념은 바로 '진심본각(眞心本覺)'이다. 그는 「중국불학에서 심성에 관한 기본 사상 시론」(이하 「심성사상」)에서 『기신론』에 근거해서 진심본각을 다음과

같이 풀이한다.

> 인심(人心)은 모든 존재자의 본원이 되는데, 이것이 곧 이른바 진심(眞
> 心)이다. 그것의 자성인 지혜 광명은 일체 세계를 두루 비추고 또한 '진
> 실한 앎'[識知]이기 때문에 본각(本覺)이라고 불린다.[35]

『기신론』은 중생심에서 모든 존재자가 전개된다고 선언한다. 바로 이것
이 진심본각이기도 하다. 뤼청은 '진심본각'을 일단 진심과 본각으로 나누
어 설명했다. 먼저 '진심'은 일체 존재자의 본질이자 연원이라는 의미다.
그리고 그것이 결국 마음이라는 주장은 철저한 유심론적인 해석이다. 그
리고 '본각'은 인심의 자성인 지혜 광명이라고 했다. 물론 '지혜'와 '광명'
은 동일한 말이다. 지혜는 어둠이 아니라 밝음이다. 이 지혜는 세계를 빠
짐없이 제대로 안다. 그야말로 진실한 앎이다. 이 진심과 본각을 묶어 보
면 그것은 일체 세계의 본질이자 본원이고, 또한 그것에 대한 진실한 앎이
다. 진심본각은 앎으로서 주관이자 앎의 대상으로서 객관이다.

뤼청은 심성론 차원에서 보면 인도불교와 중국불교는 다르다고 생각하
고, 그 둘을 각각 성적설(性寂說)과 성각설(性覺說)로 구분했다. 성적설은
간단히 말하면 '심성이 본래 공적하다'는 이야기다. 그는 "인도불교는 원
시 단계에서 곧 수행의 근거를 확정하기 위해서 심성 명정(明淨)이라는 원
칙적인 이론을 제시했다."고 언급한다. 그리고 다음과 같이 인도불교를 평
가한다. "인도불교의 심성명정에 대한 이해는 심성이 번뇌와 동류가 아님
을 강조하는 데 있다. 그것은 그리고 다음과 같이 인도불교를 평가한다.
번뇌의 성질은 지속적으로 망동하고 우연히 발생하며 심성과 서로 따르
지 않는다고 여긴다. 이 때문에 심성을 적멸 혹은 적정으로 묘사한다." 이
때 청정한 심성은 인도 대승불교에서 불성, 여래장, 장식으로 불렸다. 하지
만 적어도 인도불교에서 이 심성은 번뇌와 늘 분리된 개념이었다.

중국불교의 심성론은 성각설이다. 성각설은 '심성은 본래부터 깨달은 마음'이라는 말인데, 인간 본성은 근본적으로 부처의 지혜와 동일하다는 말이 된다. 성적설은 심성의 청정함을 말하지만 그것이 부처의 지혜와 동일하다는 게 아니라 부처가 될 수 있다는 점을 지적할 뿐이다. 이에 반해 성각설은 "이 마음은 범부의 지위에서는 비록 망념에 의해 장애를 받지만, 각성(覺性)은 본래부터 존재하여 망념이 한 번 멈추기만 하면 곧 그것의 본래 면목을 회복한다."고 말한다. 그런데 '성적설은 아뢰야식설이고 성각설은 여래장설'이라고 착각해서는 안 된다. 성적설은 여래장설이고 성각설은 본각설이라고 해야 한다. 뤼청은 「심성사상」에서 두 입장을 다음과 같이 비교한다.

중국불교는 본각의 의미를 사용해서 심성을 이해하기 때문에 성각설이라고 할 수 있다. 성적설에 입각해서 인심명정(人心明淨)을 말하면 그것은 가능한 것 아니면 당연한 것이다. 성각설에 입각해서 그것을 말하면 그것은 오히려 현실(現實)의 것이며, 이미 그러한[已然] 것이다.[36]

성각설은 '지금 부처'라는 선언이기도 하다. 중국 선종 일부에서 이런 주장을 자주 한다. '따로 닦을 필요도 없다'는 과감한 주장을 펼치기도 한다. 그야말로 성각설을 바탕으로 한 것이다. 이런 입장에 서면 범부가 부처가 되는 것은 새로운 경지에 도달하는 게 아니라 이미 도달한 경지를 회복하거나 재현하는 것에 지나지 않는다. 뤼청도 말했듯, "단지 '근본과 원천으로 돌아가는'[返本還源] 방법을 사용하려 할 뿐 실질상의 변혁을 말하지는 않는다." 사실 예전부터 불교계 내에서 성각설이 중국불교의 핵심 이론임을 강조한 인물이 있었다. 대표적인 인물은 당대 고승 종밀(宗密)이다. 종밀은 화엄종과 선종에 걸쳐 있는 인물로 중국불교뿐만 아니라 한국불교에도 영향이 컸다. 뤼청은 「심성사상」에서 종밀이 『선원제전집도서』

에서 언급한 내용을 인용하며 다음과 같이 말한다.

> 선법(禪法) 가운데 '망념을 멈추고 청정심을 닦으라는 주장'[息忘修心宗](이는 선종 가운데 북종에 해당한다), '곧바로 심성을 드러내라는 주장'[直顯心性宗](이는 선종 가운데 남종에 해당한다)과 교학 가운데 '진심이 곧 본성임을 드러내라는 교설'[顯示眞心卽性敎](이는 천태종과 화엄종 두 종파가 존숭하는 가르침이다) 등 대표적인 중국불학은 심성론을 말하며 『기신론』에서 표현한 성각(性覺) 사상이 관철되지 않은 게 없다.[37]

종밀은 선종과 천태종, 화엄종 등 대표적인 중국불교 종파가 모두 성각설에 기반하고 있음을 지적한다. 뤼청도 이 부분을 인정하는 듯하다. 뤼청이 언급한 이런 성각 사상에 기반을 두면 우리는 인간과 세계가 모두 참모습이며 결코 미추나 선악을 따질 수 없는 완성태로서밖에 볼 수 없다. 이는 당연히 현실 세계에 대한 무한한 긍정을 초래하여 탈현실적인 태도나 현실 혐오의 태도를 차단하기도 하지만, 선악에 대한 윤리적 판단과 같이 현실에서 요구되는 분별 능력을 무력화시키기도 한다. 결코 아름답지 않은 세상을 절대적인 선(善) 혹은 진(眞)으로 취급하는 것은 이렇게 위험할 수밖에 없다. 또한 성각설에 입각하면 쉽게 "지금 내가 부처다."라는 주장에 빠져 불교 지식의 확대나 연구의 심화 같은 교학 분야로 진입하기 힘들다.

뤼청은 성각설을 전파한 문헌인 『기신론』이 위역(魏譯) 『능가경』을 표준으로 하고 있음을 지적한다. 그는 "위역 경전은 일련의 상이한 이해와 심지어 오해가 있었기 때문에 『기신론』도 따라서 적지 않은 견강부회의 학설이 있었다."[38]고 평가한다. 뤼청은 산스크리트 『능가경』과 대조를 통해 위역 『능가경』에 결정적인 오역이 있음을 확인하고, 그 오역에 기반을 두고서 『기신론』 등 중국 찬술 문헌이 등장했음을 주장한다. 그는 「『기신론』

과 『능가경』」(起信與楞伽)에서 이런 입장에 서서 『기신론』의 일곱 가지 핵심적인 잘못을 지적한다. 그가 보기에 "진여와 여래장을 하나로 보고", 나아가 "진여와 정지를 구분하지 않은 것"[39]이 가장 큰 오류다. 뤼청의 이런 입장은 사실 스승 어우양징우나 도반 왕언양의 '기신론관'과 궤를 같이한다. 기본적으로 뤼청은 중국불교의 주요한 전통이 불전 번역 과정에서 발생한 오역에서 기인했음을 강조한다. 뤼청은 「『능엄경』의 백 가지 오류」(楞嚴百僞)에서 다음과 같이 말한다.

> 당대(唐代) 불전 번역이 가장 왕성했는데, 위경의 유포 또한 가장 번성했다. 『인왕경』이 위경이고, 『범망경』이 위경이고, 『기신론』이 위서이고, 『원각경』이 위경이고, 『점찰경』이 위경이다. 실차난타가 중역한 『기신론』과 불공(不空)이 재역한 『인왕경』은 위서에 대한 위서이다. 모두 당대에 성행했다. 『능엄경』에 이르면 위서의 학설을 집대성해 놓았다. 대체로 문장과 어휘는 섬세하고 정교했지만 의미 풀이는 모호하여, 뜬구름 잡는 이야기를 좋아하는 중국 사람의 성향과 잘 맞았다. 그래서 크게 유행했다.[40]

뤼청이 위에서 언급한 『인왕경』, 『범망경』, 『원각경』, 『점찰경』, 『능엄경』, 『기신론』 등의 경론은 중국불교를 포함한 동아시아불교의 가장 중요한 불전이다. 불교 교리와 불교 신앙에서 이들 경론은 엄청난 영향력을 가졌다. 당대 종밀은 『원각경』을 최고의 경전으로 취급했고, 조선의 유학자들은 『능엄경』을 읽으며 불교 공부를 하기도 했다. 어떻게 보면 중국인 구미에 맞는 불전이 중국에서 탄생했다고 할 수 있다. 뤼청은 이 탄생에서 성각설이 강하게 개입했음을 주장한다. 뤼청은 「심성사상」에서 성각설이 중국불교에 끼친 대표적인 영향 네 가지를 제시한다. 다음은 첫 번째 영향이다.

일부 불교학자는 본각(本覺)의 심성을 과장해서 원만묘명(圓滿妙明)의 원각(圓覺)으로 확대하여 『능엄경』이나 『원각경』같이 번역 경전으로 가탁된 문헌을 찬술하여 그 학설을 전개했다. 그들은 또한 『기신론』에서 분명하게 밝히지 못한 "어떻게 본각의 심성이 일체 세간 현상을 발생시키는가?" 하는 문제에 대해 보충해서 해석했다. 『능엄경』에서는 인도의 통속적인 세계 구성설을 모방하여 내면의 심성이 동요함으로써 번뇌를 발생시키고, 그리고 차례대로 허공(虛空), 풍륜(風輪), 금륜(金輪), 수륜(水輪) 등을 구성하고 결국 산하대지와 세계가 생긴다고 말한다.[41]

『기신론』에서는 진여가 순수체이면서도 무명에 의해 움직여 세계를 구성한다고 말한다. 뤼청은 『기신론』의 영향 아래 찬술된 위경인 『능엄경』에서는 심성에서 세계가 출현하는 과정을 더욱 구체적으로 밝히고 있음을 지적한다. 이는 초월적 실재로서 중생심이나 진여 또는 본각이 세계 구성의 주동자로 묘사되는 부분이다. 그것이 번뇌로 동요하면 허공이라는 시공이 형성되고, 거기에서 바람, 쇠, 물이라는 요소가 작동한다는 사고이다. 이는 물리적으로는 기체, 고체, 액체를 말하고 전통적인 방식으로는 지·수·화·풍 사대(四大) 가운데 '화'대가 빠진 것이다. 이런 것들의 조합으로 중생이 살고 있는 산하대지가 형성된다. 뤼청은 이런 사고는 인도불교 전통에서는 불가능한 것으로 간주한다. 그리고 이어서 제시한 성각설의 두 번째 영향은 화엄종, 천태종, 선종과 관련된다.

뤼청은 "화엄종 학자는 현수법장에서 시작해, 성각설과 여래장 계열 경론을 한데 연결하여 여래장연기론을 수립했다."고 지적한다. 법장은 『기신론의기』에서 '여래장연기종'을 제시한 바 있다. 여래장연기종은 『기신론』이 진여와 여래장을 동일시하는 지점에서 연원한다. 그리고 천태종 승려 담연(湛然)은 『금강비』(金剛錍)에서 초목이나 돌멩이 같은 무정물에도 각성(覺性)이 있다는 '무정유성설(無情有性說)'을 제시한다. 이는 성각설을 중생 범주를 벗어나 일체 존재로 확대 적용한 사례다. 뤼청은 이 무정유성설을 일종의 범신론으로 평가한다. 또한 즉심즉불(卽心卽佛), 본래시불(本來是佛), 평상심시도(平常心是道) 등 선종의 다양한 언설은 성각설을 통해서야만 비로소 이해할 수 있다고 주장한다. 뤼청은 성각설이 일종의 오해에서 비롯되었다고 보는 입장이다. 그래서 그것을 적극적으로 지지하지 않는다. 오히려 하나의 변질로 보고 거리를 두고자 한다.

뤼청과 비슷한 시기에 활동한 학승 인순(印順)은 1940년 『인도불교』(印度之佛教)에서 인도 대승불교를 허망유식론(虛妄唯識論), 성공유명론(性空唯名論), 진상유심론(眞常唯心論)으로 분류했다. 허망유식론은 일체 존재자는 본질 없이 허망하며 그것은 오직 식에 의해 구성됐다는 주장으로 유가행파에 해당한다. 성공유명론은 일체 '존재자의 본질은 공하며'[性空] 그것은 그저 '텅 빈 이름

『인도불교』

일 뿐'[唯名]이라는 주장으로 중관학파에 해당한다. 진상유심론은 '진실하고 불변하는'[眞常] 심성이 존재할 뿐[唯心]이라는 주장으로 여래장 사상에 해당한다. 인순은 『기신론강기』에서 바로 『기신론』을 진상유심계의 저작으로 다룬다.

인순은 초기불교의 연기론과 대승불교의 공 사상을 기초로 전체 불교를 이해했다. 그렇다고 어우양징우나 왕언양이 유식학을 기준으로 『기신론』을 비판하는 것과 같은 행동을 취하지는 않았다. 그는 '대승삼계설(大乘三系說)'에서도 잘 보이듯 여래장 사상도 대승불교의 중요한 교리임을 인정했다. 또한 중국에서 찬술된 문헌이라고 해서 비불교이거나 천박한 것은 결코 아니라고 생각했다. 거꾸로 인도에서 찬술된 불전 가운데도 가탁되거나 천박한 문헌이 있다고 생각했다. 그렇다고 스승 타이쉬처럼 중

국불교 전통을 전면적으로 긍정하거나 모든 불교 교리를 불설로 인정한 것은 아니다. 인순은 여래장 사상의 일부 개념은 유아론으로 발전했다고 판단한다.

인순은 『여래장연구』에서 "후기 대승불교시대 때 유심론이 범아론(梵我論)의 영향을 일소하고자 했지만 쉽지 않았다."[42]고 언급할 정도로 여래장 사상에 범아론적 요소가 진입했음을 분명히 인정한다. 그는 이 책에서 "여래장사상 가운데 비불교적 성분, 특히 여래장 사상의 말류가 보인 범아론 경향에 대해 철저하게 비판했다."[43] 인순이 말하는 범아론은 브라만교에서 말하는 '범아일여설'에 해당한다. 그는 여래장 사상을 불교의 내부의 것으로 분명 인정하지만 그것이 범아일여설로 전이하는 지점에 대해서는 강하게 비판했다.

근대불교학은 그 자체가 깨달음을 지향하는 건 아니다. 고전 언어로 된 불교 문헌을 보기 위해서 산스크리트나 티베트어 그리고 한문 등을 배우고, 몇몇 외국어를 학습하는 데 힘을 쏟다 보면 어느새 흰머리가 난다. 그러다 보면 훌륭한 번역을 해야지, 아니면 좋은 논문을 써야지 하는 다짐만 난무할 뿐 금생에 한소식하겠다는 불교 본연의 종교적 서원은 쉽게 잊힌다. 하지만 그것을 두고 불교가 가진 고원한 이상을 저버렸다고 비난할 일만은 아니다. 근대 이전에도 학술로서 불교는 존재했다. 어떤 이는 학승으로서 존경을 한 몸에 받기도 했다. 물론 현대 불교학자 가운데 불교를 연구한다고 해서 이런 존경을 바라거나 아니면 스스로 자신의 고귀함을 주장하는 이는 거의 없다.

물론 불교학자에게 불교 연구밖에 없는 건 아니다. 어떤 사람에게는 불교가 연구 대상이자 삶이다. 중국 근대불교학의 탄생에서도 우리는 쉽게 이런 경우를 목도한다. 대다수 불교학자는 독실한 불교도였고, 거기에 학문 연구 이상의 의미와 가치를 두었다. 어우양징우나 뤼청이 그랬고, 타이쉬나 인순이 그랬다. 탄쓰퉁이나 량치차오, 장타이옌, 량수밍 모두 그랬다. 캠퍼스 학자인 탕융퉁과 천인추에도 종교적 가치를 충분히 고려했다. 그들은 비록 방법이나 생각은 제각각이었지만 마음가짐은 선방에 앉은 수

행승처럼 경건했다.

중국에서 근대불교학은 우여곡절 끝에 탄생했다. 그것은 보편학으로서 불교의 가치와 위상을 분명하게 보여줬다. 비록 그것이 유럽에서 연원한 게 분명할지라도, 19세기 일어난 문명 교차의 결과임이 분명할지라도, 근대불교학은 이미 불교의 일부로 그리고 학(學)의 일부로 자리 잡았다. 신중국 건립 이후 불교 연구는 이념적 차원에서 대단히 제약이 심했고, 쉽게 왜곡됐다. 이데올로기에 갇힌 불교 연구라고 할까. 문화혁명 기간에는 연구 자체가 불가능했고, 개혁개방 이후 비로소 정상적인 연구가 가능했다. 하지만 그것은 주로 국학 차원의 것이었다.

21세기 중국 불교학은 어떠할까? 경제 발전과 맞물려 중국은 학문 전 영역에서 엄청난 속도로 발전하고 있다. 양적인 팽창과 함께 질적인 발전도 함께 이뤄 내고 있다. 불교학 분야도 마찬가지다. 최근 들어 중국 불교학계는 국학 차원을 벗어나 인도불교나 티베트불교, 동남아불교나 일본불교 등으로 연구 분야를 확대하고 있다. 방법론 면에서도 한문 문헌을 중심으로 한 범주사나 교리사 연구에서 벗어나 산스크리트 문헌이나 티베트어 문헌을 대상으로 서구적인 불교문헌학을 동원하거나 외국 학계에서 유입된 사회사나 담론사 등의 방법론을 동원하기도 한다. 또한 중국불교통사나 세계불교사 같은 저작을 간행함으로써 기존 불교 연구를 정리하고 새로운 불교 연구 시대로 넘어가려는 흐름도 있다. 여기서 언뜻 '세계로서 중국'이라는 중화의식의 잔영이 보이기도 한다.

학문과 신앙의 관계라는 면에서도 중국에서 불교 연구는 새로운 상황을 맞았다. 20여 년 전만 해도 중국에서 불교 연구는 이른바 불교계와 거의 무관했다. 제도권 내에서 불교를 학습하고 학위 과정을 밟는 젊은 승려가 있었지만 그것은 완전히 불교학계 내의 일이었다. 그런데 최근 들어 불교 인구의 증가와 대형 사찰의 창건 등으로 불교계 자체가 확대되자 대규모 사찰에서 승려 교육뿐만 아니라 불교 연구와 불서 출판 등을 관장하기 시작했다. 또한 사찰에서 주관하는 학술대회가 빈번하게 개최되고, 거기에 불교학자들이 대거 참석하여 불교계와 불교학계가 긴밀하게 결합하기도 한다. 이는 적어도 중국 대륙 학계의 중요한 변화라고 할 수 있다. 중국불교의 위상 제고를 위해서 불교학계가 적극적으로 참여하는 상황이다.

지금도 그렇고 앞으로도 중국에서 불교학은 국가의 정책이나 입장에서 완전히 벗어나지 못할 것이다. 국가적 의도가 어떤 식으로 반영된 큰 기획을 갖고 전진할 것이다. 하지만 그것을 '국가 예속의 불교 연구'라는 식으로 단순화시킬 수는 없다. 개별 연구에서는 대단히 활발하고 자유롭게 연구 주제를 선택하고 연구를 진행하기 때문이다. 중국의 불교계나 불교학계에서는 공통적으로 과거 동아시아에서 중국이 가진 불교의 위상과 불교 연구의 위상을 복구하고 싶어 한다. 그것을 국가 위상의 제고를 위해 사용하든 국민 통합의 이데올로기로 사용하든 불교학은 중국에서 중요한 학문 영역임은 분명하다. 또한 불교 연구의 세계화라는 차원에서 다양한 영역에서 그리고 다양한 방법론으로 불교 연구를 진행할 것으로 보인다.

사실 세계 불교학계 내에서 근대불교학의 방법론에 대한 반성은 지속적으로 존재했다. 미국의 불교학자 그레고리 쇼펜(Gregory Schopen)은 불교 연구에서 문헌주의를 탈피하고 금석문 등 다양한 자료의 활용을 역설했는데, 이는 방법론 측면에서 행한 근대불교학에 대한 반성이라고 할 수 있다. 그는 이를 통해서 대승불교 기원에 대한 새로운 주장을 펼치기도 했다. 도널드 로페즈(Donald Ropez)는 불교 연구의 동기나 그것의 의미에 대해 이제 질문해야 한다고 말한다.[1] 일본 불교학자 시모다 마사히로(下田正弘)는 서구에서 시작한 근대불교학에는 '생활세계'가 빠져 있음을 지적한다.[2]

이들은 조금씩 다른 관점을 가지고 근대불교학에 대한 반성을 시도한 셈이다. 우리 불교학계에서도 '나는 누구인가' 식의 질문을 스스로 던져봐야 할 것이다. 이는 단지 새로운 것을 사냥하기 위해서가 아니라 가치나 의미를 심화하기 위해서다. 필자는 아주 간혹 생각한다. 불교학이 직업이어도 좋지만 거기서 조금 벗어나 자신을 달구거나 좀 더 전진하여 세상을 달구는 무엇이면 더욱 좋지 않을까. 때론 대담한 시도도 필요해 보인다.

필자는 본서를 완성하는 데 필자의 기존 연구 성과를 다양하게 활용했다. 활용한 15편의 글 가운데 어떤 경우는 많은 수정 없이 전체적인 맥락과 문체만을 맞추어 전재(轉載)했다. 어떤 경우는 부분적으로 활용했고, 어떤 경우는 대폭 수정해서 활용했다. 또한 본서를 단순한 논문집이 아니라 완결성이 있는 하나의 연구서로 만들기 위해서 완전히 새로 작성한 부분도 있다. 아무튼 필자는 기존 연구 성과를 바탕으로 해서 좀 더 전진했고 그것을 변형하여 이 책을 한 몸으로 완성했다. 다음은 발간 순이 아니라 본서 목차에 따라 활용한 논문을 밝힌다.

①「민국시기 서구 불교문헌학의 수용 양상」(『중국학보』77)은 제1장 3절에 활용했다. ②「중국근대 불전 수입과 대형 불서의 편찬」(『동아시아불교문화』27)은 제2장에 전반적으로 활용했다. ③「근대 중국에서 티베트불교의 발견과 고승 파쭌(法尊)의 역할」(『중국학보』73)은 제4장 1절과 2절에 활용했다. ④「량치차오의 중국불교사 서술과 번역론」(『중국학보』71)은 제5장 1절에 활용했다. ⑤「1920년대 량치차오의 인도불교 연구와 일본불교학의 영향」(『불교학보』65)은 제5장 2절과 3절에 활용했다. ⑥「후스(胡適)의 선종사연구와 과학방법론」(『불교연구』41)은 제6장에 전체적으로 활용했다. ⑦「탕용통의 승조 이해에서 보이는 본체론 도식의 문제점」(『불교학연구』44)

은 제7장에 전체적으로 활용했다. ⑧「민국시기 불교사 연구에서 보이는 청대 고증학 전통과 서구사상의 영향」(『불교학연구』17)은 제8장 2절과 3절에 활용했다.

⑨「담사동의 인학과 불학」(『한국불교학』42)은 제9장 2절에 활용했다. ⑩「량치차오의 칸트철학 수용과 불교론」(『한국불교학』55)은 제10장에 전체적으로 활용했다. ⑪「중국 근대 장타이옌의 쇼펜하우어 철학 수용과 열반론」(『불교학보』78)은 제11장 1절에 활용했고, ⑫「량수밍의 『구원결의론』과 초창기 불교 이해」(『동아시아불교문화』29)는 제11장 2절에 활용했다. ⑬「근대 중국의 불교지성과 무(無)의 정치학」(『동아시아불교문화』23)은 제11장 3절에 활용했다. ⑭「근대중국불교에서 '전통'의 경쟁과 개조」(『불교연구』36)는 제12장 1절에 활용했고, ⑮「중국 근대 량치차오의 불교 문명 모델과 중국 불교 고유성 문제」(『불교연구』40)는 제12장 2절과 3절에 활용했다.

1장 근대학술과 불교학 방법론

1   大谷榮一·吉永進一·近藤俊太郎 編,『近代佛教スタディーズ: 佛教からみたもうひとつの近代』(東京: 法藏館, 2016), p.3.

2   유럽 불교학의 탄생에 관한 국내 연구로는 다음을 참조할 수 있다. 심재관,「19세기 근대불교학의 탄생에서 문헌학이란 무엇인가: 객관성의 헤게모니」,『가산학보』7 (서울: 가산불교문화연구원, 1998) ; 이민용,「불교학 연구의 문화배경에 대한 성찰」,『종교연구』19 (한국종교학회, 2000) ; 조성택,『불교와 불교학』(서울: 돌베개, 2012) ; 송현주,「서구 근대불교학의 출현과 '부디즘(Buddhism)'의 창안」,『종교문화비평』22집 (서울: 한국종교문화연구소, 2012). 특히 심재관의 논문은 국내 학계에 처음으로 '근대불교학'의 의미와 그것이 가진 문제를 알렸다는 점에서 획기적인 글이라고 할 수 있다. 이 글은 단행본으로 확대됐다. 심재관,『탈식민시대 우리의 불교학』(서울: 책세상, 2001). 송현주의 글은 근대불교학의 출현이 갖는 근대적인 의미뿐만 아니라 그것이 동아시아에서 갖는 의미를 정교하게 분석했다.

3   심재룡,「서구에서 불교연구 200년 약사」,『동아문화』18 (서울: 서울대동아연구소, 1981), p.213.

4   李四龍,『歐美佛教學術史』(北京: 北京大學出版社, 2009), p.2.

5   뷔르누와 근대불교학의 탄생에 대한 비교적 최근 연구로는 다음이 있다. D.S. Lopez, "Burnouf and the Birth of Buddhist Studies", *Eastern Buddhist*, Vol.43 No.1-2 (Kyoto: EASTERN BUDDHIST SOCIETY, 2012).

6   뷔르누의『법화경』연구의 배경에 대해서는 다음을 참고할 수 있다. Yuyama Akira, *Eugène Burnouf : the background to his research into the Lotus sutra* (Tokyo : International Research Institute for Advanced Buddhology, Soka University, 2000).

7   이민용,「서구 불교학의 창안과 오리엔탈리즘」,『종교문화비평』8 (서울: 한국종교문화연구소, 2005), pp.15-16 참조.

8   J.W. de Jong, 강종원 편역,『현대불교학 연구사』(서울: 동국대학교출판부, 2004), p.51.

9 송현주, 「서구 근대불교학의 출현과 '부디즘(Buddhism)'의 창안」, 『종교문화비평』22 (서울: 한국종교문화연구소, 2012), p.130.

10 J.W. de Jong, 앞의 책, p.18.

11 J.W. de Jong, 위의 책, p.88.

12 J.W. de Jong, 앞의 책, p.101.

13 체르바스키의 불교 연구에 관한 최근 국내 연구로는 다음이 있다. 함형석, 「테오도르 체르바스키(Theodor Stcherbatsky)와 20세기 초 러시아 불교학」, 『불교학보』76 (서울: 동 국대학교불교문화연구원, 2016), pp.247-272.

14 황순일, 「리즈 데이비스와 빨리경전협회의 성과」, 『불교평론』8 (서울: 현대불교신문 사, 2006), pp.68-69 참조.

15 李四龍, 앞의 책, p.138.

16 柏原祐泉, 원영상·윤기엽·조승미 옮김, 『일본불교사 근대』(서울: 동국대학교출판 부, 2008), pp.29-38 참조.

17 林寺正俊, 「南条文雄·笠原研寿の留學目的とF·マックス·ミュラーの期待」, 『印度哲 學佛敎學』18 (北海道印度哲學佛敎學會, 2003), pp.273-290.

18 末木文美士, 『近代日本と佛敎』, 이태승·권서용 옮김, 『근대일본과 불교』(서울: 그린 비, 2009), pp.204-205.

19 櫻部建, 「解說」, 南條文雄, 『懷舊錄-サンスクリツト事始め』附錄 (東京: 平凡社, 1979), p.327.

20 櫻部建, 위의 글, 같은 곳.

21 Zumoto, M. "Nanjio Bunyiu: His Life and Work", *Pacific world : Journal of the Institute of Buddhist Studies*, vol.3 no.6, (Berkeley: Institute of Buddhist Studies, 2004), pp.128-132.

22 Nanjio Bunyiu, *A Catalogue of the Chinese Translation of the Buddhist Tripitaka the sacred canon of the Buddhists in China and Japan*, compiled by order of the Secretary of State for India (Oxford: At the Clarendon Press, 1883).

23 櫻部建, 앞의 글, p.289.

24 西村実則, 『荻原雲来と渡辺海旭: ドイツ·インド學と近代日本』(東京: 大法輪閣, 2012), pp.9-10.

25 西村実則, 위의 책, pp.172-173.

26 西村実則, 위의 책, pp.12-13.

27 木村清孝, 「日本における佛敎研究の百年」, 『宗敎研究』342 (日本宗敎學會, 2004), p.39.

28 木村清孝, 위의 글, 같은 곳 참조.

29 末木文美士, 『近代日本と佛敎』, p.206.

30 木村清孝, 앞의 글, p.40.

31 山折哲雄, 조재국 옮김, 『근대 일본인의 종교의식』(서울: 소화, 2009), p.126.

32 木村清孝, 앞의 글, p.40

33 木村清孝, 위의 글, pp.41-42.

34 末木文美士, 『明治思想家論』(東京: トランスビュ, 2004), p.92.

35 村上專精, 『印度佛敎編年史』(東京: 哲學館, 1894), p.1.

36 末木文美士, 『明治思想家論』, p.95.

37 船山信一, 『明治哲學史硏究』(京都: ミネルヴァ書房, 1959), pp.3-34 참조.

38 末木文美士, 『明治思想史論』, p.48.

39 井上圓了, 『哲學要領 前編』, 東洋大學創立100周年記念論文編纂委員會 編, 『井上圓
    了選集』第1卷 (東京: 東洋大學, 1987), p.104.

40 齋藤純枝 外 5명, 이수정 옮김, 『일본근대철학사』(서울: 생각의나무, 2001), p.104.

41 井上哲次郎, 「我世界觀の一塵」, 『哲學雜誌』第9卷89號(1894), p.489. 板橋勇仁, 「日
    本における哲學の方法」, 『立正大學文學部論叢』119 (立正大學文學部, 2004), p.93.
    재인용.

42 船山信一, 앞의 책, p.77.

43 西田幾多郎, 서석연 옮김, 『선의 연구』(서울: 범우사, 2001), p.196.

44 南條文雄, 『懷舊錄』, p.165.

45 歐陽竟無, 「楊仁山居士傳」, 『中國佛敎思想資料選編』3卷4冊 (北京: 中華書局, 1989),
    p.41.

46 王邦維, 「『梵藏漢佛典叢書』總序」, 葉少勇, 『中論頌: 梵藏漢合校 · 導讀 · 譯注』, 段睛
    · 釋了意 主編, 『梵藏漢佛典叢書』1 (上海: 中西書局, 2011), p.1. 물론 천인추에(陳寅
    恪)가 스탈홀스타인이 중국에서 활동하기 전에 미국과 독일에서 불교문헌학을 학습
    하고 귀국해 불교문헌학을 가르쳤다. 하지만 그는 역사학 입장에서 그것을 동원했고
    산스크리트나 팔리어, 티베트어 학습 프로그램을 개설하거나 교육한 적도 없다. 관련
    내용은 본서 제8장 2절을 참조할 것.

47 스탈홀스타인의 생애에 관해서는 다음을 참고했다. 王啓龍, 『鋼和泰學術年譜簡編』
    (北京: 中華書局, 2008).

48 王啓龍 · 鄧小咏, 「鋼和泰對中國藏學的貢獻」, 『中國藏學』87 (北京: 中國藏學硏究中心,
    2009), pp.222-227.

49 스탈홀스타인이 중국 고대 음운 연구에 끼친 영향에 대해서는 다음을 참조할 수 있다.
    王啓龍, 「鋼和泰對中國言語學的貢獻」, 『西藏大學學報』2009年第3期 (拉薩: 西藏大學,
    2009).

50 황수인에 관해서는 주로 다음 글을 참조했다. 王啓龍, 「佛學家黃樹因雜考」, 『西南民族大
    學學報』(人文社會科學版) 2011年第6期 (成都: 西南民族大學, 2011), pp.74-76. 참조.

51 林藜光의 학술과 생애에 대해서는 다음을 참조할 수 있다. 王啓龍, 「佛學家林藜光學

術與生平雜考」, 『西南民族大學學報』(人文社科版) 2010年7期 (成都: 西南民族大學, 2010), pp.66-70 ; 徐文堪, 「林藜光先生的生平與學術貢獻」, 『文滙報』2014年12月19 日 (上海: 上海文滙報社, 2014), pp.1-4. 아들 린쉬(林希)가 쓴 간략한 생애와 유학 사 정은 다음에서 확인할 수 있다. http://www.whb.cn/xueren/33104.htm

52　王啓龍 · 鄧小咏, 『鋼和泰學術評傳』(北京: 北京大學出版社, 2009), p.189.

53　Shuhua Fan, *The Harvard-Yenching Institute and Cultural Engineering: Remaking the Humanities in China, 1924-1951* (Lanham: Lexington Books, 2014), pp.46-48. 참조.

54　하버드옌칭연구소의 설립과 중국 내 활동과 영향에 대해서는 Shuhua Fan의 위의 책을 참조할 수 있다.

55　徐文堪, 「林藜光先生的生平與學術貢獻」, 『文滙報』2014年12月19日 (上海: 上海文滙 報社, 2014), p.3.

56　王啓龍, 「佛學家林藜光學術與生平雜考」, 『西南民族大學學報』(人文社科版) 2010年7 期 (成都: 西南民族大學, 2010), p.68.

57　林藜光, 『林藜光集: 梵文寫本『諸法集要經』校訂研究』(北京: 中西書局, 2014).

58　지셴린의 전반기 생애에 대해서는 다음을 참조했다. 蔣慧琳, 「季羨林學術年譜(一)」, 『湖南科技學院學報』第37卷第2期 (永州: 湖南科技學院, 2016).

59　錢文忠 · 王海燕, 「陳寅恪與季羨林」, 『文史哲』2002年第1期 (濟南: 山東大學, 2002), p.37.

60　Hiän-lin Dschi, "Parallelversionen zur tocharischen Rezension des Punyavanta-Jātaka", *Zeitschrift der Deutschen Morgenländischen Gesellschaft*, Vol. 97 (n.F. 22), No. 3/4 (1943), pp.284-324.

61　季羨林, 「季羨林佛教學術論文集自序」, 方廣錩, 「季羨林與佛教研究」, 『敦煌研究』 2002年第1期 (蘭州: 敦煌研究院, 2002), p.13. 재인용.

62　지셴린과 정수일의 인연에 대해서는 정수일 교수가 지셴린 타계를 맞아 프레시안에 쓴 「스승 지셴린 선생을 기리며」를 참조할 수 있다. (http://www. pressian.com/news/ article.html?no=59037) 이 글에 따르면 그가 아랍어 전공을 택한 계기도 지셴린의 권 유 때문이었다.

2장 문헌발굴과 문헌정리

1　梁啓超, 『清代學術概論』(上海: 上海古籍出版社, 2006), p.99.

2　何建明, 『佛法觀念的近代造適』(佛山: 廣東人民出版社, 1998), pp.31-39.

3　陳繼東, 『清末佛教の研究』(東京: 山喜房佛書林, 2003), p.88.

4　楊仁山, 「與日本笠原研壽南條文雄書」, 『等不等觀雜錄』卷7, 楊文會 撰 · 周繼旨 校點,

『楊仁山全集』(合肥: 黃山書社, 2000), p.472.

5 羅琤,『金陵刻經處研究』(上海: 上海社會科學院出版社, 2010), p.285.

6 南條文雄,『懷舊錄』(東京: 平凡社, 1979), p.165.

7 陳繼東은 이 『대승기신론서』는 현존하지 않는다고 언급하고, 난조 분유의 편지에서 는 『淨土三經論』을 기증받았다고 언급하고 있음을 제시한다. 陳繼東,『清末佛教の研究』, p.191, 제14번 미주.

8 陳繼東,『清末佛教の研究』, p.49.

9 陳繼東,『清末佛教の研究』, p.95.

10 楊仁山,「彙刻古逸淨土十書緣起」,『等不等觀雜錄』卷3,『楊仁山全集』, p.369.

11 陳繼東,『清末佛教の研究』, p.129.

12 陳繼東,「清末日本傳來佛教典籍考」,『楊仁山全集』,「附錄」, p.663.

13 陳繼東,『清末佛教の研究』, p.95.

14 楊仁山,「成唯識論述記叙」,『等不等觀雜錄』卷3,『楊仁山全集』, p.383.

15 楊仁山,「成唯識論述記叙」,『等不等觀雜錄』卷3,『楊仁山全集』, p.383.

16 楊仁山,「成唯識論述記叙」,『等不等觀雜錄』卷3,『楊仁山全集』, p.383.

17 楊仁山,「日本續藏經叙」,『等不等觀雜錄』卷3,『楊仁山全集』, p.381.

18 南條文雄,「大日本續藏經序」, 樓宇烈,「中國近代佛學的振興者-楊文會」,『中國佛教與人文精神』(北京: 宗教文化出版社, 2003), p.43. 재인용.

19 中野達慧,「大日本續藏經編纂印行緣起」, 樓宇烈, 위의 글, 같은 곳. 재인용.

20 樓宇烈,「中日近代佛教交流概述」,『中國佛教與人文精神』(北京: 宗教文化出版社, 2003), p.366. 참조.

21 周叔迦,「『大藏經』雕印源流記略」,『周叔迦佛學論著集』下册 (北京: 中華書局, 1991), pp.553-562.

22 方廣錩 主編,『中國佛教文化大觀』(北京: 北京大學出版社, 2001), p.158.

23 宗仰이 『頻伽藏』校刊을 기획한 이유와 배경에 대해서는 다음을 참조할 수 있다. 沈潛,「論黃宗仰與頻伽藏的校刊及其貢獻」,『世界宗教研究』2009年第4期 (北京: 中國社會科學院世界宗教研究所, 2009), pp.4-49.

24 頻伽大藏經重刊委員會 編,「頻伽精舍校印大藏經凡例」,『頻伽精舍校刊大藏經』1 (北京: 九洲圖書出版社, 1998), p.17.

25 大藏會 編,『大藏經: 成立と變遷』(京都: 百華苑, 1993), p.102. 참조.

26 頻伽大藏經重刊委員會 編,「頻伽精舍校印大藏經凡例」,『頻伽精舍校刊大藏經』1 (北京: 九洲圖書出版社, 1998), p.17.

27 頻伽大藏經重刊委員會 編,「頻伽精舍校印大藏經凡例」, p.17.

28 「凡例」에서는 '鴨巢宗教大學'으로 표기되어 있는데, 실제 宗教大學의 소재지는 '巢鴨'이다. 誤植이나 誤記인 듯하다.

29 頻伽大藏經重刊委員會 編,「頻伽精舍校印大藏經凡例」, p.17.

30 大藏會 編,『大藏經: 成立と變遷』(京都: 百華苑, 1993), p.103.

31 周叔迦,「『大藏經』雕印源流記略」,『周叔迦佛學論著集』下冊 (北京: 中華書局, 1991),
    p.560.

32 大藏會 編, 앞의 책, pp.103-104.

33 釋范成,「序二」, 全國圖書館文獻縮微復制中心 編,『宋藏遺珍』1 (北京: 全國圖書館文
    獻縮微復制中心, 2002), p.5.

34 周叔迦, 앞의 글, p.559.

35 蔣維喬,「影印宋磧砂藏經始末記」, 新文豐出版公司 編輯部 編,『宋版磧砂明版嘉興大
    藏經 : 分冊目錄・分類目錄・總索引』(臺北: 新文豐出版公司, 1988), p.49상.

36 蔣維喬,「影印宋磧砂藏經始末記」, p.49-68.

37 葉恭綽,「序」,『宋藏遺珍』1, p.3.

38 釋范成,「序二」,『宋藏遺珍』1, p.5.

39 李鴻雁,「罕世佛經孤本-『趙城藏』」,『文史知識』2007年2期 (北京: 中華書局, 2007),
    pp.49-50. 참조.

40 釋范成,「序二」,『宋藏遺珍』1, p.9.

41 박인석,「『유가론기』의 연구 현황과 과제」,『한국사상사학』50 (한국사상사학회,
    2015), pp.277-278. 현재 유통되는『유가론기』의 판본 계통은 이 논문 277쪽 〈표 4〉
    를 참조할 수 있다. 또한 금릉각경처본『유가론기』의 판본 문제에서 呂澂의 언급을 통
    해서 중간본은 초간본과 달리 금장본을 대교본으로 사용했음을 밝힌 점은 큰 성과로
    보인다.

42 딩푸바오의『불학대사전』외 중국 근대 중요한 불교 공구서 편찬에는 朱芾煌(1877-
    1955)이 1937년 완성하고 실제 1939년 간행한『法相辭典』이 있다. 중국근대 불교계
    의 유식학 연구 성과라고 할 수 있다. 여기서도 당시 유식학이 어느 정도 유행했는지
    짐작할 수 있다.(본서 3장 2절 참조)

43 딩푸바오의 생애에 대해서는 자신이 직접 쓴 연보로『불학대사전』에 수록된 다음 글
    을 참조할 수 있다. 丁福保,「疇隱居士自定年譜」,『佛學大辭典』第1冊 (上海: 醫學書
    局, 1921), pp.1-36.

44 딩푸바오는「범례」에서 명대 陳禹謨(1548-1618)가 쓴『骈志類編』의 사례를 참고했다
    고 했는데, 실제 서명은『병지류편』이 아니라『骈志』이다.

45 『병자류편』240권은 청대 張廷이 편찬한 辭典이다. 여기서 '병자'는 두 글자로 연결된
    어휘를 가리킨다. '류편'은 어휘 첫 글자의 의미에 따라 분류하여 편재했음을 말한다.

46 丁福保,「佛學大辭典例言」,『佛學大辭典』第1冊, pp.1-2.

47 丁福保,「佛學大辭典例言」,『佛學大辭典』第1冊, pp.2-3.

48 丁福保,「佛學大辭典自序一」,『佛學大辭典』第1冊, p.6.「自序」에서는 '若原氏'의 佛教

辭典이라고 표기했는데, 이는 荻原雲來의 誤記가 분명하여 수정했다.

49 南條文雄,「序」, 藤井宣正, 『佛敎辭林』(東京: 明治書院, 1912), p.3.

50 丁福保,「佛學大辭典例言」, 『佛學大辭典』第1冊, pp.4-5.

51 織田得能, 『佛敎大辭典』(東京: 名著普及會, 1981), p.15. "각 어휘 아래 그것의 유별을 표시하여 名數, 術語, 地名, 天名, 界名, 人名, 譬喩, 佛名, 菩薩, 羅漢, 異類, 眞言, 修法, 物名, 儀式, 職位, 傳說, 故事, 印名, 種子, 經名, 書名, 流派, 堂塔, 動物, 植物, 雜語, 雜名, 其他로 나누었다. 동일한 어휘로 다른 해설이 있는 경우는 부호 図를 부기한다."

52 丁福保,「佛學大辭典例言」, 『佛學大辭典』第1冊, p.7.

53 龍樹菩薩造, 靑目釋, 鳩摩羅什譯, 『中論』(『大正藏』30, p.32c).

54 丁福保,「佛學大辭典自序一」, 『佛學大辭典』第1冊, p.5.

55 丁福保,「佛學大辭典自序一」, 『佛學大辭典』第1冊, p.5.

56 丁福保,「佛學大辭典自序一」, 『佛學大辭典』第1冊, p.6.

57 丁福保,「佛學大辭典自序三」, 『佛學大辭典』第1冊, p.9.

58 丁福保,「佛學大辭典自序三」, 『佛學大辭典』第1冊, p.9.

59 丁福保,「佛學大辭典自序一」, 『佛學大辭典』第1冊, p.5.

60 丁福保,「佛學大辭典自序一」, 『佛學大辭典』第1冊, p.5.

61 丁福保,「敬告注佛經之居士」, 『佛學大辭典』第1冊, p.1.

3장 불교경학과 유식학 부흥

1 馮煥珍,「現代中國佛學硏究的方法論反省」, 『兩岸佛學敎育硏究現況與發展硏討會論文專集』(臺北: 中華佛學硏究所, 2002), p.71.

2 馮煥珍,「導論-佛學硏究方法的選擇與本書硏究的問題」, 『回歸本覺』(北京: 中國社會科學出版社, 2006), pp.1-46.

3 龔雋,「近代中國佛學硏究方法及其批判」, 『二十一世紀』第43期 (香港: 中文大學, 1997), p.120.

4 陳兵·鄧子美, 『二十世紀中國佛敎』(北京: 民族出版社, 2000). 第10章「天台·華嚴·南山律的傳續」과 第12章「佛學硏究的成果與方法」에서 각각 전통적인 불교학의 계승과 근대불교학의 출현을 말한다.

5 吳汝鈞, 『佛學硏究方法論』上·下 (臺北: 臺灣學生書局, 2006).

6 胡適,「校勘學方法論」(「序陳垣先生的『元典章校補釋例』」), 『胡適文集』5 (北京: 北京大學出版社, 1998), p.108.

7 孫菊芳,「胡適與校勘學」, 『河北工程大學學報』(社會科學版) 1999年第4期 (邯鄲: 河北工程大學, 1999), p.56. 재인용.

8   程千帆,「校勘略說」,『社會科學戰線』1981年第1期 (長春: 吉林省社會科學院, 1981),
     p.309.

9   楊仁山,「會刊古本起信論義記緣起」,『等不等觀雜錄』卷3,『楊仁山全集』(合肥: 黃山書
     社, 2000), p.370.

10   法藏,『大乘起信論義記別記』(『大正藏』44).

11   楊仁山,「報告同人書」,『等不等觀雜錄』卷5,『楊仁山全集』, pp.417-418.

12   印順,『中觀論頌講記』(北京: 中華書局, 2015), p.2.

13   楊仁山,「與釋自眞智圓國瑛書」,『等不等觀雜錄』卷5,『楊仁山全集』, p.430.

14   歐陽竟無,「今日佛法之研究」,『中國佛教思想資料選編』3卷4冊 (北京: 中華書局,
     1989), p.329.

15   歐陽竟無,「談內學研究」, 王雷泉 編,『歐陽漸文選』(上海: 上海遠東出版社, 1996),
     p.113.

16   「出版說明」,『藏要』第1輯 (上海: 上海書店, 1995), p.1.

17   陳士强 · 王雷泉等 主編,『中國學術名著提要 · 宗教卷』(上海: 復旦大學出版社, 1997),
     pp.572-573.

18   歐陽竟無,「談內學研究」,『歐陽漸文選』, pp.110-111.

19   歐陽竟無,「佛法非宗教非哲學」,『中國佛教思想資料選編』3卷4冊, p.289.

20   歐陽竟無,「今日之佛法研究」,『中國佛教思想資料選編』3卷4冊, p.328.

21   歐陽竟無,「『內學』敍言」,『歐陽漸文選』, p.76.

22   중국 근대 주요 사상가의 유식학 연구와 활용에 대해서는 다음을 참조할 수 있다.
     John Makeham, ed. *Transforming Consciousness: Yogācāra Thought in Modern China*
     (Oxford University Press; 2014). 이 글에서 편집자 Makeham의 「서문」은 일종의 '근대
     중국유식학약사'라고 할 수 있을 정도로 근대 유식학 연구를 잘 정리했다. 이 책은 유
     식학 자체 연구뿐만 아니라 유식학이 근대 시기 이론적으로 어떻게 활용됐는지 잘 보
     여준다. 譚嗣同, 章太炎, 歐陽竟無, 太虛, 熊十力, 梁漱溟, 呂澂, 牟宗三 등의 유식학 연
     구와 활용을 12편의 논문으로 보여준다.

23   歐陽竟無,「『瑜伽師地論』敍」,『歐陽漸文選』, p.218.

24   『화엄경소초』는 징관(澄觀)이 당대 실차난타가 번역한 80권본『화엄경』을 해석한
     『대방광불화엄경소』와 그의 제자 승예(僧叡) 등이 쓴『대방광불화엄경수소연의초』
     (大方廣佛華嚴經隨疏演義鈔)를 결합한 책이다. '수소연의초(隨疏演義鈔)'라는 말
     은『소』를 따라가며[隨] 그 의미[義]를 풀어[演] 쓴 주석[鈔]이라는 뜻이다. 이 두 문
     헌은 원래는 별도로 유통되다가 송대 화엄학승 정원(淨源)이 결합하여 편집한 이후
     『화엄경소초』로 유통됐다. 동아시아불교에서『화엄경』연구의 가장 중요한 문헌으로
     간주된다.

25   歐陽竟無,「『瑜伽師地論』敍」,『歐陽漸文選』, p.219.

26 楊仁山,「與桂伯華書二」,『等不等觀雜錄』卷6,『楊仁山全集』, p.452.

27 歐陽竟無,「楊仁山居士傳」,『中國佛教思想資料選編』3卷4冊, p.41.

28 歐陽竟無,『唯識抉擇談』,『歐陽漸文選』, p.39.

29 歐陽竟無,「談內學研究」,『歐陽漸文選』, p.113.

30 高振農,「懷念恩師呂澂先生」,『近現代中國佛教論』(北京: 中國社會科學出版社, 2002), pp.300-301.

31 袁宏禹,『呂澂唯識學思想研究』(北京: 人民出版社, 2015), p.24.

32 李廣良,『心識的力量-太虛唯識思想研究』(上海: 華東師範大學出版社, 2004), p.30.

33 근대 시기 서구 과학과 불교를 비교하여 불교 이론에 근대적인 보편성을 부여하려는 노력이 많았다. 물론 지금 보면 어색하거나 억지스러운 점도 있지만 불교 지식인들은 대단히 진지하게 불교의 과학성을 증명하고자 했다. 이와 관련하여 전문적인 연구는 다음과 같다. Erik J. Hammerstrom, *The Science of Chinese Buddhism: Early Twentieth-Century Engagements* (New York: Columbia University Press, 2015).

34 印順,『唯識學探源』(臺北: 正聞出版社, 1986), pp.1-207.

35 法尊,『唯識三十頌懸論』,『法尊文集』(臺北: 文殊出版社, 1988), p.197.

36 韓清淨,「瑜伽師地論披尋記敍」,『瑜伽師地論科句披尋記』1 (美國紐約: 科學出版社紐約公司, 1999), pp.1-2.

37 韓清淨,「瑜伽師地論披尋記敍」,『瑜伽師地論科句披尋記』1, p.2.

38 韓清淨,「瑜伽師地論披尋記敍」,『瑜伽師地論科句披尋記』1, pp.2-3.

39 朱芾煌,「自序」,『法相辭典』上冊 (臺北 : 臺灣商務印書館, 1994), p.2.

40 Ramakrishna Puligandla, 이지수 옮김,『인도철학』(서울: 민족사, 1993), pp.181-182.

41 중국 근대 인명학 관련 저작을 망라한 총서로는 최근에 간행된 다음 총서가 있다. 沈劍英 等,『民國因明文獻研究 叢刊』全24冊 (北京: 知識産權出版社, 2015).

42 歐陽竟無,「與章行嚴書」,『歐陽漸文選』, p.315.

43 姚南强,『因明學說史綱要』(上海: 三聯書店, 2000), p.331. 저자 야오난장(姚南强)은 제16장「중국의 인명학 부흥과 고양」에서 근대 인명학 연구사를 인명학 문헌 연구와 이론 연구, 인명학사 연구, 인명학과 논리학 비교 연구 등으로 나누어 정리했다.

44 太虛,『因明概論』,『法相唯識學』下冊 (北京: 常務印書館, 2002), pp.224-257.

45 太虛, 위의 책, p.224.

46 呂澂,「集量論釋略抄」,『呂澂佛學論著選集』1 (齊南: 齊魯書社, 1986), p.176.

47 呂澂, 위의 글, p.178.

48 Satis Chandra Vidyabhusana, *A History of Indian Logic: Ancient, Mediaeval and Modern Schools* (Delhi: Motilal Banarsidass, 1921).

49 呂澂,「因輪論圖解」,『呂澂佛學論著選集』1, pp.170-175.

50 呂澂,「入論十四因過解」,『呂澂佛學論著選集』1, p.156.

51 姚南强, 앞의 책, p.342.

52 呂澂, 「佛家邏輯」, 『呂澂佛學論著選集』4, pp.2400-2433.

53 呂澂, 『因明入正理論講解』, 『呂澂佛學論著選集』3, pp.1500-1620.

54 呂澂, 「眞唯識量」, 『呂澂佛學論著選集』3, p.1591.

55 呂澂, 「西藏所傳的因明」, 『呂澂佛學論著選集』3, pp.1493-1499.

56 黃夏年, 「王恩洋先生的唯識學著作」, 『佛學研究』1999年第8期 (北京: 中國佛教文化研究所, 1999), p.237.

57 저우수자의 인명학에 관해서는 다음을 참조할 수 있다. 淮芳, 「周叔迦的因明研究」, 『華北水利水電學院學報』第27卷第3期 (鄭州: 華北水利水電學院, 2011).

4장 티베트불교의 발견과 티베트불전 연구

1 근대 중국에서 행해진 티베트 연구와 그 성과에 대해서는 다음을 참조할 수 있다. 鄧小咏, 「1949年以前國內藏學研究文獻回顧」, 『中國藏學』2000年第2期 (北京: 中國藏學研究中心, 2000). 그리고 근대시기 중국에서 티베트불교나 티베트밀교의 상황에 대해서는 다음을 참조할 수 있다. Gray Tuttle, *Tibetan Buddhists in the making of modern China* (New York: Columbia University Press, 2005) ; 呂建福, 『中國密教史』, 제7장 「近代密教」 (北京: 中國社會科學出版社, 2011), p.737-814.

2 楊文會, 『十宗略說』, 石峻等編, 『中國佛教思想資料選編』3卷4册 (北京: 中華書局, 1990), p.6.

3 歐陽漸, 「九江桂伯華行述」, 『竟無詩文』, 肖平, 『近代中國佛教的復興與日本佛教界的交往錄』(廣州: 廣東人民出版社, 2003), p.203. 재인용.

4 肖平, 위의 책, p.206.

5 당시 현밀 논쟁에 대해서는 다음을 참조할 수 있다. 李鄭龍, 「近代佛教界顯密紛爭的再探討」, 『中山大學學報』55 (廣州: 中山大學, 2015), p.74.

6 權田雷斧, 『密教綱要』(東京: 丙午出版社, 1916).

7 王弘願의 활동과 사상 그리고 일본 밀교와 관련성에 대해서는 다음을 참조할 수 있다. エリック・シッケタンツ(Erik Schicketanz), 『堕落と復興の近代中國佛敎-日本佛教との邂逅とその歴史像の構築』, 第4章 「民國期の密教復興」第5節-第9節 (東京: 法藏館, 2016), pp.287-314. 필자에게 이 책을 소개하고 일본에서 자료를 보내주신 사토 아츠시 선생님께 감사한다. 본서 집필을 거의 끝낸 시점에 알게 되어 충분히 활용하지는 못했지만 대단히 유용한 책이었다. 아울러 사토 선생님께서 일본인명 한자 발음에 대해서도 조언해 주셨고 사카이노 고요 사진 자료도 보내 주셨다.

8 太虛, 「中國現時密宗復興之趨勢」, 太虛大師全書編纂委員會 編, 『太虛大師全書』15 (台北: 善導寺佛經流通處, 1998), p.2877.

9 權田雷斧, 『曼茶羅通解』 (東京: 丙午出版社, 1916).

10 太虛, 「中國現時密宗復興之趨勢」, 『太虛大師全書』15, p.2877.

11 근대 중국에서 밀교 고승에 대한 간략한 정보는 다음에서 확인할 수 있다. 于凌波, 『民國高僧傳』初編 (臺北: 昭明出版社, 2008), pp.357-402.

12 吳成國, 「持松法師與民國時期唐密的復興」, 『民國檔案』2012年第2期 (武漢: 湖北大學歷史文化學院, 2012), p.85.

13 東初 編, 『中國佛教近代史』上冊 (臺北: 東初出版社, 1984), p.410. 佐伯覺隨에 대해서는 알려진 바가 많지 않다. 근대 중국에서 그의 활동과 역할에 대해서는 다음을 참조할 수 있다. エリック・シッケタンツ(Erik Schicketanz), 앞의 책, pp.265-266.

14 法尊, 「我入藏的經過」, 『法尊文集』 (臺北: 文殊出版社, 1988), p.264.

15 白普仁에 대해서는 다음을 참조할 수 있다. 德吉梅朵・喜饒尼瑪, 「民國时期白普仁喇嘛與多杰覺拔格西在内地弘法及影响」, 『雲南民族大學學報』(哲學社會科學版) 2012年第1期 (昆明: 雲南大學, 2012).

16 9세 판첸 라마의 활동에 대해서는 呂建福, 『中國密教史』, 제7장 2절의 '九世班禪及其時輪法會'(pp.767-770)를 참조할 수 있다.

17 Gray Tuttle, 앞의 책, pp.130-132.

18 Gray Tuttle, 위의 책, p.84. 참조.

19 大勇, 「記留藏學法團」, 王海燕・喜饒尼瑪, 「留藏學法團與民國時期漢藏文化交流」, 『中國邊疆史地研究』2010年第2期 (北京: 中國社會科學院中國邊疆研究所, 2010), p.106. 재인용.

20 法尊, 「我入藏的經過」, 『法尊文集』, p.263.

21 法尊, 「我入藏的經過」, 『法尊文集』, p.263.

22 法雲 編, 『翻譯名義集』 (『大正藏』54, p.1178a).

23 法尊, 「我入藏的經過」, 『法尊文集』, p.266.

24 法尊, 「我入藏的經過」, 『法尊文集』, p.269.

25 法尊, 「法尊法師自述」, 『法尊文集』, pp.245-246.

26 太虛, 「世界佛學苑漢藏敎理院記」, 何洁, 「漢藏敎理院(1932-1950)研究」 (成都: 四川師範大學碩士論文 , 2004), p.14. 재인용.

27 法尊, 「宗喀巴大師的菩提道次第論」, 『法尊文集』, p.175.

28 法尊, 「菩提道次第廣論的造作・飜譯・內容和題解」, 『法尊文集』, p.180.

29 김성철, 「Systematic Buddhology와 『보리도차제론』」, 『불교학연구』3 (서울: 불교학연구회, 2001), p.170. 각주 23번 참조.

30 法尊, 「宗喀巴大師的菩提道次第論」, 『法尊文集』, p.153.

31 印順, 『中觀今論』 (臺北: 正聞出版社, 1987), p.1.

32 印順,『平凡的一生』,『華雨香雲』(臺北: 正聞出版社, 2000), p.24.

33 菩提,「從『游心法海六十年』談印順導師之佛學思想」,『法音』1997年5期 (北京: 中國佛教協會, 1997), p.31.

34 스탈홀스타인의 저술에 대해서는 다음을 참조했다. 王啓龍 · 鄧小咏,「佛學大師鋼和泰男爵生平考(二)」,『西南民族大學學報』(人文社會科學版) 2007年第11期 (成都: 西南民族大學, 2007), p.61.

35 北堂印書館의 연혁과 1930년대 이후 간행 書目에 대해서는 다음을 참조할 수 있다. 雷強,「北堂印書館1931至1951年刊印書目考」,『圖書資訊學刊』第10卷第2期 (臺北: 臺灣大學圖書資訊學系, 2012), pp.143-187.

36 *Two Lamaistic pantheons*, edited with introduction and indexes by Walter Eugene Clark from materials collected by the late Baron A. von Staël-Holstein, Harvard-Yenching Institute monograph series 3 and 4 (Cambridge, Mass.: Harvard University Press, 1937).

37 于道泉,「譯注明成祖遣使召宗喀巴紀事及宗喀巴覆成祖書」,『慶祝蔡元培先生六十五歲論文集』下 (北平: 國立中央研究院歷史語言研究所), 鄧小咏,「1949年以前國內藏學研究文獻回顧」,『中國藏學』2000年第2期 (北京: 中國藏學研究中心, 2000), p.4. 재인용.

38 王啓龍 · 鄧小咏,「鋼和泰對中國藏學的貢獻」,『中國藏學』總87輯 (北京: 中國藏學研究中心, 2009), pp.225-227. 참조. 耿予方,「藏學泰斗于道泉教授」,『民族教育研究』1994年2期 (北京: 中央民族大學, 1994).

39 高振農,「懷念恩師呂澂先生」,『近現代中國佛教論』(北京: 中國社會科學出版社, 2002), p.299.

40 高振農, 위의 글, pp.299-300.

41 呂澂,『西藏佛學原論』,『呂澂佛學論著選集』1 (齊南: 齊魯書社, 1986), p.454.

42 松本史郎, 이태승 · 권서용 등 옮김,『티베트불교철학』(서울: 불교시대사, 2008), p.29.

43 寺本婉雅,『(ターラナーダ)印度佛教史』(東京: 丙午出版社, 1928), pp.1-5 ; 山口瑞鳳 · 矢崎正見, 이호근 · 안영길 옮김,『티베트불교사』(서울: 민족사, 1990), p.215. 참조.

44 周霞,『中國近代佛教史學名家評述』(上海: 上海社會科學院出版社, 2006), pp.303-304.

45 Walter Liebenthal, *The Book of Chao* (Peking: Càtholic University of Peking, 1948).

46 Walter Liebenthal, *Chao Lun: The Treatises of Seng-Chao* (Hongkong: Hongkong University Press, 1968), p.ix.

47 王森,『西藏佛教發展史略』(北京: 中國社會科學出版社, 1987).

5장 량치차오의 불교사 서술과 일본불교학의 번역

1 량치차오의 사학연구 일반에 대해서는 다음을 참조할 수 있다. 張豈之 主編,『中國近代史學學術史』(北京: 中國社會科學出版社, 1996), 특히 제2편 5장 ʻ新史學方法論的三種系統ʼ에서 1920년대 량치차오의 사학 방법론을 다루었다.

2 梁啓超,『新史學』,『飮氷室合集』,『飮氷室文集』9 (台北: 臺灣中華書局印行, 1970), p.7.

3 梁啓超,『中國歷史硏究法』,『中國歷史硏究法 · 中國歷史硏究法補編』(北京: 中華書局, 2015), p.6.

4 梁啓超,「『大乘起信論考證』序」, 陳士强 導讀,『佛學硏究十八篇』(上海: 上海古籍出版社, 2001), p.391.

5 梁啓超,「印度佛敎槪觀」,『佛學硏究十八篇』, p.40.

6 梁啓超,「佛典之飜譯」,『佛學硏究十八篇』, p.202.

7 陳士强 撰,『佛典精解』(上海: 上海古籍出版社, 1993), p.3.

8 梁啓超,「佛典之飜譯」 부록 ʻ佛敎典籍譜錄考ʼ,『佛學硏究十八篇』, p.205.

9 境野黃洋,『支那佛敎史綱』(東京: 森江本店, 1907), p.16.

10 梁啓超,「飜譯文學與佛典」,『佛學硏究十八篇』, p.165.

11 梁啓超,「飜譯文學與佛典」,『佛學硏究十八篇』, p.166.

12 梁啓超,「飜譯文學與佛典」,『佛學硏究十八篇』, p.166.

13 梁啓超,「飜譯文學與佛典」,『佛學硏究十八篇』, p.166.

14 梁啓超,「飜譯文學與佛典」,『佛學硏究十八篇』, p.197.

15 中村元, 金知見 옮김,『中國人의 思惟方法』(서울: 東西文化院, 1971), pp.156-157.

16 梁啓超,「飜譯文學與佛典」,『佛學硏究十八篇』, p.199.

17 량치차오가 「飜譯文學與佛典」에서 이 주장과 관련하여 직접적인 증거를 제시하지는 않았다. 자신도 확증할 수는 없지만 최소한 둘이 상호 영향이 있음을 확신하기는 한다.(p.199)

18 梁啓超,「飜譯文學與佛典」,『佛學硏究十八篇』, p.200.

19 한역 불전을 일종의 문학 작품집으로 보고, 거기서 문학 작품을 추출하려는 최근의 시도에는 다음이 있다. 孫昌武 編註,『漢譯佛典飜譯文學選』上 · 下冊 (天津: 南開大學出版社, 2005).

20 『경율이상』에 대해서는 다음을 참조할 수 있다. 董志翹,『經律異相整理與硏究』(成都: 巴蜀書社, 2011). 이 책은 2편으로 구성됐는데, 제1편은 문헌 연구로『경율이상』의 성립과 그것의 여러 판본 그리고 의미 등에 대해 분석했다. 제2편은『경율이상』에 교감과 표점을 행한 교정 판본 제시다.

21 梁啓超,「飜譯文學與佛典」,『佛學硏究十八篇』, p.201.

22 梁啓超,「印度佛敎槪觀」,『佛學硏究十八篇』, p.47 각주. 량치차오는 이노우에 테츠지

로의 『印度宗教史』(p.496)를 참조했다고 썼지만 이노우에에게 『인도종교사』라는 저작은 존재하지 않는다.

23 중국의 근대불교학에 미친 일본 불교학의 영향에 대한 개괄적인 연구로는 다음이 있다. 肖平, 『近代中國佛教的復興』(廣州: 廣東人民出版社, 2003). 이 책 제5장 「佛學研究事業的恢復與日本的佛學研究」가 집중적으로 중국 근대불교학과 일본 근대불교학의 관련에 대해 다룬다. 특히 제4절에서 일본 근대불교학 연구 성과의 중국 내 번역과 그것의 영향을 다룬다. 여기서도 1910년대 기무라 다이겐의 영향이 꽤 컸음을 확인할 수 있다.

24 이와 관련해서는 다음을 참조할 수 있다. 朱天策, 「梁啓超與京師圖書館」, 『炎黃春秋』 2000年6期 (北京: 中華炎黃文化研究所, 2000).

25 梁啓超, 「致仲揆守和兩兄書」, 丁文江 · 趙豊田 編, 『梁啓超長編年譜』(上海: 上海人民出版社, 1983), p.1067. 周霞, 『中國近代佛教史學名家評述』(上海: 上海社會科學院出版社, 2006), p.31. 재인용.

26 이 글에서는 1930년 판본 『原始佛教思想論』의 페이지 수를 표기한다. 번역은 다음을 참조했다. 박경준 역, 『원시불교사상론』(서울: 경서원, 1992).

27 梁啓超, 「印度佛教概觀」, 『佛學研究十八篇』, pp.63-64; 木村泰賢, 『原始佛教思想論』, p.63.

28 梁啓超, 「佛陀時代及原始佛教教理綱要」, 『佛學研究十八篇』, p.67.

29 木村泰賢, 『原始佛教思想論』, p.79.

30 木村泰賢, 『原始佛教思想論』, p.115

31 木村泰賢, 『原始佛教思想論』, p.116.

32 Mrs. Rhys Davids, *Buddhism: A Study of the Buddhist Norm* (London: Williams & Norgate, 1924), pp.131-132. 필자가 확인한 1924년 간행본은 재판본이다.

33 梁啓超, 「佛陀時代及原始佛教教理綱要」, 『佛學研究十八篇』, p.76 ; 木村泰賢, 『原始佛教思想論』, pp.194-195.

34 竹村牧男, 정승석 옮김, 『유식의 구조』(서울: 민족사, 1995), p.129

35 梁啓超, 「佛陀時代及原始佛教教理綱要」, 『佛學研究十八篇』, p.77.

36 深浦正文, 『唯識學研究』下卷 (京都: 永田文昌堂, 1972), p.507.

37 竹村牧男, 앞의 책, p.138.

38 梁啓超, 「佛陀時代及原始佛教教理綱要」, 『佛學研究十八篇』, p.78.

39 木村泰賢, 『原始佛教思想論』, p.266.

40 木村泰賢, 『原始佛教思想論』, pp.146-147.

41 山折哲雄, 조재국 옮김, 『근대 일본인의 종교의식』(서울: 소화, 2009), p.142.

42 山折哲雄, 위의 글, p.145.

43 梁啓超, 「佛陀時代及原始佛教教理綱要」, 『佛學研究十八篇』, p.74.

44   梁啓超, 「佛陀時代及原始佛教教理綱要」, 『佛學研究十八篇』, p.83 ; 木村泰賢, 『原始佛教思想論』, p.396.

45   梁啓超, 「佛陀時代及原始佛教教理綱要」, 『佛學研究十八篇』, p.67.

46   森紀子, 위의 글, p.271.

47   橘惠勝, 『佛教心理の研究』(東京: 丸木書店, 1916).

48   木村泰賢, 『原始佛教思想論』, p.7.

49   梁啓超, 「說『四阿含』」, 『佛學研究十八篇』, p.293 ; 金子大榮, 『佛教概論』(東京: 岩波書店, 1919), p.13.

50   梁啓超, 「說『四阿含』」, 『佛學研究十八篇』, pp.299-300 ; 羽溪了諦, 『西域之佛教』(京都: 法林館, 1914), p.188.

51   橘惠勝, 『印度佛教思想史』(東京: 大同館, 1919). 제2장은 목차에서는 「聖典に就きて」로 표기되었고, 실제 본문에서는 「阿含聖典につきて」(pp.117-129)로 표기되어 있다.

52   梁啓超, 「說『四阿含』」, 『佛學研究十八篇』, p.289.

53   天台智者大師說, 『妙法蓮華經玄義』 卷第十上 (『大正藏』 33, p.800b).

54   梁啓超, 「說『四阿含』」, 『佛學研究十八篇』, p.301. 량치차오는 여기서 '아함 속각(束閣)'이란 표현을 써서 『아함경』이 소승으로 치부되어 높은 누각에 갇혀서 세상에 나오지 못했음을 지적했다.

55   梁啓超, 「說『四阿含』」, 『佛學研究十八篇』, p.302.

56   梁啓超, 「說『四阿含』」, 『佛學研究十八篇』, p.303.

57   梁啓超, 「讀『異部宗輪論述記』」, 『佛學研究十八篇』, p.280.

58   梁啓超, 「讀『異部宗輪論述記』」, 『佛學研究十八篇』, p.280.

59   梁啓超, 「說大毘婆沙」, 『佛學研究十八篇』, p.317.

60   梁啓超, 「說大毘婆沙」, 『佛學研究十八篇』, p.327.

61   梁啓超, 「說大毘婆沙」, 『佛學研究十八篇』, pp.327-328.

6장 후스의 선종사 연구와 과학 방법론

1   후스의 사상 연구와 관련한 주요 국외 연구로는 다음이 있다. 余英時, 『中國近代思想史上的胡適』(臺北: 聯經出版事業公司, 1983) ; 竹元 規人, 「胡適の中國哲學史・思想史構想とその困難-「宗敎」・「科學」・「ルネサンス」」, *Todai journal of Chinese philosophy*(21) (東京大學中國哲學研究會, 2005), pp.111-207.

2   후스의 선종 연구를 일종의 학술사 차원에서 다룬 연구는 다음이 있다. 龔雋·陳繼東, 『中國禪學研究入門』(上海: 復旦大學出版社, 2009).

3   이하 후스의 생애에 관해서는 다음을 참조했다. 白吉庵, 『胡適傳』(北京: 人民出版社,

1994).

4 　胡適,「口述自傳」, 민두기,『중국에서의 자유주의의 실험』(서울: 지식산업사, 1997), p.60. 재인용.

5 　후스가 '불가지론'에 근거해 알 수 없는 것을 학문 대상에서 제외한 것과 달리, 알 수 없는 것을 학문 대상으로 포괄하려는 방식으로 불가지론을 사용한 경우도 있다. 조성택은『불교와 불교학』에서 불전 독법의 새로운 방법으로 '방법론적 불가지론'을 제안했다. 그는 불교 연구에서 이성적 사유로 이해할 수 있는 영역과 이해할 수 없는 영역을 구분하고, 이해할 수 없는 영역에 대해서는 '불가지'라는 전제 아래 언어와 이성을 동원하여 그것과 대화한다면 담론 구성이 가능하다고 생각한다. 이는 근대불교학의 이성주의에 대한 반성이며, 또한 깨달음도 불교학의 장으로 끌어들이려는 시도다. 조성택,『불교와 불교학』(서울: 돌베개, 2012), pp.71-72. 참조.

6 　余英時,『中國近代思想史上的胡適』(臺北: 聯經出版事業公司, 1983), p.44.

7 　胡適,「新思潮的意義」, 兪吾金 編選,『疑古與開新(胡適文選)』(上海: 上海遠東出版社, 1995), p.231.

8 　胡適, 위의 글, p.232.

9 　김법린,「소르본느시대의 회고」, (서울대학교)『대학신문』제28호, 1952년 10월13일자 (서울대학교신문사, 1952), p.3.

10 　중국 근대 발생한 국학 논쟁에 관해서는 다음을 참조할 수 있다. 羅志田,『國家與學術: 清季民初關于國學的思想論爭』(北京: 三聯書店, 2003).

11 　胡適,「硏究國故的方法」,『疑古與開新(胡適文選)』, pp.59-61. 이 가운데 '계통적 연구'를 주목할 만하다. 후스는 중국의 고적은 많지만 사상사나 문학사 혹은 정치사 연구라고 할 만한 계통적인 저작은 거의 없다고 지적한다.

12 　胡適,「硏究國故的方法」,『疑古與開新(胡適文選)』, p.59.

13 　胡適, 위의 글, 같은 곳.

14 　중국 근대 시기 의고주의에 대해서는 다음을 참조할 수 있다. 路新生,『中國近三百年疑古思潮研究』(上海: 上海人民出版社, 2001).

15 　胡適,「菩提達摩考」, 姜義華 主編,『胡適學術文集-中國佛學史』(北京: 中華書局, 1997), p.270.

16 　龔雋,「近代中國佛學研究方法及其批判」,『二十一世紀』1997年10月 (香港: 香港中文大學中國文化研究所, 1997), p.123.

17 　胡適,「自序」,『神會和尙遺集』(臺北: 胡適記念館, 1968), p.1.

18 　胡適, 위의 글, 같은 곳.

19 　胡適,「海外讀書雜記」,『胡適學術文集-中國佛學史』, p.22.

20 　胡適,「『國學季刊』發刊宣言」,『疑古與開新(胡適文選)』, p.71.

21 　胡適,「海外讀書雜記」,『胡適學術文集-中國佛學史』, p.27.

22 胡適, 「海外讀書雜記」, 『胡適學術文集-中國佛學史』, p.29.

23 胡適, 「胡適答湯用彤敎授書」, 『胡適學術文集-中國佛學史』, p.35.

24 胡適, 「荷澤大師神會傳」, 『胡適學術文集-中國佛學史』, p.351.

25 胡適, 「荷澤大師神會傳」, 『胡適學術文集-中國佛學史』, p.327.

26 胡適, 「荷澤大師神會傳」, 『胡適學術文集-中國佛學史』, p.358.

27 胡適, 「荷澤大師神會傳」, 『胡適學術文集-中國佛學史』, pp.326-327. 돈황본 『단경』의 원문은 楊曾文 校寫, 『新版敦煌新本六祖壇經』(北京: 宗教文化出版社, 2002)을 참고 했고, 번역은 정성본 역주, 『돈황본 육조단경』(서울: 한국선문화연구원, 2005)을 참 조했다.

28 獨孤沛 撰, 「菩提達磨南宗定是非論」, 楊曾文 編校, 『神會和尙禪語錄』(北京: 中華書 局, 1996), p.19.

29 獨孤沛 撰, 「菩提達磨南宗定是非論」, 『神會和尙禪語錄』, p.32.

30 김구경에 대해서는 다음 연구를 참조할 수 있다. 孫知慧, 「忘れられた近代の知識人「金 九經」に関する調査」, 『大谷學報』94(2) (京都: 大谷學會, 2015).

31 胡適, 「胡適致金九經書」, 柳田聖山 主編, 『胡適禪學案』(臺北: 正中書局, 1975), pp.35-36 재인용.

32 胡適, 「楞伽宗考」, 『胡適學術文集-中國佛學史』, p.94.

33 道宣撰, 『續高僧傳』'法沖傳'(『大正藏』50, p.666b).

34 중국선종사에서 능가종의 성립과 관련한 국내 연구로는 다음을 참고할 수 있다. 정성 본, 『중국선종의 성립사연구』, 제3장 「능가종의 성립과 발전」(서울: 민족사, 1993), pp.99-195.

35 求那跋陀羅譯, 『楞伽阿跋多羅寶經』(『大正藏』16, p.508b).

36 胡適, 「楞伽宗考」, 『胡適學術文集-中國佛學史』, p.112.

37 李雪濤, 「胡適佛學研究擧隅」, 『東アジア文化交渉研究』第4号 (大阪: 関西大學文化交 渉學敎育研究據點, 2011), p.219

38 胡適, 「楞伽宗考」, 『胡適學術文集-中國佛學史』, p.128.

39 胡適, 「楞伽宗考」, 『胡適學術文集-中國佛學史』, p.129.

40 胡適, 「新思潮的意義」, 『疑古與開新(胡適文選)』, pp.238-239.

41 胡適, 『胡適手稿』, 余英時, 앞의 책, p.49 재인용.

42 Friedrich Nietzsche, 백승영 옮김, 『안티크리스트』, 『니체전집』15 (서울: 책세상, 2005), p.213.

43 胡適, 「新思潮的意義」, 『疑古與開新(胡適文選)』, p.232.

44 胡適, 『胡適文存』, 민두기 편역, 『胡適文選』(서울: 삼성문화재단, 1972), p.146.

45 胡適, 「杜威論思想」, 『胡適全集』第7卷 (合肥: 安徽敎育出版社, 2003) : 緖形 康, 「哲學 の運命-胡適とデューイ」, China 19 (中國社會文化學會, 2004), p.257 재인용.

46 　路新生,『中國近三百年疑古思潮研究』(上海: 上海人民出版社, 2001), pp.501-502.

47 　胡適,「中國禪學的發展」,『胡適學術文集-中國佛學史』, p.61.

48 　Hu Shih, "Ch'an Buddhism in China: Its History and Method", *Philosophy East and West*, Vol.3, No.1 (Hawaii: University of Hawaii Press, 1953), p.3.

49 　Hu Shih, 위의 글, 같은 곳.

50 　Daisetz Teitaro Suzuki, "Zen: A Reply to Hu Shih", *Philosophy East and West*, Vol.3, No.1 (Hawaii: University of Hawaii Press, 1953), p.26.

51 　Daisetz Teitaro Suzuki, 위의 글, p.26.

52 　Daisetz Teitaro Suzuki, 위의 글, p.27.

53 　Daisetz Teitaro Suzuki, 위의 글, p.27.

54 　宗密述,『禪源諸詮集都序』卷上 (『大正藏』48, p.402b).

55 　Daisetz Teitaro Suzuki, 앞의 글, p.28.

56 　胡適,「中國禪學的發展」,『胡適學術文集-中國佛學史』, p.83.

57 　Daisetz Teitaro Suzuki, p.32.

58 　西田幾多郎, 서석연 옮김,『선의 연구』(서울: 범우사, 2001), p.196.

59 　西田幾多郎, 위의 책, p.17.

60 　Daisetz Teitaro Suzuki, 앞의 글, p.33.

61 　중국의 근대불교 연구자 마텐상(麻天祥)은 후스는 "선은 지성을 해방하는 일종의 지혜이자 사료로 파악해서 그것을 역사의 배경에 두고서 연구해야 한다."는 입장에 서 있다고 평가한다. 麻天祥,「胡適·鈴木大拙·印順-禪宗史研究中具體問題之比較」,『佛學研究』1994年第3期 (北京: 中國佛教文化研究所, 1994), p.125.

62 　柳田聖山,「胡適博士と中國初期禪宗史の研究」,『胡適禪學案』(京都: 中文出版社, 1981) ; 신규탁 옮김,「중국 초기 선종사의 연구 : 胡適과 鈴木大拙의 논쟁을 둘러싸고」,『多寶』1995년 겨울호 (서울: 대한불교진흥원, 1995), p.12.

7장 탕융퉁의『한위양진남북조불교사』와 사상사 서술

1 　湯用彤의 학술 방법론에 관해서는 다음을 참조할 수 있다. 麻天祥,『湯用彤評傳』(南昌: 百花洲文藝出版社, 1993), 제3장과 제4장 ; 孫尙揚,「湯用彤學術方法述略」,『北京大學學報』1998年第2期 (北京: 北京大學, 1998).

2 　麻天祥, 위의 책, pp.321-322.

3 　湯用彤,『漢魏兩晉南北朝佛教史』下册 (臺北 : 臺灣商務印書館, 1991), p.879.

4 　賀麟,『當代中國哲學』(嘉義: 西部出版社, 1971), p.24.

5 　麻天祥, 앞의 책, pp.152-180.

6   麻天祥, 위의 책, pp.164-170.

7   탕용퉁의『고승전』교주(校注)는 1960년대 주로 진행된 작업이지만 출간은 그의 아들 탕이제(湯一介)의 정리(整理)로 1992년 이루어졌다.「일러두기」에 해당하는「간략설명」(簡略說明)은 1963년 12월 13일자로 되어 있다.

8   馮友蘭, 박성규 옮김,『중국철학사』상 (서울: 까치, 2005), p.4.

9   湯用彤,「魏晋玄學流別略論」,『魏晋玄學論稿』(臺北: 廬山出版社, 1972), pp.52, 62.

10   湯用彤,「魏晋玄學流別略論」,『魏晋玄學論稿』, p.57.

11   湯用彤,「言意之辯」,『魏晋玄學論稿』, p.25.

12   湯用彤,『漢魏兩晋南北朝佛教史』上册, p.336.

13   塚本善隆 編,『(望月)佛教大辭典』第4卷 (東京: 世界聖典刊行協會, 1980), p.3732.

14   慈怡 主編, 星雲 監修,『佛光大辭典』第6册, '肇論'항목 (臺灣: 佛光出版社, 1989), p.5900.

15   僧肇,「物不遷論」,『肇論』(『大正藏』45, p.151c).

16   許抗生,『僧肇評傳』(南京: 南京大學出版社, 2001), p.199.

17   方立天,「僧肇評傳」,『魏晋南北朝佛教』,『方立天文集』第1卷 (北京: 中國人民大學出版社, 2006), p.287.

18   平井俊榮,『中國般若思想史研究: 吉藏と三論學派』(東京: 春秋社, 1976), pp.130-144.

19   平井俊榮, 위의 책, p.131.

20   梶山雄一,「僧肇に於ける中觀哲學の形態」, 塚本善隆 編,『肇論研究』(京都: 法藏館, 1971), p.200.

21   湯用彤,『漢魏兩晋南北朝佛教史』上册, p.333.

22   龍樹菩薩造, 青目釋, 鳩摩羅什譯,『中論』(『大正藏』30, p.2b).『중론』한글 번역은 다음을 참조했다. 김성철 역주,『중론』(서울: 경서원, 1993).

23   龍樹菩薩造, 青目釋, 鳩摩羅什譯,『中論』(『大正藏』30, p.2b).

24   溝口雄三 · 丸山松幸 · 池田知久, 김석근 등 옮김『중국사상문화사전』(서울: 민족문화문고, 2003), p.25.

25   龍樹菩薩造, 青目釋, 鳩摩羅什譯,『中論』(『大正藏』30, p.2b).

26   湯用彤,『漢魏兩晋南北朝佛教史』上册, p.333.

27   湯用彤,『漢魏兩晋南北朝佛教史』上册, p.334.

28   湯用彤,「王弼大衍義略說」,『魏晋玄學論考』, pp.70-71.

29   湯用彤은「魏晋玄學類別略論」,『魏晋玄學論稿』, pp.49-63.

30   메이지 사상가 이노우에 테쓰지로(井上哲次郎, 1855-1944)는 1897년『哲學雜誌』에 발표한「現象卽實在論の要領」이란 논문에서 현상과 실재는 이질적인 것이 아니라 상즉하는 것이라고 주장한다. 宮川透 · 荒川幾男, 이수정 옮김,『일본근대철학사』(서울: 생각의나무, 2001), p.104.

31 僧肇,「不眞空論」,『肇論』(『大正藏』45, p.152a).

32 島田虔次,「體用の歷史に寄せて」, 塚本博士頌壽記念會 編,『(塚本博士頌壽記念)佛敎
    史學論集』(京都: 塚本博士頌壽記念會, 1961), pp.426-429.

33 島田虔次, 위의 글, 같은 곳.

34 僧肇,「不眞空論」,『肇論』(『大正藏』45, p.152a).

35 僧肇,「不眞空論」,『肇論』(『大正藏』45, p.152a).

36 文才,『肇論新疏』(『大正藏』45, p.208a).

37 文才,『肇論新疏』(『大正藏』45, p.208a).

38 張衛紅,「從『肇論』看中觀般若學的非本體性特徵」,『世界宗敎硏究』2005年第1期 (北
    京: 中國社會科學院世界宗敎硏究所, 2005), pp.37-38.

39 龍樹菩薩造, 靑目釋, 鳩摩羅什譯,『中論』(『大正藏』30, p.36a).

40 龍樹菩薩造, 靑目釋, 鳩摩羅什譯,『中論』(『大正藏』30, p.31a).

41 僧肇,「物不遷論」,『肇論』(『大正藏』45, p.150c).

42 湯用彤,『漢魏兩晋南北朝佛敎史』上冊, p.334.

43 僧肇,「物不遷論」,『肇論』(『大正藏』45, p.150c).

44 실제『방광반야경』의 구절은 승조가 인용한 것과 조금 다르다. 無羅叉譯,『放光般若
    經』卷5,「衍與空等品」(『大正藏』8, p.32c).

45 僧肇,「物不遷論」,『肇論』(『大正藏』45, p.151a).

46 呂澂,『中國佛學源流略講』(北京: 中華書局, 1998), p.103.

47 僧肇,「物不遷論」,『肇論』(『大正藏』45, p.151b).

48 龍樹菩薩造, 靑目釋, 鳩摩羅什譯,『中論』(『大正藏』30, p.4a).

49 龍樹菩薩造, 靑目釋, 鳩摩羅什譯,『中論』(『大正藏』30, p.4c).

50 僧肇,「物不遷論」,『肇論』(『大正藏』45, p.151c).

51 湯用彤,『漢魏兩晋南北朝佛敎史』上冊, p.334.

52 僧肇,「般若無知論」,『肇論』(『大正藏』45, p.153a).

53 僧肇,「物不遷論」,『肇論』(『大正藏』45, p.151b).

54 元康,『肇論疏』(『大正藏』45, p.169a).

55 僧肇,「物不遷論」,『肇論』(『大正藏』45, p.151b).

56 僧肇,「物不遷論」,『肇論』(『大正藏』45, p.151b).

57 僧肇,「不眞空論」,『肇論』(『大正藏』45, p.152b).

58 僧肇,「物不遷論」,『肇論』(『大正藏』45, p.151c).

8장 천인추에(陳寅恪)와 천위안(陳垣)의 불교사 연구

1   周霞, 『中國近代佛教史學名家評述』(上海: 上海社會科學院出版社, 2006), p.77. 각주 2번 참조.

2   陳彬龢 點註, 王雲五 · 朱經農 主編, 『譯經釋詞』(上海: 商務印書館, 1931).

3   境野哲, 『支那佛教史綱』(東京: 森江書店, 1907).

4   蔣維喬, 「敍言」, 『中國佛教史』(香港: 中和出版公司, 2013), p.31.

5   村上專精, 「支那佛教史綱序」, 境野哲, 『支那佛教史綱』(東京: 森江書店, 1907), p.1.

6   蔣維喬, 「敍言」, 『中國佛教史』, p.34.

7   蔣維喬, 「凡例」, 『中國佛教史』, p.32.

8   蔣維喬, 『中國佛教史』, p.32.

9   蔣維喬, 『中國佛教史』, p.33.

10 蔣維喬, 「凡例」, 『中國佛教史』, p.33.

11 宋慶陽, 「以藝術度現在 以宗教度未來-黃懺華先生傳略」, 『法音』2016年第5期 (北京: 中國佛教協會, 2016), p.42. 참조 정리.

12 周霞, 앞의 책, p.97. 참조.

13 周霞, 위의 책, p.98.

14 湯用彤, 「論中國佛教無十宗」, 『湯用彤全集』2 (石家莊: 河北人民出版社, 2000), pp.367-382.

15 黃懺華, 「凡例」, 「佛教各宗大意初稿」, 『佛教各宗大意』(臺北: 文津出版社, 1984), p.17.

16 黃懺華, 『佛學槪論』(影印本) (揚州: 江蘇廣陵古籍刻印社, 1992), pp.1-11. 목차 참조.

17 黃懺華, 「弁言」, 『中國佛教史』(臺北: 新文豐出版社, 1983), p.1.

18 宇井伯壽, 『支那佛教史』(東京: 岩波書店, 1936).

19 周霞, 앞의 책, p.101.

20 呂澂, 『中國佛學源流略講』(北京: 中華書局, 1995), p.18.

21 傅敎石, 「黃懺華和他的『中國佛敎史』」, 『內明』261 (香港: 內明雜誌社, 1993), p.19.

22 黃懺華, 『中國佛敎史』(臺北: 新文豐出版社, 1983), p.251 ; 宇井伯壽, 『支那佛敎史』(東京: 岩波書店, 1936), p.177.

23 黃懺華, 「凡例」, 『中國佛教史』, p1.

24 黃懺華, 「凡例」, 『中國佛教史』, p1.

25 エリック・シッケタンツ(Erik Schicketanz), 『堕落と復興の近代中國佛教-日本佛教との邂逅とその歷史像の構築』(東京: 法藏館, 2016), p.199. 이 책 제3장 「근대중국불교에서 종파 개념과 그 정치성」에서 슈크턴츠는 집중적으로 사카이노와 우이같은 일본인의 중국불교사 서술이 갖는 학술 이면의 정치성을 분석했다.

26 현재 중국 표준어 발음으로 陳寅恪를 읽으면 당연히 chén yín kè(천인커)이지만 客家人으로서 陳寅恪는 스스로 chén yín què(천인추에)로 발음했고, 가족들도 한자 恪을 추에(què)로 발음했다. 다음 글을 참조할 수 있다. 黃延復,「陳寅恪先生怎样讀自己的名字?」,『中華讀書報』(北京: 光明日報, 2006), 2006년 11월 15일자. 이와 관련해 조언해 주신 장규언 선생님께 감사한다.

27 천인추에의 하버드 유학 시절 상황에 대해서는 다음 글을 참조할 수 있다. 陳懷宇,「陳寅恪留學哈佛史事鉤沈及其相關問題」,『淸華大學學報』2012年第5期 (北京: 淸華大學, 2012), pp.42-57.

28 陳正宏,「陳寅恪先生與德國」,『德國研究』(Deutschland Studien) 1997年第3期 (上海: 同濟大學德國問題研究所, 1997), pp.38-42.

29 J.W. de Jong, 강종원 편역,『현대불교학 연구사』(서울: 동국대학교출판부, 2004), p.103.

30 「유만론」의 저자 쿠마라랄타는 부파불교시대 譬喩師로 그가 소속한 부파가 有部인지 經量部인지 의견이 갈린다. 周柔含,「鳩摩羅多の所屬部派について」,『印度學佛敎學硏究』56(1) (東京: 印度學佛敎學會, 2007), pp.366-362.

31 Heinrich Lüders, Bruchstücke der Kalpanāmaṇḍitikā des Kumāralāta (Leipzig: Deutsche Morgenländische Gesellschaft in Kommission bei Brockhaus, 1926).

32 季羨林,「從學習筆記本看陳印恪先生的治學範圍和圖經」,『季羨林文集 · 第六卷 · 中國文化與 東方文化』, 陳正宏,「陳寅恪先生與德國」, p.39. 재인용.

33 이극로에 대해서는 다음을 참조할 수 있다. 박용규,『북으로 간 한글운동가: 이극로 평전』(서울: 차송, 2005).

34 陳寅恪,「與妹書」,『金明館叢稿二編』(北京: 三聯書店, 2001), pp.355-356.

35 陳寅恪, 위의 글, p.356.

36 陳寅恪,「敦煌本唐梵飜對字音般若波羅密多心經」附記,『金明館叢稿二編』, p.200.

37 汪榮祖,『史家陳寅恪傳』(臺北: 聯經, 1997), p.53. 각주 21번.

38 陳懷宇,『在西方發現陳寅恪』(香港: 三聯書店, 2015).

39 趙元任은 미국 코넬 대학과 하버드 대학에서 각각 학사학위와 박사학위를 받았고, 이후 중국과 미국을 오가며 음운학과 언어학, 방언학 등을 가르치고 연구했다. 1930년대 후반부터 주로 미국에서 활동했고, 1947년부터 1962년 퇴직 때까지 미국 버클리 대학에서 중국 어문학과 언어학을 가르쳤다.

40 吳宓,「淸華開辦研究院之旨趣及經過」,『淸華周刊』第351期, 1925年9月18日.

41 陳正宏,「陳寅恪先生與德國」,『德國研究』(Deutschland Studien) 1997年第3期, p.40.

42 陳寅恪,「童受喩鬘論梵文殘本跋」,『國立中山大學語言歷史學研究所週刊』第1集第3期(1917.11);『淸華學報』第4卷第2期(1927.12);陳寅恪,『金明館叢稿二編』, pp.234-239.

43 天台智者大師説,『妙法蓮華經玄義』卷1 (『大正藏』33, p.686c).

44 陳寅恪,「大乘義章書後」,『金明館叢稿二編』, p.182.

45 支婁迦讖譯,『道行般若經』卷1 (『大正藏』8, p.425c).

46 陳寅恪,「支愍度學說考」,『金明館叢稿初編』(上海: 上海古籍出版社, 1980), p.146.

47 陳寅恪,「支愍度學說考」,『金明館叢稿初編』, pp.146-147.

48 陳寅恪,「支愍度學說考」,『金明館叢稿初編』, p.148.

49 劉乃和,「前言」, 陳垣,『明季滇黔佛教考(外宗教史論著八種)』上 (石家莊: 河北教育出版社, 2000), pp.1-12.

50 陳垣,「元也里可溫考」,『明季滇黔佛教考(外宗教史論著八種)』上, p.3.

51 陳垣,「元也里可溫考」,『明季滇黔佛教考(外宗教史論著八種)』上, pp.6-7.

52 陳垣,『明季滇黔佛教考(外宗教史論著八種)』上, p.230. 편집자 주 참조.

53 陳垣,『史諱擧例』(北京: 科學出版社, 1958), p.1.

54 張恒俊,「陳垣與避諱學」,『東南亞縱橫』2003年第6期 (南寧: 廣西社會科學院, 2003), p.77.

55 胡適,「校勘學方法論」(「序陳垣先生的『元典章校補釋例』」),『胡適文集』5 (北京: 北京大學出版社, 1998), p.119.

56 謝倩,「以『校勘學釋例』窺陳垣之校勘思想」,『綿陽師範學院學報』第31卷第3期 (綿陽: 綿陽師範學院, 2012), p.77.

57 周霞, 앞의 책, p.247.

58 陳垣,「記大同武州山石窟寺」, 黃夏年 主編,『陳垣集』(北京: 中國社會科學出版社, 1995), pp.5-15.

59 周霞, 앞의 책, p.253.

60 陳垣,「緣起」,『中國佛教史籍概論』,『明季滇黔佛教考』下, pp.699-700.

61 智旭,「閱藏知津敍」,『閱藏知津』(北京: 線裝書局, 2001), p.2.

62 陳垣,『明季滇黔佛教考』,『明季滇黔佛教考(外宗教史論著八種)』上, p.234.

63 周霞, 앞의 책, p.269.

64 陳寅恪,「序」,『明季滇黔佛教考』下, p.235 ; 陳寅恪,『金明館叢稿二編』, p.272.

65 王海龍,「試論陳垣佛教史研究的基本方法」,『黑龍江史志』2010年第7期 (哈爾濱: 黑龍江省地方志辦公室, 2010), p.4.

9장 윤리학과 심식본체론

1 嚴復, 양일모 · 이종민 · 강중기 옮김,『천연론』(서울: 소명출판사, 2008), pp.6-7.

2 '빅토리안 부디즘'에 대해서는 다음을 참조할 수 있다. Christopher Clausen, "Victorian

buddhism and the origins of comparative religion", *Religion* 5 (1975), pp.1-15.

3 Thomas William Rhys Davids, "Lectures on the origin and growth of religion as illustrated by some points in the history of Indian Buddhism", *The Hibbert lectures* (London: Williams and Norgate, 1881).

4 Thomas William Rhys Davids, *Buddhism: Being a Sketch of the life and Teachings of Gautama, the Buddha* (London: Society for Promoting Christian Knowledge, 1890).

5 Hermann Oldenberg, *Buddha: Sein leben, seine lehre, seine gemeinde*, 2d ed. (Berlin: W.Hertz, 1890). 헉슬리는 재판을 인용했다고 했지만 그것이 독일어판인지 영어판인지 정확하지는 않다. 초판은 영어로 영국에서 간행됐다. Hermann Oldenberg, *Buddha: his life, his doctrine, his order* (London: Williams 1882).

6 Thomas Henry Huxlery, 이종민 옮김, 『진화와 윤리』 (부산: 산지니, 2014), p.110. 『진화와 윤리』 인용문은 원서를 확인해서 약간 수정했다. 원문은 다음에서 확인했다. James Paradis, George C. Williams, *Evolution & Ethics : T.H. Huxley's "Evolution and Ethics" With New Essays on Its Victorian and Sociobiological Context* (Princeton, N.J. : Princeton University Press, 1989), pp.57-174. 이 책 57쪽-174쪽에 『진화와 윤리』가 그대로 영인되어 수록됐다. 수록된 『진화와 윤리』 판본 서지사항은 다음과 같다. Thomas Henry Huxley, *Evolution & ethics* (London : Macmillan, 1894).

7 올덴베르크의 활동과 일본 근대불교학에 대한 영향에 대해서는 다음을 참조할 수 있다. 西村實則, 『荻原雲来と渡辺海旭: ドイツ・インド學と近代日本』(東京: 大法輪閣, 2012), 제3장 「オルデンベルクに出會った日本人」, pp.38-47.

8 김명환, 「스펜서의 자유주의」, 『영국연구』26 (영국사학회, 2011), p.139.

9 Thomas Henry Huxlery, 앞의 책, p.99.

10 Thomas Henry Huxlery, 위의 책, p.75.

11 Thomas Henry Huxlery, 위의 책, p.77.

12 백종현, 『서양 근대철학』 (서울: 철학과현실사, 2002), p.189.

13 백종현, 위의 책, p.190.

14 Thomas Henry Huxlery, 앞의 책, p.80.

15 嚴復, 앞의 책, p.172.

16 嚴復, 위의 책, p.191.

17 嚴復, 위의 책, p.168.

18 嚴復, 위의 책, p.193.

19 嚴復, 위의 책, p.194.

20 嚴復, 위의 책, p.194.

21 陳少明・單世聯・張永義, 김영진 옮김, 『근대중국사상사약론』 (서울: 그린비, 2008), p.202.

22   譚嗣同,「金陵聽說法詩」, 蔡尙思 · 方行 編,『譚嗣同全集』(北京: 中華書局, 1998),
      p.246.

23   譚嗣同,「上歐陽中鵠」(十),『譚嗣同全集』, p.468.

24   梁啓超,『淸代學術槪論』(上海: 上海古籍出版社, 2006), p.91.

25   梁啓超,『淸代學術槪論』, p.99.

26   歐陽漸,「楊仁山居士傳」,『中國佛敎思想資料選編』3卷4冊 (北京: 中華書局, 1990),
      p.41.

27   譚嗣同,「仁學界說」,『仁學』,『譚嗣同全集』, p.293.

28   實叉難陀譯,『大方廣佛華嚴經』(『大正藏』10, p.102a).

29   佛馱跋陀羅譯,『大方廣佛華嚴經』(『大正藏』9, p.558c).

30   譚嗣同,『仁學』,『譚嗣同全集』, p.313.

31   譚嗣同,『仁學』,『譚嗣同全集』, p.289.

32   溝口雄三 · 丸山松幸 · 池田知久, 김석근 등 옮김,『중국사상문화사전』(서울: 민족문
      화문고, 2003), p.205.

33   譚嗣同,『仁學』,『譚嗣同全集』, p.292.

34   譚嗣同,『仁學』,『譚嗣同全集』, pp.291-292.『인학』한글 번역은 다음을 참조했다. 담
      사동 지음, 임형석 옮김,『인학』(부산: 산지니, 2016).

35   譚嗣同,『仁學』,『譚嗣同全集』, p.291.

36   高瑞泉,「譚嗣同'心力'說初探」,『文史哲』1990年第6期 (濟南: 山東大學, 1990), p.35.
      참조.

37   譚嗣同,『仁學』,『譚嗣同全集』, p.358.

38   譚嗣同,『仁學』,『譚嗣同全集』, p.357.

39   章太炎,「自述學術次第」,『中國佛敎思想資料選編』3卷4冊 (北京: 中華書局, 1990),
      p.266.

40   장타이옌의 유식학을 일종의 정치 철학으로 보고 그것을 분석한 연구로는 다음과 같
      다. Viren Murthy, *The political philosophy of Zhang Taiyan: the resistance of consciousness*
      (Leiden ; Boston: Brill, 2011).

41   章太炎,「建立宗敎論」,『章太炎全集』4 (上海: 上海人民出版社, 1984), p.404.

42   彌勒,『辨中邊頌』, 世親造, 玄奘譯,『辯中邊論』(『大正藏』31, p.464c).

43   世親菩薩造, 玄奘譯,『唯識三十論頌』(『大正藏』31, p.60a).

44   章太炎,「建立宗敎論」,『章太炎全集』4, p.403.

45   章太炎,「建立宗敎論」,『章太炎全集』4, p.404.

46   世親造, 玄奘譯,『辯中邊論』(『大正藏』31, p.469a).

47   世親造, 玄奘譯,『辯中邊論』(『大正藏』31, p.469a).

48   章太炎,「建立宗敎論」,『章太炎全集』4, p.405.

49 章太炎,「建立宗教論」,『章太炎全集』4, p.405.

50 章太炎,「建立宗教論」,『章太炎全集』4, p.410.

51 章太炎,「建立宗教論」,『章太炎全集』4, p.414.

52 世親造, 玄奘譯,『唯識三十論頌』(『大正藏』31, p.61a).

53 護法等造, 玄奘譯,『成唯識論』(『大正藏』31, p.48a).

54 竹村牧男, 정승석 옮김,『유식의 구조』(서울: 민족사, 1995), p.58.

55 小林武,『章炳麟と明治思潮』(東京: 硏文出版, 2006), p.85.

56 章太炎,『齊物論釋』,『章太炎全集』6, p.73.

57 章太炎,「建立宗教論」,『章太炎全集』4, p.404.

58 章太炎,「建立宗教論」,『章太炎全集』4, p.414.

59 章太炎,「建立宗教論」,『章太炎全集』4, p.415.

60 馬鳴造, 眞諦譯,『大乘起信論』(『大正藏』32, p.576b).

61 章太炎,「建立宗教論」,『章太炎全集』4, p.404.

10장 칸트철학과 진여

1   宮川透 外, 이수정 옮김,『일본근대철학사』(서울: 생각의 나무, 2001), p.54 참조.

2   船山信一,『明治哲學史硏究』(京都: ミネルヴァ書房, 1959), p.11.

3   일본 근대 독일 철학 수용에 대해서는 다음을 참고할 수 있다. 茅野良男,『ドイツ觀念論
    と日本近代』(京都: ミネルヴァ, 1994).

4   三枝博音,『日本に於ける哲學的觀念論の發達史』(文圃堂書店, 1934), pp.122-123. 한
    단석,「일본근대화에 있어서 서구사상의 수용과 그 토착화에 관하여」,『인문논총』19
    권 0호 (전주: 전북대학교, 1989), p.20. 재인용.

5   水野友晴,「日本哲學開始期におけるカント受容」,『宗教硏究』74卷4輯(327號) (東京:
    日本宗敎學會, 2001), p.261.

6   井上圓了,『佛敎活論本論第二編-顯正活論』, 東洋大學創立100周年記念論文編纂委員
    會 編,『井上圓了選集』第4卷 (東京: 東洋大學, 1987), p.199.

7   井上圓了,『眞理金針續編』,『井上圓了選集』第4卷,「解說」, p.537. 재인용.

8   末木文美士,『明治思想史論』(東京: TRANS View, 2004), p.10.

9   井上圓了,『哲學要領前編』,『井上圓了選集』第1卷, p.104.

10 梁啓超,「近世第一大哲康德之學說」,『梁啓超哲學思想論文選』(北京: 北京大學出版社,
    1984), p.151.

11 黃克武,「梁啓超與康德」,『中央硏究院近代史硏究所集刊』第30期 (臺北: 中央硏究院近
    代史硏究所, 1998), p.102.

12 중국 근대 칸트철학의 전래와 연구에 관해서는 다음 글을 참조할 수 있다. 李明輝, 「康德哲學在現代中國」, 李明輝 編, 『康德哲學在東亞』(臺北: 臺大出版中心, 2016), pp.1-42.

13 王國維, 『靜庵文集』, 續修四庫全書編纂委員會 編, 『續修四庫全書』1577 (上海: 上海古籍出版社, 2002), p.614上.

14 1904년 왕궈웨이는 「니체의 교육관」, 「독일 문화 대개혁가 니체전」, 「쇼펜하우어와 니체」 등 주로 쇼펜하우어와 니체 철학을 소개하는 일련의 글을 발표했다. 그는 「쇼펜하우어와 니체」에서 쇼펜하우어의 『의지와 표상으로서 세계』와 니체의 『차라투스트라는 이렇게 말했다』를 부분적으로 번역해 소개한다. 王國維, 「叔本華和尼采」, 郜元寶 編, 『尼采在中國』(上海: 上海三聯書店,2001), pp.14-15. 루쉰도 1900년대 일본 유학시절부터 1935년 사망하기까지 지속적으로 우상 파괴자로서 니체 이미지를 작품에서 사용한다. 1915년 세무량(謝無量)은 「독일 대철학자 니체의 약전과 그 학설」을 통해 보다 온전하게 니체를 소개했다. 郜元寶 編, 『尼采在中國』(上海: 上海三聯書店, 2001).

15 李明輝, 「王國維與康德哲學」, 黃俊杰 編, 『中華文化與域外文化的互動與融合』(一) (臺北: 喜瑪拉雅研究發展基金會, 2006) ; 李明輝 編, 『康德哲學在東亞』'附錄1' (臺北: 臺大出版中心, 2016), p.242. 재수록.

16 王國維, 「叔本華之哲學及其教育學說」, 『靜庵文集』, 續修四庫全書編纂委員會 編, 『續修四庫全書』1577, p.625上下.

17 井田進也, 「『理學沿革史』解題」, 『中江兆民全集』6 (東京: 岩波書店, 1984).

18 梁啓超, 「近世第一大哲康德之學說」, 『梁啓超哲學思想論文選』, p.153.

19 章太炎, 『齊物論釋』, 『章太炎全集』6, pp.73-74.

20 박종홍, 「이정직의 칸트 연구」, 『박종홍전집』5 (서울: 형설출판사, 1980), p.284.

21 梁建植 譯, 「西哲康德格致學說」, 『佛敎振興會月報』v.1-7 (1915), 『한국근현대불교자료전집』46·47 (서울: 민족사, 1996).

22 梁啓超, 「近世第一大哲康德之學說」, 『梁啓超哲學思想論文選』, p.154.

23 Friedrich Kaulbach, 백종현 옮김, 『칸트 비판철학의 형성과 체계』(서울: 서광사, 1992), p.112.

24 한자경, 「칸트철학에서 초월자아의 이해」, 『철학연구』제40집 (대한철학회, 1995), p.186. 각주 36번.

25 백종현, 『20세기 한국의 철학』(서울: 철학과현실사, 1998), p.81.

26 家永三郎 편, 연구공간'수유+너머' 일본근대사상팀 옮김, 『근대일본사상사』(서울: 소명, 2006), p.81.

27 백종현, 『존재와 진리』(서울: 철학과현실사, 2008), p.235.

28 Immanuel Kant, 최재희 옮김, 『순수이성비판』(서울: 박영사, 2002), p.321.

29 한자경, 「칸트철학에서 초월자아의 이해」, 『철학연구』 제40집 (대한철학회, 1995), p.187.

30 Immanuel Kant, 「유작」: XXII, 78. 백종현, 『존재와 진리』 (서울: 철학과현실사, 2008), p.236 재인용.

31 佛光大藏經編修委員會 編, 『佛光大辭典』 卷5 (台灣: 佛光出版社, 1988), p.4197.

32 護法等菩薩造, 玄奘奉譯, 『成唯識論』 卷9 (『大正藏』31, p.48a).

33 佛光大藏經編修委員會 編, 『佛光大辭典』 卷5, p.4198.

34 馬鳴菩薩造, 眞諦譯, 『大乘起信論』 (『大正藏』32, p.576a).

35 印順講, 演培 · 續明記, 『大乘起信論講記』 (新竹: 福嚴精舍, 1972), pp.65-67.

36 梁啓超, 「近世第一大哲康德之學說」, 『梁啓超哲學思想論文選』, p.164.

37 진은영, 『순수이성비판, 이성을 법정에 세우다』 (서울: 그린비, 2004), p.119.

38 井上圓了, 『佛教哲學』, 『井上圓了選集』7 (東京: 東洋大學, 1987), p.109.

39 Frederick Copleston S.J. 표재명 옮김, 『18 · 19세기 독일철학』 (서울: 서광사, 2008), p.25.

40 梁啓超, 「近世第一大哲康德之學說」, 『梁啓超哲學思想論文選』, p.164.

41 梁啓超, 「近世第一大哲康德之學說」, 『梁啓超哲學思想論文選』, pp.154-155.

42 梁啓超, 「近世第一大哲康德之學說」, 『梁啓超哲學思想論文選』, p.153.

43 梁啓超, 「近世第一大哲康德之學說」, 『梁啓超哲學思想論文選』, p.165.

44 Immanuel Kant, 백종현 옮김, 『실천이성비판』 (서울: 아카넷, 2002), p.86.

45 백종현, 『서양근대철학』 (서울: 철학과현실사, 2002), p.233.

46 梁啓超, 「近世第一大哲康德之學說」, 『梁啓超哲學思想論文選』, pp.166-167.

47 한자경, 『칸트와 초월철학』 (서울: 서광사, 1992), p.204.

48 梁啓超, 「近世第一大哲康德之學說」, 『梁啓超哲學思想論文選』, p.165.

49 Jean Bodin, 임승휘 옮김, 『국가론』 (서울: 책세상, 2007), p.41.

50 전상숙, 「근대 사회과학의 동아시아 수용과 메이지 일본 사회과학의 특질-블룬칠리 국가학 수용을 중심으로」, 『이화사학연구 제44집』 (서울: 이화사학연구소, 2012), pp.193-194.

51 Johann Kaspar Bluntschli, 吾妻兵治 譯, 『國家學』 (東京: 善隣譯書館, 1899).

52 梁啓超, 강중기 옮김, 「정치학 대가 블룬칠리의 학설」, 『개념과 소통』 제8호 (춘천: 한림대학교한림과학원, 2011), p.285.

53 박상섭, 『국가 · 주권』 (서울: 소화, 2008), pp.156-157.

54 Immanuel Kant, Reflexionen 499, 정호원, 「칸트의 두 가지 주권자 개념에 관한 연구」, 『한국정치학회보』 38집 1호 (한국정치학회, 2004), p.93. 재인용.

55 梁啓超, 「近世第一大哲康德之學說」, 『梁啓超哲學思想論文選』, pp.165-166

56 梁啓超, 「論自由」, 『新民說』 (中州: 中州古籍出版社, 1998), p.103.

57 梁啓超, 「論自由」, 『新民說』 p.102.

58 梁啓超, 「余之死生觀」, 『中國佛教思想資料選編』3卷4冊 (北京: 中華書局, 1990), p.78.

11장 존재탐구와 생명운동

1 小林武, 『章炳麟と明治思潮』 (東京: 硏文出版, 2006), p.94.

2 ショペンハウエル 著, 姉崎正治 譯, 『(ショペンハウエル)意志と現識としての世界』上・中・下 (東京: 博文館, 1911).

3 章太炎, 「東京留學生歡迎會演說辭」, 『章太炎政論選集』上冊 (北京: 中華書局, 1977), p.274.

4 Arthur Schopenhauer, 홍성광 옮김, 『의지와 표상으로서의 세계』 (서울: 을유문화사, 2015), p.49-50.

5 章太炎, 「東京留學生歡迎會演說辭」, 『章太炎政論選集』上冊, p.274.

6 Arthur Schopenhauer, 『의지와 표상으로서의 세계』, p.41.

7 Arthur Schopenhauer, 『의지와 표상으로서의 세계』, p.280.

8 木村泰賢, 박경준 역, 『원시불교사상론』 (서울: 경서원, 1992), pp.187-188.

9 章太炎, 「俱分進化論」, 『章太炎全集』4 (上海: 上海人民出版社, 1985), p.386.

10 Arthur Schopenhauer, 『의지와 표상으로서의 세계』, p.280.

11 김진, 『쇼펜하우어의 의지와 표상으로서의 세계 읽기』 (서울: 세창미디어, 2013), p.66.

12 Arthur Schopenhauer, 『의지와 표상으로서의 세계』, pp.278-279.

13 章太炎, 「四惑論」, 『章太炎全集』4, p.446.

14 Arthur Schopenhauer, 『의지와 표상으로서의 세계』, p.440.

15 Arthur Schopenhauer, 『의지와 표상으로서의 세계』, p.596.

16 Arthur Schopenhauer, 『의지와 표상으로서의 세계』, p.598.

17 나카에 조민(中江兆民)은 1894년 쇼펜하우어의 『윤리학의 두 가지 근본문제』(Die beiden Grundprobleme der Ethik)의 두 번째 논문인 「도덕의 기초에 대해서」(Über die Grundlage der Moral, 1840)의 프랑스어 번역본 『도덕의 기초』(Le fondement de la morale)를 『도덕학대원론』(道德學大原論)으로 번역했다. 아네사키 마사하루가 『의지의 표상으로서의 세계』를 번역하기 이전 쇼펜하우어의 대단히 전문적인 글이 이미 소개되었음을 알 수 있다.

18 章太炎, 「四惑論」, 『章太炎全集』4, p.446.

19 Arthur Schopenhauer, 『의지와 표상으로서의 세계』, p.604.

20 Arthur Schopenhauer, 『의지와 표상으로서의 세계』, p.631.

21 Arthur Schopenhauer, 『의지와 표상으로서의 세계』, p.632.

22 Arthur Schopenhauer, 『의지와 표상으로서의 세계』, p.603.

23 Arthur Schopenhauer, 『의지와 표상으로서의 세계』, p.620.

24 章太炎, 「四惑論」, 『章太炎全集』4, p.448.

25 馬鳴造, 眞諦譯, 『大乘起信論』(『大正藏』32, p.576a).

26 Arthur Schopenhauer, 『의지와 표상으로서의 세계』, p.651.

27 Isaac Jacob Schmidt, "Über das Mahâjâna und Pradschnâ-Pâramita der Bauddhen", *Mémoires de l'Académie impériale des sciences*, VI, 4 (Saint-Pétersbourg: l'Académie impériale des sciences, 1836), pp.145-149.

28 Guy S. Alitto, *The Last Confucian: Liang Shu-ming and the Chinese Dilemma of Modernity* (Center for Chinese Studies, UC Berkeley, 1986).

29 Thierry Meynard, *The Religious Philosophy of Liang Shuming: The Hidden Buddhist* (Boston : Brill, 2010).

30 後藤延子, 何燕生 譯, 「梁漱溟佛教教人生論-以『究元決疑論』爲主對象」, 『東岳論叢』1990年第4期 (濟南: 山東社會科學院, 1990), p.90. 이 글은 본래 아래에 실렸다. 後藤延子, 「梁漱溟の佛敎的人生論-『究元決疑論』を中心に」, 荒木敎授退休記念會, 『中國哲學史研究論集 : 荒木敎授退休記念』(福岡: 葦書房, 1981).

31 黃遠生은 『상영록』에서 필명인 오스미 쇼후(大住嘯風)로 인용했다. 오스미는 기자로도 활동했고, 대학 교수로도 있었다. 서양 철학 가운데 프랑스 철학에 큰 관심을 가졌고, 프랑스 유학 도중 파리에서 사망했다. 량수밍이 황위안성의 글을 통해 프랑스 철학을 흡수했다면, 황위안성은 오스미에게서 프랑스 철학을 배웠다고 할 수 있다.

32 黃遠生, 『想影錄』, 『黃遠生遺著』, 民國叢書編輯委員會 編, 『民國叢書』第2編99卷 (上海: 上海書店, 1990), p.126.

33 大住舜, 『新思想論』(東京: 陸東出版社, 1913), p.143.

34 梁漱溟, 『究元決疑論』, 『中國佛敎思想資料選編』3卷4冊 (北京: 中華書局, 1990), p.585.

35 梁漱溟, 『究元決疑論』, 『中國佛敎思想資料選編』3卷4冊, pp.585-586.

36 梁漱溟, 『究元決疑論』, 『中國佛敎思想資料選編』3卷4冊, pp.587-588.

37 馬鳴造, 眞諦譯, 『大乘起信論』(『大正藏』32, p.577a).

38 Thierry Meynard, *The Religious Philosophy of Liang Shuming: The Hidden Buddhist*, Boston: Brill, 2010, p.118.

39 梁漱溟, 『究元決疑論』, 『中國佛敎思想資料選編』3卷4冊, p.594.

40 베르그손의 중국 전래에 대해서는 다음 연구를 참조할 수 있다. 吳漢全, 「論柏格森哲學在中國的轉入」, 『大慶高等專科學校學報』1995年2期 (大慶: 大慶師範學院, 1995), pp.14-15. 관련된 내용을 정리하면 다음과 같다. "가장 먼저 베르그손을 소개한 것은 『동방잡지』이다. 1913년 『동방잡지』 제10권 제1호에서 첸즈슈(錢智修)의 글 「현재 양

대 철학가 학설의 개괄」(現今兩大哲學家學說槪說)을 발표했는데, 생명 철학자 베르그손과 오이켄을 소개했고, 베르그손 철학이 서방에서 유행한 원인을 서술했다. ……베르그손 철학은 진보 철학(The philosophy of Progress)이고 자유와 진보를 중심으로 하고 기계론과 숙명론의 구설에 반대한다." "1914년 첸즈슈는 다시 「베르그손철학비평」(布洛遜哲學之批評)을 써서 『동방잡지』 제11권 제4호에 발표해서 베르그손 철학은 물질 문명의 폐단을 일소하고 인류의 진보 의식을 고양시킬 것이라고 평가한다." 첸즈슈(1883-1947)는 당시 상무인서관 편역소(編譯所) 편집자로 있었고, 또한 번역가로 많은 글을 번역했다. 1920년대는 『동방잡지』의 편집장으로 오랫동안 근무한다.

41 H. Wildon Carr, *Henri Bergson: The Philosophy of Change* (London and Edinburgh: T.C.&E.C. Jack, 1912). 이 책은 1920년대 두 가지 중역본이 간행됐다. 劉延陵 譯, 『柏格森變之哲學』(上海: 商務印書館, 1923); 韋魯多柯爾 著, 張聞天 譯, 『柏格森之變易哲學』(上海: 民智書局, 1926).

42 梁漱溟, 『究元決疑論』, 『中國佛敎思想資料選編』3卷4冊, p.594.

43 황수영, 『베르그손』(서울: 이룸, 2003), p.149.

44 慧然 集, 『鎭州臨濟慧照禪師語錄』(『大正藏』47, p.498c).

45 Henri Bergson, 황수영 옮김, 『창조적 진화』(서울: 아카넷, 2009), pp.384-385.

46 Henri Bergson, 『창조적 진화』, p.375.

47 황수영, 「역자 해제」, Henri Bergson, 『창조적 진화』, p.550.

48 김재희, 『베그르손의 잠재적 무의식』(서울: 그린비, 2010), p.197.

49 Henri Bergson, 최화 옮김, 『의식에 직접 주어진 것들에 관한 시론』(서울: 아카넷, 2014), p.135.

50 김재희, 앞의 책, p.194.

51 량수밍 연구자 강중기는 량수밍이 생명을 하나의 흐름으로 파악한 것을 일종의 생기론으로 이해했다. 이를 유가 형이상학의 확장으로 보았는데, 전통적 조화의 형이상학을 베르그손이나 양명학의 태주학파와 결합하여 생기론으로 발전한다고 본다. 이는 유가 전통 속에서 량수밍의 생명 철학을 해석하려는 시도이다. 강중기, 「양수명의 현대신유학-전통유학의 재해석과 베르그손 철학의 영향」, 『철학연구』45 (철학연구회, 1999), pp.146-147.

52 梁漱溟, 『東西文化及其哲學』(北京: 商務印書館, 1987), p.418. 이하 『東西文化及其哲學』의 번역은 다음을 참고했다. 강중기 옮김, 『동서 문화와 철학』(서울: 솔, 2005).

53 護法等造, 玄奘譯, 『成唯識論』卷3 (『大正藏』31, p.12b).

54 護法等造, 玄奘譯, 『成唯識論』卷3 (『大正藏』31, p.12bc).

55 김재희, 앞의 책, p.197.

56 梁漱溟, 『東西文化及其哲學』, pp.418-4198.

57 魯迅, 「吶喊自敍」, 『吶喊』, 『魯迅全集』1 (北京: 人民文學出版社, 1973), p.27. 이하 루

쉰의『들풀』국역은 竹內好 역주, 한무희 옮김,『魯迅文集』II (서울: 일월서각, 1992)
와『루쉰전집』3 (서울: 그린비, 2011)에 실린 한병곤 옮김『들풀』을 참조했다.

58 魯迅,「影的告別」,『野草』,『魯迅全集』1, p.499.

59 竹內好, 서광덕 옮김,『루쉰』(서울: 문학과지성사, 2003), p.74.

60 魯迅,「淡淡的血痕中」,『野草』,『魯迅全集』1, p.534.

61 魯迅,「淡淡的血痕中」,『野草』,『魯迅全集』1, p.534.

62 魯迅,「淡淡的血痕中」,『野草』,『魯迅全集』1, p.535.

63 Friedrich Nietzsche, 백승영 옮김,『우상의 황혼』,『니체전집』15 (서울: 책세상, 2005),
p.74.

64 魯迅,「這樣的戰士」,『野草』,『魯迅全集』1, p.525.

65 龍樹菩薩造, 靑目釋, 鳩摩羅什譯,『中論』(『大正藏』30, p.1b).

66 菩提流支譯,『金剛般若波羅蜜經』(『大正藏』8, p.756c).

67 哈迎飛,「論『野草』的佛家色彩」,『文學評論』1999年第2期 (北京: 中國社會科學院文學
硏究所, 1999), p.133.

68 歐陽竟無,「佛法非宗敎非哲學」,『中國佛敎思想資料選編』3卷4冊, p.293.

69 魯迅,「希望」,『野草』,『魯迅全集』1, p.483.

70 魯迅,「墓碣文」,『野草』,『魯迅全集』1, p.511.

71 魯迅,「墓碣文」,『野草』,『魯迅全集』1, p.512.

72 Friedrich Nietzsche, 정동호 옮김,『차라투스트라는 이렇게 말했다』,『니체전집』13 (서
울: 책세상, 2006), pp.77-78.

73 周作人,「關於魯迅」, 竹內好, 서광덕 옮김,『루쉰』(서울: 문학과지성사, 2003), p.79.
재인용.

74 Friedrich Nietzsche, 정동호 옮김,『차라투스트라는 이렇게 말했다』,『니체전집』13 (서
울: 책세상, 2006), p.16-17.

75 魯迅,「淡淡的血痕中」,『野草』,『魯迅全集』1, p.535.

76 魯迅,「這樣的戰士」,『野草』,『魯迅全集』1, p.526.

77 魯迅,「戰士和蒼蠅」,『華蓋集』,『魯迅全集』3, p.44.

78 魯迅,「一覺」,『野草』,『魯迅全集』1, p.538.

12장『대승기신론』논쟁

1 歐陽竟無,「唯識決擇談」, 王雷泉 編,『歐陽漸文選』(上海: 上海遠東出版社, 1996),
p.24.

2 歐陽竟無, 위의 글, p.25.

3   歐陽竟無, 위의 글, p.25.

4   歐陽竟無, 위의 글, p.38.

5   歐陽竟無, 위의 글, p.39.

6   馬鳴造, 眞諦譯,『大乘起信論』(『大正藏』32, p.577c).

7   護法等造, 玄奘譯,『成唯識論』卷2 (『大正藏』31, p.8c).

8   歐陽竟無, 앞의 글, p.39.

9   歐陽竟無, 위의 글, p.43.

10   王恩洋,「大乘起信論料簡」, 張曼濤 編,『大乘起信論與楞嚴經考辨』(臺北: 大乘文化出版社, 1978), p.115.

11   王恩洋, 위의 글, p.83.

12   王恩洋, 위의 글, p.84.

13   王恩洋, 위의 글, pp.99-100.

14   王恩洋, 위의 글, p.101.

15   王恩洋, 위의 글, p.109.

16   王恩洋, 위의 글, p.108.

17   王恩洋, 위의 글, p.115.

18   太虛,『佛法總抉擇談』, 太虛大師全書編纂委員會 編,『太虛大師全集』9 (台北: 善導寺佛經流通處, 1998), p.1378.

19   馬鳴造, 眞諦譯,『大乘起信論』(『大正藏』32, p.578a).

20   李廣良,『心識的力量-太虛唯識學思想研究』(上海: 華東師範大學出版社, 2004), p.120 참조.

21   陳繼東,「料簡起信論料簡」,『大乘起信論與楞嚴經考辨』, p.131.

22   唐大圓,「起信論解惑」,『大乘起信論與楞嚴經考辨』, p.136.

23   梁啓超,「大乘起信論考證」,『大乘起信論與楞嚴經考辨』, p.13.

24   梁啓超, 위의 글, p.16.

25   梁啓超, 위의 글, p.59.

26   梁啓超, 위의 글, p.22.

27   梁啓超, 위의 글, p.22.

28   梁啓超, 위의 글, pp.57-58.

29   馬鳴造, 眞諦譯,『大乘起信論』(『大正藏』32, p.576a).

30   印順講, 演培·續明記,『大乘起信論講記』(新竹: 福嚴精舍, 1972), pp.68-69.

31   馬鳴造, 眞諦譯,『大乘起信論』(『大正藏』32, p.576b).

32   呂澂,「起信與禪」, 黃夏年 主編,『呂澂集』(北京: 中國社會科學出版社, 1995), p.181.

33   呂澂,「禪學述源」,『呂澂集』, p.112.

34   지나내학원 그룹의 중국불교 비판을 이른바 '비판불교론'과 비교한 연구가 있는데, 특

히 뤼청의 중국불교 비판을 일본의 비판불교론자와 비교한 연구는 다음을 참고할 수 있다. 張文良, 「斷裂與連續-呂澂對中國佛教的批判與'批判佛教'」, 『"批判佛教"的批判』, 「附錄」 (北京: 人民出版社, 2013), pp.329-344.

35 呂澂, 「試論中國佛學有關心性的基本思想」, 『呂澂集』, p.104.

36 呂澂, 위의 글, p.105.

37 呂澂, 위의 글, p.105.

38 呂澂, 위의 글, p.103.

39 呂澂, 「起信與楞伽」, 『呂澂集』, pp.195-196.

40 呂澂, 「楞嚴百僞」, 『呂澂集』, p.201.

41 呂澂, 「試論中國佛學有關心性的基本思想」, 『呂澂集』, p.107.

42 印順, 『如來藏之研究』 (臺北: 正聞出版社, 1988), p.185.

43 劉成有, 「現代中國的『起信』義諍與比較經學」, 『比較經學』 2014年第3輯 (北京: 宗教文化出版社, 2014), p.158.

결론

1 Donald S. Lopez, 조은수 번역, 「서구불교학 연구의 과거와 미래」, 『불교평론』25 (서울: 현대불교신문사, 2005), pp.344-363.

2 下田正弘, 김재성 역, 「탈현대 불교학의 새 방향」, 『불교평론』22 (서울: 불교평론사, 2005), pp.252-277.

참고문헌

1. 원전류

支婁迦讖 譯, 『道行般若經』(『大正藏』8).

無羅叉 譯, 『放光般若經』卷5 (『大正藏』8).

菩提流支 譯, 『金剛般若波羅蜜經』(『大正藏』8).

佛馱跋陀羅 譯, 『大方廣佛華嚴經』(『大正藏』9).

實叉難陀 譯, 『大方廣佛華嚴經』(『大正藏』10).

求那跋陀羅 譯, 『楞伽阿跋多羅寶經』(『大正藏』16).

龍樹菩薩 造, 靑目 釋, 鳩摩羅什 譯, 『中論』(『大正藏』30).

彌勒, 『辨中邊頌』, 世親 造, 玄奘 譯, 『辯中邊論』(『大正藏』31).

世親 造, 玄奘 譯, 『辯中邊論』(『大正藏』31)

世親菩薩 造, 玄奘 譯, 『唯識三十論頌』(『大正藏』31).

護法等 造, 玄奘 譯, 『成唯識論』(『大正藏』31).

馬鳴 造, 眞諦 譯, 『大乘起信論』(『大正藏』32).

天台智者大師 說, 『妙法蓮華經玄義』卷1 (『大正藏』33).

僧肇, 『肇論』(『大正藏』45).

元康, 『肇論疏』(『大正藏』45).

文才, 『肇論新疏』(『大正藏』45).

法藏, 『大乘起信論義記別記』(『大正藏』44).

慧然 集, 『鎭州臨濟慧照禪師語錄』(『大正藏』47).

宗密 述, 『禪源諸詮集都序』卷上 (『大正藏』48).

道宣 撰, 『續高僧傳』(『大正藏』50).

法雲 編, 『翻譯名義集』(『大正藏』54).

智旭, 『閱藏知津』(北京: 線裝書局, 2001).

頻伽大藏經重刊委員會 編, 『頻伽精舍校刊大藏經』1 (北京: 九洲圖書出版社, 1998).

新文豊出版公司編輯部 編, 『宋版磧砂明版嘉興大藏經』(臺北: 新文豊出版公司, 1988).

全國圖書館文獻縮微復制中心 編, 『宋藏遺珍』1 (北京: 全國圖書館文獻縮微復制中心, 2002).

歐陽境無 編,『藏要』(上海: 上海書店, 1995).

2. 단행본

김성철 역주,『중론』(서울: 경서원, 1993).

김재희,『베그르손의 잠재적 무의식』(서울: 그린비, 2010).

김진,『쇼펜하우어의 의지와 표상으로서의 세계 읽기』(서울: 세창미디어, 2013).

민두기,『중국에서의 자유주의의 실험』(서울: 지식산업사, 1997).

박상섭,『국가 · 주권』(서울: 소화, 2008).

박용규,『북으로 간 한글운동가: 이극로 평전』(서울: 차송, 2005).

백종현,『20세기 한국의 철학』(서울: 철학과현실사, 1998), p.81.

_____,『서양 근대철학』(서울: 철학과현실사, 2002).

_____,『존재와 진리』(서울: 철학과현실사, 2008).

정성본,『중국선종의 성립사연구』(서울: 민족사, 1993).

정성본 역주,『돈황본 육조단경』(서울: 한국선문화연구원, 2005).

조성택,『불교와 불교학』(서울: 돌베개, 2012).

진은영,『순수이성비판, 이성을 법정에 세우다』(서울: 그린비, 2004).

한자경,『칸트와 초월철학』(서울: 서광사, 1992).

황수영,『베르그손』(서울: 이룸, 2003).

高振農,『近現代中國佛教論』(北京: 中國社會科學出版社, 2002).

龔雋 · 陳繼東,『中國禪學研究入門』(上海: 復旦大學出版社, 2009).

歐陽竟無, 王雷泉 編,『歐陽漸文選』(上海: 上海遠東出版社, 1996).

魯迅,『魯迅全集』1 (北京: 人民文學出版社, 1973).

譚嗣同, 蔡尚思 · 方行 編,『譚嗣同全集』(北京: 中華書局, 1998).

_____, 임형석 옮김,『인학』(부산: 산지니, 2016).

董志翹,『經律異相整理與研究』(成都: 巴蜀書社, 2011).

東初 編,『中國佛教近代史』上冊 (臺北 : 東初出版社, 1984).

羅琤,『金陵刻經處研究』(上海: 上海社會科學院出版社, 2010).

羅志田,『國家與學術: 清季民初關于國學的思想論爭』(北京: 三聯書店, 2003).

呂建福,『中國密教史』(北京: 中國社會科學出版社, 2011).

路新生,『中國近三百年疑古思潮研究』(上海: 上海人民出版社, 2001).

樓宇烈,『中國佛教與人文精神』(北京: 宗教文化出版社, 2003).

麻天祥,『湯用彤評傳』(南昌: 百花洲文藝出版社, 1993).

方廣錩 主編,『中國佛教文化大觀』(北京: 北京大學出版社, 2001), p.158.

方立天,『魏晋南北朝佛教』,『方立天文集』第1卷 (北京: 中國人民大學出版社, 2006).

白吉庵,『胡適傳』(北京: 人民出版社, 1994).

法尊,『法尊文集』(臺北: 文殊出版社, 1988).

石峻·樓宇烈·方立天 等 編,『中國佛教思想資料選編』3卷4冊 (北京: 中華書局, 1990).

孫昌武 編註,『漢譯佛典飜譯文學選』上·下冊 (天津: 南開大學出版社, 2005).

梁啓超,『梁啓超哲學思想論文選』(北京: 北京大學出版社, 1984).

_____, 陳士强 導讀,『佛學研究十八篇』(上海: 上海古籍出版社, 2001).

_____,『新史學』,『飮氷室合集』,『飮氷室文集』9 (台北: 臺灣中華書局印行, 1970).

_____,『新民說』(中州: 中州古籍出版社, 1998).

_____,『中國歷史研究法』,『中國歷史研究法·中國歷史研究法補編』(北京: 中華書局, 2015).

_____,『清代學術概論』(上海: 上海古籍出版社, 2006).

楊文會 撰, 周繼旨 校點,『楊仁山全集』(合肥: 黃山書社, 2000)2.

梁漱溟,『東西文化及其哲學』(北京: 商務印書館, 1987).

楊曾文 校寫,『新版敦煌新本六祖壇經』(北京: 宗教文化出版社, 2002).

嚴復,『天演論』, 양일모·이종민·강중기 옮김,『천연론』(서울: 소명출판사, 2008).

余英時,『中國近代思想史上的胡適』(臺北: 聯經出版事業公司, 1983).

呂澂,『呂澂佛學論著選集』1-4 (齊南: 齊魯書社, 1986).

____,『呂澂集』(北京: 中國社會科學出版社, 1995).

吳汝鈞,『佛學研究方法論』上·下 (臺北: 臺灣學生書局, 2006).

王國維,『靜庵文集』, 續修四庫全書編纂委員會 編,『續修四庫全書』1577 (上海: 上海古籍出版社, 2002).

王啓龍·鄧小咏,『鋼和泰學術評傳』(北京: 北京大學出版社, 2009).

王啓龍,『鋼和泰學術年譜簡編』(北京: 中華書局, 2008).

王森,『西藏佛教發展史略』(北京: 中國社會科學出版社, 1987).

汪榮祖,『史家陳寅恪傳』(臺北: 聯經, 1997).

姚南强,『因明學說史綱要』(上海: 三聯書店, 2000).

于凌波,『民國高僧傳』初編 (臺北: 昭明出版社, 2008).

李廣良,『心識的力量-太虛唯識學思想研究』(上海: 華東師範大學出版社, 2004).

李明輝 編,『康德哲學在東亞』(臺北: 臺大出版中心, 2016).

李四龍,『歐美佛教學術史』(北京: 北京大學出版社, 2009).

印順,『如來藏之研究』(臺北: 正聞出版社, 1988).

____,『唯識學探源』(臺北: 正聞出版社, 1986).

____,『中觀今論』(臺北: 正聞出版社, 1987).

____, 『平凡的一生』, 『華雨香雲』(臺北: 正聞出版社, 2000).

____, 演培·續明 記, 『大乘起信論講記』(新竹: 福嚴精舍, 1972).

張豈之 主編, 『中國近代史史學學術史』(北京: 中國社會科學出版社, 1996)

張曼濤 編, 『大乘起信論與楞嚴經考辨』(臺北: 大乘文化出版社, 1978).

張文良, 『"批判佛教"的批判』(北京: 人民出版社, 2013).

蔣維喬, 『中國佛教史』(香港: 中和出版公司, 2013).

章太炎, 『章太炎政論選集』上册 (北京: 中華書局, 1977).

_____, 『章太炎全集』4卷 (上海: 上海人民出版社, 1984).

丁文江·趙豊田 編, 『梁啓超長編年譜』(上海: 上海人民出版社, 1983).

周霞, 『中國近代佛教史學名家評述』(上海: 上海社會科學院出版社, 2006).

陳繼東, 『清末佛教の研究』(東京: 山喜房佛書林, 2003).

陳兵·鄧子美, 『二十世紀中國佛教』(北京: 民族出版社, 2000).

陳彬龢 點註, 王雲五·朱經農 主編, 『譯經釋詞』(上海: 商務印書館, 1931).

陳士强 撰, 『佛典精解』(上海: 上海古籍出版社, 1993).

陳士强·王雷泉 主編, 『中國學術名著提要·宗教卷』(上海: 復旦大學出版社, 1997).

陳少明·單世聯·張永義, 『近代中國思想史略論』, 김영진 옮김, 『근대중국사상사약론』(서울: 그린비, 2008).

陳垣, 『明季滇黔佛教考(外宗教史論著八種)』上·下 (石家莊: 河北教育出版社, 2000).

____, 『史諱擧例』(北京: 科學出版社, 1958).

____, 『陳垣集』(北京: 中國社會科學出版社, 1995).

陳寅恪, 『金明館叢稿二編』(北京: 三聯書店, 2001).

_____, 『金明館叢稿初編』(上海: 上海古籍出版社, 1980).

陳懷宇, 『在西方發現陳寅恪』(香港: 三聯書店, 2015).

肖平, 『近代中國佛教的復興與日本佛教界的交往錄』(廣州: 廣東人民出版社, 2003).

湯用彤, 『魏晋玄學論稿』(臺北: 廬山出版社, 1972).

_____, 『湯用彤全集』2 (石家莊: 河北人民出版社, 2000).

_____, 『漢魏兩晋南北朝佛教史』上·下册 (臺北: 臺灣商務印書館, 1991).

太虛, 『法相唯識學』下册 (北京: 常務印書館, 2002).

____, 『太虛大師全集』9, 15 (台北: 善導寺佛經流通處, 1998).

馮友蘭, 『中國哲學史』, 박성규 옮김, 『중국철학사』상 (서울: 까치, 2005).

馮煥珍, 『回歸本覺』(北京: 中國社會科學出版社, 2006).

何建明, 『佛法觀念的近代調適』(佛山: 廣東人民出版社, 1998).

賀麟, 『當代中國哲學』(嘉義: 西部出版社, 1971).

許抗生, 『僧肇評傳』(南京: 南京大學出版社, 2001).

胡適, 『胡適學術文集-中國佛學史』(北京: 中華書局, 1997).

___, 『神會和尙遺集』(臺北: 胡適記念館, 1968).

___, 『疑古與開新(胡適文選)』(上海: 上海遠東出版社, 1995).

___, 『胡適文集』5 (北京: 北京大學出版社, 1998).

黃遠生, 『黃遠生遺著』, 民國叢書編輯委員會 編, 『民國叢書』第2編99卷 (上海: 上海書店, 1990).

黃懺華, 『佛敎各宗大意』(臺北: 文津出版社, 1984).

_____, 『佛學槪論』(揚州: 江蘇廣陵古籍刻印社, 1992).

_____, 『中國佛敎史』(臺北: 新文豐出版社, 1983).

家永三郎 編, 『近代日本思想史講座』1, 연구공간'수유+너머' 일본근대사상팀 옮김, 『근대일본사상사』(서울: 소명, 2006).

境野黃洋, 『支那佛敎史綱』(東京: 森江本店, 1907).

溝口雄三·丸山松幸·池田知久, 『中國思想文化事典』, 김석근 등 옮김 『중국사상문화사전』(서울: 민족문화문고, 2003).

宮川透·荒川幾男, 『日本近代哲學史』, 이수정 옮김, 『일본근대철학사』(서울: 생각의나무, 2001).

權田雷斧, 『曼茶羅通解』(東京: 丙午出版社, 1916).

_____, 『密敎綱要』(東京: 丙午出版社, 1916).

橘恵勝, 『佛敎心理の研究』(東京: 丸木書店, 1916).

_____, 『印度佛敎思想史』(東京: 大同館, 1919).

金子大榮, 『佛敎槪論』(東京: 岩波書店, 1919).

南條文雄, 『懷舊錄-サンスクリット事始め』(東京: 平凡社, 1979).

大谷栄一·吉永進一·近藤俊太郎 編, 『近代佛敎スタディーズ: 佛敎からみたもうひとつの近代』(東京: 法藏館, 2016).

大藏會 編, 『大藏經: 成立と變遷』(京都: 百華苑, 1993).

大住舜, 『新思想論』(東京: 陸東出版社, 1913).

末木文美士, 『近代日本と佛敎』, 이태승·권서용 옮김, 『근대일본과 불교』(서울: 그린비, 2009).

_____, 『明治思想家論』(東京: トランスビュ, 2004).

茅野良男, 『ドイツ觀念論と日本近代』(京都: ミネルヴァ, 1994).

木村泰賢, 『原始佛敎思想論』(東京: 丙午出版社, 1922, 1930).

柏原祐泉, 『日本佛敎史』(近代), 원영상·윤기엽·조승미 옮김, 『일본불교사 근대』(서울: 동국대학교출판부, 2008).

寺本婉雅, 『(ターラナーダ)印度佛敎史』(東京: 丙午出版社, 1928).

山口瑞鳳·矢崎正見, 이호근·안영길 옮김, 『티베트불교사』(서울: 민족사, 1990).

山折哲雄,『近代日本人の宗教意識』, 조재국 옮김,『근대 일본인의 종교의식』(서울: 소화, 2009).

西田幾多郎,『善の研究』, 서석연 옮김,『선의 연구』(서울: 범우사, 2001).

西村實則,『荻原雲来と渡辺海旭: ドイツ・インド學と近代日本』(東京: 大法輪閣, 2012).

船山信一,『明治哲學史研究』(京都: ミネルヴァ書房, 1959).

小林武,『章炳麟と明治思潮』(東京: 研文出版, 2006).

松本史郎,『チベット佛教哲學』, 이태승・권서용 등 옮김,『티베트불교철학』(서울: 불교시대사, 2008).

深浦正文,『唯識學研究』下卷 (京都: 永田文昌堂, 1972).

羽溪了諦,『西域之佛教』(京都: 法林館, 1914).

宇井伯壽,『支那佛教史』(東京: 岩波書店, 1936).

柳田聖山 主編,『胡適禪學案』(臺北: 正中書局, 1975).

井上圓了,『哲學要領 前編』,『井上圓了選集』第1卷 (東京: 東洋大學, 1987).

_____,『佛教活論本論第二編-顯正活論』,『井上圓了選集』第4卷 (東京: 東洋大學, 1987).

_____,『佛教哲學』,『井上圓了選集』第7卷 (東京: 東洋大學, 1987).

竹內好,『魯迅』, 서광덕 옮김,『루쉰』(서울: 문학과지성사, 2003).

竹村牧男,『唯識の構造』, 정승석 옮김,『유식의 구조』(서울: 민족사, 1995).

中村元,『シナ人の思惟方法』, 金知見 옮김,『中國人의 思惟方法』(서울: 東西文化院, 1971).

村上專精,『印度佛教編年史』(東京: 哲學館, 1894).

塚本善隆 編,『肇論研究』(京都: 法藏館, 1971).

平井俊榮,『中國般若思想史研究: 吉藏と三論學派』(東京: 春秋社, 1976).

エリック・シッケタンツ(Erik Schicketanz),『堕落と復興の近代中國佛教-日本佛教との邂逅とその歷史像の構築』(東京: 法藏館, 2016).

Schopenhauer, Arthur, *Die Welt als Wille und Vorstellung*, 홍성광 옮김,『의지와 표상으로서의 세계』(서울: 을유문화사, 2015).

Copleston, Frederick, *A History of Philosophy 7: 18th and 19th Century German Philosophy*, 표재명 옮김,『18・19세기 독일철학』(서울: 서광사, 2008).

Kaulbach, Friedrich, *Immanuel Kant*, 백종현 옮김,『칸트 비판철학의 형성과 체계』(서울: 서광사, 1992).

Nietzsche, Friedrich, *Also sprach Zarathustra*, 정동호 옮김,『차라투스트라는 이렇게 말했다』,『니체전집』13 (서울: 책세상, 2006).

_____, *Der Antichrist*, 백승영 옮김,『안티크리스트』,『니체전집』15 (서울: 책세상, 2005).

_____, *Götzen-Dämmerung*, 백승영 옮김,『우상의 황혼』,『니체전집』15 (서울: 책세상, 2005).

Alitto, Guy S., *The Last Confucian: Liang Shu-ming and the Chinese Dilemma of Modernity* (Center for Chinese Studies, UC Berkeley, 1986).

Carr, H. Wildon, *The Philosophy of Change: A Study of the Fundamental Principle of the Philosophy of Bergson* (London: Macmillan, 1914).

Bergson, Henri, *Essai sur les données immédiates de la conscience*, 최화 옮김, 『의식에 직접 주어진 것들에 관한 시론』 (서울: 아카넷, 2014).

_____, *L'Évolution créatrice*, 황수영 옮김, 『창조적 진화』 (서울: 아카넷, 2009).

Oldenberg, Hermann, *Buddha: his life, his doctrine, his order* (London: Williams 1882).

Kant, Immanuel, *Kritik der praktischen Vernunft*, 백종현 옮김, 『실천이성비판』 (서울: 아카넷, 2002).

_____, *Kritik der reinen Vernunft*, 최재희 옮김, 『순수이성비판』 (서울: 박영사, 2002).

De Jong, J.W., 강종원 편역, 『현대불교학 연구사』 (서울: 동국대학교출판부, 2004).

Paradis, James, and George C. Williams, *Evolution & Ethics : T.H. Huxley's "Evolution and Ethics" With New Essays on Its Victorian and Sociobiological Context* (Princeton, N.J. : Princeton University Press, 1989).

Bodin, Jean, *Les Six livres de la République*, 임승휘 옮김, 『국가론』 (서울: 책세상, 2007).

Makeham, John, ed. *Transforming Consciousness: Yogācāra Thought in Modern China* (Oxford University Press; 2014).

Rhys Davids, Caroline, *Buddhism: A Study of the Buddhist Norm* (London: Williams & Norgate, 1924).

Puligandla, Ramakrishna, *Fundamentals of Indian philosophy*, 이지수 옮김, 『인도철학』 (서울: 민족사, 1993).

Vidyabhusana, Satis Chandra, *A History of Indian Logic: Ancient, Mediaeval and Modern Schools* (Delhi: Motilal Banarsidass, 1921).

Fan, Shuhua, *The Harvard-Yenching Institute and Cultural Engineering: Remaking the Humanities in China*, 1924-1951 (Lanham: Lexington Books, 2014).

Meynard, Thierry, *The Religious Philosophy of Liang Shuming: The Hidden Buddhist* (Boston : Brill, 2010).

Huxley, Thomas Henry, *Evolution & ethics* (London : Macmillan, 1894).

Huxlery, Thomas Henry, *Evolution & ethics*, 이종민 옮김, 『진화와 윤리』 (부산: 산지니, 2014).

Rhys Davids, Thomas William, *Lectures on the origin and growth of religion as illustrated by some points in the history of Indian Buddhism, The Hibbert lectures* (London: Williams and Norgate, 1881).

_____, *Buddhism: Being a Sketch of the life and Teachings of Gautama,* the Buddha (London: Society for Promoting Christian Knowledge, 1890).

Tuttle, Gray, *Tibetan Buddhists in the making of modern China* (New York: Columbia University Press, 2005).

Murthy, Viren, *The political philosophy of Zhang Taiyan: the resistance of consciousness* (Leiden ; Boston : Brill, 2011).

Liebenthal, Walter, *Chao Lun: The Treatises of Seng-Chao* (Hongkong: Hongkong University Press, 1968).

_____, *The Book of Chao* (Peking: Câtholic University of Peking, 1948).

3. 논문류

김명환, 「스펜서의 자유주의」, 『영국연구』26 (영국사학회, 2011), p.139.

김법린, 「소르본느시대의 회고」, (서울대학교) 『대학신문』 제28호, 1952년 10월13일자 (서울대학교신문사, 1952).

김성철, 「Systematic Buddhology와 『보리도차제론』」, 『불교학연구』3 (서울: 불교학연구회, 2001).

박인석, 「『유가론기』의 연구 현황과 과제」, 『한국사상사학』50 (한국사상사학회, 2015).

박종홍, 「이정직의 칸트 연구」, 『박종홍전집』5 (서울: 형설출판사, 1980).

송현주, 「서구 근대불교학의 출현과 '부디즘(Buddhism)'의 창안」, 『종교문화비평』22 (서울: 한국종교문화연구소, 2012).

심재관, 「19세기 근대불교학의 탄생에서 문헌학이란 무엇인가: 객관성의 헤게모니」, 『가산학보』7 (서울: 가산불교문화연구원, 1998).

심재룡, 「서구에서 불교연구 200년 약사」, 『동아문화』18 (서울: 서울대동아연구소, 1981).

이민용, 「불교학 연구의 문화배경에 대한 성찰」, 『종교연구』19 (한국종교학회, 2000).

_____, 「서구 불교학의 창안과 오리엔탈리즘」, 『종교문화비평』8 (서울: 한국종교문화연구소, 2005).

전상숙, 「근대 사회과학의 동아시아 수용과 메이지 일본 사회과학의 특질-블룬칠리 국가학 수용을 중심으로」, 『이화사학연구』44 (서울: 이화사학연구소, 2012).

정호원, 「칸트의 두 가지 주권자 개념에 관한 연구」, 『한국정치학회보』38집1호 (한국정치학회, 2004).

한단석, 「일본근대화에 있어서 서구사상의 수용과 그 토착화에 관하여」, 『인문논총』19권0호 (전주: 전북대학교, 1989).

한자경, 「칸트철학에서 초월자아의 이해」, 『철학연구』40 (대한철학회, 1995).

황순일, 「리즈 데이비스와 빨리경전협회의 성과」, 『불교평론』8 (서울: 현대불교신문사,

2006).

耿予方,「藏學泰斗于道泉教授」,『民族教育研究』1994年第2期 (北京: 中央民族大學, 1994).

高瑞泉,「譚嗣同'心力'說初探」,『文史哲』1990年第6期 (濟南: 山東大學, 1990).

龔雋,「近代中國佛學研究方法及其批判」,『二十一世紀』第43期 (香港: 香港中文大學中國文化研究所, 1997).

德吉梅朵·喜饒尼瑪,「民國时期白普仁喇嘛與多杰覺拔格西在内地弘法及影响」,『雲南民族大學學報』(哲學社會科學版) 2012年第1期 (崑明: 雲南大學, 2012).

鄧小咏,「1949年以前國內藏學研究文獻回顧」,『中國藏學』2000年第2期 (北京: 中國藏學研究中心, 2000).

_____,「1949年以前國內藏學研究文獻回顧」,『中國藏學』2000年第2期 (北京: 中國藏學研究中心, 2000).

雷强,「北京印書館1931至1951年刊印書目考」,『圖書資訊學刊』第10卷第2期 (臺北: 臺灣大學圖書資訊學系, 2012).

劉成有,「現代中國的『起信』義諍與比較經學」,『比較經學』2014年第3輯 (北京: 宗教文化出版社, 2014).

李鄭龍,「近代佛教界顯密紛爭的再探討」,『中山大學學報』55 (廣州: 中山大學, 2015).

麻天祥,「胡適·鈴木大拙·印順-禪宗史研究中具體問題之比較」,『佛學研究』1994年第3期 (北京: 中國佛教文化研究所, 1994).

方廣錩,「季羨林與佛教研究」,『敦煌研究』2002年第1期 (蘭州: 敦煌研究院, 2002).

菩提,「從『游心法海六十年』談印順導師之佛學思想」,『法音』1997年5期 (北京: 中國佛教協會, 1997).

傅教石,「黃懺華和他的『中國佛教史』」,『內明』261 (香港: 內明雜誌社, 1993).

謝倩,「以『校勘學釋例』窺陳垣之校勘思想」,『綿陽師範學院學報』第31卷第3期 (綿陽: 綿陽師範學院, 2012).

徐文堪,「林藜光先生的生平與學術貢獻」,『文滙報』2014年12月19日 (上海: 上海文滙報社, 2014).

孫菊芳,「胡適與校勘學」,『河北工程大學學報』(社會科學版) 1999年第4期 (邯鄲: 河北工程大學, 1999).

孫尙揚,「湯用彤學術方法述略」,『北京大學學報』1998年第2期 (北京: 北京大學, 1998).

宋慶陽,「以藝術度現在 以宗教度未来-黃懺華先生傳略」,『法音』2016年第5期 (北京: 中國佛教協會, 2016).

梁啓超,「政治學大家伯倫知理之學說」, 강중기 옮김,「정치학 대가 블룬칠리의 학설」,『개념과 소통』제8호 (춘천: 한림대학교한림과학원, 2011).

梁漱溟,『究元決疑論』,『中國佛教思想資料選編』3卷4冊 (北京: 中華書局, 1990).

吳成國,「持松法師與民國時期唐密的復興」,『民國檔案』2012年第2期 (武漢: 湖北大學歷史文化學院, 2012).

吳漢全,「論柏格森哲學在中國的轉入」,『大慶高等專科學校學報』1995年第2期 (大慶: 大慶師範學院, 1995).

王啓龍,「鋼和泰對中國言語學的貢獻」,『西藏大學學報』2009年第3期 (拉薩: 西藏大學, 2009).

_____,「佛學家林藜光學術與生平雜考」,『西南民族大學學報』(人文社科版) 2010年第7期 (成都: 西南民族大學, 2010).

_____,「佛學家黃樹因雜考」,『西南民族大學學報』(人文社會科學版) 2011年第6期 (成都: 西南民族大學, 2011).

王啓龍 · 鄧小咏,「鋼和泰對中國藏學的貢獻」,『中國藏學』總87輯 (北京: 中國藏學研究中心, 2009).

_____,「佛學大師鋼和泰男爵生平考(二)」,『西南民族大學學報』(人文社會科學版) 2007年第11期 (成都: 西南民族大學, 2007).

王國維,「叔本華和尼采」, 郜元寶 編,『尼采在中國』(上海: 上海三聯書店, 2001)

王邦維,「『梵藏漢佛典叢書』總序」, 段晴 · 釋了意 主編,『梵藏漢佛典叢書』1 (上海: 中西書局, 2011).

王海燕 · 喜饒尼瑪,「留藏學法團與民國時期漢藏文化交流」,『中國邊疆史地研究』2010年第2期 (北京: 中國社會科學院中國邊疆研究所, 2010).

王海龍,「試論陳垣佛教史研究的基本方法」,『黑龍江史志』2010年第7期 (哈爾濱: 黑龍江省地方志辦公室, 2010).

李鴻雁,「罕世佛經孤本–『趙城藏』」,『文史知識』2007年2期 (北京: 中華書局, 2007).

張衛紅,「從『肇論』看中觀般若學的非本體性特徵」,『世界宗教研究』2005年第1期 (北京: 中國社會科學院世界宗教研究所, 2005).

張恒俊,「陳垣與避諱學」,『東南亞縱橫』2003年第6期 (南寧: 廣西社會科學院, 2003).

蔣慧琳,「季羨林學術年譜(一)」,『湖南科技學院學報』第37卷第2期 (永州: 湖南科技學院, 2016).

錢文忠 · 王海燕,「陳寅恪與季羨林」,『文史哲』2002年第1期 (濟南: 山東大學, 2002).

程千帆,「校勘略說」,『社會科學戰線』1981年第1期 (長春: 吉林省 社會科學院, 1981).

周叔迦,「『大藏經』雕印源流記略」,『周叔迦佛學論著集』下冊 (北京: 中華書局, 1991).

朱天策,「梁啓超與京師圖書館」,『炎黃春秋』2000年6期 (北京: 中華炎黃文化研究所, 2000).

陳正宏,「陳寅恪先生與德國」,『德國研究』(Deutschland Studien) 1997年第3期 (上海: 同濟大學德國問題研究所, 1997).

陳懷宇,「陳寅恪留學哈佛史事鉤沈及其相關問題」,『清華大學學報』2012年第5期 (北京: 清華大學, 2012).

沈潛,「論黃宗仰與頻伽藏的校刊及其貢獻」,『世界宗教研究』2009年第4期 (北京: 中國社會科學院世界宗教研究所, 2009).

馮煥珍,「現代中國佛學研究的方法論反省」,『兩岸佛學教育研究現況與發展研討會論文專集』(臺北: 中華佛學研究所, 2002).

何洁,「漢藏教理院(1932-1950)研究」(成都: 四川師範大學碩士論文 , 2004).

韓清淨,「瑜伽師地論披尋記敍」,『瑜伽師地論科句披尋記』1 (美國紐約: 科學出版社紐約公司, 1999).

哈迎飛,「論『野草』的佛家色彩」,『文學評論』1999年第2期 (北京: 中國社會科學院文學研究所, 1999).

黃延復,「陳寅恪先生怎样讀自己的名字?」,『中華讀書報』2006年11月15日 (北京: 光明日報, 2006).

黃夏年,「王恩洋先生的唯識學著作」,『佛學研究』1999年第8期 (北京: 中國佛教文化研究所, 1999).

淮芳,「周叔迦的因明研究」,『華北水利水電學院學報』第27卷第3期 (鄭州: 華北水利水電學院, 2011).

後藤延子, 何燕生 譯,「梁漱溟佛人生論-以『究元決疑論』爲主對象」,『東岳論叢』1990年第4期 (濟南: 山東社會科學院, 1990).

島田虔次,「體用の歷史に寄せて」, 塚本博士頌壽記念會 編,『(塚本博士頌壽記念)佛教史學論集』(京都: 塚本博士頌壽記念會, 1961).

柳田聖山,「胡適博士と中國初期禪宗史の研究」, 신규탁 옮김,「중국 초기 선종사의 연구 : 胡適과 鈴木大拙의 논쟁을 둘러싸고」,『多寶』1995년 겨울호 (서울: 대한불교진흥원, 1995).

林寺正俊,「南條文雄·笠原研壽の留學目的とF·マックス·ミュラーの期待」,『印度哲學佛教學』18 (北海道印度哲學佛教學會, 2003).

木村清孝,「日本における佛教研究の百年」,『宗教研究』342 (日本宗教學會, 2004).

森紀子,「梁啓超の佛學と日本」, 狹間直樹 編,『共同研究: 梁啓超-西洋近代思想受容と明治日本』(東京: みすず書房, 1999).

緒形康,「哲學の運命-胡適とデューイ」, China(19), 257-272 (中國社會文化學會, 2004).

孫知慧,「忘れられた近代の知識人「金九經」に關する調査」,『大谷學報』94(2) (京都: 大谷學會, 2015).

水野友晴,「日本哲學開始期におけるカント受容」,『宗教研究』327 (東京: 日本宗教學會, 2001).

李雪濤,「胡適佛學研究擧隅」,『東アジア文化交涉研究』4 (大阪: 関西大學文化交涉學教育研究據點, 2011).

井田進也,「『理學沿革史』解題」,『中江兆民全集』6 (東京: 岩波書店, 1984).

周柔含,「鳩摩羅多の所屬部派について」,『印度學佛教學研究』56(1) (東京: 印度學佛教學會, 2007).

竹元規人,「胡適の中國哲學史・思想史構想とその困難-「宗敎」・「科學」・「ルネサンス」」, *Todai journal of Chinese philosophy*(21) (東京大學中國哲學研究會, 2005).

下田正弘, 김재성 역,「탈현대 불교학의 새 방향」,『불교평론』22 (서울: 불교평론사, 2005).

板橋勇仁,「日本における哲學の方法」,『立正大學文學部論叢』119 (立正大學文學部, 2004).

Suzuki, Daisetz Teitaro, "Zen: A Reply to Hu Shih", *Philosophy East and West*, Vol.3, No.1 (Hawaii: University of Hawaii Press, 1953).

Lopez, Donald S., 조은수 번역,「서구불교학 연구의 과거와 미래」,『불교평론』25 (서울: 현대불교신문사, 2005).

Hu Shih, "Ch'an Buddhism in China: Its History and Method", *Philosophy East and West*, Vol.3, No.1 (Hawaii: University of Hawaii Press, 1953).

4. 사전류

藤井宣正,『佛敎辭林』(東京: 明治書院, 1912).

慈怡 主編, 星雲 監修,『佛光大辭典』(臺灣: 佛光出版社, 1989).

丁福保,『佛學大辭典』(上海: 醫學書局, 1921).

織田得能,『佛敎大辭典』(東京: 名著普及會, 1981).

塚本善隆 編,『(望月)佛敎大辭典』4 (東京: 世界聖典刊行協會, 1980).

5. 비문헌류

정수일,「스승 지센린 선생을 기리며」(http://www.pressian.com/news/article.html?no=59037).

林希,「懷念父親林藜光」(http://www.whb.cn/xueren/33104.htm).

찾아보기